创业管理

理论与实践

斯晓夫 吴晓波 陈 凌 邬爱其

主 编

ENTREPRENEURSHIP MANAGEMENT

THEORY AND PRACTICE

ZHEJIANG UNIVERSITY PRESS
浙江大学出版社

图书在版编目(CIP)数据

创业管理：理论与实践/斯晓夫等主编.—杭州：浙江大学出版社，2016.7(2019.5 重印)

ISBN 978-7-308-16003-2

Ⅰ.①创… Ⅱ.①斯… Ⅲ.①企业管理—研究 Ⅳ.①F270

中国版本图书馆 CIP 数据核字（2016）第 144740 号

创业管理：理论与实践

主编 斯晓夫 吴晓波 陈 凌 邬爱其

责任编辑 朱 玲

责任校对 王 波

封面设计 卓义云天

出版发行 浙江大学出版社

（杭州市天目山路 148 号 邮政编码 310007）

（网址：http://www.zjupress.com）

排　　版 杭州林智广告有限公司

印　　刷 浙江省邮电印刷股份有限公司

开　　本 787mm×1092mm 1/16

印　　张 24

字　　数 540 千

版 印 次 2016 年 7 月第 1 版 2019 年 5 月第 3 次印刷

书　　号 ISBN 978-7-308-16003-2

定　　价 59.00 元

序

倏忽百年，创业已从最初的乏人问津变为全球现象；如何培养创业人才，成了时下中国最热门的课题之一。创业家可以培养吗？许多人对此颇有争议，认为创业家不能被培养出来，只能在摸爬滚打中裹着泥、忍着疼地历练出来。于是乎，社会上满是对创业大咖们的顶礼膜拜，充斥着各种传奇轶闻，创业者们更是被蒙上了一层神秘的面纱。

创业者的光芒来自创业成功所带来的巨大商业成就，但创业本身又蕴藏着巨大的风险。社会大众往往会紧紧盯住前者，同时选择性地忽视后者。而正是因为创业活动具备的高风险属性，在“大众创业、万众创新”的号召下，我们不能抛开“理性”二字，创业不应该是运动式的一哄而上，创业者的培养更不能拔苗助长。“出来混，总是要还的”，如果一哄而上地急急忙忙抢风口，往往会给国家、社会和创业者本人带来巨大的灾难。其实，在创业的风口与创业的成功之间，缺失的最重要一环是对创业规律的认识、对创业过程的理性认知以及对创业者综合素养与持续激情之间恰当结合的认识。

创业教育，因其面对大量的不确定性情景，而形成对传统的基于确定条件下的管理有效性理论与方法体系的挑战，进而形成对传统管理教育体系的挑战。当我们揭开创业的神秘面纱时，就会发现，除了了解企业运行的本质规律，从而提高创业者运用科学的方法和工具来管理创业活动的能力之外，更需要激发创业者挑战现状的激情和创业者的情景领导力，进而更有效地为社会培养出能通过“创造性破坏”而达成推进人类文明进步的创业团队和创新创业人才。

实践证明，创业者的素养和能力是可以培养的，在不断创新的教学模式和手段的推进下，通过创业管理理论的系统学习，创业成功率及创业的社会责任都将得到极大的提升。近二十年来，浙江大学将先进的国际化创业管理理论和教育模式与中国实践相结合，一步一个脚印，摸索出了一套独特的创业教育模式。在培养和鼓励大学生创业方面，已经产生了丰硕的实践成果。在高校创新创业教育高地上赫赫有名的浙江大学ITP（浙江大学高科技创新创业强化班，创立于1999年）便是其中的典范。

通过近二十年的创业教育实践，我们进一步认识到大学开展创业管理教育的出发点并不只是追求较高的毕业生创业率，而是促进科技成果向现实生产力的转化，是站在更高的起点上促进知识的有效应用，以更好地推进社会文明进程。当然，知识的有效转化一直是世界各国普遍面临的一大难题。对于以“求是创新”为校训，以强大的理工学科为特色的浙江大学而言，如何将前沿科技理论与社会实际相结合，加快科技成果转化为现实生产力，以推动社会进步，是我们创业管理教育者的使命。

过去，大家一想到中国的创业，总会联想到基于低端传统产业的草根创业，而浙江大学所倡导的是一种全新的基于创新的创业体系，以知识创业和科技创业为主流。如果说，传统的创业是用钱去整合技术、整合资源，那么，今天我们所倡导的就是用技术创新、创意和商业模式的创新来吸引人们一起创业，来引导钱的有效使用。与以往“有钱能使鬼推磨”不同，这是一个“资本服从创新创业”的时代。

本书由一群长期从事创新创业教育的教授们同心协力编写而成，凝聚了众人的心血。与以往的创业管理教材不同，它不固守原有的成熟理论和方法，编写者们在学习和采用国际先进教材于教学的长期积累中，有许多自己的创新和超越。例如，针对基于科技创新的创业及中国步入“新常态”的情景，将“创业法律”和“知识产权”置于创业管理中的重要地位；对“公司内部创业”、“家族创业”、“国际创业”、“战略创业”、“精益创业”、“金融创业”、“社会创业”等新兴的创业形式及针对性的管理体系做了系统的整理，并形成了相对完整的教学模式，成为本书的新亮点。

从事创业管理教育的教师们都清楚，在创业管理教学中，除了系统的理论与方法教学传授之外，更为重要的往往是学生们创业精神的激发。在理论与方法体系之上，创业精神的培育至为重要。学习创业的学生并不一定要去成功地创办一家企业，但是一定要具备能打破常规，去做不被现有的条件和资源所束缚的事业，具备勇于“折腾”，能够力排众议去做对社会有贡献、有意义的事的勇气和能力。这就是“创业精神”！我常用一组词来形容“创业精神”：DPRS，即梦想(dream)、激情(passion)、责任(responsibility)和积极乐观的心态(smile)。本书每一章都配置了案例，这些案例，不仅诠释了相关的理论和方法，更是激发学生创业激情与创业精神的“使能器”。

在浙江大学从事创业教育近二十年的实践，本人深受感动：众多浙江大学ITP毕业生在进入令人艳羡的跨国公司工作多年以后，在已经成为公司高管，过上“财务自由”的日子之后，却仍然会选择打破高薪“铁饭碗”，拉上合作伙伴走上创业之路。这就是创业教育所埋下的种子！只要一个人的创业能力和知识储备在那里，无论去了什么行业，过了多久，怀揣着的创业精神会像基因一样深深植入身体里，引领你走上为社会做更大贡献的创业之路。

感谢以斯晓夫教授为首的教授团队为本书的成形所付出的巨大努力，感谢各位来自不同大学、热心于创业教育的同僚们的齐心协力，亦感谢出版社编辑们的认真把关和修润。期待同行、同事、同学们的批评和建议。

相信本书能为从事创业教育的教师们提供结构合理又与时俱进的教学手段和依据；能为倾心于创业的学子们带来不仅是科学的创业理论和技能，更重要的是那份深埋于心间“敢为天下先”的创业精神。相信大家通过对“创业管理”的系统学习，可以修炼出自己“乘风飞扬”的翅膀，甚至能“以我为主”，创造出引领社会未来发展的新风口。

吴晓波

2016年5月18日于浙江大学求是园

前言

无论是微软、思科还是谷歌、华为，无不都是创业推动人类经济发展和社会进步的成功故事。浙江大学创业管理教授团队经过多次探讨，一致认为，改革开放后的30多年，中国经济的发展在很大程度上是依靠政府力量的推动以及外商直接投资(FDI)政策上的成功所取得的；中国经济从依靠政策上的成功发展到今天，时空条件都发生了变化，如何在未来30年保持持续的经济增长与社会的不断进步，毫无疑问，成功创业是实现这一重大战略目标的关键因素。正是在上述背景下，浙江大学创业管理教授团队与清华大学等兄弟院校的创业管理教授共同完成了这本创业管理教材，希望为我国的"大众创业、万众创新"做出一点小小的贡献。

浙江大学管理学院院长吴晓波教授为本书写了序，并对本书的撰写提供了很多指导。本书的编写与分工如下：

第1、4章，斯晓夫(浙江大学)；

第2章，刘景江(浙江大学)；

第3章，王玲(中国政法大学)；

第5章，林嵩(中央财经大学)；

第6章，吴杰(澳门大学)；

第7章，林嵩(中央财经大学)、斯晓夫(浙江大学)；

第8章，雷家骕(清华大学)；

第9章，窦军生(浙江大学)；

第10章，邬爱其(浙江大学)；

第11章，周小虎(南京理工大学)；

第12章，郑刚(浙江大学)；

第13章，李远勤(上海大学)；

第14章，王颂(浙江大学)。

其中，浙江大学博士研究生傅颖和斯晓夫教授为第8章做了一些内容上的添加；第4章中的案例由傅颖与斯晓夫共同完成。此外，美国纽约曼哈顿著名的知识产权律师郑利华，同济大学魏峰，浙江大学傅颖、斯晓夫，上海大学于晓宇分别撰写了第3章、第6章、第8章和第13章的精读文献摘要与评述。傅颖为本书做了很多后勤方面的工作。

本书在撰写过程中得到了很多学者与企业家的帮助，包括美国天主教大学创业管理学者布鲁顿教授，*AMR* 原主编苏达比教授，美国管理学会（AOM）原创业分会主席爱璐兹与现任创业分会主席科博，中国工程院院士、中国工程院工程管理学部副主任刘人怀教授，美国乔治·华盛顿大学斯华龄教授，清华大学焦捷教授，以及浙江大学王重鸣、魏江、宝贡敏等教授。对于他们所提供的众多有价值的建议，在此表示感谢！

由于创业管理教育在我国的历史不长，我们的学识、理论水平，以及所掌握的紧跟时代发展的新材料也有限，加之时间仓促，书中难免有不尽如人意的地方，甚至错误，在此也希望得到专家与读者的指正。

最后，特别感谢浙江大学企业家学院资助了本书的出版。

斯晓夫

2016 年 5 月 18 日于浙江大学紫金港校区

目录 Contents

Contents

Contents

Contents

Chapter 1

第1章 创业与创业过程

学习目标

了解创业与创业者
理解创业与创新的意义
了解各种创业类型
理解创业过程及其中的重要问题

章节纲要

本章主要分四节来阐述与探讨创业的基本概念、意义、类型与创业过程。第一节介绍创业的基本概念;第二节阐述与探讨创业的意义,以及创业对于一个国家经济与社会发展的重要性与价值;第三节介绍基于创业概念的各种创业类型以及相关的知识;第四节阐述与探讨创业的过程,以及创业过程中的重要问题。

开篇案例

福尔摩斯(Holmes)创业的成与败

福尔摩斯(Holmes)的创业是过去几年商学院经常讲授的案例,案例的大致内容是:福尔摩斯于 2003 年创办了 Theranos,那时她只有 19 岁。现在,Theranos 的雇员达到了 700 人,并在加利福尼亚州纽瓦克设立了制造血液检测设备的总部。福尔摩斯在大学的第二年就从斯坦福退学,专注于自己的事业。Theranos 已经研发出可以发现数十种疾病(比如高胆固醇和癌症)的血液检测方法,其检测方法需要的仅仅是从患者手指采集一到两滴血液而已。血液检测是一个有利可图的商业领域,而 Theranos 力求颠覆这种局面。福尔摩斯的愿景是什么呢?简单地说,如同乔布斯改变手机行业一样,改变医疗验血行业。像现在有些化验只是在耳部、指尖取少量血化验,检验结果当场立等可取。但如果是生化、肝功能、手术前等检验的话,抽血多是一针管,分好几个小试管做不同检查,检验报告要几天时间。而 Theranos 只要采集患者相比常规化验不到百分之一甚至千分之一的血量,耗时约 4 个小时,就能检测出大约 70 项生化报告。在医疗验血行业,血液分析是医学不可分割的组成部分,当你的医生想要检查你某一方面的健康状况(比如胆固醇指标或者血糖水平),或者寻找肾脏、肝脏出现问题的适应证时，他就需要对你进行血液检测。一般而言，医生需要使用长针头和几个装血液的试管瓶完成血液采集，然后将样本送往实验室进行分析。显然，福尔摩斯的创业告诉人们，可以有一种更快速、更便利和更便宜的方式完成血液检测。采用这种模式，能够拯救无数条生命。目前，Theranos 正在努力向几个医院系统推销自己的检测方法，并与克利夫兰诊所进行了深入的商谈。同时，该公司还在 41 家美国沃尔格林药店（美国最大连锁药店）开设中心，并计划将这一模式推广到其他成千上万的药店。病人只需要向药剂师出示身份证、保险卡和医嘱就可以在药店完成血液采集工作，接着药店会将所有样本送到 Theranos 的实验室进行分析。福尔摩斯说，他们可以用一份血液样本完成很多种检测，每一种检测都比标准检测方法要便宜。有的时候，Theranos 检测的价格甚至比 Medicare 公布的费率要便宜 90%。比如，传统实验室检测胆固醇需要 55 美元或者更贵，但是 Theranos 仅仅收费 2.99 美元。福尔摩斯认为血液检测不应该是痛苦的，反而应该是一种"美好的"体验。因此，Theranos 的目标就是扫除实现"美好血液检测"过程中的一切障碍。她说，40%～60%的人拿到医生要求进行血液检测的医嘱后没有去验血。我们可以通过血液检测诊断出糖尿病和其他常见疾病，并更早地对患者进行治疗。要想实现这个目标，血液检测工作就要更简化、更便于病人完成。随着消费者对个人健康数据需求的不断增加，Theranos 也在发展，福尔摩斯非常清楚自己想要做什么，她认为，过去人们在有了生病的症状之后才会通过检测了解自己的健康信息，而 Theranos 的目的就是为了改变这种局面，重新定义诊断的范例。"无论贫富，无论何地，我要让每个人都可以在需要的时候获取自己需要的健康信息。"由此人们可以清楚地知道如何健康地生活与工作。

然而，当人们总是倾向于把英雄人物偶像化，并渐渐成为习惯时，近日曝出联邦监管机构突击检查了 Theranos 公司的实验室，发现该公司的技术方法、人员和测试结果的准确性都存在严重问题。Theranos 随后宣布其专利产品"爱迪生"验血机近两年测试的数万份血样报告全部作废。该公司的加州实验室有可能被吊销联邦执照，而福尔摩斯本人可能将面临为期两年的行业禁令。两年前疯狂吹捧福尔摩斯和她的公司的媒体，现在完全转变了态度。Theranos 公司的大起大伏经历对于我国创业的启示是：创业者需要打破一些规则，去发现与创造创业机会，并发挥自己的魔力，但这些规则绝不能是道德规则，道德规则应该一贯是清楚的；将成功创业者偶像化的做法是十分不可取的，因为他们不可能被简单模仿。要成为成功的创业者，必须做真实的自己，开创一条自己的路。

案例来源：改编自 http://www.iheima.com/space/2015/1108/152711.shtml;http://technews.tw/2015/12/10/elizabeth-holmes-theranos/;http://www.bbioo.com/news/20160523337727.html.

1.1 创业与创业者

创业(entrepreneurship),是一种存在已久的社会现象,它的解释与定义也是随着时代的发展而发展的。目前人们定义创业是创业者通过发现和识别商业机会,在资源缺乏的情况下组织各种资源,提供产品和服务,以创造价值的过程。创业要求创业者贡献出时间、付出努力,承担相应的财务的、精神的和社会的风险,并获得金钱的回报、个人的满足和独立自主。创业涉及科技创业、社会创业以及创新和创业的组织化整合管理等问题。创业是国际上管理科学研究的前沿领域。创业学科是一项涉及多部门、多学科的系统工程。现代创新理论的提出者约瑟夫·熊彼特在1934年曾说:创业,首先要有一个梦想和创建个人王国甚至王朝的意愿,尽管这不一定是必需的;其次,要有一种征服的欲望,即战斗的冲动,为了证明自己比其他人强大,为了寻求成功,不在意成功带来的结果,而在乎成功的过程;最后,要能在创新、胜任某项工作或是运用自己能力和智慧的过程中体会到愉悦感,这些人寻找困难,为了改变而改变,在创业中自得其乐。从上述角度讲,经济上的活动和体育运动之间有了某种类似性。经济上的最终收益只是次要的问题,或者说其价值主要在于是成功的标志和胜利的象征,这些展示更重要的作用通常在于激发创业者投入更多的精力,而不只是致力于产品本身。Gartner(1985)提出了个人、组织、创立过程和环境的创业管理模式;提出了由人、机会、环境、风险和报酬等要素构成的创业管理概念框架,以及由机会、创业团队和资源组成的创业管理理论模型。我国南开大学张玉利教授领导的创业研究团队界定创业是在特定环境下,创业者与机会互动基础上的新企业生成与演化,是创业者谋求合法性、提升能力并创造价值的行为过程。创业过程是一个不断的新陈代谢的过程,当一批批企业倒闭,一批批新的企业又产生了,当一批批的员工被解雇,一批批的职位与新的工作机会又被创造出来了。社会正是在这种不断的新陈代谢的过程中越来越进步,过去几十年,美国经济的发展虽然有很多要素在其中起作用,如重视中小企业、数字化技术(差异化战略、精益生产的关键——数字神经系统)、智库的研究和一流商学院的建设等,但最根本的驱动力是遍地开花的创业,尤其是创新性创业。从美国等国的经验来看,一个国家创业的不断成功,是推动一国经济可持续发展的保证。因此,我国发出的"大众创业、万众创新"号召,是用长周期的方案来解决经济发展问题。

创业中的创业者,是指从事创业活动的人。长期以来,人们研究创业者的一个重要争论性问题是:成功的创业者是否是由创业者的禀赋条件决定的?这种研究在学术界一度很盛行,因此很多人研究创业者的禀赋(如同领导人禀赋的研究)。禀赋条件应该是成功创业者的一个重要因素,但不应该是成功创业者的唯一因素。近年来,人们研究创业者的一个议题是创业者的思维(mindset),这一要素应该是与成功创业者高度相关的。从创业的实践来看,要成为成功的尤其是伟大的创业者的确是少数人的事,但每一个人都可以成为不同层次或类型的创业者。另外,对于创业,目前特别需要注意的一个问题是对创业的误解。

本章作者在 2011 年做过一些调查研究，从与 100 名我国创业者的谈话中总结出了人们对于创业的误解，主要表现在以下方面：

(1) 创业一定要跟风，风来了猪都可以飞起来；

(2) 创业就是为了赚钱；

(3) 创业就是赌一把；

(4) 把创业和经商相等同；

(5) 把创业环境等同于投资环境；

(6) 创业是一个人的事，一个人做决定即可；

(7) 创业与创业教育没有关系；

(8) 创业是政府工作的主要部分；

(9) 创业没有理论，也不需要理论研究；

(10) 创业者是天生的；

(11) 把创业等同于中小生意或中小型企业。

上述这些对于创业的误解会阻碍创业的成功。在美国，有 1500 所大学开设创业课程，这些课程让创业者与潜在创业者知道，创业一定要懂得风险控制、推算出风险与回报的比例，在现实中，真正优秀的创业者都是最懂得如何管理风险的人。再如，对于“创业是政府工作的主要部分”的误解，事实上，很多创业者创业的地方，正是被政府遗忘的角落，最著名的例子是诺贝尔和平奖得主穆罕默德·尤努斯教授。1976 年，尤努斯教授在孟加拉国正式创办了向当地村民进行小额贷款业务的新企业——格莱珉银行。经过 40 年的实践，尤努斯教授创办这项新事业时的初衷大多得以实现，并取得了理想的回报，银行的借款人收入增加，银行服务的农村贫困率下降。同时，格莱珉银行还影响、带动了其他发展中国家，涌现出了成百上千家类似的新型银行，它们通过提供教育和扶持贫困者，鼓励他们开办自己的企业，帮助数百万贫困者通过个人努力摆脱了贫困。2006 年，尤努斯教授及其创办的格莱珉银行获得了诺贝尔奖。诺贝尔评审委员会评价尤努斯教授的突出贡献是“从基层推动了经济和社会的发展”，认为他是一位“能够有效地将愿景转化为现实行动，从而让全世界范围内数百万民众获得利益的领导者”，尤其高度评价了格莱珉银行的小额贷款概念，将其视为一股“重要的社会力量，突破了社会和经济条件的束缚”。尤努斯教授的行为留给人们的不仅仅是慈善意义的财富，他还创造了一笔宝贵的精神财富。社会创业的新领域一直把格莱珉银行视为一种基本模式：识别能够创造社会价值的机会，进而通过机会开发实现社会价值的创造。尤努斯教授的创业活动说明创业并非只是政府的工作。“只有政府才能够主导创业”，这是一个误解，事实上，一个国家创业的成功往往取决于自主创业者。其实尤努斯教授创业活动的目的与我国改革开放的目的是一致的。我国改革开放的目的究竟是什么？引用《史记》中的话，那就是“治国之道，富民为始”。“富民”是指提高人民的生活水平，达到共同富裕的目的。创业的根本目的也是让我国人民走上一条共同富裕的道路，因此，我国的创业者可以做一些政府难以做到的事，通过创业与社会创业来改变贫穷地区的创业环境，通过创业环境的改善，增加创业企业数量，提高普通人的生活水平。唯有创业可以推进经济增长。创业将资源从低效率之中转到高效率之中，用新的资源组合完成资源配置。在相同的资源条件下获得更多的资源价值，其本身就是在为经济增长创造条件。经济增长理论表明，增长是一个资本化的过程，创业就是将个人积累转化为资本的最直接活动。我国改革开放以来，非国有企业从无到有，由小到大，无不是通过创业完成资本化活动，它们或者是个体创业，或者是集体创业，或者是企业内创业，以此来获得市场的活动和资本积累的动力。

1.2　创业与创新

作为一种国家战略，如何实施创新驱动来推动我国的发展，把我国建设成为一个创新型国家？无论是转变经济结构，还是经济发展转型以及实施新的管理模式，无论是在理论还是实践方面，创业与创新都是相互联系的，两者很难截然分开。创新性创业是实现这一目标不可缺少的步骤，也是创业的重要意义之一。什么是创新？人们对于创新概念的理解最早主要是从技术与经济相结合的角度，探讨技术创新在经济发展过程中的作用，主要代表人物是现代创新理论的提出者约瑟夫·熊彼特，其在1912年出版的《经济发展理论》一书中第一次提出技术创新理论。他将技术创新定义为“生产要素的重新组合”，其形式有：引入一种新的产品或提供一种新产品的新质量；采用一种新的生产方法；开辟一个新的市场，获得一种原料或半成品的新的供给来源；采取一种新的企业组织方式。“创新”一词，最早见于《魏书》：“革弊创新者，先皇之志也。”这主要是指制度方面的改革、变革、革新和改造，并不包括科学技术的创新。从企业管理的角度来说，创新就是一种新的思想的产生到首次商业化的过程。创新就是美好的梦想加上有效的实施，并导致价值创造。通用电气(GE)2011年发布《GE全球创新趋势调查报告》，对来自12个国家的1000位企业高管进行调查，结果显示，所有受访者都是公司创新项目的直接参与者，其中有30%担任CEO、CIO、CTO等级别的职务。美国获得67%的票数，名列榜首，其次是德国(44%)，第三名是日本(43%)，接着是中国(35%)。有77%的高管认为，21世纪最伟大的创新将是那些能够最大限度地解决人类基本需求的发明创造，而非创造最高利润的项目。有95%的高管认为，创新是决定国家经济竞争力的主要因素；而有88%的高管则认为，创新是为一个国家提供就业机会的最佳途径。创新主要通过健康质量、环境质量、能源安全和教育机会等四个方面改善人类的生活。管理改变世界，创新强国，创业强国并且富民。我国的内外环境导致了大量的创业机会，民间丰富的创意导致了大量的创新活动，创新活动又导致了大量的创业实践，并带动就业与社会发展。从全球过去100多年的创业实践，尤其是从近15年的创业变化过程来看，创业是一项充满挑战又非常复杂的系统工程。创业要取得成功需要具备三项条件：不断与时俱进的创业理论体系的建设；有能力和立志于实践创业理论并不断总结、提高创业理论的创业者队伍；一个好的人人遵守的创业规章制度，一个良好的创业环境，以及一个能够产生正能量的创业文化。目前无论是国家的结构调整与发展战略，还是技术层面的大数据、云计算、智能化等迅猛发展的高新技术，都为我国的创业者提供了前所未有的创业机会。创业已经成为一种趋势，我国这几年在电子商务、电子金融等方面取得的创业成就举世瞩目。而且这种通过创业创新推动国家经济与社会发展的趋势将会持续相当长的时间，正如英国前首相丘吉尔所说的："This is not the end. It is not even the beginning of the end. But it is, perhaps, the end of the beginning."（这不是结束。这甚至不是结束的开始。但这可能是开始的结束。）应该说，我国的创业正在从一般创业向创新性创业过渡与发展，更大的创新性创业的浪潮会一波接一波地不断涌现。

1.3 创业类型

2001 年，全球创业观察（GEM）报告的撰写者雷诺兹等最先提出了机会型创业和生存型创业的概念，并逐年对机会型创业和生存型创业的概念进行丰富。但是，我国创业学者斯晓夫（2011）认为，生存型创业也是以机会为基础的，只是机会型创业的机会特征更加显著，从创业的本质来说，创业就是基于机会的经济活动，看不到任何机会的创业是一种盲目创业，很难取得成功。机会是成功创业的核心，它贯穿于各类创业与创业过程中。创业的类型可以划分为：生存型创业与创新型创业、创业与企业内部创业、经济创业与社会创业等。当然，关于创业类型也有其他的划分方法，比如按动力划分为生存型创业和机会型创业，按创业者地位划分为白手起家型创业和内部创业，按性质划分为营利性组织创业、社会性企业（组织）创业和非营利性机构创业，等等。

1.3.1 生存型创业与创新型创业

生存型创业是创业者为了生存，没有其他选择而无奈进行的创业，它显示出了创业者的被动性。生存型创业的特征主要体现在以下方面：

（1）生存型创业面对的是现有的市场，最常见的是在现有市场中捕捉机会，表现出创业市场的现实性。

（2）生存型创业从事的是技术壁垒低、不需要很高技能的行业。

（3）生存型创业受生活所迫，物质资源贫乏，从事低成本、低门槛、低风险、低利润的创业，往往无力用工。

在我国所有创业活动中，生存型创业占据大多数。这一类创业起点较低，创业者大部分文化水平不高，创业项目也主要集中在餐饮副食、百货等微利行业，创业目的大多仅仅是为了养家糊口、补贴家用。但是，社会效应明显，它不仅能解决自身的就业问题，经营状况较好的还能聘请员工，带动他人就业。

创新型创业是指创业者建立新的市场和顾客群，突破传统的经营理念，通过自身的创造性活动引导新市场的开发和形成，通过培育市场来营造商机，不断满足顾客的现有需求以及开发其潜在需求，逐步建立起顾客的忠诚度和对企业的依赖，为经济社会的全面进步提供巨大的原动力的一类创业模式。创新型创业分以下两种类型：

（1）技术驱动型创业。技术驱动型创业是指创业者以自己拥有的专业特长或已有技术成果为核心竞争力来进行的创业活动。创业者具备某一专业(技术)特长,或研制成功一项新产品、新工艺,同时发现潜在市场或利润空间,将拥有的专长或技术发明发展成新创企业,并成功推向市场。也可以说,技术驱动型创业是创造市场价值的机会型创业,但难点在于组织创新,风险投资对其的支持非常重要。

(2) 创意驱动型创业。创意驱动型创业是指创业者根据全新的运营理念或创新构想,探索新的经营模式的创业活动。此类创业模式是所有创业模式中难度最大的一类,但是一旦成功将拥有先发者优势。如果在创业过程中相关互补性资源迅速跟进,可以成为新辟市场的领导者,拥有标准和价格制定权。此类创业需要创业者具有敏锐的市场眼光、独特的个性特征和旺盛的创业欲望,善于洞察商业机会并敢于冒险,是一种开创性价值创造型创业。

从历史上看,一个国家的人均 GDP 从几百美元上升到四五千美元,政策的成功可以起决定性的作用;但人均 GDP 从 5000 美元达到 10000 美元或 15000 美元以上的阶段,世界上大多数发达国家都是经由创业推动创新,通过创新型创业的成功来实现的。如美国创业的创新带来了大数据技术、云技术、智库的建设等,而这些技术又推动了美国的创业。就技术创新而言,有人认为现在是一个相对的空窗期。但也有一种观点认为,如果说创业是创新的实践,只要创业风起云涌,一定会在一定程度上推动创新发展,因为很多创新是通过创新型创业发现或构建出来的。中国目前处在转型期,它比任何时候都更需要大批的创新型创业。我们能否建设成为一个创新型国家,在相当程度上要看创新型创业是否在未来几年风起云涌。如果中国的创业与高科技、先进制造业没有关联,创业不能推动高科技与先进制造业的发展,那么,纵有再多的生存型创业,对中国的发展与进步也意义有限。

1.3.2　创业与企业内部创业

创业是创业者通过发现和识别商业机会,在资源缺乏的情况下组织各种资源,提供产品和服务,以创造价值的过程。创业者一般在外部环境中创业,这里的外部环境包括政治环境、经济环境、行业环境和社会文化环境。但组织/公司本身也可以进行创业。企业内部创业,包括公司创业,它是一种借势发挥的创业。这种创业一般是由一些有创业意向的企业员工发起,在企业的支持下承担企业内部某些业务内容或工作项目,进行创业并与企业分享成果的创业模式。这种激励方式不仅可以满足员工的创业欲望,同时也能激发企业内部活力,改善内部分配机制,是一种员工和企业双赢的管理制度。例如,2000 年,华为集团为了解决机构庞大和老员工问题鼓励内部创业,将华为非核心业务与服务业务,如生产、公交、餐饮业以内部创业方式社会化,先后成立了广州市鼎兴通讯技术有限公司、深圳市华创通公司等。这些内创公司依托华为强大的经济实力与市场占有率为其产品提供相关技术服务,同时也成就了企业内部优秀员工的创业梦。

1.3.3　经济创业与社会创业

经济创业是创业者通过创造与把握机会,创立自己的事业,提供产品和服务,以创造经济价值的过程。有关这方面的论述很多。关于社会创业,从理论上来说,它是一种通过创业为社会增加价值的过程。社会创业由一个“群构念”(cluster concept)组成,如社会价值创造、社会创业者、市场导向、社会创新等,这个观点最早的提出者是莫德等(Mort et al.,2003)。他们认为社会创业是一个多维构念,包括提供创业的善意来实现社会愿景、实现社会价值创造机会的能力,以及创新、先动性和风险承担的决策特性。社会创业涉及很多内容与变量,但其核心内容与变量是创新与减少贫穷、环境保护与优化,以及可持续发展这三个维度。社会创业就是要通过创业的途径来推动以上三个方面的发展,为我们的社会进步增加价值与传递正能量。现在创业的时空已经发生巨大变化,创业的根本目的是通过创业既要发展经济,又要使我们的社会变得更美好。如何实现这一目标?经济创业与社会创业的同步发展,这是一个国家成功创业的标志。我国目前明显注重经济创业,相对轻视社会创业,导致不少创业带来社会问题。

1.4 创业过程

狭义的创业过程往往只是指新企业的创建。虽然新企业的创建确实是创业的一般过程中最为核心的一个部分,但在大多数研究中,创业过程常指广义上的含义。广义的创业过程(entrepreneurship creation process)通常包括创业与创业者,创业团队与领导力,创业中的法律问题与知识产权,创意与创业机会,商业模式与商业计划书,新企业的形成、成长与管理等环节。创业过程中的每一个步骤都拥有一些关键要素,它们是每一个创业过程成功实施的关键与推进力量,抓住了这些要素,才可以把握住创业过程的关键点,有利于全局性地理解创业过程的发展特征,有效推进创业过程。创业过程及其主要步骤如图 1-1 所示。

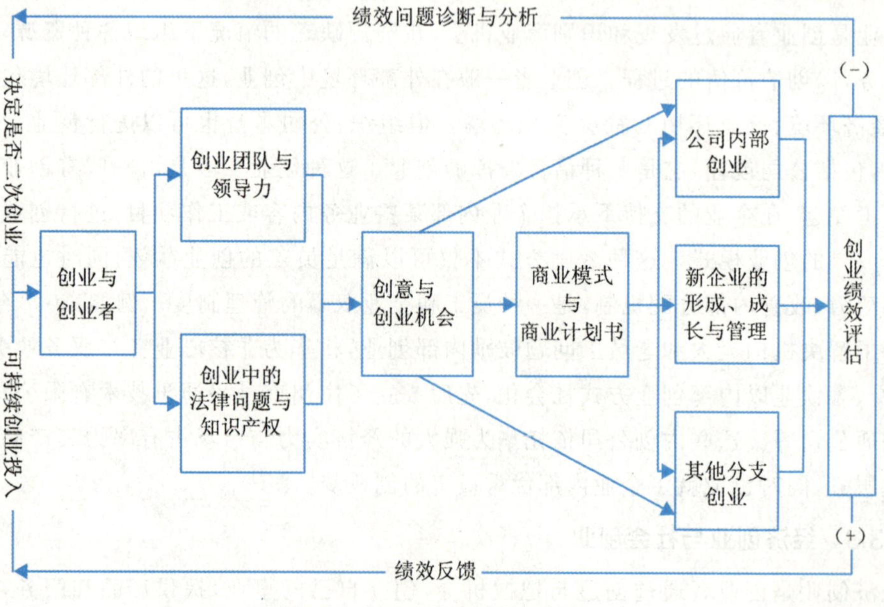

图 1-1 创业过程及其主要步骤

从图 1-1 中我们可以看到，创业过程是一个由很多环节组合起来的模式，理解创业过程模式中的每一个环节对于正确理解创业具有重要作用。

1.4.1 创业与创业者

创业，在英文里，其含义就是创业者追逐获利的机会(lucrative opportunities)。很多教科书中关于创业有大段大段的文字描述，其实，简单地说，创业就是有一个想法，看到了机会去做一件有价值的事，不去做，机会就没有了。创业管理是一门年轻的学科。20 世纪 80 年代以来，创业研究与创业教育掀起热潮，哈佛商学院、沃顿商学院等世界著名院校纷纷开设了创业系列课程。据全球创业观察项目调查，目前美国超过 1500 所四年制大学和学院提供了创业课程，而且数量仍在持续增加。《美国创业教育大事记：1876—1999 年》这份创业年谱比较具体地描述了美国 123 年间的创业活动。2000 年以后，网络泡沫破灭，但客观世界中发生的事件为理论研究提供了大量的研究素材。理论研究论文大量出现，创业在 2000 年前后也在管理领域成了一门独立的学科。创业与创业管理不同于中小企业与中小企业管理，它们的主要差异表现在创业具有高风险、高利润和创新性三大特点，而中小企业并不一定具有这些特点。创业过程中的创业者则是从事创业活动的人(见 1.1 中关于创业者的阐述)。

1.4.2 创业团队与领导力

创业团队与领导力是另一个创业过程中与人相关的问题。群体与团队是不同的，它们的根本差异在于团队中成员的作用是互补的，而群体中成员的作用是互换的。团队注重团队精神与目标，评价一个创业团队的标准有很多，我国创业学者斯晓夫(2016)提出创业团队的组织与心齐幅度原理，即一个创业领导人，他或她的创业团队人数不宜超过 18 人，创业团队人数过多，会产生创业团队领导人与团队成员的有效匹配问题。评价一个创业团队的关键是这个创业团队成员之间的心齐程度。斯晓夫认为每一个人都有优缺点，而创业团队成员之间的心齐程度与团队个人的优点呈现度是正相关的，而与团队个人的缺点呈现度是负相关的。也就是说，当一个创业团队成员之间高度心齐的时候，团队个人的很多优点会发挥到最大；当一个创业团队成员之间心不齐、钩心斗角的时候，团队个人的很多平时不怎么出现的缺点都会出现，严重破坏任何形式的创业团队。因此，如何带领一个创业团队，如何不断完善一个创业团队，道理有很多，但最重要的一条就是抓“心齐”。领导力自然是指一种能力。创业中，创业型领导是指创建一个愿景，以此召集和动员下属，并激发下属承诺于发现和实现具有战略价值创造的创业机会的一种领导行为和过程。而创业的领导力正是实现这个过程的能力。

1.4.3 创业中的法律与知识产权

创业环境具有不确定性和多变性。因此，法律、法令、条例和规定等对创业与创业者特别重要。创业者不仅要注重技术才能或管理才能的提升，还应该有法律风险意识，以法律为准则，规范创业活动；同时又能以法律为武器，保护创业企业与个人的相关权益。从初创新企业开始，创业者就一定会面临与法律法规相关的各种问题，比如，建立新企业的法律过程、经营合同的法律风险、技术来源的合法性、专利技术的保护与运营、商业秘密的合法获取与自我保护等。本书第 3 章除了阐述上述创业过程中一般的法律问题外，侧重阐述了知识产权的法律问题，以及与专利、商标和商业秘密相关的法律法规，帮助企业防范可能出现的知识产权法律风险。知识产权是一种基于创新成果的法定权利，新创企业涉及的知识产权类型众多，而知识产权是新创企业获得独特竞争优势、以小博大的重要资源。总之，理解创业过程中的法律问题，有助于避免因疏忽带来的法律风险，为新企业的成长提供法律支撑与实践借鉴。从近几年创业研究与教学的发展来看，创业中的法律与知识产权都是创业管理教材中新增加的内容，可见它的重要性。

1.4.4 创意与创业机会

创意与创业机会是创业过程模式中的又一个重要环节。如本章与本书第 4 章所阐述的，创意是创业机会的重要来源之一，创业机会则是创业的核心。没有创业机会或看不到创业机会，创业活动就没有核心内容，也就很难确定创业绩效。同时，没有创业机会或抓不准创业机会去创业，这也是造成盲目创业与创业失败的根本原因。有关创业机会，以及创意与创业机会的具体内容，请阅读本书第 4 章。

1.4.5 商业模式与商业计划书

创业过程模式中的商业模式是目前创业管理的热点，从好的想法发展到创业机会，再形成好的创业团队，若还是没有办法成功创业，其中一个重要原因是没有建立起驱动健康成长的，能够为客户、企业创造价值，在两者间传递价值的商业模式。随着互联网的出现和快速发展，一些研究者认为商业模式是一定业务领域中的顾客核心价值主张和价值网络配置，通过企业的内部和外部活动在特定的产品—市场上创造价值的方式。还有很多学者从价值传递的角度界定了商业模式。例如，Teece(2010)认为商业模式是企业为客户提供价值，并将客户支付的价值转换为利润的方式。Chesbrough(2007、2010)则认为商业模式在企业发展过程中扮演着两个重要功能：价值创造与价值获取。依据这一定义，他对商业模式的功能进行了进一步的描述，认为商业模式的作用主要有：①阐明价值主张；②识别细分市场；③定义公司所需，并以此来创建产品或服务的价值链结构；④为公司明确收入发生机制；⑤描述该公司在价值网络内的位置，将供应商和客户联系起来，识别潜在的互补者和竞争对手；⑥制定创新企业的竞争战略以获得并保持相对于对手的优势等。其实简单来说，商业模式就是赚钱的方式。赚钱的方式有很多种，商业模式也有很多种，但仔细想想，可以推敲出商业模式的逻辑是：价值发现——价值匹配——价值获取。商业计划书与商业模式是紧密联系在一起的，创业需要有一个商业计划书，商业模式则是商业计划书中的主要内容。有的研究者认为，创业机会是商业模式的起点，而商业计划书则是商业模式的终点。从这个意义上看，商业计划书实际上是纸面上的商业模式。因此，商业模式的相关构成和特征，也通常要反映在商业计划中。本书的第 5 章专门论述商业模式与商业计划书的概念、特征、价值与意义。

1.4.6 新企业的形成、成长与管理

这是创业过程模式中的又一个重要环节。当创业者有了创意，找到了创业机会，又形

成了创业团队，有了切合实际的商业模式与商业计划书，并取得了资源，那么如何建立初创企业就提到议事日程上来了。任何一个企业从提出构想到企业创立、发展、成熟，存在一个成长的生命周期，这个生命周期一般可以分为种子期、创建期、发展期和成熟期。而种子期、创建期和发展期的表现又对一个企业的后续发展有着至关重要的影响。新企业在融资方面，主要有三种形式：天使投资人(Angle)、风险投资(Venture Capital，VC)和私募股权(Private Equity，PE)。三者往往通过被投资创业公司的不同阶段而划分，天使投资人在种子期，风险投资在创建期或者发展期，而私募股权则在成熟期。除了时间的先后顺序外，三者的区别还在于投资的金额、来源和风险程度上有差异。有关新企业这一创业过程环节，目前有比较多的热点问题，比如创业失败、连续创业、平台创业与联盟创业，以及新企业的从 0 到 1 的问题等。本书第 6 章和第 7 章着重阐述与讨论新企业创立所采取的几种组织形式、初创企业生存的关键因素，以及其他新企业/创业项目的形成、成长与管理中的热点问题。

1.4.7 公司内部创业与其他分支创业

公司内部创业与其他分支创业这两个环节是建立在创意与创业机会基础之上的。创业机会的发现、构建，以及“发现＋构建”，使创业者通过努力建立新的创业企业/项目。同时，这些创业机会也为公司内部创业以及其他分支创业提供了动力。实践中，诸多企业成功地开展了公司内部创业，如 3M、施乐、宏碁等知名的大公司。这些公司看到了创业机会，通过建立内部市场和规模相对较小的自治或半自治的经营部门，以独特的方式利用企业资源生产产品、提供服务或技术。在我国，不少企业也看到了内部的创业机会，逐渐意识到了公司内部创业的可行性与重要性，华为、用友的内部创业就是典型代表。公司内部创业是通过公司内部的某些个体或群体，面对新的商机，利用公司提供的条件和其他支持，为公司创建新的业务机构，进而推动组织内部战略更新的过程，其目的是提高公司的绩效。同样，创业机会也可以为很多分支创业提供直接的创业动力，比如作为分支创业之一的国际创业，只要创业者看到了国际创业的机会，这些机会就会直接导致创业者从事有关的分支创业。这些分支创业与商业模式和商业计划书，以及新企业的理论与实践又是高度相关的。本书第 8～14 章着重阐述与讨论公司内部创业与其他分支创业问题。

1.4.8 创业目标与评价系统

创业过程中的创业目标是什么？一般来说，创业目标包括两个方面：一是看创业过程是否实现了创业机会的把握。对于一个创业者或初创企业来说，发现与构建机会是必需的，但当创业机会被发现与构建出来后，并非所有创业者或初创企业都能够把握这些创业机会。二是看是否实现了预期的绩效。根据本章的创业过程模式中的创业绩效评估环节，如果实现了创业目标，那么通过绩效反馈，创业者或初创企业可以继续创业，甚至加大创业规模与投入。相反，如果创业绩效评估结果表明创业目标没有实现，那么创业者或初创企业需要进行绩效问题诊断与分析，然后决定是否继续创业。

1.4.9 理解创业过程的目的

通过对创业过程的学习，可以正确理解创业与创业者的内涵，正确理解创业的核心，把握避免盲目创业的关键因素，理解创业机会既可以导致新企业的形成与成长，也可以导致公司内部创业与其他分支创业。通过对创业过程的学习，可以理解商业模式与商业计划书对于成功创业的意义，理解如何建立一个新企业，如何使一个新企业生存与发展。通过对创业过程的学习，可以知道创业绩效是否达成、创业目标是否实现，从而决定是否继续创业。

本章小结

创业是创业者通过发现和识别商业机会，在资源缺乏的情况下组织各种资源，提供产品和服务，以创造价值的过程。创业要求创业者贡献出时间、付出努力，承担相应的财务的、精神的和社会的风险，并获得金钱的回报、个人的满足和独立自主。创业涉及科技创业、社会创业以及创新和创业的组织化整合管理等问题。我国的内外环境蕴含了大量的创业机会，民间丰富的创意导致了大量的创新活动，创新活动又导致了大量的创业实践，并带动就业与社会发展；创业的类型可以划分为：生存型创业与创新型创业、创业与企业内部创业、经济创业与社会创业等。本章的第四节阐述了创业过程模式，对全书的后续章节以及章节之间的相互衔接做了概要性的说明。

本章思考题

1. 为什么要创业？如何理解创业者的思维？

2. 创业的核心是什么？为什么说没有创业机会，或没有看到创业机会，就不要马上创业？

3. 为什么说创业机会是新企业产生的动力？为什么说创业机会是公司内部创业与分支创业的动力？

4. 举例说明商业模式与商业计划书的差别，设计商业模式与撰写商业计划书的关键因素是什么？

5. 建立一个新企业需要考虑哪些方面的因素？如何促使一个新企业生成与发展？

6. 创业目标是什么？举例说明在什么样的情况下应该继续创业？在什么样的情况下应该中断创业？

案例分析

特斯拉(Tesla)坎坷创业路

首先要解决的问题，特斯拉(Tesla)的创始人到底是谁？准确的说法是，2003 年年底两位成功的企业家兼同事 Martin Eberhard 和 Marc Tarpenning 从上一个公司成功退出，看着自己还年轻，也不愁吃穿，就着手下一个伟大的计划。两位都是世界级的工程师，Martin 曾经是 Wyse Technology 的旗舰产品设计师，20 世纪 80 年代初 Wyse 大名鼎鼎，他是世界上第一批做虚拟机和云计算的人；Marc 则是在软件、固件和软硬件融合多个产品、多个应用上有着非常辉煌的履历。

总的来说，两个人都是既有梦想又懂工程的大师。经过半年的讨论和思考，他们得出以下几个结论：①现今的汽车行业 30 年之内必不持久，石油供应赶不上汽车市场的增长；②汽车行业几个新的技术方向，只有电动汽车在近 20 年明确地可以超越传统汽车技术并且可持续；③电动汽车的各个关键技术基本都成熟，临门一脚开发产品完全可行。于是他们调研、设计，并且制定了企业的产品方向：首先开发一款能够跟保时捷 GT3 或者法拉利 Enzo 相媲美的高档电动跑车。正准备去找 VC 老朋友 Steve 和 John 的时候，有人给他们介绍了 Elon Musk。三个梦想家碰到一起，共同的工程背景、共同的行业和科技发展洞察力让大家一拍即合。Musk 在办 Zip2 之前就想做电动汽车公司，结果被 Zip2 和 Paypal 的事儿给忙忘了，赚了 3 亿美元之后他终于想起了这事儿，一看这两位跟他的愿景一致，想也不想就领投了他们的 A 轮。

公司的名字就叫 Tesla Motors，纪念他们眼中最伟大的工程师尼古拉・特斯拉。Musk 任董事会主席，从这个意义上来说，说他是创始人应该是没问题的，不过技术的架构、产品的方向是 Marc 和 Martin 最开始开发的。

Tesla 起家给力在什么地方？

第一件事情是产品的愿景。他们的思路很清晰，任何一种新技术进入应用领域要经历三个阶段：第一阶段高端市场，高售价和高成本；第二阶段中端市场，中等价格和中等成本；第三阶段大众市场，低成本和低价格。他们现在只能做高端市场。通过了解，前两个阶段两位创始人的想法更多一些，尤其是第一阶段的思路是很清晰的，但是 Musk 在公司成立前 3～4年就把三个阶段真正都想明白了。

第二件事情是产品的设计。现有电动车技术应该做什么样的高端产品？很明显，豪华车、房车做不了，电池技术续航能力不够，输出马力到不了宾利的 30%，这种明显是不行的。但是电动汽车的最大优点是结构简单、扭矩大和加速快，这一点连法拉利都远远赶不上。因此，做一款超轻的高性能跑车是最合理的。

第三件事情是技术的开发。Tesla Roadster 的 drivetrain 技术是和 AC propulsion“合作＋许可”出来的，那么 Tesla 本身到底做了什么样给力的技术创新呢？

(1) Drivetrain 控制改进。最早 Alan 的 EV1 里面是模拟信号控制的，这跟通用汽车的基因有关系，传统汽车厂商对电子产品更新换代的速度没有任何概念，他们根本就不知道什么是摩尔定律，而且有意思的是，最后导致 Tesla 成功的关键就是摩尔定律。Tesla 团队的人把电动机控制系统全部改成数字控制，电容、电感都扔掉，通通用 IGBT 来控制输入电流电压。这样的控制更精确、更快速，并且整个系统可靠性非常高。Tesla 作为最早进入电动车高功率电机控制系统的研发厂商，其在电路设计、控制算法和固件开发上领先所有对手至少 5 年。如果你同时开过 Nissan Leaf 和 Tesla Roadster，你就会知道，前者在加速、冷天气等环境下的能耗是非常惊人的，导致整体用户体验大幅下降，而且 Nissan Leaf 还算是全世界最好的电动车之一。

(2) 电池系统创新。促使 Marc 和 Martin 两人做 Tesla 的很重要一个原因是锂电池的出现。他们很先见地看到,EV1 的年代用老式铅酸电池能做出跟汽油车类似甚至更好的性能,而锂电池让电动车前进了一大步,彻底打败所有其他的新能源车技术路线,并且能够有潜力让电动车性能远超汽油车。锂电池拥有比铅酸电池更高的能量和功率密度,不过其热特性和电特性都是很糟糕的。比如说电压。任何单芯锂电池外电压必须在 2.7～3.3 伏,否则就会过热,导致多米诺骨牌效应。另外,一块大电池的组内温度梯度要求也是非常严格的,如果一块 30 千瓦时的电池任何两点温差为 2℃,那么它离火灾也就不远了。

如何"驯服"这难以控制的锂电池? 这一点 Marc 和 Tesla 的一号技术员工 JB 做出了杰出的贡献。他们最终给出的解决方案是将约 7000 个 2 安时左右的 18650 封装电池串并联在一起。在最新一代 Roadster 的电池组里面,69 个小电池并联封装成一个电池砖,99 个电池砖串联成一个电池片,11 个电池片并联成一个电池系统,总共 6831 个电池。记得 2007 年左右这个技术慢慢成熟的时候,总能在电视台里看到一些经典的评论员,打扮得油光水滑,装腔作势地说:想到开车的时候屁股底下垫着 7000 个笔记本电脑电池,这些 Tesla 的书呆子们走不了多远了!

然而,这一群给力的人让无知的电视评论员们失望了,而且失望之极。事后证明,不仅他们的电池系统很稳定,而且是世界上最稳定的系统。后来大家听说过其他电动车起火,唯独没听说过 Tesla 电池起火。那么,他们的解决方案为什么最稳定呢?

首先,Marc 和 JB 两个人测试了当年 300 种市面上品质最好的电池,最后发现松下电池的稳定性和一致性远超其他所有公司的电池,而松下的 18650 封装电池的稳定性又在其所有产品中最好,因此使用最稳定的电池芯为其电池组的质量奠定了基础。后来的故事大家也知道,Volt 和 Fisker 都用过 A123 的电池,都起过火,并且 A123 也破产了。其次就是电压控制和温度控制。电池越小,可以测量的分辨率就越高,控制就越容易精确。当然这个时候有人自然会问:7000 个电池太多太复杂了吧? 怎么控制呢? 但是在网络控制领域,一个简单的程序就能通过路由控制上万台甚至几百万台服务器,而 Marc 更是这个领域的技术专家并且成功卖过一个公司。因此,在底特律传统车商不熟悉的领域,Tesla 的团队抓住了电池问题的关键,利用自己的聪明才智解决了这个问题。

(3) 造车架构简化。Tesla 刚开始的时候早期团队的人对此并没有明确的方向,他们并不知道自己能够改变整个造车的理念和使用了上百年的架构。不过基于对电动汽车架构和关键部件的分析,JB 得出一个很重要的结论:电动车的关键部件电池组和动力传动系统以及所有的电缆都可以集成到传统汽车底盘大小的部分,跟传统车相比这大大节省了空间,而且以此为平台,"Everything above is your imagination space"(底盘上面的一切都是想象空间)。在 Roadster 里面这一点体现得还不明显,到了 Model S 和 X 就可以发现前盖打开都可以放很多行李,车内容积比同样体积的汽油车大很多。

从 2003 年两位"M 哥"开始酝酿,到后来的 JB,Tesla 在 2004 年就组建了一支阵容强大的工程团队。有意思的是,虽然直到 2006 年才有传统汽车领域的技术大牛加入,事后证明恰恰是这一点让 Tesla 别出蹊径走出了一条辉煌的汽车设计革新之路。

2004 年第一季度：公司正式成立，Elon Musk 领投 700 万美元。

2005 年：上半年第一辆实验样车（没壳）出炉，Musk 领投第二轮，下半年车身模型设计完成，第二辆样车出炉，公司从 20 人扩张到 80 人。

2006 年：上半年 Musk 跟投第三轮，所有创始人的共同好朋友 Steve Juvertson 加入董事会。公司人数增长到 150 人。

2007 年：关键年。0～100 千米/每小时加速 3.86 秒。原有的二级变速箱设计可靠性出了大问题，过不了 3000 英里测试。现金急速见底，生产遥遥无期。

乔布斯 2007 年在 All Things Digital 接受采访的时候说过一句大实话：成功的企业靠的是 1％的创新和 99％的执行。从坐在他身边的比尔·盖茨的点头力度和频率来看，这句话确实很有分量。而 Tesla 此时的 CEO Martin 做了很多。重要的创新点几乎全部抓住，而从 2006 年之前的执行来看，他做的是很优秀的。电池系统性能卓著、运行稳定，车身设计明快大气，电动控制系统算法坚实。可以说，前 40％的执行都做得不错。

但是当公司成长到 150 人之后就越来越难有效解决重大问题了，比如二级变速箱。本来原则上电动车都不用配备多级变速，但是如果需要高性能的加速，异步电机在低转速的情况下功率输出效率较低，会影响性能，因此引入二级变速是个很自然的选择。但是在高压高功率电控系统和变速箱之间的系统研发，是全世界谁都没做过的。当时选取的晶闸管 IGBT 在功率控制的精度和时间响应上都不太适用于二级变速。所以多次测试都无法通过。

作为 CEO，应该快速做出决定让产品通过生产标准，但是 Martin 这个时候犹豫了，进入了反复试验的死循环，导致现金不足以支持交通部的认证测试和生产投资。

无奈之下公司只好进入下一轮融资，Musk 领投，董事会把 Martin 解雇，电子制造业的大佬级人物 Michael Marks 临危受命担任 CEO。公司很快做出一系列有效决定，第一批产品使用更好的变速箱供货商，并且锁死变速不让换挡。他们在低速加速上牺牲了将近 15％的效率换来了产品的顺利发售，后来 Roadster2 干脆换成单速变速箱，加速反而更快。

当时整个公司非常恐慌，感觉自己永远没有机会做出能真正通过认证的电动车。然而，他们一直信仰的硅谷老前辈摩尔的摩尔定律拯救了他们，2008 年 IGBT 发展进入高速期，更小、更快、更高效耐用的产品彻底把 Tesla 推上了一个技术高峰。

2008 年 6 月第一辆 Roadster 发售，之后汤姆·汉克斯、乔治·克鲁尼、施瓦辛格等纷纷买入。Tesla 在洛杉矶开了第二家 4S 店。2008 年 10 月份 Musk 上任 CEO，Tesla 开始了真正的生死之搏。

2008 年的 10 月份无疑是生死存亡的时刻。第一款跑车产品 Roadster 出炉，原计划 7 万美元成本售价 10 万美元。由于变速箱的改进，成本飙升到 12 万美元，售价开始变成 11 万美元，“给力哥”在洛杉矶客户见面会上见到的是一张张愤怒的脸，他说他那天差一点就没坚持下来昏倒在现场。Tesla 面临的情况非常糟糕：卖车亏本，200 号员工每天工资不断消耗，继续融资无人愿意接盘。以前常常看到工程师平常周二、周四打打篮球，周末出来泡泡酒吧，而那段时间憔悴得厉害。

Tesla 何去何从？到底该怎么办？摆在 Musk 面前是这样一个情况：技术遥遥领先，成本短期无法大幅下降，现金即将用完。这个时候，Musk 的真正实力终于发挥了。意识到公司最关键的问题就是现金，他首先去了一趟戴姆勒，说服戴姆勒主席来 Tesla 参观。然后花了 8 周左右的时间，将一辆 Smart Car 改装成电动车，这其中包括底盘、电池、电动机，所有控制系统全部重新设计。

不出所料，戴姆勒主席对 Tesla 的技术大为满意，对 Tesla 投资 5000 万美元并且开始签订 Smart Car 核心部件的销售订单。之后的半年内，Tesla 又拿下丰田 Rav4 的电池和 Drivetrain 的订单。对于很多人来说，这可能和戴姆勒的协议没有太大区别，但是能给世界第二款经典电动车提供最核心的部件本身就是其技术先进性的一种体现。

可是，钱还是不够，非常不够。

如果说 2008 年是生死存亡的一年，2009 年就是奇迹不断的一年，Musk 的战斗力终于爆表。首先，2008 年快速启动的 Model S 计划进展顺利，设计、测试和样机制造在 2009 年上半年顺利完成，对于一个第一款产品还未完全成熟的年轻汽车公司来说，不得不说团队的创造力和执行力都是惊人的。在众多的批评和质疑声中，朱棣文和奥巴马参观了工厂，Tesla 成功拿下 4.65 亿美元的贷款用于生产Model S并且开始接受客户的定金。另外，公司还需要 6000 万美元的流动资金用于生产、工程等费用。

再次遇到瓶颈。

硅谷懂汽车技术的风险投资人并不多，大家不知道 Roadster 是否最终能挣钱，也不知道 Model S 能不能成功生产，因为 Roadster 开发花了将近 2 亿美元，融资 3 个月还是没有进展。这个时候 Musk 终于出来，拿出自己银行中仅有的 6000 万美元，发邀请给自己认识的所有投资人朋友："这一轮 6000 万美元，大家自愿认购，不够的我来补上。"这气势一下子把大家给镇住了，众人才如梦方醒纷纷跟进。最终这一轮大概融资 8000 万美元。

经历了 2007 年的关键之年、2008 年的生死之年、2009 年的奇迹之年的 Tesla 就如浴火重生的凤凰一般一飞冲天。之后的事情很多人都知道了：2010 年年中上市纳斯达克，成为自 1954 年以来第一家美国上市汽车公司，上市当天股票涨到 18 美元。2012 年年中第一辆 Model S 下线。2012 年第一季度 Model X 发布。2013 年第一季度实现盈利，股票涨到 90 美元左右。

Tesla 是这样一个公司：他们在创新最困难、最昂贵的汽车行业，通过世界一流的团队、理想化的领导人和良好的硅谷创业环境非常幸运地生存、发展并壮大了起来。他们带来的技术进步对行业是革命性的；他们今天在产品设计、技术积累和商业模式构建方面都远远领先同业竞争对手。

案例来源：改编自"我眼中的现代电动汽车发展和 Tesla 电动车". http://tech.sina.com.cn/i/csj/2013-05-23/15498371263.shtml.

问题讨论：

1. 特斯拉的三位创业者创业追求的目标是生存还是创新？经济还是社会？
2. 讨论本案例中所包含的创业机会。
3. 结合本案例以及其他资料，请讨论与评价 Elon Musk。

本章精读文献

Katz, J A. The chronology and intellectual trajectory of American entrepreneurship education: 1876—1999 [J]. *Journal of Business Venturing*, 2003, 18(2): 283-300.

Chapter Article Summary(本章精读文献摘要):

It has been more than 50 years since Myles Mace taught the first entrepreneurship course in the United States. Held at Harvard's Business School in February 1947, it drew 188 of 600 second-year MBA students (Jeff Cruikshank, 1998, personal communication). In 1994, more than 120,000 American students were taking entrepreneurship or small business courses (Katz, 1994), and at the start of the new millennium that number is thought to have increased by 50%, although no new studies have been conducted. From that first class in 1947, an American infrastructure has emerged consisting of more than 2,200 courses at over 1,600 schools, 277 endowed positions, 44 English-language refereed academic journals and over 100 centers. The growth is impressive, even exceptional, but it raises a key question: What are the prospects for and the impacts of such growth for the 21st century? Assessing the prospects for an academic discipline is better approached less as a science and more as a speculative enterprise, guided by the lessons of history. In that vein, this paper offers the first detailed chronology of entrepreneurship education in the United States, both as a basis for providing preliminary answers to the above questions and as a common historical basis for others' speculations on the future of the field. It is clear that entrepreneurship education is certain to continue as a major and growing academic discipline worldwide. There are too many academics, too much established infrastructure and too much demand from students, firms and governments to let entrepreneurship fall into disuse or disarray. And from the standpoint of establishing the discipline worldwide, entrepreneurship education is succeeding beyond anyone's past predictions. One future uncertainty is the form or forms of entrepreneurship education that dominate in the 21st century. The next new paradigm could come from anywhere on the globe, emerging from the new infusions of culture, business settings and institutional influences. In this paper, a 100+-item chronology of entrepreneurship education in the USA from 1876 through 1999 is offered and analyzed. The major findings are (1) in the USA, the field has reached maturity and (2) growth is likely outside business schools and outside the USA. The major problems include a glut of journals, a narrowing focus on top-tier publications, potential American stagnation and a shortage of faculty.

本章精读文献评述:

本章这篇精读文献记载了美国创业教育123年(1876—1999年)的发展历程。1947年,哈佛商学院最早开设了创业这门课,迈尔斯·梅斯博士教授这门创业课程。从这篇文章中,我们可以看到Katz以年代记录的方法,对美国创业教育做了比较详细的由远及近的回顾,从创业课程的发展,包括课程本身、课程的建设,到美国创业相关的研究期刊,包括*JBV*、*ETP*等目前知名创业类期刊的创刊以及发展过程。

文章中的第一张表包括了创业的定义,还按照年代记录了一系列重要的创业问题与创业教育问题的出现时间,例如小微金融创业、高科技创业等。而第二张表则记录了到1999年为止的44本具有代表性的创业与中小企业管理的研究期刊。这些研究期刊目前已经成为我们了解与研究创业管理的教学与研究的信息资源。在创业教育实践中,创业教育者如何抓住学生的注意力,并且帮助学生理解创业概念,信息资源是必不可少的前提。当然,信息资源也是做创业研究的必要前提,发挥着无可比拟的重要作用,读了Katz这篇文章也许我们会更加认同这一点。这些信息资源就是前人所完成的对创业的问题的经验思考与理论成果总结。我们在做创业研究的时候,常常听一些人说一个好的研究往往是站在巨人的肩膀上来完成的。换句话说,就是我们的研究一定要借鉴前人的研究成果,在前人研究成果的基础上提出新的问题,并通过理论与实践方面的论证或验证来看看是否可以产生新的理论或应用价值。

创业教育也一样,它同样需要借鉴前人的教学成果,在前人教学成果的基础上提出与发展新的教学模式,来满足不同时期创业课程受众的需求。在2015年的世界创业论坛上,笔者曾经提出关于市场、创业者、创业教育者等方面的观点。市场其实是创业者与企业家等创造出来的,中国的国情比较特殊,因为它有100多家大央企,因此中国目前阶段的市场是政府与企业家共同打造的。西方哈耶克、弗里德曼等强调市场的自由自发秩序,但在目前的中国,不能不考虑中国的特殊国情。就市场、创业者与创业教育者三者关系来说,如果把中国市场比作一个舞台,创业者应该是这个舞台上的演员,而决定创业者表演是否精彩的是剧本,大学里的创业教育工作者应该是写这个剧本的人。大学创业教育工作者的这种功能与作用不是实践中的创业者擅长的。有没有创业经验不是决定目前中国高校老师能否讲授创业课程的决定性因素,这个和讲授营销的老师没有做过营销总监是同一个道理。目前,中国高校老师讲授创业课程的目的也不是培养马云这样的创业者。但高校老师讲授创业课程一定要理解与掌握创业管理的基本原理,了解时代的变化,这是对创业教育工作者提出的挑战。创业教育工作者要掌握比较多的信息,需要更多地参与案例研究,更多地理论联系实际,这样才能更加接地气。大学创业教育工作者掌握比较多的相关创业信息的另外一个途径是多阅读发表在期刊上的研究论文与创业案例。

Katz这篇2003年发表在创业创新管理顶级研究期刊上的文章为我们提供了由远及近贯穿100多年的创业教育与创业重要问题的发展历程,其中很多信息与论点都是我们目前从事创业教育的工作者所应该学习与思考的。对比不同时期的创业教育,现在的创业教育有别于Katz写这篇文章时期创业教育的最大不同是移动互联网等高科技的出现。1987年9月,中国互联网成功发出了我国第一封电子邮件,邮件内容为"Across the Great Wall we can reach every corner in the world"(越过长城,走向世界)。这些高科技的出现,不仅改变了人们的生活方式,也改变了整个世界的沟通交流方式。沿着Katz 2003年这篇文章继续思考,变化与挑战会对我们目前的创业课程设置、创业教育师资标准等方面提出怎样的要求?如何通过比较中美的差异而得到对这些问题的解答?读史可以明鉴,知古可以鉴今,总之Katz的研究为我们深刻理解上述问题,尤其是创业教育的发展提供了非常有价值的理论与信息。这篇文章应该是我国创业教育者必读的文献之一。

本章作者介绍

斯晓夫，浙江大学求是讲座教授，美国华盛顿州立大学管理学博士，浙江大学创业研究所所长，美国宾夕法尼亚布鲁斯堡大学商学院创业管理终身教授。原上海大学管理学院院长，博士生导师；同济大学全球创业创新研究所所长，同济大学讲座教授，博士生导师。曾先后担任香港中文大学商学院、新加坡国立大学商学院、加拿大康卡迪亚大学约翰·莫尔森商学院全职教授。在顶级中英文创业管理研究期刊上发表学术研究论文，并担任创业创新顶级学术研究期刊客座主编，以及很多著名管理研究期刊的国际编委等，同时具有一定的创业实践经验。

本章相关引用材料

[1] Bygrave, W D. The entrepreneurial process [M]. In: Bygrave, W D & Zacharakis, A (Eds.). *The Portable MBA in Entrepreneurship, 4th Edition*. New York: John Wiley & Sons, Inc., 1997: 1-26.

[2] Chesbrough, H. Business model innovation: It's not just about technology anymore [J]. *Strategy & Leadership*, 2007, 35(6): 12-17.

[3] Chesbrough, H. Business model innovation: Opportunities and barriers [J]. *Long Range Planning*, 2010, 43(2): 354-363.

[4] Gartner, W B. A conceptual framework for describing the phenomenon of new venture creation [J]. *Academy of Management Review*, 1985, 10(4): 696-706.

[5] Howard, H, Stevenson, J & Carlos, J. A paradigm of entrepreneurship: Entrepreneurial management [J]. *Strategic Management Journal*, 1990, 11(1): 17-27.

[6] Katz, J A. The chronology and intellectual trajectory of American entrepreneurship education: 1876—1999 [J]. *Journal of Business Venturing*, 2003, 18(2): 283-300.

[7] Schumpeter, J A. *The Theory of Economic Development: An Inquiry into Profits, Capital, Credit, Interest, and the Business Cycle* [M]. New Jersey: Transaction Publishers, 1934.

[8] Schumpeter, J A. The creative response in economic history [J]. *The Journal of Economic History*, 1947, 7(2): 149-159.

[9] Sullivan, Mort G, Weerawardena, J & Carnegie, K. Social entrepreneurship: Towards conceptualization [J]. *International Journal of Nonprofit and Voluntary Sector Marketing*, 2003, 8(1): 76-88.

[10] Teece, D J. Business models, business strategy and innovation [J]. *Long Range Planning*, 2010, 43(2): 172-194.

[11] Timmons, J A. *New Venture Creation, 5th ed* [M]. Boston: McGraw-Hill/Irwin, 1999.

[12] 布鲁斯·巴林格，杜安·爱尔兰. 创业管理：成功创建新企业[M]. 杨俊，等，译. 北京：机械工业出版社，2010.

[13] 斯晓夫. 成功创业是中国未来经济发展的关键[N]. 解放日报，2011-9-4.

[14] 斯晓夫. 创业如何从"多乱难"到"一定成"[N]. 解放日报，2015-8-23.

[15] 斯晓夫，王颂，傅颖. 创业机会从何而来：发现，构建还是发现＋构建？——创业机会的理论前沿研究[J]. 管理世界，2016(3)：115—127.

[16] 张玉利. 创业管理[M]. 2 版. 北京：机械工业出版社，2011.

Chapter 2
第2章 创业团队与领导力

学习目标

了解创业团队的重要性
知道如何组建一个优秀的创业团队
理解创业领导的重要性
知道如何培养和提升创业团队的领导力
知道如何开展卓有成效的创业领导
知道如何沟通和调解创业过程中合伙人之间的冲突

章节纲要

本章主要分三节来阐述与探讨创业团队与领导力。第一节主要讨论创业团队的重要性;第二节介绍创业团队的组建;第三节主要讨论创业团队的领导力与创业领导过程。

开篇案例

成江药业：创始人之间的合作裂痕如何修复?

孙加明和周云龙是高中同学,也是大学同窗好友。孙加明来自城郊农村,他平时不爱多说话,动手能力特别强,喜欢钻研问题。周云龙是城里人,父母是双职工,自小性格开朗,兴趣广泛,喜好结交朋友。大学毕业时,周云龙进入了当地一家大型国有药厂从事质量检验工作,孙加明则被分配到当地一家国有化工厂从事技术研发工作。在最初的几年中,两人都取得了很好的工作业绩,先后在各自的企业中当上了质检科副科长和技术科科长。同时,各自找到了对象,成了家。

在五年后的一次大学同学回校聚会时,住在一个房间的两人有了一次深谈。他们都认识到:国有企业有国有企业的弊端,在国有企业中,自己一些好的想法常常得不到重视,也很难在其中完全施展自己的才华;大家都已经成了家,爱人的工作也都比较有保障,加上这几年大家有了一定的积蓄,现在的政策环境也比较好,可以共同创业。

协力发展

1994年年初,两人从各自企业辞职。1994年2月,两人各筹集12.5万元创办了一家合成化工厂，初始注册资金25万元，租用他人的场地和设备，由相对熟悉医药行业的周云龙负责产品销售和对外联络，一直搞技术、喜欢做具体事情的孙加明负责技术和产品研发、生产，俩人携手走上了共同创业之路。由于孙加明肯钻研、技术研发能力强，周云龙人缘好、善于结交朋友，公司在第一年就利用小试设备试制舒胆通粗品并获得成功，实现销售收入50万元、利税10多万元的佳绩。1999年，企业增加注册资本到1500万元，经营范围变更为医药中间体的制造及出口，并更名为成江医药化工有限责任公司。2005年，企业增加注册资本到1亿元，当年营业收入近3亿元，净利润近8000万元。

在最初十多年的合作中，两人一直是同比例增资，分工上则一直都是孙加明对内、周云龙对外。他们相互间保持着创业时的坦诚相见和对彼此的信任，专心致力于企业的发展。周云龙形容自己的搭档时，毫不吝惜褒扬的形容词："他做事认真、负责任，韧性特别强，很刻苦，对人很诚恳，是一个能干实事的人。"孙加明则评价周云龙："考虑事情比较细致、周到，对宏观和未来的把握能力很强。"

滋生裂痕

随着企业规模的不断扩大，各自要做的事情不断增多，两人在一起的时间开始减少。名义上两人一个是董事长、一个是总经理，但实际上并没有非常明确的分工。下面人员有事情，找到周董或孙总都可以拍板。由于周云龙经常在外跑市场、跑客户、跑项目，在公司的时间不多，自然而然地，公司内部事务主要就由孙加明做主。

2005年以后，企业的各种荣誉接踵而来。可是，孙加明有过一些抱怨，觉得周云龙不应该把什么荣誉都往自己身上戴，也不能老是在各种场合拔高销售部门的重要性，毕竟企业的发展还是靠大家共同的努力。公司这些年之所以能不断地扩大销售规模是因为企业能坚持不懈地对生产工艺技术进行革新而取得的。

为了规范企业内部管理，从2000年开始孙加明花了不少功夫，指导各职能部门，讨论制定了很多的规章制度。他认为，既然在制定的时候大家都没有异议，平时就应该一律照章办事，违反了规章制度就应该照章处理，所以自己在实际工作中也是这么做的。但周云龙却认为规章制度只是一种管理手段而已，有特殊情况就可以而且应该酌情处理，所以在实际工作中，常常以属于特殊情况为由，不按规章制度处理，导致下面的人一旦违反规章制度就找周云龙说情。在这方面，自己跟周云龙在具体事情处理上发生过几次争论。

2008年金融危机以后，双方对公司的发展一直存在着不同的想法。孙加明认为公司今后的发展要坚持自己的特色，量力而行。具体来说，就是：公司今后的发展应该仍然以原料药为主、适度发展制剂，公司在原料药市场领先地位明显，应致力于进一步扩大国内和在欧美市场的份额；制剂要做，但做制剂投入至少上亿元，且食品药品监督管理局(FDA)认证难度大、不确定因素多，不可能马上见效，现在就重点发展制剂，公司实力不足，风险太大；公司应该坚持技术导向，通过工艺改进和科技开发，持续提高产品收益率、降低生产成本、提高产品质量，同时降低企业污染物的排放总量，以进一步提高产品的市场竞争力，营销主要是把产品打进欧美市场，同时控制好价格；要走专业化道路，集中精力做好医药产业，房地产等其他产业尽管赚钱，但不是我们所擅长的，就不应该去做；与别人合作风险太大，兼并收购不容易管理，还不如通过自我积累，自己逐步投入发展来得稳当；尤其是2008年金融危机以来，国际、国内市场不是很景气，环境不确定性因素较多，更应该谨慎确定企业的发展目标，控制企业的发展速度。周云龙则认为做企业，就应该处处领先别人一步，这样才能有竞争力；应该学会借力，通过利用资本市场、兼并收购、多元化等实现企业的跨越式发展。他觉得成江以前之所以能够发展得不错，就是因为能够在人家没有做中间体时，成江就开始做；当别人开始做中间体的时候，成江开始做原料药；当人家开始做原料药的时候，成江做原料药海外认证；当人家刚做起海外市场时，成江已经把原料药做到欧美去了。今后光靠原材料药是不行的，别人肯定也会开始进军欧美市场，所以我们应该现在就开始重点发展制剂和准备做美国FDA认证，以便自己做原料药、制剂以及承接国外大公司的制剂制造订单，使企业能够有更好的发展；企业的发展就应该以市场为导向，科技尽管重要，但如果找不到一个好的市场，效益还是不可能好的，现在艾滋病患者越来越多，发达国家在进行产业转移，所以以后抗艾药和制剂代加工一定会成为大市场，公司如果不考虑投入抗艾产品和制剂的研发与生产，就会错失今后发展的大好时机；现在是资本时代，要做大企业，就应该有开放的意识，善于借助资本市场的力量，公司做制剂、研发抗艾药，都需要大量的投入，可以考虑引进风险投资、上市等借力发展，尽管在一定程度上会稀释股份，但也可以增强企业实力、减少自己的风险。尽管金融危机以来，国际市场不是很好，但形势不好的时候，正是有志于进一步发展的企业的大好时机。只要正确决策，通过产品结构的调整、科技含量的提高、资本力量的运用，今后几年成江药业保持20%以上的净利润增长应该是没有什么问题的。

两人的分歧和冲突不断增加和深化。有一天，周云龙向孙加明提出授权一人来全权负责的方案。周云龙的提议是：由一人来全权负责经营公司，同时要求负责人能够做到今后三年保持20%的净利润增长率，如果达不到，该负责人就要用自己的股份来补偿业绩差额，并让出经营管理权。孙加明对周云龙的这一举动百思不得其解。

案例来源：节选自邢以群. 成江药业：创始人之间的合作裂痕如何修复？全国百篇优秀管理案例. 中国管理案例共享中心，2012. http://cmcc.dlemba.com.

在技术和市场快速复杂变革所塑造的超竞争的全球开放式创新环境下，无论是新企业还是大公司都需要依靠创业团队去构筑动态能力和获取竞争优势。那么，如何组建一个优秀的创业团队？如何培养和提升创业团队的领导力？如何开展卓有成效的创业领导？这些正是本章将讨论的核心议题。本章首先讨论创业团队的重要性，进而重点讨论创业团队的组建和创业团队的领导过程。

2.1 创业团队的重要性

创业团队是创业企业高层管理团队的基础和最初组织形态。在本章中，创业团队具体是指初始合伙人团队，即拥有共同目标、共担创业风险和共享创业收益的一群联合创建新事业的人。也就是说，它不包括与创业过程相关的各种利益相关者。例如，核心员工、外部投融资者、专家顾问等。

创业失败的根本原因是什么？大量证据表明，从外因来看，主要是基于创业机会的竞争环境日益剧烈。企业之间的竞争，本质上是创业机会的竞争。在超竞争环境下，创业企业，特别是新创企业难以感知、抓住和实现某个创业机会。从内因来看，主要有三个因素：创业团队内部问题、与投资方的关系问题以及商业模式缺乏更新。其中，第一个内因是最主要的。的确，一个优秀的创业团队在新企业创建、快速成长、进而走向卓越的过程中发挥着至关重要的作用。

投资家在甄选创业投资项目时通常把创业团队的卓越表现作为首要考察和评估的内容。风险投资家约翰·多尔重申了乔治·多瑞阿特将军的格言：与拥有二流团队和一流创意的企业相比，我更喜欢拥有一流创业者和团队却仅有二流创意的企业。多尔(Doerr,1997)说："在当今世界，有丰富的技术、创业者、资金和风险资本，真正短缺的是卓越的团队。你的最大挑战将是建立一个卓越的团队。"类似地，著名投资家阿瑟·洛克(Rock,1987)说："没有一个卓越的团队，即使有一个伟大的创意，也无法实现或难以有效实现这个创意。"

在合伙人创业团队，每一个成员可以拥有合伙人的诸多优势，从而构筑团队创业的整体优势。例如，它可以增强整个合伙人创业团队的智力资本的宽度和深度。表 2-1 描述了拥有合伙人的六个主要优势。

表 2-1 拥有合伙人的六个主要优势

- 你的合伙人可以分担压力和责任
- 别人可以替你完成你不擅长或者没兴趣做的工作
- 合伙关系可以提供你原本无法把握的机会，包括更大的成功
- 你能够更迅速地利用这些机会
- 有了一个同伴，你就能够享受到友谊的乐趣而不会感到"高处不胜寒"
- 有了合伙人，也就有了在企业的最高层实现协同配合及优化决策的潜力

资料来源：戴维·盖奇，2005

蒂蒙斯提出的创业过程理论模型(见图 2-1)深刻地阐述了创业团队的重要性。蒂蒙斯指出，创业过程是一个高度复杂的动态过程。创业团队、创业机会和创业资源是影响创业过程的三个关键要素。成功的创业过程需要在这三个关键要素之间实现高效的动态平衡。

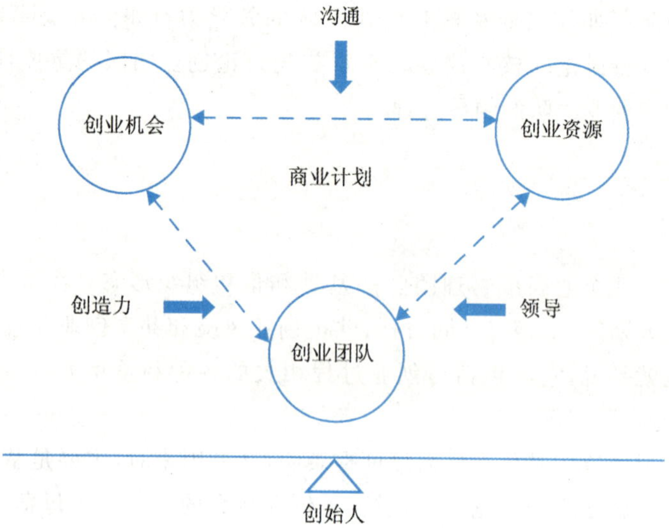

图 2-1 蒂蒙斯创业过程模型

资料来源：Timmons & Spinelli，2004

创始人是创业团队的核心成员。在创业过程中，创业团队是获取创业机会、帮助创业企业整合、创建和重构创业资源与能力的决策和执行主体。特别是，因为变化多端的外部环境总是深刻地影响创业企业的创业机会和创业资源的获取，创业团队需要不断调整自身与创业机会以及创业资源的匹配关系，以达成动态平衡。具体来说，在创业过程的不同阶段，创业团队发挥着举足轻重的作用。

➤ 在最初阶段(机会发现创造主导阶段)，创业团队的能力相对较弱，创业资源相对匮乏，创业团队的核心任务是发现和创造最具市场吸引力的创业机会。

➤ 在第二阶段(资源能力提升主导阶段)，创业团队的核心任务是最大限度地提升自身的能力，战略性地获取创业资源，竭尽全力地利用最初阶段获取的创业机会。

➤ 在第三阶段(动态平衡实现主导阶段)，创业团队的核心任务是进一步提升自身的能力，更有效地获取创业资源，最大限度地实现创业机会，从而达成创业团队、创业机会和创业资源三者的动态平衡。

➤ 在第四阶段(机会继续寻求主导阶段)，创业团队的能力已经足够强大，创业资源已经足够雄厚，原有的创业机会已经得到足够利用。因此，此时创业团队的核心任务是继续发现和创造更多、更好的创业机会。随着这些阶段的循环往复，创业企业不断成长，并逐步走向卓越。

2.2 创业团队的组建

我们强调新企业创业团队的重要性，这并不是意味着每个新企业必须在最初的开始阶段就已经具备一个完整的创业团队。比较常见的是，先有一个创始人单独或两个联合创始人合作创办一个新企业，然后有其他合伙人陆续加入该企业与创始人组成一个创业团队。大量证据表明，组建一个优秀的创业团队必须具备两个基石：一是构建优秀的团队心智结构，二是构建优秀的团队治理结构。

2.2.1 团队心智结构

优秀的团队心智结构通常需要具备四个特质：成员志同道合、能力卓越互补、行为风格匹配和相互信任尊重。

(1) 成员志同道合

成员志同道合是指合伙人之间，彼此志向志趣相同，理想信念契合。子曰："道不同，不相为谋。"的确，合伙人的志同道合对创业团队的成功至关重要。正如苹果电脑的联合创始人乔布斯所说的："如果每个人都想去旧金山，那么大家多花些时间来一起争论选择哪条路前往是没有问题的。然而，若一个人想去旧金山，而另一个人背地里想去圣迭戈，则这种争论就是在浪费时间。"类似地，新东方创始人、新东方教育科技集团董事长兼首席执行官俞敏洪说："做任何事情一定要记住一点，就是不管你做什么创业，千万不要为了这件事情本身能赚钱去做事情，因为任何只盯着钱去做生意的人都是做不大的，你要盯着你的热爱去做，做这件事情有意义，你热爱它，那你去做。"

为建立优秀的团队心智结构，合伙人必须树立合作精神，保持核心价值观一致，构建真正共同的创业愿景和目标，并立足长远目标，坚持不懈地为创业愿景和目标的实现而共同努力奋斗。合伙人必须确保他们为创业企业构建的价值观与自己的个人价值观(主要包括审美追求、人道主义追求、个人主义追求、物质追求、权力追求、形式主义追求、精神追求和理论追求)相一致。只有具有共同的创业愿景和目标，合伙人才能承诺全身心投入工作。以下两个例子说明了创业团队合伙人志同道合的重要性。在一家管理咨询服务新企业里，有一个由各持50%股份的两个合伙人组成的创业团队，一个合伙人只关注短期分红以尽快获取自己的经济收益，而另一个合伙人注重积累短期的经济收益用于寻找新的创业机会以把整个蛋糕做大，最终因调解失败而导致这个创业团队分裂。在一家高技术新企业里，有一个由各持50%股份的两个合伙人组成的创业团队，经过两年的合作后，一个合伙人坚持以改进现有的一个产品为企业的战略目标，而另一个合伙人坚持以研发一个新产品为企业的战略目标，这个创业团队最终也因调解失败而解散。

(2) 能力卓越互补

为建立优秀的团队心智结构，每个合伙人必须具备卓越的能力，并且他们的能力互为补充。创业，特别是高技术创业是一个高度复杂的、系统化的动态过程，只有合伙人具备各种不同的、互为补充的关键资源和能力，整个创业团队才能持续成功。这是因为能力卓越且互补的创业团队通常具有强大的创造力、创新性和领导力。例如，2001年马云组建的阿里巴巴创业团队的四个核心合伙人能力卓越且互补(见表2-2)，从而为阿里巴巴的快速成长和发展奠定了坚实的基础。

表 2-2 2001 年阿里巴巴创业团队核心合伙人能力背景

姓 名	职 务	能力背景
马云	首席执行官	● 生于杭州，1988 年在杭州师范学院英语专业毕业，获学士学位。同年，在杭州电子工业学院担任英语教师。1992 年，与朋友一起成立了杭州最早的专业翻译社“海博翻译社”。1995 年，在出访美国时首次接触到互联网，回国后创办了网站“中国黄页”。1997 年，加入了外经贸部，负责开发其官方站点及中国产品网上交易市场。1999 年，回到杭州创办阿里巴巴网站
蔡崇信	首席财务官	● 生于中国台湾，在美国耶鲁大学获法学博士学位。先后在华尔街做了四年律师、担任纽约专门从事收购投资的 Rosecliff Inc. 公司副总裁和瑞典著名投资公司 Investor AB 副总裁。1999 年，以 Investor AB 副总裁的身份到杭州考察阿里巴巴，并于同年加盟阿里巴巴。加盟后主持成立了阿里巴巴设在中国香港的总部，负责国际市场推广、业务拓展及公司财务运作
吴炯	首席技术官	● 生于上海，1989 年在美国密歇根大学获计算机科学学士学位。先后担任 Oracle 公司服务器技术部发展经理、Medicus systems 公司咨询顾问、RAD Technologies 公司软件工程师。1996 年 4 月，加入雅虎公司，主持公司搜索引擎和电子商务技术的设计、开发和应用，是具有强大功能、效率卓著的雅虎搜索引擎及其许多应用技术的首席设计师。1999 年 11 月 23 日，作为唯一发明人，获得美国授予的搜索引擎核心技术专利。该技术现被广泛应用于雅虎拍卖、雅虎网上商店、雅虎分类广告、雅虎公告栏等十余项服务中。2000 年，加盟阿里巴巴
关明生	首席营运官	● 生于中国香港，1969 年毕业于英国剑桥郡工业学院，获学士学位，并先后获得拉夫伯勒大学和伦敦商学院的工程学和科学硕士学位。在美国通用电气公司工作达 15 年，历任要职，在业务开发、销售、市场、合资企业和国家级分公司管理方面卓有建树。在四年之内，将该公司医疗器械在中国的销售收入从 0 提高至 7000 万美元。先后在财富 500 强企业 BTR Plc 及 Ivensys Plc 担任中国区总裁，于 2001 年加盟阿里巴巴

(3) 行为风格匹配

行为风格是指合伙人的行为方式——他们怎样思考、决策、沟通，怎样利用时间，怎样控制情绪应对紧张，怎样判断他人，怎样影响他人，怎样处理冲突等。为建立优秀的团队心智结构，创业团队需要具备多种不同行为风格的合伙人，并且这些行为风格互相匹配。TOPK 方法为我们寻找行为风格互相匹配的创业团队合伙人提供了一个可操作的工具(黄德华，2011)。

T、O、P、K 四个字母分别代表四种动物 tiger(老虎)、owl(猫头鹰)、peacock(孔雀)和 koala(考拉)的英文单词的首字母。TOPK 方法的核心观点是：遵照“一个好汉三个帮”的智慧，如果一个创业团队尽早拥有类似于这四种动物的行为风格的合伙人，那么这个创业团队更能快速取得成功。例如，1999年携程网组建的四个合伙人创业团队成员中，梁建章具有O(猫头鹰)型行为风格，季琦具有P(孔雀)型行为风格，沈南鹏具有T(老虎)型行为风格，范敏具有K(考拉)型行为风格。

T(老虎)型行为风格合伙人的主要特征是：他们的口号是“我们现在就去做，用我们的方式去做”。他们做事当机立断，大部分根据事实进行决策，敢于冒风险，在做决策前，会寻找几个替代方案，更多地关注现在，忽视未来与过去。对事情非常敏感，而对人不敏感，属于工作导向型，注重结果而忽视过程，工作节奏非常快，很容易与别人起摩擦。

O(猫头鹰)型行为风格合伙人的主要特征是：非常崇尚事实、原则和逻辑，他们的口号是“我们的证据在这里，所以我们要去做”。他们做事情深思熟虑，有条不紊，意志坚定，很有纪律性，很系统地分析现实，把过去作为预测未来事态的依据。追求周密与精确，没有证据极难说服他们。对事情非常敏感，而对人不敏感，也属于工作导向型，但注重工作证据，决策速度比较缓慢，为人很严肃，难以通融。

P(孔雀)型行为风格合伙人的主要特征是：热情奔放，精力旺盛，容易接近，有语言天赋，擅于演讲，经常天马行空，做事比较直观，喜欢竞争，对事情不敏感，而对人很敏感并很感兴趣，他们更关注未来，把他们的时间和精力放在如何去完成他们的梦想，而不关注现实中的一些细节。行动虽然迅速，但容易不冷静而改变主意。喜欢描绘蓝图，而不愿意给别人具体的指导与训练。决策时主要依据自己的主观和别人的观点，与别人谈工作时，思维属于跳跃式，别人经常难以跟得上。别人得到的是激励，而得不到具体指导。

K(考拉)型行为风格合伙人的主要特征是：喜欢与别人一起工作，营造人与人之间相互尊重的气氛。他们决策非常慢，决策时总是寻求与做决定的相关人员达成一致意见，他们总是试图避免风险。办事情不紧不慢，对事情不敏感，而对人的感情很敏感。注重关系导向，很会从小处打动人，为人随和与真诚。非常善于倾听，属于听而不决的，也很少对别人发怒，别人很喜欢找他们倾诉，但他们优柔寡断。

(4) 相互信任尊重

为建立优秀的团队心智结构，合伙人之间必须相互信任和相互尊重。在合伙关系中，相互信任和相互尊重是建立和谐人际关系必不可少的条件。孔子提倡人要做到“仁、义、礼、知、信”。这就是告诫合伙人做人的基本原则是自身修养好、懂得尊重别人、讲礼貌、讲诚信。懂得相互理解、相互体谅、相互信任，就是一种尊重。

只有在充满着相互信任和相互尊重的创业团队氛围中，合伙人之间才能在创业的艰苦旅途中风雨同舟，相濡以沫，携手前行，坚定不移地为实现创业团队的愿景和目标而共同努力奋斗。以下例子说明了创业团队合伙人相互信任和相互尊重对新企业创业成功的重要性。在一家移动医疗设备研发制造新企业里，有一个由四个合伙人组成的创业团队。一个分管研发的合伙人向担任CEO的合伙人提交了一个关于研发一款面向一个细分市场的全球最新移动医疗设备的建议书。CEO因不相信这个合伙人有能力带领他的研发团队在短期内完成这个任务而没有批准这个建议书。可是，一年后这个企业的竞争对手研发的一款同类设备取得了非凡的技术优势和市场收益。这样，这家移动医疗设备研发制造新企业只能非常后悔地错失一个非常好的市场机会。

2.2.2 团队治理结构

本小节重点讨论优秀的团队治理结构必须具备的两个特质，即股权设计适宜、职权责利对等，而不讨论董事会的设立和运行机制。

(1) 股权设计适宜

为建立优秀的团队治理结构，创业团队需要适宜地设计合伙人股权的进入、分配和退出机制。不存在适用于所有情境的最佳合伙人股权的进入、分配和退出机制。合伙人股权的进入、分配和退出机制的设计需要遵循以下原则，以避免今后可能产生的创业冲突。

①公平开心原则。在讨论和制订合伙人股权的进入、分配和退出方案的过程中，需要最大限度地让合伙人感到公平合理、开心舒畅。这样，方案制订完成后每个合伙人能够专心致力于为实现创业愿景和目标而共同努力奋斗。在讨论过程中，合伙人之间需要开诚布公地交流自己对股权分配、退出的想法和期望。

②股权进入原则。慎重将下述人员当成合伙人：短期资源承诺者、天使投资人、兼职人员和早期普通员工。

③一股独大原则。最大责任者、最可信任者、最佳决策者一股独大。通常情况下，创业团队的股权分配绝对不能搞平均主义。否则，会出现创业团队没有实际控制权人的局面，从而容易产生一种谁说了都不算的僵局。例如，1994 年由蔡达标和潘宇海两位合伙人组建的真功夫创业团队，其股权结构是 50%∶50%。2007 年引进投资人，按照 50 亿元的估值释放 6%的股权。蔡达标和潘宇海的股权比例仍是相等的 47%∶47%。到 2009 年，合伙人双方产生了股权纷争的矛盾。

④股份绑定原则。创业团队需要执行股份绑定、分期兑现的原则，按照合伙人在创业企业工作的年数或月数逐步兑现股权。任何合伙人必须在企业至少工作 1 年才可持有股份。股份绑定计划一般按 4～5 年期执行。例如，4 年期股份绑定，第一年给 25%，然后接下来每年兑现 25%。

⑤留期权池原则。在创业初期预留合理期权池，以便给后续股权调整预留空间。

⑥股权稀释原则。在融资方案最终敲定之前，一定要将相关股权稀释、融资文件给独立、专业的律师审定，确保合伙人的权益。新的融资或新增合伙人将稀释原有合伙人的股份。

⑦退出回购原则。对退出的合伙人，一方面，可以全部或部分收回股权；另一方面，必须承认合伙人的历史贡献，按照一定溢价或折价回购股权。在什么情况下合伙人可以退出、什么情况下合伙人必须要退出以及具体回购价格的确定，一定要事先非常明确地约定。合伙人之间可在合伙人协议里明确约定股权的退出机制。

⑧动态调整原则。合伙人需要事先在合伙人协议里非常明确地约定动态调整股份的

条款。特别是，股份平均的创业团队需要尽快调整股份结构，以避免潜在的创业风险与冲突。

(2) 职权责利对等

为有效保障创业团队分工与协作关系的落实，需要明确每个合伙人的职、权、责、利，并保证每个合伙人的职权责利对等。

职务是合伙人身份的标志，并由此产生计划、组织、领导和控制等基本职能；职权是指合伙人为履行岗位职责所拥有的开展活动或指挥他人的权力；责任是指合伙人行使职权所需要承担的任务和后果；利益是指合伙人因行使职责而得到的报偿和奖惩。拥有一定的职权是保障合伙人履行职责的必要条件之一。合伙人的职权责利的配置主要依据创业团队的愿景目标、合伙人的创业胜任力、合伙人的股份大小、合伙人的现有贡献和潜在贡献等因素来确定。

合伙人的职权责利对等是指所授予给合伙人的权力应能保证其履行相应职责、完成所分派的任务，做什么事给什么权；而合伙人应负的责任大小应与其获得的权力大小相当，有多大的权力就应该承担多大的责任；合伙人所获得的利益必须与其所承担的责任大小相当，有多大的责任就应获得多大的利益。

大多数合伙人之所以对自己担任较低的职务感到不舒服，是因为作为合伙人他们原本处于同等地位。如果他们同等地对企业的债务负责，同等地商讨创业团队的愿景目标和战略方向，那么他们最不愿意看到的就是其他合伙人让他们承担一个次要角色。因此，在确定每个合伙人的职权责利之前，合伙人之间需要开诚布公地交流自己对职权责利的想法和期望。

不管合伙人在创业团队中担任何种职责，他们都必须以一种能够被其他合伙人所接受的方式去履行，否则就会出现管理冲突。每个合伙人必须干得称职，而这意味着创业团队必须设立问责制，并明确每个合伙人的权力清单和责任清单。

2.3 创业团队的创业领导过程

2.3.1 创业与领导

卓越的创业团队必须有一个卓越的核心领导者，必须具有卓越的领导过程。这个核心领导者可能是创始人，也可能是创业团队发展到某一阶段时合伙人达成共识而推举的某个成员。在概念上，创业与领导既有本质区别，又相互关联。创业是一个机会识别、评价和利用的过程。领导是领导者和下属通过变革实现组织目标的影响过程。表 2-3 从愿景、影响、引领创新创造和规划四个方面列出了这两个概念的紧密联系。

表 2-3 领导与创业的概念交织关系

	领　导	创　业
愿景	愿景是激发下属争创一流业绩或其他目标导向行为和组织绩效的主要元素	愿景的特征(简洁性、清晰性、抽象性、挑战性、未来导向性、稳定性、合意性或鼓舞性)和内容(成长意象)与新创事业的成长密切相关;需要通过卷入、参与和一个在事业上富有深远意义的使命
影响	各种关于领导的定义阐述领导的一个共性是具备影响他人朝着目标努力奋斗的能力。广泛使用理性说服对上级、同级和下级施加影响	创业者不仅识别机会,而且能够整合资源以实现他们的创业愿景。当愿景具有合法性,并与创业者的价值观和利益相关者的需要相一致时,理性的说服和鼓舞性号召更加有效
引领创新创造	带领具有创造性的群体需要技术专长和创造力,还需要使用许多施加直接或者间接影响的策略	创业领导应该卷入创意产生、创意组织和创意推广(在一项事业的初期阶段创意的产生至关重要,而在后期阶段创意的组织和推广更加重要)
规划	在复杂动态的环境下,人们必须协调他们的行为。因而,做出规划对绩效具有至关重要的影响	为预见战略选择上的潜在偏差,创业者需要对未来的行动有一个清晰的心理模拟

资料来源:Cogliser & Brigham,2004

2.3.2 创业领导行为

在本节中,我们将讨论创业团队中创业领导行为的本质和主要作用。首先,请完成自测题来评定你是如何施展创业领导行为的。

自测题

创业领导行为

请判定你自己实际或准备在创业过程中施展这类行为的情况,将数字1～5填写在每一个题项前面的横线上。

1——2——3——4——5

很少　　　有时　　　经常

______ 1. 构建创业愿景,阐明它的实现路径,并相信下属能完成此愿景

______ 2. 树立具有挑战性但通过自己与下属的共同努力能实现的创业目标

______ 3. 采用多种影响策略激励下属为实现创业愿景和目标而努力奋斗

______ 4. 坚定快速地做出战略性决策,并愿意承担未来失败的责任

______ 5. 注重变革,坚持不懈地引领下属开展产品和服务的突破性创新

______ 6. 敢于竞争,为抓住机会而勇于超前竞争对手采取创业行动

______ 7. 愿意承担风险,并有效管控风险

______ 8. 创造性地提出解决问题的方案

将8道题的分数加总，以此判定你的总体的创业型领导行为。你的分数越高则说明你施展了更多的创业型领导行为。将你的分数填写在这里________并标注在下面的轴线上。

8——12——16——20——24——28——32——36——40

弱创业型领导行为　　　　　　　　　　　强创业型领导行为

资料来源：Cogliser & Brigham，2004；Gupta，MacMillan & Surie，2004；Ireland，Hitt & Sirmon，2003；Renko，et al.，2015.

创业型领导是指创建一个愿景，以此召集和动员下属，并激发下属承诺于发现和实现具有战略价值创造的创业机会的一种领导行为和过程。创业型领导包含两个维度、五大作用和十九个特征，如表2-4所示。

表2-4　创业型领导的两个维度、五大作用和十九个特征

维度	作用	特征	含　义
愿景设定	● 创设挑战	● 绩效导向	● 设定高绩效标准
		● 雄心壮志	● 设立高目标，努力奋斗
		● 见多识广	● 知识渊博，知晓信息
	● 肩负责任	● 洞察深邃	● 直觉超强
		● 充满愿景	● 树立愿景，憧憬未来
		● 战略预见	● 预见未来可能发生的事件
		● 建立自信	● 帮助别人获得自信，并对他们充满信心
	● 清除障碍	● 善于交际	● 深谙人际技能
		● 擅长谈判	● 能高效地与别人谈判
		● 令人信服	● 具有不寻常的说服能力
		● 鼓励促进	● 给予勇气、信心或希望
角色创建	● 建立承诺	● 鼓舞人心	● 激发别人的情感、信念、价值观和行为，并激励他们为实现愿景而努力奋斗
		● 满腔热情	● 展示和传授浓厚的工作热情
		● 组建团队	● 促进团队成员共同工作
		● 持续改进	● 致力于持续改进绩效
	● 明晰界限	● 高效整合	● 将人和事整合成一个富有凝聚力的工作整体
		● 智力激发	● 鼓励别人开动脑筋去挑战其他人的信念、成见和态度
		● 积极进取	● 通常保持乐观自信
		● 果断决策	● 坚定快速地做出决策

资料来源：Gupta，MacMillan & Surie，2004

创业型领导需要完成两项相互关联的挑战性工作，即愿景设定和角色创建。在愿景设定中，创业型领导主要发挥三大作用，即创设挑战、肩负责任和清除障碍。创设挑战是指创业型领导为创业团队设定具有挑战性但经过持续努力可以实现的目标，以此推动整个团队将自身能力发挥到极致。这项工作旨在发现和创造一个值得锲而不舍地追求的愿景。肩负责任是指创业型领导勇于承担未来创业失败的责任，以此帮助下属为完成创业愿景而自信地努力奋斗。清除障碍是指创业型领导预见并消除来自企业内外的阻力和障碍，以此获取创业所需的关键资源和信息。

在角色创建中，创业型领导主要发挥两大作用，即建立承诺和明晰界限。建立承诺是指创业型领导运用团队建设技能激发和塑造一个能够高度承诺于实现创业愿景的团队。明晰界限是指创业型领导通过消除团队成员给自我强加能力局限的想法，重塑团队成员个人对自我能力的知觉，以坚守创业承诺。总之，创业型领导是组织开展战略性创业、获取竞争优势并持续创造价值的基石。创业型领导本质上是面对快速动态变革的竞争环境，通过愿景设定和角色创建两项关键任务承诺于发现和实现具有战略价值创造的创业机会的一种领导行为和过程。

2.3.3 创业冲突管理

创业冲突发生于合伙人之间意见不合和处于对峙状态的时候。创业冲突是不可避免的，因为全部合伙人对事物的意见不可能完全一致。一个创业团队如何处理冲突决定了这个团队能否成功创业。

所有的人际关系都依赖于心理契约。心理契约是人际关系各方之间隐含的不成文的相互期望。作为一个合伙人，关于你将对创业团队做出多大的贡献以及创业团队将提供给你多大程度的报酬，你会有一系列的心理期望。合伙人心理契约的破坏通常归结于两个原因：第一，不清楚自己的期望，也不清楚对方的期望；第二，推测对方的期望与自己的期望是相同的。

创业冲突按照产生的后果，可分为障碍性冲突和建设性冲突。前者是指阻碍了创业愿景和目标实现的冲突；后者是指创业愿景和目标一致，而实现创业愿景和目标的途径、手段不同的冲突。建设性地解决创业团队的冲突是创业型领导的一项重要技能。因此，本节不讨论创业冲突的积极性和消极性，而是重点讨论如何管理创业冲突以有效实现创业愿景和目标。

当合伙人面对创业冲突时，可以选择 5 种冲突管理风格之一，如图 2-2 所示。不同风格解决创业冲突的行为会产生不同的输赢结局。你倾向的创业冲突管理风格取决于你的人格和领导风格，并不存在适用于所有情境的最佳创业冲突管理风格。

卓越的创业型领导鼓励解决创业冲突并在整个团队中建立合作氛围，鼓励所有合伙人学会如何与他人和谐相处。表 2-5 提供的模型可以用来帮助创业型领导提高管理创业冲突的技能。你可以用这个模型对他人提出的问题做出回应，并调停和解决创业冲突。

较多考虑他人的需求	随和型风格 ● 消极行为 ● 你赢我输		合作型风格 ● 维权行为 ● 你赢我赢	较多考虑他人的需求
		谈判型风格 ● 维权行为 ● 你赢一些、我赢一些		
较少考虑自己的需求	回避型风格 ● 消极行为 ● 你输我输		强制型风格 ● 攻击行为 ● 你输我赢	较少考虑自己的需求

图 2-2 创业冲突管理风格

资料来源：克里斯托弗·F.阿川 & 罗伯特·N.罗瑟尔，2010

表 2-5 合作型创业冲突解决模型

着手解决冲突		回应解决冲突		调停解决冲突	
步骤 1	策划一份维持问题所有权的 BCF 声明。当你实施 B(行为)时，发生了 C(结果)，而我感到了 F(感觉)	步骤 1	倾听并使用 BCF 模型解释冲突的结构	步骤 1	令各方用 BCF 模型陈述自己的意见
步骤 2	陈述自己的 BCF 声明，双方就冲突的问题达成一致意见	步骤 2	认同对方抱怨中的某些方面	步骤 2	各方共同认可冲突问题
步骤 3	询问或提出冲突的解决办法	步骤 3	询问或给出解决冲突的方法	步骤 3	商讨冲突解决方案
步骤 4	达成协议，做出改变	步骤 4	达成协议，做出改变	步骤 4	达成协议，做出改变
				步骤 5	采取后续行动，确保解决冲突

资料来源：克里斯托弗·F.阿川 & 罗伯特·N.罗瑟尔，2010

本章小结

组建一个优秀的创业团队必须具备两个基石：一是构建优秀的团队心智结构，二是构建优秀的团队治理结构。卓越的创业团队必须有一个卓越的核心领导者，必须具有卓越的领导过程。创业型领导本质上是面对快速动态变革的竞争环境，通过愿景设定和角色创建两项关键任务承诺于发现和实现具有战略价值创造的创业机会的一种领导行为和过程。创业型领导需要完成两项相互关联的挑战性工作，即愿景设定和角色创建。在愿景设定中，创业型领导主要发挥三大作用，即创设挑战、肩负责任和清除障碍。在角色创建中，创业型领导主要发挥两大作用，即建立承诺和明晰界限。

本章思考题

1. 为什么创业团队对创业成功具有举足轻重的作用?

2. 如何组建一个优秀的创业团队?

3. 为什么创业领导很重要?

4. 如何培养和提升创业团队的领导力?

5. 如何开展卓有成效的创业领导?

6. 如何沟通和调解创业过程中合伙人之间的冲突?

7. 调查三个高技术创业企业(至少一个是创业失败企业),总结和提出"寻找创业合伙人、组建创业团队和设计股权结构"等议题的具体原则和实战性方法。

案例分析

浪潮国际:如何走出业绩下滑的困境?

2013 年 3 月的一天,乍暖还寒。在北京浪潮国际文化交流有限公司(简称"浪潮国际")的会议室里正在进行一场气氛紧张的企业咨询会议。会议是由一个叫"创业成长互助联盟"(简称"创盟")的公益组织发起的,创盟通过提供各种智力支持,帮助陷入困境的盟友企业尽快走出泥沼,重回高速成长的快车道。参加咨询的专家成员包括创盟内部一些优秀企业的创始人、风险投资公司的合伙人、管理咨询公司的顾问以及进行创业研究的高校教师。

会议一开始,浪潮国际的董事长兼总经理 Michael Zhang (男)首先介绍了在场的一个合伙人 Henry Lee (男),以及正在路上赶过来的第三个合伙人 Jenny Lee (女)。这是一家为在校师生提供国际教育及文化交流项目的公司,为了体现公司的国际化特色,每个人都有一个英文名字,公司内部也习惯了以英文名称称呼彼此。Michael Zhang 是一个 45 岁左右的中年人,理工科背景,有 15 年左右的创业经历,浪潮国际是他创建的第二个公司,成立于 2005 年,他本人目前也是浪潮国际的第一大股东。Henry Lee 和 Jenny Lee 之间是姐弟关系,在浪潮国际创立一年后以合伙人的身份加入公司。其中 Jenny Lee 大约 42 岁,国际贸易本科毕业,曾经留学美国,嫁给了一个美国人,英文流利,在美国有广泛的人脉关系和资源,以前主要从事国际旅游业。而弟弟 Henry Lee 则在浪潮国际主要从事日常的内部管理工作,从咨询现场的行为举止来看,他性格比较温和,沉默寡言,踏实务实。

2007 年开始,凭借 Jenny Lee 所带来的海外资源,浪潮国际敏锐地抓住了美国政府新近推出的一个项目"大学生暑期赴美带薪实习项目"(Summer Work Travel,SWT),并迅速做大,成为这个项目领域的领头羊。在生意最顺的 2011 年,浪潮国际组织了大约 3000 名中国大学生赴美带薪实习,公司的销售额 1 亿元左右。但是,近两年来,因为各种各样的原因,公司增长乏力,营业收入始终徘徊在 7000 万元左右,企业内部矛盾重重,创始团队感到非常迷茫和痛苦。

“我认为公司最大的问题就是缺乏清晰的战略!”“老大自己很迷惘,就把自己关在办公室,合伙人之间根本无法沟通!”匆匆赶来的 Jenny Lee 一副很职业化的打扮,刚坐下不久,她就开始不停地打断 Michael Zhang 关于公司情况的介绍,显示出其强势、直截了当的沟通风格,而 Michael Zhang 则托着腮帮子,靠在椅子上,显得比较压抑和沉闷,甚至有点退缩。公司合伙人之间的剑拔弩张让咨询团队感到非常惊讶。大家都在考虑,浪潮国际所面临的诸多问题的核心到底在什么地方?如何帮助浪潮国际走出目前的困境?

公司和行业

浪潮国际所在的行业既不是纯粹的教育行业,也不是纯粹的旅游业,而是处于旅游行业和教育行业的交叉处。事实上,公司仍然在尝试开发新产品,很难清楚地界定公司所在的行业特点,不过,总的来说,浪潮国际的产品比较类似于海外游学。

在过去的十年里,随着中国人均 GDP 的快速提高,父母对孩子的教育更是一掷千金,希望孩子能早日去国外读书和旅行,因此,学生出入境市场处于高速增长阶段。除了长期的海外留学以外,短期的海外游学市场也持续火爆。“所谓海外游学(yoosure),不是单纯的旅游,也不是纯粹的留学,它贯穿了语言学习和参观游览,恰如其分地融合了学与游的内容”(百度百科,2013 年 7 月)。最初开拓海外游学市场的都是旅游公司,以“看名校”为噱头带学生旅游。之后随着留学中介、教育机构陆续进入市场,这些机构因为自己的海外学校资源优势而逐渐成为海外游学市场的主角。目前,提供“游学”服务的主要有两类机构,一类是旅行社。比如广之旅推出“澳洲布里斯班名城名校英文之旅 20 天”项目,提供澳大利亚布里斯班圣约翰学院的短期就读服务。鸿鹄旅游推出的为期 11 天的常春藤名校游学,参观哈佛大学、麻省理工学院、耶鲁大学、哥伦比亚大学、普林斯顿大学、乔治·华盛顿大学等 6 所名校。另一类是教育培训机构和咨询服务公司,像新东方、环球雅思、金吉列、澳际教育等这些比较有影响力的留学培训机构,都把“海外游学”的条目放在了网站的醒目位置上。以新东方公司为例,每年组织两三万名中小学生和大学生,在海外游历 1～4 周时间,学习语言课程、参观当地名校、入住当地学校或者寄宿家庭、参观游览国外的主要城市和著名景点,试图做到学和游的结合。但是,这些游学项目价格不菲,一般来说都得三四万元,有的甚至高达十一二万元。而且,这些游学项目经常是走马观花,接触不到当地的居民和学生,无法提高自己的外语水平,学不到什么真正的东西。

浪潮国际认为,相对于浮光掠影的游学项目,在教育和文化交流方向具备更加核心内容的项目更能满足理性化的需求、更具成长性和可持续性,因此,Michael Zhang 将公司使命定为“通过与中小学及大专院校深度合作,为在校师生提供国际教育及文化交流项目、开拓国际视野”。创始人坚信教育国际化将改变中国,试图“打造中国院校国际化最大的平台”(公司愿景)。

自从 2005 年成立以来,公司首先开发了针对中学生的海外游学项目,通过 Home Stay 的方式,组织日渐富裕起来的中国家庭送孩子去美国,通过在当地家庭生活两三个月,深入了解美国文化,提高英语水平,开拓国际视野,结交外国朋友。创业之初,因为公司缺乏强大的品牌和广泛的海外资源,业务规模非常小,每年也就是组织两三个团、上百个学生去美国游学,公司苦苦地挣扎在死亡线上。

2006年,Michael Zhang遇见了Jenny Lee。多年来从事旅游业、英文娴熟的Jenny Lee告诉他美国政府最近推出了一个SWT项目,而自己在美国政府和大学方面有很多的资源,大家可以一起合伙创业。犹如天降甘霖,双方一拍即合,迅速达成了合作意向,重组了公司。在重组后的浪潮国际里,Michael Zhang占45%的股份,担任公司的董事长兼执行总裁,主要负责公司全局业务、制定与实施公司战略与年度经营计划、建立和协调国内的政府关系、与国内院校进行合作等;Jenny Lee占35%的股份,主要负责海外资源的整合和产品开发;而她的弟弟Henry Lee占20%的股份,主要负责公司内部管理工作,包括分管综合办公室、人力资源部、财务部与客服中心等工作。

从2006年到2011年,虽然三个人的合作过程中难免磕磕绊绊,但是创业团队配合得相当默契,彼此之间高度信任,而公司业务也像搭上了顺风车一样高速增长。2007年,也就是引入SWT项目的当年,成行上百人;2008年夏天,仅SWT项目就成行1000多人,再加上其他的项目,全年总共成行1200多人,成为中国最大的出入境服务平台。好日子还在后头,2011年,仅SWT项目就成行3000多人,在该项目领域内占据绝对领先地位,远远超过其他竞争对手。加上其他产品,公司全年的营业收入为1亿元左右。

与此同时,公司全力以赴打造自己的品牌。例如,2007年,通过与美国教育交流委员会和其他政府机构的合作,进一步提升公司在客户心目中的地位。2008年,通过在北京大学百年纪念大礼堂召开"免费实习岗位捐赠仪式",奖励优秀学生赴美名额,进一步扩大了公司的社会影响。特别是,从2008年开始,公司先后多次在洛杉矶、纽约、华盛顿等地举行了"大学生赴美社会实践"成果报告会,先后吸引了将近300家中国院校参加,深化了公司与院校之间的合作关系。

截至目前,公司员工超过140人。除了北京以外,公司在中国的其他8个城市,也就是美国在中国设有使领馆的城市全都设立了分支机构,包括上海、广州、武汉、西安、成都、长沙、沈阳和青岛。通过这样的组织结构,可以让销售和服务团队更加贴近终端客户(院校和学生)。此外,公司还在美国洛杉矶设立了分支机构,主要是进一步拓展美国资源,提升学生在美国的服务保障。

公司主要产品

虽然从2009年开始,公司就着手开发除了SWT以外的其他产品,试图完善公司的产品线,提高竞争门槛,但是,多年来公司的主要营业收入仍然来自SWT项目,该产品的销售额在公司所有产品组合中至少占据70%。

具体来说,SWT项目是由美国政府提供名额,美国企业提供岗位,浪潮国际负责招生和后勤保障,在这个过程中,浪潮国际收取2万元左右的报名费。参与SWT项目的学生持J类签证进入美国企业进行为期3~4个月以带薪实习为主体的短期社会实践。通过该项目,为中国大学生提供了一个踏上美国国土、体验美国生活文化、提高英语水平、进入美国企业与美国同事以及来自其他国家学生并肩工作的机会。Michael Zhang介绍说,浪潮国际"最先将SWT项目大规模引入中国,并受到广大学生和院校欢迎,开拓出新的市场,激发并满足潜在学生的需求。在该细分市场,浪潮国际始终处于主导地位,确立了行业服务标准。目前合作院校遍布全国20多个省区市,近300余所"。但是,Michael Zhang 也承认,参与该项目的中国院校主要是一些二三本的院校,这些院校自身缺乏国际化的能力,很乐意看到浪潮国际提供这样的国际化项目,有助于提高学校的知名度,同时给学生提供了一个开拓国际视野的机会。报名参加SWT项目的学生家庭,不是那些非富即贵的阶层,而主要来自一些中等收入的家庭,他们可以缴纳2万元左右的报名费,支付往返机票和部分在美国的生活费,让孩子去美国体验一下异国他乡的生活。同时,通过自己的劳动,学生可以从美国企业里领到每月1000美元左右的薪水,以弥补生活费用。限于语言能力和工作能力,第一次走出国门、离开父母怀抱的大学生在美国从事的工作也只能是一些简单的体力工作,例如,在麦当劳从事收银工作、在酒店从事客房服务等。显然,这样的项目对于那些"985"、"211"高校的学生,或者富裕家庭几乎没有什么吸引力。

为此,公司还开发了一些其他项目,试图吸引一些更好的生源和更有支付能力的家庭。例如,暑期赴美社会调查项目(SRA项目)就是其中一项。该项目以中国高校青年教师为骨干,在美国教师的协助下,带领优秀的学生组成调研小组,从微观和宏观不同层面,以不同的调研课题(社会职能部门、家庭结构、教育、医疗体系、志愿者和中国传统文化展示等)为工具,深入美国社会,亲身体验对比两国的文化和制度差异等。该项目于2009年推出,当年成行80余人,目前每年也就是两三百人的规模。

除此之外,公司还开发了其他一些产品,包括:①赴美公立高中交换生项目。参与该项目的学生持J-1签证赴美公立高中就读一学年,学习期间入住美国当地友善的志愿接待家庭,充分了解美国文化、全面体验美国式教育,同时与美国人民分享中国文化。②美国名校深度体验项目。参与该项目的学生通过在美国大学参加一些讲座、参加丰富的课外活动和对美国一流大学的考察参观,深入接触美国大学生活、民俗风情和文化传统,结交国际朋友,在生动活泼的活动中全面提高学生的英语听、说、读、写的综合能力。③美国名牌大学直通车项目。参与该项目的学生持F类签证进入美国社区学院,以较低的学费完成两年制大学基础课程后,有希望根据GPA分数转入美国知名大学深造专业课程,并取得名校学位等。但是,这四个新产品推出以来,从来没有达到规模化的程度,仅占公司营业收入的15%左右。而剩下的15%收入,主要来自帮助学生订购机票和住宿等的服务费。

从客户类型上来说,公司主要客户包括两个群体,一个是高等教育方向,包括大学生暑期赴美带薪实习项目、大学生赴美专业实习与培训项目、青年师生赴美社会调研项目和海外名校专业研习项目;另外一个是面向中小学生的基础教育方向,包括中外教育对比(中美师生课堂实践)和短期文化交流(具备核心教育意义的夏、冬令营)。Michael Zhang 认为,公司应该围绕着学生成长的不同阶段,推出有针对性的产品,增加客户对公司的黏性,尽快摆脱SWT项目一次性消费的特点。所以,公司近年来对基础教育方面投入更多的资源。例如,2012年,浪潮国际在前期中小学生海外交流项目的基础上,正式成立了基础教育部,试图在中小学生的海外游学市场上取得更大的收获。其中一个重要举措就是通过与中国对外友好合作服务中心的合作,全力推动"全国中小学合作发展计划",试图打造中国教育国际化航母。但是目前,这方面的收入聊胜于无。

目前面临的困惑和挑战

自从 2011 年以来，美国经济不是很景气，所以，美国政府大幅度削减了 SWT 项目的名额，再加上竞争对手之间的一场混战，浪潮国际在 SWT 项目上高速增长的步伐戛然而止。虽然中国学生报名参加 SWT 的人数远远超过美国政府所能提供的名额，招生根本不是大问题，但是，浪潮国际每年能拿到的名额是有限的，只有 2000 个左右，SWT 业务的增长遇到了“天花板”。2010 年，公司收入 7100 万元左右；2011 年，公司收入 1 亿元左右；2012 年，公司收入下降到 7400 万元左右，平均利润率不到 10%（见表 2-6）。

表 2-6　2008—2012 年浪潮国际销售额　　单位：万元

	2008 年	2009 年	2010 年	2011 年	2012 年
SWT 项目	2900	3800	5700	8000	5500
其他项目	—	200	400	600	800
机票、住宿等	300	700	1000	1400	1100
总　计	3200	4700	7100	10000	7400

特别是，因为老产品的营业收入规模下降，新产品的市场开发不力，公司转型困难，近两年来合伙人之间关于公司的战略定位等问题，爆发出激烈的争执。虽然 Michael Zhang 在公司里主要负责销售，但是他内心里一直想做一个教育公司，希望紧紧围绕着学生的潜在需求，开发有核心价值的教育产品。而 Jenny Lee 则认为，公司应该围绕着资源去做事情，在海外能拿到什么样的资源就应该做什么。在 Jenny Lee 看来，公司应该进一步扩大游学目的地和线路，向一个旅游公司去发展。简单地说，就是公司的战略定位到底应该偏向“游”，还是偏向“学”？2012 年年底的时候，这种争执达到了白热化。Michael Zhang 依靠他偏执、强硬的风格取得了相对的优势，Jenny Lee 对继续合伙创业感到失望，减持了自己在公司的股份，出售了 20%的股份给 Michael Zhang，自己目前只保留了 15%的股份，只是担任董事，不再插手日常的经营，而是另外与他人再次合伙创业，做针对中国富裕人群的高端旅游业。这也是为什么会议刚一开始的时候，Jenny Lee 没有及时赶到的真实原因。

Michael Zhang 在介绍公司时说：“创业之初，我们的梦想是构建一个当代青年相互沟通、学习的平台，帮助青年人进行跨文化交流。通过我们提供的产品和服务，帮助学生了解关于全球经济、政治、文化发展的大格局，掌握独立学习、思辨的正确方法。我们坚信，中国未来的改变必定需要有创新思想的人。这些人一定是对于中西方政治体制、法律体制、社会体制和社会制度有深度了解的人！”此外，Michael Zhang 也进一步披露了自己的真实心迹：“我有两个孩子，一个四岁，一个不到一岁。我希望通过我们的努力，改变目前社会不完善的地方，让自己的孩子未来能够生活在一个平等、和谐、安详，而且不恐惧的社会里。”

话锋一转，他开始谈到公司目前面临的发展瓶颈和未来目标。“公司经过前期快速发展后，目前停滞不前，销售额一直在 7000 万元左右徘徊。特别是在发展战略、商业模式、组织结构、团队建设、营销模式等诸多方面，面临很多困惑和瓶颈。我们希望能在各个方面进行突破和改良，未来三年再次实现快速增长，成为在学前教育、基础教育、高等教育方向上国际教育交流领域全国第一。希望三年以后的营业收入超过三个亿，争取融资上市后加快扩张。"

关于具体的困惑，Michael Zhang一口气列举了 11 个方面的问题，涉及公司使命、战略方向、新产品研发、团队建设、团队架构、人力资源、绩效目标的设定、业务流程、营销模式、CEO 个人的自我修炼、CEO 的时间管理等。概括起来，主要包括以下几个问题：

"公司的核心价值到底是什么？我们到底为谁服务？我们到底应该成为一个教育公司，还是成为一个旅游公司？我们的愿景'打造中国院校国际化最大的平台'是否合理？如何对公司的发展进行准确定位？"

"虽然公司前期的市场拓展主要依赖于与学校的合作，但是，浪潮国际的客户到底应该定位在教育部门和院校，还是真正掏钱的学生和家长身上？我们是否可以跳过院校，直接服务于最终用户即学生呢？"换句话说，浪潮国际的业务模式应该是 B2B 的，抑或是 B2C 的？

"在教育产业链上，我们应该如何打造持久的核心竞争力，而不是依赖于一些外界的、脆弱的机会(例如 SWT)，守株待兔？在有限资源的情况下，公司应该更加深刻地了解学生和学校的需求，开发满足客户需求的产品，然后在渠道上发力，加大对新产品的市场推广？还是应该着眼于获取更多的海外资源，满足于高效地使用资源？例如，在出境服务方面，美国占据了 55％的市场份额，我个人认为，我们首先要做好美国市场。如果我们不能做好美国市场，其他的市场估计也做不好。但是 Jenny Lee 的想法是，我们可以横向扩展其他欧美国家的游学市场，我们真的应该这么做吗？另外，公司应该是在基础教育、高等教育多线多点多项目齐头并进，还是应该暂且收缩，主攻几个点？"总之，Michael Zhang 更倾向于以产品和客户为中心，做一个提供深度内容的教育类公司，而 Jenny Lee 更倾向于以资源为中心，打造一个海外游学的平台，从海外拿来的资源即使自己无法做，也可以发包给其他更小的公司。为此两人争得面红耳赤，几乎无法和平相处。

关于组织结构，虽然浪潮国际只有 140 多人的规模，但是在 8 个地方有分支机构，总部的命令在分支机构无法得到很好的落实，很多事情到了最后总部只有亲自操刀才能积极推进。为此，2012 年下半年的时候，浪潮国际引入国内某一著名的咨询公司进行组织诊断，该咨询公司开出了矩阵式的组织结构的药方。但是，公司高层觉得这样的药方有可能没对症下药。"我们这么小的组织规模，适合进行矩阵管理吗？如何做好矩阵的执行？总部与区域之间，各自承担什么样的职能权限？区域负责人的选拔和引入，是北京外派比较好，抑或选拔优秀的当地人员？本地新入职的人员如何保持公司文化和理念的统一？"

关于人力资源管理，Michael Zhang 也有一肚子的苦水要倾诉。"都说这些年来大学生就业率很低，可是我们的招聘工作一直很不理想，尤其是合格简历量比较小，真正的根源何在？是招聘的渠道不够广泛？还是因为公司处于创业期，公司比较小，无法吸引优秀的人才？人员招聘到底是人力资源部门的事情，还是需求部门的事情？对于高级管理人员的招聘，除了猎头以外，还有更加有效的途径吗？过去的三年里，我们从跨国公司引进了四个高管，但是，目前只剩下一个。为何这些高管来了又走了，留不住人呢？高级管理人员到底应该空降，还是自己培养？如何培养？什么样的素质是最关键的？正副职之间的关系为何始终打架？在提拔骨干员工时，从技能型向管理型转化的关键是什么？技能型的人才能做好管理工作吗？管理团队，为何在淘汰那些不合格的员工尤其是老员工的时候，不能痛下杀手？"

关于营销模式的选择，Michael Zhang 也举棋不定。"除了目前的直营模式以外，我们是否也可以开发代理？直营与代理在现阶段哪种模式更加合适？在现有客户的基础上，公司有一定的能力进入留学咨询的市场，但是，对于这块业务公司应该自己做，抑或外包出去？"

因为最主要的两个合伙人在许多问题上都无法达成共识，经常当着公司员工的面就爆发激烈的争吵，所以，公司里面人心涣散，气氛紧张，基层员工不得不考虑站队的问题。从单纯的股权结构上来说，Jenny Lee 和她的弟弟完全可以联手起来，获得公司的绝对控股权，但是，考虑到离开了 Michael Zhang，即使获得再多的海外资源，公司也不一定能找到足够广阔的市场渠道销售出去。所以，怀着对自己亲自参与创建的企业的眷恋和对 Michael Zhang 的怨恨，她选择了退出了公司的日常经营。而 Michael Zhang 一方面需要接受和加强 Jenny Lee 离开以后留下的真空，培养骨干员工积极整合海外资源，另一方面也对自己处理合伙人之间分歧的方式感到不满意。他不无懊悔地问自己："是否有更有效、更职业化的处理分歧的方式？我们每个人在团队中如何进行清楚的定位？公司能走到今天，当然与我自己的许多优点有关系，但是，我也有一些缺点，例如，完美主义倾向，甚至有点偏执、固执和独断。我不属于那种很善于沟通的人，在和 Jenny Lee 发生争吵以后，我经常把自己关在办公室里，甚至有一段时间我很不愿意来公司上班。就如我喜欢滑雪、潜水、三角翼等户外活动一样，在经营企业的时候，我也喜欢新鲜、刺激、冒险，不能忍受无趣、重复的生活，我总是希望公司能高速成长。一句话，我个人对企业的现状的确有决定性的影响，但是，改变自己，谈何容易！不过，我相信自己比其他人更合适带领公司走出业绩滑坡的低谷。如果公司是一条船的话，我必须当船长，舵必须在我的手里！"

经过半个小时的公司情况介绍，再加上一个小时的问题澄清，咨询团队的成员基本上对浪潮国际面临的问题有了一个比较清楚的了解。休息一刻钟后，大家要重新回到会议室，给出自己的咨询意见。

此时此刻，咨询顾问们每个人都在紧张地思考，浪潮国际面临的诸多问题就如一堆乱麻，那么其中最核心的问题是什么？如何快刀斩乱麻，理出一个头绪来？先做什么，后做什么，才是最有效的解决方案？另外，这个案例对于创盟的其他公司有多大的借鉴意义？

案例来源：赵向阳，孙舒平．浪潮国际：如何走出业绩下滑的困境？全国百篇优秀管理案例．中国管理案例共享中心，2013．http://cmcc.dlemba.com.

问题讨论：

1. 在浪潮国际面临的诸多问题中，你认为问题的主要症结在什么地方？为什么？

2. 根据浪潮国际已经具有的核心资源和核心竞争力，再加上你对目前留学和游学市场的调查，请帮助浪潮国际明确自己的战略定位，开发新的商业模式。

3. 如果你是 Michael Zhang，你觉得公司的发展仍然离不开 Jenny Lee，你想把她拉回来，重新一起创业。请问你如何与 Jenny Lee 进行沟通与谈判？

4. 如果你是 Michael Zhang，你如何解决面临的问题？先做什么，再做什么？请列出一个比较详细的行动计划。

本章精读文献

Fernald, Jr L W, Solomon, G T & Tarabishy, A. A new paradigm: Entrepreneurial leadership [J]. *Southern Business Review*, 2005, 30(2): 1-10.

Chapter Article Summary(本章精读文献摘要)：

Since the 1980s, the level of entrepreneurial activity has been increasing, not only because of the electronic age but due to a plethora of new materials, products, financial networks, joint venture possibilities, and paradigmatic changes in politics, economics, and societies. It appears a whole new remodeling of the ways in which business, communication, and government are conducted has emerged. Thus, it is crucial for anyone involved in entrepreneurial ventures, especially the entrepreneur, to fully comprehend the importance of sound leadership practices. This article seeks to demonstrate those characteristics common to both successful leaders and entrepreneurs who operate in dynamic, fast-changing environments. In essence, this article contributes to developing a new paradigm of entrepreneurial leadership.

One of the core arguments in this paper is that a leader has to be entrepreneurial. Entrepreneurial leadership deals with concepts and ideas of entrepreneurship, and individual characteristics or behaviors of entrepreneurial vision, problem solving, decision making, risk taking, and strategic initiatives.

This article identifies characteristics that are associated with successful entrepreneurs and leaders and the number of times those characteristics have been noted in the literature. Risk-taker, achievement-oriented, and creative are the most highly cited characteristics among entrepreneurs whereas visionary, able to motivate, charismatic, able to communicate, honest and sound, and trustworthy are the most highly cited characteristics among leaders. By comparing the characteristics of entrepreneurs and leaders, a model can be developed that specifies the personal characteristics reflected in those who practice entrepreneurial leadership.

Futhermore, this article reveals that the characteristics common to both entrepreneurs and leaders are visionary, risk-taker, achievement-oriented, able to motivate, creative, flexible, persistent, and patient. Risk-taker clearly leads all other entrepreneurial characteristics, and visionary is the strongest characteristic in leaders. These findings are well-supported by anecdotal evidence.

The findings of this article, i. e., the common characteristics shared by both entrepreneurs and leaders, represent an attempt to both reveal the commonality of these two populations and to provide a base for further studies on entrepreneurial leadership. The characteristics are often found in a successful leader or entrepreneur. These findings may be helpful to individuals considering the entrepreneurial life or seeking other leadership positions.

本章精读文献评述：

20 世纪 80 年代以来，随着电子时代的来临，大批新材料、新产品和新金融网络的涌现，建立合资企业可能性的增加以及政治、经济和社会范式的转变，共同促进了创业活动的迸发。这意味着一种组织商业、通信和治理的全新模式已经浮现。因此，创业企业的所有参与者，尤其是主创者，必须充分认识到健全的领导力实践的重要性。这篇精读文献旨在展示那些在快速变化的动态环境下获得成功的领导者和创业者所具有的共同特征。本质上，这篇精读文献有助于发展一种新的创业型领导范式。

这篇精读文献的核心论点之一是：领导者必须具有创业精神。创业型领导不仅需要关注创业的概念和设想，而且需要关注创业愿景、问题求解、决策过程、风险承担和战略行动等个人特征和行为。

这篇精读文献识别了成功的创业者和领导者的特征。敢于冒险、成就导向和创意新颖是创业者需要具备的最重要特征。富有远见、善于激励、魅力十足、正直坦诚、值得信赖和善于沟通是领导者需要具备的最重要特征。

而且，这篇精读文献揭示了创业者和领导者的共有特征，即富有远见、敢于冒险、成就导向、善于激励、创意新颖、灵活应变、坚持不懈和耐心持久。显然，敢于冒险是创业者首要的特征，富有远见是领导者最强劲的特征。这些研究结果很好地得到了轶事证据的支持。

这篇精读文献的研究结果，即创业者和领导者的共有特征，不仅在理论上揭示了这两个群体的共性，为创业型领导范式的进一步深入研究奠定了基础，而且在实践上为创业企业寻找潜在的创业型领导或培养未来的创业型领导提供了重要的知识框架。

本章作者介绍

刘景江，浙江大学管理学院副教授，浙江大学管理学博士，美国莱斯大学访问学者。主要研究方向是技术创新与创业、竞争动态与网络、管理与组织认知。在 *Journal of Product Innovation Management*、*Management and Organization Review* 和 *International Journal of Technology Management* 等国内外学术期刊上发表论文。

本章相关引用材料

[1] Cogliser, C C & Brigham, K H. The intersection of leadership and entrepreneurship: Mutual lessons to be learned [J]. *Leadership Quarterly*, 2004, 15 (6): 771-799.

[2] Doerr, J. Start-up manual [J]. *Fast Company*, 1997(2-3): 84.

[3] Gupta, V, MacMillan, I C & Surie, G. Entrepreneurial leadership: Developing and measuring a cross-cultural construct [J]. *Journal of Business Venturing*, 2004, 19(2): 241-260.

[4] Ireland, R D, Hitt, M A & Sirmon, D G. A model of strategic entrepreneurship: The construct and its dimensions [J]. *Journal of Management*, 2003, 29(6): 963-989.

[5] Renko, M, Tarabishy, A EL, Carsrud, A L & Brännback, M. Understanding and measuring entrepreneurial leadership style [J]. *Journal of Small Business Management*, 2015, 53(1): 54-74.

[6] Rock, A. Strategy vs. tactics from a venture capitalist [J]. *Harvard Business Review*, 1987, 65(6): 63-67.

[7] Timmons, J A & Spinelli, S. New Venture Creation: Entrepreneurship for the 21st Century [J]. Boston: McGraw-Hill/Irwin, 2004.

[8] [美]戴维·盖奇. 合伙人章程[M]. 姜文波,译. 北京:机械工业出版社,2005:5.

[9] 黄德华. 谁是你创业的好搭档[J]. 成才与就业,2011(18):61—62.

[10] [美]克里斯托弗·F. 阿川,罗伯特·N. 罗瑟尔. 卓越领导力:理论、应用与技能开发[M]. 郑晓明,赵子倩,译. 北京:清华大学出版社,2010: 203、209.

Chapter 3

第3章 创业法律问题与知识产权

学习目标

了解新创企业可选择的组织形式及其特点

熟悉新创企业常见的经营活动合同类型

掌握新创企业劳动合同管理及其法律事项

了解技术型新创企业如何运用专利战略

熟悉新创企业基于商标、商号、域名、App 和微信公众号的品牌策略

掌握新创企业商业秘密存在的法律风险及如何完善保密制度

章节纲要

本章主要分三节来阐述与探讨和创业活动密切相关的法律知识以及风险防范内容。第一节介绍新创企业设立时的组织形式选择；第二节介绍新创企业面临的经营合同的法律风险以及劳动关系管理问题；第三节介绍新创企业知识产权方面的相关规定，包括专利技术的保护与运营、传统品牌与网络品牌的管理策略以及商业秘密的合法获取与自我保护等。

开篇案例

库巴网的域名变迁

库巴购物网（简称“库巴网”）前身是世纪电器网，成立于 2006 年，是国内领先的家电产品网购服务提供商，众多消费者首选的家电网购平台。由于网上所有产品均由厂家直接供货，因此除了在产品质量和售后服务方面有较好的信誉之外，还因省却了中间环节带来的费用，平台所售的绝大多数产品在价格方面具有绝对优势，成为中国家电 B2C 网络购物平台的领军者。2010 年 11 月，库巴网被国美电器并购（国美电器斥资 4800 万元控股库巴网 80%股份）；2012 年 5 月国美电器以 1200 万元收购库巴网余下 20%的股权，自此全权掌控库巴网；2013 年 12 月国美电器将旗下两家电商公司国美在线与库巴网合并，统一品牌和标识为“国美在线”，库巴网及库巴品牌不再使用。库巴网官网域名 coo8. com，将直接跳转至国美在线 gome. com. cn。

库巴网中文名字的寓意是“仓库巴士”，像巴士一样将商品快速出库，送达消费者手中。最初设计域名的时候，库巴网结合自身的业务内容，以“好记”为主，

取名为“21HDTV”(寓意“21世纪高清电视”),但是该拼写未能与库巴网的商标、商号等商业标识进行良好的关联,而且从语言习惯上也不能让消费者产生联想,难以记住。后又改域名为“51MDQ”(“我要买电器”中文拼音缩写),还是存在同样的问题。

2010年,库巴网决定重新设计其域名,考虑到新域名应该突出品牌的标识作用,增强消费者对企业的认同感;同时从设计技术角度考虑消费者的使用习惯与记忆特点,公司决定使用“库巴”拼音全拼“KUBA”进行登记注册。但是,在域名网站中进行搜索时,却发现该域名早已被登记注册,域名所有权归属一位美籍西班牙人。该所有权人因为KUBA域名与古巴拼音相似,2009年以约1000元人民币的价格从某位中国人手中购得。按照我国法律规定,域名遵循先注册原则,权利人享有独占权利。库巴团队只能与权利人进行购买KUBA域名的贸易谈判。最终,因对方索要10万美元高价,库巴网无奈放弃,转而采用尚未被注册的域名“COO8”。此域名虽然记忆上无规律,还涉及字母与数字的转换,但是该域名由四个半圆圈组成,视觉效果较好,最终被库巴网采用。

案例来源:本章作者访谈库巴网创始人王治全整理而成。

创业过程难以预测,具有不确定性和模糊性(Sarasvathy,2001)。创业者不仅要提升技术才能以及管理才能,还应该培育法律风险管理及防范意识,从创业之初就以法律法规为经营准则,规范创业团队以及企业的行为;同时又能运用法律保护团队和企业的相关权益。

3.1 新企业组织形式的选择

创业者在创建新企业之初,首要考虑的就是组织形式的选择。目前我国企业主要有三种基本的组织形式:个人独资企业、合伙企业和公司制企业(包括有限责任公司和股份有限公司)。创业者首先应了解不同类型企业组织形式的特点,以及可能存在的法律风险,然后根据自有资本情况、企业运作经验、企业税费与运营成本、企业设立程序繁简、利润分配与责任承担、组织存续期限、行业特点等选择适合自身发展的企业组织形式。本书第6章与第7章对于新企业组织形式与管理有比较具体的阐述。

3.2 新创企业合同管理

新企业创立后,在生产经营的各个环节中,需要使用合同来规范和确认相关利益主体的权利与义务,从而保护自身的权益。《中华人民共和国合同法》(简称《合同法》)分则中详细规定了15种合同形式,其中与新创企业经营活动相关的最常见合同种类包括:买卖合同、租赁合同与技术合同，以及《中华人民共和国劳动法》（简称《劳动法》）中所规定的劳动合同。

3.2.1 新创企业常见的经营活动合同类型

（1）买卖合同

新创企业作为买方常需采购原材料、设备等；作为卖方需销售产品或服务，无论是从买方还是卖方的角度签订买卖合同时都应注意法律风险问题，及时防范并找出应对措施。

新创企业从购买方的角度，在签订买卖合同时需注意：

①审查卖方主体资格。签订合同时卖方的主体资格必须明确具体。

②明确、具体约定商品名称等信息。比如设备买卖合同中应当对设备的材质、型号、尺寸等内容以及技术附件的约定准确且具体，避免双方在验收标准上产生分歧。

③约定商品质量的风险承担条款。《审理买卖合同纠纷案件若干问题的指导意见（一）》第七条对此有相关规定。

④约定商品的验收方法。比如设备的验收办法可以约定为：根据设备使用的不同进度情况分段进行验收，并且设备价款是根据验收的结果分阶段支付的。

⑤约定商品的运输方式。考虑到运输过程中可能存在的风险，所以应尽可能约定为商品交付前的所有权是属于卖方的，如果产生损失也应该由卖方自己承担。

⑥约定付款方式。付款方式的条款一般是合同最重要的条款，可以结合第（4）条验收方法的相关条款，分阶段约定付款方式。

⑦重视有关发票的约定。例如，增值税发票可用于抵扣税款，直接关系到新创企业的收益。

新创企业作为卖方，在签订买卖合同时需要注意的事项如下（蒋松、王芸，2010a、2010b）：

①审查合同主体。以设备买卖合同为例，买卖合同的买方可能是工程总包方或者业主，也可能是工程总包方设立的一家设备采购公司，而两家公司的法定代表人可能不是同一个人，此时总包方并不是该设备买卖合同的相对人不必然承担合同履行中的违约责任。

②明确约定商品交付的时间、地点等。收货人一般在合同中都有约定，但在实际情况中由于各种原因，收货人很可能会发生变化，以致真正的收货人与合同约定的收货人不是同一人，一旦由于买方不按时付款或因其他原因产生了纠纷，问题的严重性就会突显出来。为了防范法律风险，减少不必要的损失，针对交付问题可采取两条应对措施：一是商品交付前再与买方书面确认，得到买方具体收货人的书面通知；二是在交付后及时与买方确认，得到书面回复，以免交付过后双方产生纠纷时买方矢口否认。

③约定运输方式和费用承担。合同中需要在细节上进一步明确，包括运输方式的选择、起运时间的设定、商品的在途时间等问题。

④约定验收标准、验收方式与验收时间。验收标准条款对于卖方至关重要，合同中必须明确约定商品的验收标准。验收方式是商品交付后如何验收的问题。验收时间最好约定得明确具体。

⑤约定付款方式及付款比例。合同中约定的付款时间及付款方式应当明确具体，如果分期付款的话，应当明确约定每次付款的前提条件。

(2) 租赁合同

新创企业，尤其是生产型企业，在起步阶段或者扩大生产阶段可通过租赁经营或租赁生产的方式，既能解决短期内的生产需要，又能减少不确定性带来的未来设备等有形资产的闲置问题。租赁合同的内容包括租赁物的名称、数量、用途、租赁期限、租金及其支付期限和方式、租赁物维修等条款。

租赁合同签订中需注意(姜延年等，2014)：

①确认租赁物的权属状态。确认出租方是否拥有完全产权，审查是否存在挂靠或者质押等情况。

②审核出租方主体资质。出租方分为自然人和法人两种。以个人名义签署的租赁合同有成本低、容易管理等相对优势，但存在一定的管理风险，需加强对出租方营业执照、租赁资质及管理能力的审查。

③明确租赁物基本技术指标。以管道设备为例，合同中应明确其操控系统、动力系统、显示系统、灯光系统、液压系统等相关的基本技术指标。

④约定租赁合同价格。约定价格中应包括各种费用，并单独列出其他需要单独收费的项目。需标明租金起算时间和支付时间，而且必须充分考虑可能面临的各种不可预见的因素及其会产生的必需的费用。

⑤约定租赁物的保修条款。租赁合同中必须明确规定出租方要负责租赁物的维修、保养服务，租赁期间发生的所有维修保养费用都必须由出租方承担，并且应明确设备发生故障时出租方有责任在约定时间内修复标的物，以最大限度地减少因故障造成的经济损失。

⑥约定合同解除与违约责任条款。租赁合同的履行过程中，如果出租方没有按约定时间交付租赁物，或者交付了却验收不合格，或者无法修复投入使用，承租人有权要求解除合同，要求退还已支付租赁费用，要求出租方支付合同约定的违约金。

(3) 技术合同

技术合同是技术型新创企业常用的合同类型，是当事人就技术开发、转让、咨询或者服务订立的确立相互之间权利和义务的合同，应当采用书面形式。与履行合同有关的技术背景资料、可行性论证和技术评价报告、项目任务书和计划书、技术标准、技术规范、原始设计和工艺文件，以及其他技术文档均可作为合同的组成部分。技术合同价款、报酬或者使用费的支付方式可采取一次总算、一次总付或者一次总算、分期支付，也可以采取提成支付或者提成支付附加预付入门费的方式。

技术合同可细分为以下四种：

①技术开发合同。技术开发合同是当事人之间就新技术、新产品、新工艺或者新材料及其系统的研究开发所订立的合同。技术开发合同包括委托开发合同和合作开发合同。开发完成的技术秘密成果的使用权、转让权以及利益的分配办法，由当事人约定。

②技术转让合同。技术转让合同包括专利权转让、专利申请权转让、技术秘密转让、

专利实施许可合同。合同可以约定让与人和受让人实施专利或者使用技术秘密的范围，但不得限制技术竞争和技术发展。

③技术咨询合同。技术咨询合同包括就特定技术项目提供可行性论证、技术预测、专题技术调查、分析评价报告等。

④技术服务合同。技术服务合同是当事人一方以技术知识为另一方解决特定技术问题所订立的合同，不包括建设工程合同和承揽合同。技术服务合同的受托人应当按照约定完成服务项目，解决技术问题，保证工作质量，并传授解决技术问题的知识。

3.2.2 新创企业劳动合同管理的法律事项

新创企业往往容易忽略劳动合同的管理，事实上，提高管理劳动合同的能力对于新创企业控制成本和防范可能的风险都具有重要的意义。企业劳动合同涉及的内容，包括主体条款、期限、试用期、工作内容、工作地点、劳动报酬、工时、休息、劳保、劳动条件、职业危害、社保、劳动纪律、规章制度、培训、商业秘密保护、经济补偿、赔偿责任、合同的解除与变更终止、劳动争议、特殊用工等(冯震远等，2008)。合同管理的过程复杂，包括劳动规章制度的制定、劳动合同的订立、劳动合同的履行变更以及劳动合同的解除和终止。

(1) 审查劳动合同主体资格

新创企业审查应聘者的入职条件包括：确认其是否具备胜任岗位的能力；确认或排除在录用后所承担的风险(竞业限制、保密协议、双重劳动关系、培训服务期等)；确保其专心于一个工作(是否有兼职工作等)。同时，企业应当如实告知应聘者工作内容、工作条件、工作地点、职业危害、安全生产状况、劳动报酬，以及其要求了解的其他情况，并形成书面材料签字后作为劳动合同附件。新创企业满足员工的知情权可避免员工以“未如实告知有关情况”为由引起争议。

(2) 约定合同期限与试用期

劳动合同期限是新创企业与员工在协商一致的情况下，对劳动关系存续期间的约定。劳动合同分为固定期限劳动合同、无固定期限劳动合同和以完成一定工作任务为期限的劳动合同：①固定期限劳动合同是新创企业与员工约定合同终止时间的劳动合同；②无固定期限劳动合同是新创企业与员工约定无确定终止时间的劳动合同；③以完成一定工作任务为期限的劳动合同是新创企业与员工约定以某项工作的完成为合同期限的劳动合同。另外，特别需要注意的是，新创企业自用工之日起一年内不与员工签订书面劳动合同的，可视为双方建立无固定期限的劳动合同关系。

新创企业就合同期限进行约定的同时，建议还可就试用期进行约定，以便更好地观察新员工的工作能力和个人素质。试用期是在建立劳动关系、签订劳动合同之后，由合同双方约定的互相考察期，在考察期满时，双方根据具体情况做出是否履行或者解除劳动合同的决定。试用期有利于企业和新员工考察对方以及建立相互的信任。

(3) 解除和终止合同

新创企业起步阶段人员虽然较少，但也兼具人员流动性高的特点。在进行人员调整时，可参照《中华人民共和国劳动合同法》(简称《劳动合同法》)中解除劳动合同、解除合同程序、人员裁减、劳动合同终止以及相关经济补偿的内容规定。

员工有下列情形之一的，新创企业可以解除其劳动合同：①在试用期间被证明不符合录用条件的；②严重违反企业规章制度的；③严重失职、营私舞弊，给企业造成重大损害的；④员工同时与其他用人单位建立劳动关系，对完成本企业的工作任务造成严重影响，或者经企业提出但拒不改正的；⑤以欺诈、胁迫的手段或者乘人之危，使企业在违背真实意思的情况下订立或者变更劳动合同的；⑥被依法追究刑事责任的。另外，有下列情形之一的，用人单位提前三十日以书面形式通知员工本人或者额外支付一个月工资后，也可以解除劳动合同：①员工患病或者非因工负伤，在规定的医疗期满后不能从事原工作，也不能从事由企业另行安排的工作的；②员工不能胜任工作，经过培训或者调整工作岗位，仍不能胜任工作的；③劳动合同订立时所依据的客观情况发生重大变化，致使合同无法履行，经企业与员工协商未能就变更劳动合同内容达成协议的。

新创企业还应注意在一些特殊情况下是不得解除劳动合同的，包括：①从事接触职业病危害作业的员工未进行离岗前职业健康检查，或者疑似职业病病人在诊断或者医学观察期间的；②在企业患职业病或者因工负伤并被确认丧失或者部分丧失劳动能力的；③患病或者非因工负伤，在规定的医疗期内的；④女职工在孕期、产期、哺乳期的；等等。

企业解除劳动合同或者终止劳动合同的，都应按照相关规定向员工支付经济补偿(参见《劳动合同法》第 46 条)。经济补偿按员工在本企业工作的年限，每满一年支付一个月工资的标准向劳动者支付。六个月以上不满一年的，按一年计算；不满六个月的，向员工支付半个月工资的经济补偿。值得提醒的是，如果新创企业与员工双方就经济补偿自行达成协议，如约定的给付标准低于法定标准，应在协议中特别注明已明确告知劳动者法定标准，并且要求劳动者在协议中明确已放弃要求补足差额的权利，以避免不必要的损失(高翔，2014)。

3.3 新创企业知识产权管理

知识产权是一种基于创新成果的法定权利，是新创企业获得独特竞争优势、以小搏大的重要资源。新创企业涉及的知识产权类型众多，本章重点介绍专利、商标和商业秘密相关的法律法规，帮助企业防范可能出现的法律风险。

3.3.1 商标、商号与网络品牌策略

企业形象识别系统 CIS(corporate identity system)是现代工业设计和现代企业管理营运相结合的产物。以 IBM 公司为代表的美国企业在 20 世纪 50 年代开始把企业形象作为新的经营要素(Martinel，1957；Abratt，1989)。新创企业在进行商标、商号、域名、App、微信公众号等形象标识物设计的时候，一定要避免未来商标侵权、商号争议、域名被抢注等困扰，树立 CIS 意识，建立完整体系的无形资产构架，将传统品牌方式(商标、商号)与网络品牌方式(域名、App、微信公众号)有机地结合起来，塑造企业的个性及其影响力。在设

计时，既要从认同感与价值观角度注重企业经营理念和文化的传达，又要从设计技术角度注重消费者的使用习惯与记忆特点；还要遵守相关法律法规的规定，避免因疏忽带来的法律风险，甚至丧失应有的专属权。

(1) 商号的设计

企业名称是区别不同市场主体的标志，起着企业间相互区别、便于识别的作用。我国《企业名称登记管理规定》中提到，企业名称应当由以下部分依次组成：商号(或者字号)、行业或者经营特点、组织形式。也就是说，企业名称中除行政区划、行业或者经营特点、组织形式之外能够显著区别于其他企业的标志性文字即为商号。

商号(trade name)是企业的专属名称，与之享有的专用权称为商号权。企业名称的法律保护实质上就是商号的法律保护。商号起着连接商品与消费者的媒介作用，是商誉的重要载体，其识别价值不仅表现在促使企业不断改善经营管理水平，提高产品质量，而且表现在便于消费者选择商品、维护消费者合法权益等方面。企业常将商号标于商品上，用于区别商品以及注明商品的出处。

企业常常以商号来申请产品的商标注册，比如中国老字号“张小泉”、“全聚德”等；还有另外一种情况，企业的注册商标与商号不一致，随着商品销售范围与数量的增加，商标的影响力远远大于商号的影响力，企业将自己的注册商标核准登记为商号，比如美国比阿埃斯公司将“耐克”商标改为公司的商号。因此，新创企业在进行企业名称登记时要充分考虑到未来商号与商标的一体化，在进行商号设计时参考相关设计原则。

(2) 商标设计与及时申请注册

商标(trade mark)是用来区别一个经营者的品牌或服务与其他经营者的商品或服务的标记。商标有利于培植富有个性的产品形象和市场形象，以取得竞争对手所不及的特定优势，因此，设计和选择一个好的商标是新创企业吸引消费者的重要营销手段。

商标的设计与选择虽然涉及心理学、社会学、市场学、美学、艺术等专业知识，但是首先应该考虑其法律上的有效性。申请注册的商标，应当有显著特征，便于识别，并不得与他人在先取得的合法权利相冲突。商标的显著性是指从总体上具有独自特征并能与他人同种或类似商品的商标区别开来，即“独特性或可识别性”。应遵循以下几个原则(冯晓青，2015)：①使用的商标与所依附的商品没有直接的关联；②使用的商标与他人及行业通用、共用的标志相区别；③使用的商标与指定的商品上的标志相区别；④商标设计要简练突出、线条突出，富有自身特色，做到简单、明确、易记、易听、易看、易读、易写，要既适合商品特点，可引起消费者联想，又适应消费者心理和消费群体的文化素质；⑤如果是外销产品，还应符合输入国商标法规定，符合当地风俗习惯与宗教信仰。另外，正如前面提到的商标与商号的一体化战略，企业使用统一标志名称可获得商号权与商标权的双重法律保护。

由于商标注册是我国取得商标专用权从而获得法律保护的必要前提，新创企业对其使用或准备使用的商标应该及时申请注册，否则该商标只能是未注册商标，得不到法律的有效保护。包括我国在内的许多国家的法律并不排除未注册商标的使用，未注册商标也并非在任何情况下都得不到法律保护。然而，一旦本企业的商标出名之后，很容易招致抢先注册，丧失自己前期积累的商标信誉。这里的"及时注册"还包括一定地域范围的超前注册，企业在进入国外市场之前尤其应重视获得商标权，为未来商品或服务的进入提供法律保障。

(3) 域名设计与及时注册

随着电子商务的加速发展，网络品牌的影响力起着越来越重要的作用，新创企业网络运营能力直接决定了其开展电子商务业务的广度和深度。全球范围内网络业务的迅猛发展，也使域名成为重要的无形资产，甚至被称为"网上商标"。新创企业通过在电子商务活动中有效地实施域名与商号或商标一体化的策略，可以充分结合企业有形空间或者网络空间的商誉优势，利用辐射作用快速形成用户比较熟悉的标识，以较小的成本向消费者推介自己的商品或服务，从而进一步提升企业声誉、企业形象和影响力。

近年来，我国不少知名企业的商标被国内外企业或个人抢注为域名，然后企业再进行谈判以高价赎回。针对恶意抢注的情况，《中国互联网域名注册暂行管理办法》等法律法规有相关规定，但是事后补救的手段具有很大的局限性。新创企业为了预防本企业商标在网络环境下被其他企业抢先申请注册为域名，使本企业的商号或商标在网络空间的影响力淡化、造成损失，应注意及时将自己的商号或商标在网络空间申请域名注册，这样可以有效地防止他人采用抢先注册域名方式的"搭便车"行为。

域名在命名方式上规定是用字母、中文、数字和连字符组成，长度不能超过 20 个字符。好的域名在进行设计的时候，不仅要考虑到作为经营者的商业标识物，与商标、商号等商业标识进行良好关联，还应与消费者的认知逻辑一致。足够简单的中文拼音(比如淘宝 TAOBAO，京东 JD，国美 GOME)，或者是全英文逻辑(比如亚马逊 AMAZON)，或者是创始人姓氏(如惠普 HP)，均是较好的设计理念。数字与字母、数字与拼音的组合效果相对较差，从使用和记忆习惯上来看，消费者需要同时使用两种输入法，切换烦琐。另外，从文化和地域习惯考虑，域名尽量避免选用方言发音相差较大的拼读设计。开篇案例"库巴网的域名变迁"中的库巴网是中国家电 B2C 网络购物平台的领军者，却面临着域名的多次调整。最理想的域名 KUBA 因被注册而放弃，最终选择了 COO8。但是，据创始人王治全事后评论，库巴网 95%的用户都链自搜索引擎，域名 KUBA 当时的价格还是值得购入的。京东早期域名用 360BUY，后来也是重金买下 JD 域名。王治全与合伙人后来进行二次创业，其名下的"大朴网"吸取经验，创立之初就注册登记域名为"DAPU"。

(4) 企业产品的 App 设计

随着移动互联网的发展，App 已成为网络品牌的一种类型，成为新创企业品牌形象展示与品牌推广的主要媒介。App 界面称作 UI(user interface)，是通过软件实现人机交互的整体设计。App 界面视觉设计对于品牌带给用户的直观感受有着重要的意义，将品牌自身特色与 App 界面视觉设计结合，可以促进品牌的良性传播与发展。

(5) 企业微信公众号的申请

随着微信的普及，微信公众号成为网络品牌的一种新形式，成为具有广告效应的新媒体。它是开发者或商家在微信公众平台(简称 WeChat)上申请的应用账号,通过公众号,商家可在微信平台上实现和特定群体的文字、图片、图文、语音、视频等全方位的沟通。按照腾讯微信的服务协议规定,企业微信公众号需要凭借运营者提供的身份证、企业营业执照和组织机构代码证三项资料的完全信息来进行认证。因此,企业成立后应该立即申请、认证并开通公众号名称,避免被他人抢注。

3.3.2 专利的申请、保护与运营

新创企业,尤其是技术型新创企业,有效地运用专利策略将直接关联到企业竞争力的获取与可持续发展。专利是由国家颁发专利证书授予专利权人在法律规定的期限内,对制造、使用和销售享有的专有权利(又称垄断权或独占权)。

(1) 专利申请决策

新创企业申请专利的动机各不相同,主要包括:①防止模仿,通过合法权利发布而阻止他人使用(Shane,2001;Arrow,1962;Teece,1986);②向投资人、潜在合作者以及客户传递信号(Veer & Jell,2012),获得竞争优势;③自己使用,且阻止他人获得专利权(Blind et al.,2006);④通过转让、许可等经营方式,从专利中获利,比如 IBM 在过去十年仅专利许可费就高达上百亿美元(Parchomovsky & Wagner,2005);⑤自己并不使用,只是为了阻止竞争对手产品或技术的商业化(Cohen et al.,2002)。但是,无论是出于何种目的,都需要充分权衡专利申请的必要性、申请的种类、申请的时机、申请的范围、申请的国别等问题。

首先,新创企业发明创造出新技术之后,将面临是否申请专利的选择,可决定是否通过申请专利、技术秘密保护或者是公开成果的方式进行。以下情形适合申请专利获得专利权:①达到申请专利要求的新颖性、创造性和实用性(简称"三性")要求;②技术比较复杂,是领域内的重大成果;③竞争对手容易通过反向工程获得技术要点;④市场前景不明朗、经济价值不确定的成果。以下情形适合采用技术秘密的方式加以保护:①不属于专利法保护的主题;②技术创新成果不具备申请专利的三性要求;③竞争对手能够在研究专利说明书后轻易绕过的成果;④技术成果经济寿命周期短,很快将出现可替代技术,例如软件行业。采用公开成果的方式更多的是作为一种战略手段来加以运用,公开成果可以使竞争对手的专利申请丧失新颖性,阻止他人获得专利权(冯晓青,2015)。

新创企业一旦决定申请专利,接下来就面临申请时机的选择问题。如果竞争对手短期内还无力研究出同样成果的,就不必急于申请,待竞争对手准备研制但尚未研制出来时再申请专利。期间要特别注意采取严格的保密措施,以免技术被公开而丧失新颖性。《中华人民共和国专利法》(简称《专利法》)规定"专利先申请原则",对专利的及时申请提出了要求,但是过早申请会带来麻烦。例如,过早申请会向竞争对手暴露自己的研发战略和技术秘密。此外,专利保护有期限,我国发明专利从申请日开始保护也仅仅只有 20 年,一旦未能及时商业化,很可能在获得经济回报之前就已经到期。因此,申请时机应该确保研究开发的技术达到一定的成熟度并在研究竞争对手技术发展动态、市场效益等因素后综合考虑。

其次，在申请种类上，我国专利分为发明、实用新型和外观设计三种。其中，发明专利是指对产品、方法或者其改进所提出的新的技术方案；实用新型专利是指对产品的形状、构造或者其结合所提出的适于实用的新的技术方案；外观设计专利是指对产品的形状、图案或者其结合以及色彩与形状、图案的结合所做出的富有美感并适于工业应用的新设计。三者各有其特征，新创企业应该根据发明创造的特点，结合不同要求进行选择，甚至可采用组合的方式，在实践中同时申请两种或以上的保护形式，以使各种专利申请形式取长补短，并在实践中延长专利保护期限。

最后，在专利申请国别选择上，专利地域性特征决定了企业只有在其他国家申请专利才能获得保护，因此还需要和企业的跨国经营战略相结合。

(2) 专利诉讼策略

技术型新创企业常常会面临专利侵权的纠纷，一种情况是发现对方侵犯自己的专利权利，另一种情况是自己被对方起诉侵犯他人的权利。

新创企业作为侵权方，当被对方起诉时，常用的专利诉讼应对策略包括：①检索专利文献，明确原告专利的法律状况。通过收集与该专利技术有关的技术资料和现有文献，查阅专利登记簿、专利公报、专利申请人文件，了解原告的专利申请人、公开日和授权日等具有法律意义的日期，明确原告是否为真正的权利人或利害关系人，确认对方专利权是否在专利保护期内。②分析对比，剖析双方技术特征要素。针对原告专利权利要求的技术特征逐一分析，并与被指控的侵权产品的技术特征逐一进行对比，从而判断自己生产的相关产品或者使用的相关方法是否落入了原告专利权的保护范围。③请求宣告对方专利权无效。请求宣告专利权无效在很多情况下是企业在被告的情况下以攻为守的处理方法。④合法使用抗辩权。这种策略的实质是企业使用原告的专利技术具有合法的使用权。例如，先用抗辩权，对于在专利申请日前制造、销售行为容易辨认，通过审查被控企业制造或销售相同产品的生产记录或销售发票，或者使用相同方法的技术文件即可确认先用权。⑤通过收购、参股原告公司等形式化解诉讼。如果企业具有一定的实力，在没有发现对自己有利的事实证据情况下，如果有对对方具有利用价值的可以进行交叉许可，主动和解，停止侵权，避免扩大损失(冯晓青，2015)。

新创企业作为被侵权方，可以积极运用专利诉讼策略，有力地遏制与制约竞争对手，保护自己的专利权利，制止侵权获得赔偿。企业在发起专利诉讼攻势前，需要选择好攻击目标，如果涉嫌侵权者多且实力不够强时，往往选择实力较强的公司；如果涉嫌侵权者多且多是规模较大的公司则可选择其中实力较弱的公司；提起诉讼的时间最好选择对方正在进行重大投资、并购活动等。提起诉讼时，应从权利有效性、管辖、时效、证据等方面进行充分的准备和论证。主要明确以下方面(冯晓青，2015)：①专利是否处于保护期内、专利是否有效；②起诉是否超过诉讼时效；③选择起诉的反映是否有管辖权以及是否对自己有利；④是否充分收集了被告侵权的证据以及本方受到侵害的证据；⑤本企业专利受到请求宣告专利权无效的可能性；⑥进行诉讼需要付出的成本、预期结果和效益情况等。

新创企业若在被侵权的诉讼中，由于侵权人戒备性强，其侵权行为常被隐藏而不易被发现，新创企业将会面临巨大的举证难题。“陷阱取证”是知识产权侵权诉讼中常用的收集证据的手段。但是，《最高人民法院关于民事诉讼证据的若干规定》要求证据的获取不能损害他人的合法权益，也不能违反法律禁止性的规定。那么如何区分“陷阱取证”的合法性？从学理上，“陷阱取证”可分为“机会提供型”与“犯意诱发型”取证两种。“机会提供型”取证是指被取证人原本就存在侵权行为，取证人仅通过一定的言行向其表示有意达成一定的交易。在此情形下，被取证人的行为只是在其正常的生产经营范围内，并没有因为取证人的言行而产生新的侵权行为。“机会提供型”取证本身具有实质正当性，其取证行为并未侵害他人的合法权益，若取证方式同时没有违反法律的禁止性规定，则以“机会提供型”方式取得的证据能够被法院采纳。“犯意诱发型”取证是指被取证人原本没有进行相应的侵权行为，而取证人通过一定的诱惑手段，使其产生了犯意，从而实施了侵权行为。此时，被取证人所采用的取证方式不被许可。在“犯意诱发型”取证方式中，被取证人侵权犯意的形成源于取证人，此种取证实质是引诱、教唆侵权。根据民事侵权行为理论，取证人此时同被取证人一起构成共同侵权，应当一并承担侵权责任。所获证据也非法律所认可的合法证据。

(3) 专利运营策略

专利运营是企业充分运用专利资产，整合各种资源，提高企业经济效益的市场行为。有学者认为技术可从转让、许可、合资、战略联盟、业务整合及赠与六种模式中获利。新创企业可能涉及的专利运营模式很多，本章仅介绍专利许可与专利转让两种常用的策略。

● 专利转让

专利转让是指将专利权由出让方转移给受让方所有的法律行为。新创企业专利转让分为两种情况：一种是企业自行研究开发出来的专利技术，自己现在及未来都不可能实施，就可以以专利转让的形式收回研究开发的成本，并从中获取利润；另一种是基于Chesbrough(2006)提出的开放式创新概念，新创企业发展初期很难依靠内部资源进行高成本的创新活动，为了适应快速发展的市场需求以及日益激烈的企业竞争，将外部专利技术资源通过受让的方式整合到企业内部。

专利权转让包括专利申请权和专利权的转让。专利申请权的转让是发明创造人或是其他有权提出专利申请的人就该项发明创造的专利申请权转让给受让方所有，由受让方就该项发明创造向专利局提出专利申请。专利权的转让是指专利权人将其所有的专利权让渡给受让人所有，并由受让人行使专利权。

特别注意的是，新创企业无论是作为出让方还是受让方，无论是转让专利申请权还是专利权时，都必须以书面形式订立合同。专利转让合同涵盖的内容主要包括：转让方向受让方交付资料、交付资料的时间、地点及方式、专利实施和实施许可的情况及处置办法、转让费及支付方式、专利权被撤销和被宣告无效的处理、过渡期条款、税费、违约及索赔、争议的解决办法等事项。转让合同订立后，应当向国务院专利行政部门办理登记。专利申请权或者专利权的转让自登记之日起生效。依照《合同法》的规定，依法订立的专利转让合同，自订立时即生效，当事人一方不得以未经行政部门登记为由主张合同无效。合同成立后，因未办理登记手续使转让不生效的，当事人应当依法补办登记手续。

● 专利许可

专利许可，又称专利权的许可使用，是指专利权人许可被许可人使用、实施其专利权，并从中获取该专利的权利使用费的活动。与专利转让不同，许可方式更为灵活，可以在不改变专利权所有关系的情况下，实现专利的市场价值。专利许可的形式包括独占实施许可、排他实施许可、普通实施许可以及分许可和交叉许可。在独占实施许可的情况下，许可人在合同约定的范围内也不能实施该专利。

专利许可人与被许可人应当订立许可合同，内容包括：许可实施的专利权的描述；许可方在本合同生效前实施或许可本项专利的基本状况；许可的范围、方式和期限；为保证被许可方有效实施本项专利，许可方应向对方提交的技术资料和技术秘密；许可方提供怎样的技术服务和技术指导；专利权使用费及支付方式；许可方合同有效期内维持本项专利权的有效性及专利合法不侵权的保证；技术竞争和技术发展；许可实施的专利技术和技术秘密进行后续改进；违约责任等事项。

新创企业专利许可同样存在两种情况，一种是作为许可人，另一种是作为被许可人。如果企业是被许可人，则应注意查明许可方是否为真正的专利权人。如果是真正的专利权人，还应进一步明确该专利是不是共有专利或从属专利，专利的实施许可还应当经其他共有专利权人或基本专利的专利权人的许可，否则实施许可活动是不合法的。此外，还需明确许可方为实施专利技术所提供的技术协助、服务等(Wang et al.，2012)。如果企业是许可人，应该确认被许可方的法人资格和经营范围，评估其实施专利技术的条件、资信状况等。

3.3.3 商业秘密与竞业禁止

(1) 商业秘密

商业秘密是指不为公众所知悉、能为权利人带来经济利益，具有实用性并经权利人采取保密措施的技术信息和经营信息。商业秘密是企业的财产权利，对于新创企业而言，一方面要注重商业秘密的保护，构建企业的持续竞争能力；另一方面也要注意规避因商业秘密获取不当带来的法律风险。

● 有效商业秘密的构成要件

《关于禁止侵犯商业秘密行为的若干规定》中明确提出商业秘密的内容包括两种：技术信息和经营信息。其中，技术信息包括设计、程序、产品配方、制作工艺、制作方法等；经营信息包括管理诀窍、客户名单、货源情报、产销策略、招投标中的标底及标书内容等信息。

在激烈的市场竞争中，创业者首先要加强防范的意识，保护好企业研究开发的成果以及经营的秘密。其次，创业者经常误解企业只需自行界定一些信息为秘密，其内容就成为受法律保护的对象，其实不然。有效的商业秘密必须同时具备四项法律特征，才属于商业秘密，才能得到法律的保护：

①“不为公众所知悉”。这是商业秘密认定的最基本条件。其中的“公众”并不是指所有人，而是指同行业或者该信息应用领域的人。另外，也不可误解为信息具有排他性，除

了信息权利人之外，权利人允许知悉范围内的其他人也是可以知悉的。简单而言，只要不为同行所一般知悉，就处于法律认可的“不为公众所知息”的秘密状态。

②“能为权利人带来经济利益”。对于信息的经济价值确认，既包括现成的、已经应用并为权利人带来经济收益或者获取竞争优势的；也包括潜在的、还未被权利人应用，但是一旦应用就可使权利人获利或者赢取竞争优势的。实践中，对于企业某些已经失败的技术研发资料和经营信息是否具有经济价值的争议较多，实际上失败经验对于企业本身或者竞争对手的研发或者经营能力积累同样具有重要的价值，也在保护的范围之内。

③“具有实用性”。该技术信息或者经营信息一定是具有使用价值的，可以是解决某个技术问题的方案，或者是有利于市场推广的策划书。商业秘密的使用价值既可指已经成型并正在使用的技术方案或者经营信息，任何知悉的人无须再进行研究或加工都可以直接使用的；也可指已经成型还未投入使用或者正在研究阶段并已基本成型、其使用价值已基本显现的技术方案或者经营信息，任何知悉的人都可能利用其获取经济利益或者竞争优势。

④“经权利人采取保密措施”。权利人必须采取能够明确显示其主观保密意图的保密措施，才能使相关信息成为法律认可的、受法律保护的商业秘密。一般性的保密措施包括但不限于：限制接触范围；明确接触的准许条件或者采取限制接触的技术手段；对接触人员明确赋予未经授权不得使用、披露的义务。

● 合法获取所需商业秘密的渠道

根据《中华人民共和国反不正当竞争法》(简称《反不正当竞争法》)的规定，企业不得采用下列手段侵犯商业秘密：①以盗窃、利诱、胁迫或者其他不正当手段获取权利人的商业秘密；②披露、使用或者允许他人使用以前项手段获取的权利人的商业秘密；③违反约定或者违反权利人有关保守商业秘密的要求，披露、使用或者允许他人使用其所掌握的商业秘密。第三人明知或者应知前款所列违法行为，获取、使用或者披露他人的商业秘密，视为侵犯商业秘密。

但是在法律允许的范围内，新创企业可以采取其他一些策略，获得行业内的相关技术诀窍和经营秘密，具体包括：

①公开信息与情报获取渠道。在激烈的市场竞争中，创业者要善于收集来自市场的公开信息以及竞争者的情报，以获取所需的技术知识与商业信息。常用的公开信息渠道包括：学术论文、专利、标准、科技报告、科技成果、产品信息、贸易信息等。

②“反向工程”获取方式。创业初期产品设计或制造工艺过程需要整合多方技术，“反向工程”是较为常用的获取方式，它是通过技术手段对从公开渠道取得的产品进行拆卸、测绘、分析等而获得该产品的有关技术信息。按照《最高人民法院关于审理不正当竞争民事案件应用法律若干问题的解释》规定：“通过自行开发研制或者反向工程等方式获得的商业秘密，不认定为我国《反不正当竞争法》规定的侵犯商业秘密行为”；“当事人以不正当手段知悉了他人的商业秘密之后，又以反向工程为由主张获取行为合法的，不予支持”。这就意味着“反向工程”依据的产品只要获取途径正规，破解出来的技术即可合法使用(冯晓青，2015)。

这里新创企业需要注意的法律风险包括：第一，如果该产品仅是出租产品，就不能通过“反向工程”破译其商业秘密，因为承租人不拥有产品商业秘密的所有权。第二，某些产品受到相关法律法规的特殊限制。例如，《关于集成电路的知识产权条约》以及 TRIPS 协定中都涉及集成电路布图设计的相关内容，规定可以通过反向工程解剖集成电路芯片，从而对他人产品的布图设计进行分析，但是不得简单复制，否则违法。由于“反向工程”涉及他人技术秘密，较易发生纠纷。因此，初创企业应注意保存产品来源合法的证据，如供货合同、购货发票，并详细记录“反向工程”的过程。

③因商业秘密权利人的疏忽泄漏而获取。商业秘密权利人在未申明保密的情况下自行向第三人泄漏了秘密，包括丢弃未处理过的机密信息档案，而该第三人对该商业秘密并无法定的或者约定的保密义务，这种因商业秘密权利人疏忽而泄漏其商业秘密，他人获得是合法的。例如，某设计公司人员由于疏忽，未将存有商业秘密的图纸从计算机中删除，后来该计算机被当作旧设备淘汰，正好被一竞争对手购买，于是竞争对手掌握了该商业秘密且用于商业性使用。

④通过合法受让或许可获得。企业通过合法受让或取得实施许可的形式利用其商业秘密。

● 商业秘密保护的管理策略

商业秘密保护的主要内容就是防止泄漏。新创企业应该谨慎对待以下情形：①企业内部信息传递过程；②掌握商业秘密员工的流动；③公开论文、报告或信息的发表；④来访、参观、展销会或者技术交流会；⑤有不当目的的情报收集人员等。

新创企业商业秘密保护的管理策略中，首要任务就是针对保密信息进行分类、确定等级，以便在此基础上有针对性地制定保护的制度和方案。以华为公司为例，其根据保密信息的价值、内容敏感程度、影响及发放范围的不同，将保密信息划分为绝密、机密、秘密、内部公开四个级别。

丹尼斯·昂科维克(1991)总结了企业商业秘密保护的管理内容，具体包括：①在指定范围内分离并确定属于商业秘密的具体资料；②确定保护商业秘密的责任及其监控；③对属于商业秘密的文件实施统一标记；④设立保护商业秘密的机械安全系统；⑤处理好保护商业秘密与雇员之间的关系；⑥如何以较低的风险向企业外部人员在某种程度上展示某些商业秘密；⑦妥善处理向企业主动提供的专项商业秘密资料及鼓励雇员个人发展；⑧定期更新商业秘密的内容。

正如前面提到的，商业秘密受法律保护的前提是企业采取了保密措施，具体常用的管理措施包括：①建立保密设施，如保密资料室、保险箱；②对生产车间、实验室、研究室等涉及商业秘密的机构采取隔离措施；③处理废弃物；④计算机软件加密；⑤研究开发人员填写开发记录；⑥处理对外交流合作时散发的材料；⑦商业秘密信息的销毁；⑧及时订立保护商业秘密的合同；⑨严格限制接触商业秘密人员的范围；等等。

新创企业应注意加强内部员工与外部人员商业秘密方面的管理，对于内部接触商业秘密的员工，对其进行分类，评估接触商业秘密的程度。企业应该在员工就业时与之签订专门的商业秘密保密协议或在劳动合同中规定商业秘密的保密条款，作为劳动合同的一部分。协议中明确员工保密的义务、范围，还包括离职或被解雇时对商业秘密的保密义务；因经营的需要，新创企业需让外部人员接触、使用企业商业秘密时，例如合作、科技项目承包、技术服务等场合，必须与其签订保密协议。约束非雇员以保护商业秘密的保密协议包括(丹尼斯·昂科维克，1991；冯晓青，2015)：①确定商业秘密的内容，可签署一个附件，详细列出可能被披露给对方的商业秘密情报种类；②文件披露范围，协议应明确文件披露的目的，它与向外部人员披露秘密文件的范围直接相关；③秘密文件使用的期限，期限届满时，对方应归还所掌握的商业秘密文件并销毁复印件，同时规定一个期限；④外部人员对拥有商业秘密所有权公司的明确义务；⑤要求对方雇员签订个人保密协议；⑥要求所有有关各方执行保密协议；⑦规定违约赔偿金的标准；⑧明确协议的有效期。

(2) 竞业禁止

竞业禁止是新创企业保护其商业秘密的重要手段之一，根据员工在企业职务岗位的不同，竞业禁止一般适用的对象包括：高级研究人员、技术人员和经营管理人员；市场计划和营销人员；财会人员和能接触到重要信息的高级文秘。

竞业禁止分为法定竞业禁止和约定竞业禁止两种情况。

①法定竞业禁止是指新创企业的高级管理人员按照法律规定必须承担的竞业禁止义务。例如，《中华人民共和国公司法》(简称《公司法》)规定，董事、高级管理人员不得擅自披露公司秘密；未经股东会或者股东大会同意，利用职务便利为自己或者他人谋取属于公司的商业机会，自营或者为他人经营与所任职公司同类的业务等。《中华人民共和国合伙企业法》(简称《合伙企业法》)规定，合伙人不得自营或者同他人合作经营与本合伙企业相竞争的业务。除合伙协议另有约定或者经全体合伙人一致同意外，合伙人不得同本合伙企业进行交易。合伙人不得从事损害本合伙企业利益的活动。

②约定竞业禁止是指依据新创企业与员工签订竞业禁止协议，来约定员工必须承担的义务。对于在职员工，企业除了通过签订协议，还可以通过制定内部规章制度来确立竞业禁止义务。我国有多项法律对此有所规定：《劳动法》规定，劳动合同当事人可以在劳动合同中约定保守企业商业秘密的有关事项；《劳动合同法》规定，用人单位与劳动者可以在劳动合同中约定保守用人单位的商业秘密和与知识产权相关的保密事项；对负有保密义务的劳动者，用人单位可以在劳动合同或者保密协议中与劳动者约定竞业限制条款，并约定在解除或者终止劳动合同后，在竞业限制期限内按月给予劳动者经济补偿。劳动者违反竞业限制约定的，应当按照约定向用人单位支付违约金。竞业限制的人员限于用人单位的高级管理人员、高级技术人员和其他负有保密义务的人员。竞业限制的范围、地域、期限由用人单位与劳动者约定，竞业限制的约定不得违反法律、法规的规定。在解除或者终止劳动合同后，前款规定的人员到与本单位生产或者经营同类产品、从事同类业务的有竞争关系的其他用人单位，或者自己开业生产或者经营同类产品、从事同类业务的竞业限制期限，不得超过两年；《中华人民共和国促进科技成果转化法》(简称《促进科技成果转化

法》)规定，企业可以参加科技成果转化的人员签订在职期间或者离职、离休、退休后一定期限内保守本单位技术秘密的协议。

新创企业在制定竞业禁止协议时，还须符合相关法律要件：①企业的目的只能是为了保护商业秘密。②限制人员必须属于限制人群，即因职务关系接触或者有可能接触本企业商业秘密的人员。③限制期限恰当。在我国司法实践中，具体期限视行业状况、雇员个人状况、商业秘密的性质、商业秘密存续期间等情况而定，一般不长于离职后的两年。在高新技术领域，由于其技术与产品的升级换代是迅速的，竞业禁止的期限不宜过长，具体根据行业不同、技术更替周期长短等规定限制期限，以防止企业规避法律阻碍新技术的开发、传播与利用，限制劳动者参与正当的市场竞争。④必须约定一定的补偿金。补偿方法有多种，例如可以约定在职时每月预先付给员工一定津贴作为离职后竞业禁止的补偿，也可约定员工离职后在竞业禁止期间应得的总金额，在离职时一次或分次给付；也可以采用分配股票等其他形式进行补偿。这里特别值得注意的是，新创企业常常将竞业禁止条款写入《员工手册》，认为即可视为竞业禁止协议。实践中，因《员工手册》文字过多，员工可能日后主张未仔细阅读而不知悉保密义务(唐青林、黄卫纪，2014)。新创企业必须签订竞业禁止限制性条款，在《劳动合同》、《保密协议》或者《竞业限制协议》中做出明确约定，以规避风险。

3.3.4 知识产权融资

绝大多数新创企业由于资产规模小，授信评级低，一般受到融资难的困扰。知识产权是具有商业价值的无形资产，可通过金融资本形式转化为企业的现金流量，实现资本效益。知识产权融资越来越成为新创企业资金来源的重要渠道，帮助企业筹措资金，解决资金需要和不足的问题。以美国为例，存在大量民间金融服务机构，特别是风险投资机构，为企业专利等知识产权融资创造了十分有利的条件。近几年，我国各级政府制定了一系列相关政策，例如知识产权质押贷款，也在逐步构建科技金融新体系。

知识产权融资可分为负债式和所有者权益式两种。负债式知识产权融资是指知识产权运营者将其拥有的合法有效的知识产权资产出质，从银行等金融机构获得资金，形成负债，并按时偿还资金本息。而所有者权益式知识产权融资是指知识产权运营者凭借其合法有效的知识产权，依照保险、信托、证券化等金融手段从银行等金融服务机构或者资本市场上获得资金收益的行为(毛金生等，2013)。

目前国内常见的企业知识产权融资方式主要是知识产权质押融资方式，是指债务人或者第三人将其特定的知识产权向债权人出质，用以担保债权的实现，当债权没有如期履行时，债务人或者第三人将其被质押的知识产权以拍卖、变卖等形式优先受偿的贷款融资形式。《中华人民共和国担保法》(简称《担保法》)、《中华人民共和国物权法》(简称《物权法》)和《中华人民共和国著作权法》(简称《著作权法》)都有关于质押方面的规定。新创企业进行知识产权质押融资时，包括以下三个基本程序：①知识产权人委托运营者办理知识产权质押业务；②由出质人与质权人签订书面的质押合同；③履行相应的质押登记手续。

以有孚公司质押融资案例为例。有孚公司授权登记的计算机软件著作权被质押给科诚小额贷款公司，在经科诚公司对该软件著作权价值评估出 500 万元价值后办理著作权质押登记证书。有孚公司获得了期限为 1 年的 400 万元贷款。同时，有孚公司企业法人代表的股权被质押给科诚公司作为联保，并约定当有孚公司不能按期返还贷款时，由杨浦科技创业中心下属的科艾投资管理公司根据协议约定的价格参股有孚公司。通过这种模式，加入科艾投资管理公司，实现了债权和股权的联保，解决了新创企业融资难题（周丽，2011）。

本章小结

我国企业主要有三种基本的组织形式：个人独资企业、合伙企业和公司制企业（包括有限责任公司和股份有限公司）。新企业创立后，在生产经营的各个环节中，需要使用合同来规范和确认相关利益主体的权利与义务，从而保护自身的权益。我国《合同法》分则中详细规定了 15 种合同形式，其中与新创企业经营活动相关的最常见合同种类包括：买卖合同、租赁合同与技术合同，以及《劳动法》中所规定的劳动合同。知识产权是一种基于创新成果的法定权利，是新创企业获得独特竞争优势、以小搏大的重要资源。新创企业涉及的知识产权类型众多，本章重点介绍专利、商标和商业秘密相关的法律法规，帮助企业防范可能出现的法律风险。

本章思考题

1. 劳动合同期限有哪些种类？

2. 企业与劳动者解除或终止劳动合同的法律规定有哪些？如何进行经济补偿？

3. 企业的商业标识有哪些种类？它们各自的策略有哪些？

4. 如何权衡一项新技术是申请专利、作为技术秘密进行保护还是公开成果？

5. 新创企业作为专利纠纷的起诉方或者被诉方有哪些常用的诉讼策略？

6. 新创企业合法获取所需商业秘密的渠道有哪些？

7. 新创企业商业秘密存在哪些法律风险？应该如何完善保密制度？

8. 竞业禁止协议的法律要件有哪些？

案例分析

谁的畅生阁?

畅生阁保健会所董事长准备再开几家分店,可当初已经退股的一位合伙人却说"畅生阁"商标是他的,另一个合伙人也要求更多的利益,这一切都是因为一张字据……

一份字据,一串麻烦

"这场官司真是要打,谁赢谁输很难讲。"律师蓝涛蹙着眉,将桌上那张微微泛黄的方格稿纸推到畅生阁国际保健养生会所董事长高渭河的面前。

"为什么?这上面明明写着'吴道林申请的畅生阁注册商标转让给高渭河,商标归属高渭河所有',白纸黑字,清清楚楚嘛。"高渭河满是不解。

"不错,上面是有这么一句话,写着'畅生阁'商标的所有权归你。可你别忘了,这一句后面还跟着另一句'在适当的时候,高渭河有权要求吴道林同意高渭河把该商标转让给高渭河指定的人或公司'。这句话,完全可以解释成你'有权要求',但'准予权'还在吴道林那里。如果吴道林请的律师死抠这个字眼儿,我们十有八九得输。况且'畅生阁'商标从法律上至今也没正式转让给你,还在他吴道林的公司名下。"蓝涛叹了口气:"唉,又是一个约定不明的协议,你说你当初写这个声明的时候,干吗要画蛇添足呢?如果没有后面这句话,不就没这些麻烦事了嘛。"

"那是吴道林让加的,我也没当回事,以为商标所有权已经转让给我了,就算是挂在他公司的名下也无甚大碍,以后做啥跟吴道林打声招呼就行了。"高渭河解释道。

"唉,哪有那么简单啊?我当律师这么多年,经手的官司多半都是因为当事人在约定时把事情想得太简单引起的,你当时要是找个律师帮着订个正儿八经的协议就好了。严格来讲,你这连协议都称不上,也就是一份声明,而且是一份自相矛盾的声明。"蓝涛回道。

"我哪有那个法律意识啊?再说那时候,我和吴道林是朋友,创业的时候他没少出力,我不好意思跟他分那么清楚。"高渭河道。

"那现在不还是要分?而且很可能要去法庭上分!"蓝涛无可奈何道。

高渭河开始着急了:"蓝律师,这个忙你一定要帮我。你帮我把这场官司打赢后,我请你做我们畅生阁的常年法律顾问。那吴道林也真够可以的,我还一直把他当兄弟呢。其实,'非典'那时候他急着退股我就该想到,他根本就是个重利轻义的人。"

蓝涛沉吟了一下:"高总,你若是非要打这个官司,我会尽最大努力帮你。不过,我必须提醒你,如果真的要交给法庭裁决,我方胜算的把握不大。一旦法庭正式裁决商标专有权从今往后归吴道林所有,那你可是连一点儿回旋的余地也没有了啊。"

高渭河有点慌了,他没有想到形势会如此严峻,他站起身:"畅生阁是我做出来的,凭什么让我把自己辛辛苦苦养大的娃给人家?法院也得讲理吧。"

蓝涛看着高渭河,半晌,冷静道:"法院讲的是法。"

高渭河颓然地坐回椅子上。

蓝涛看了看高渭河,说:"高总,除了打官司,你还能接受别的解决办法吗?有没有可能大家找个安静的地方,心平气和地坐下来,谈一谈,算一算,把利益分分清?"

蓝涛正说着，他面前的移动电话微微地振动起来，他按下挂断键，对高渭河说："高总，我中午还约了人，先告辞了。你再想想，还有没有别的解决办法，凭我多年的经验和直觉，我劝你最好不要打这场官司，胜诉概率不大。当然，我会去查资料，如果查到，我立马打电话告诉你。"

高渭河起身道："好，我也再想想。蓝律师，拜托了。"

高渭河将蓝涛送到办公室门口，目送蓝涛的身影消失在走廊尽头。

一个"阁"，三个"桩"

说起来，畅生阁最初也不是高渭河一个人的，是三个人的。20世纪80年代高渭河大学毕业后，先是在汉中的一家小印染厂当了四年工程师，后来又跑到了海南，在一家房地产公司卖了几年楼后，在一个卖楼的日本客户的担保下，高渭河去了日本，在东京一边读管理一边开店，并在那里淘到了人生的第一桶金。回国后高渭河也尝试过其他的生意机会都没有成功，最终决定转战北京。

高渭河打小有个偏头痛的毛病，刚到北京那半年犯得比较厉害，他隔三岔五就去住处附近一家叫瑟曼丽的美发沙龙洗头、做指压，一来二去的，就与瑟曼丽的扬州老板吴道林混熟了。吴道林那时已经在京城开了三家瑟曼丽连锁店，在发廊比公厕还多的京城，吴道林开在高档住宅小区边上的瑟曼丽虽然没有沦落到惨淡经营，但前景的确不怎么乐观，他一直在寻找新机会。吴道林瞄出来了，来瑟曼丽的客人很多都是像高渭河这种冲着指压按摩这类附加服务来的，这些人大部分都是做生意的，还有公司白领，也有一些老外。吴道林曾考虑过在每个店里再增加一个足疗项目，但最终还是放弃了，因为一来他的三个店的店面都太小，二来吴道林觉得让技师又洗头又洗脚，总不是那么回事儿。吴道林正琢磨着如何在螺蛳壳里做道场，谁知一日在与高渭河闲聊时，竟聊出了一桩好生意。那天，高渭河一边做指压，一边向吴道林描述它在日本和泰国等东南亚国家去过的一些保健会所，对里面的环境和服务大加赞叹。他还说如果吴道林的店面够大，完全也可以开一个，京城有钱人多、文化人多、辛苦搏命的人也多，不愁没客源。高渭河还说，这个保健会所一定要有别于那些洗脚城、按摩院之类的地方，可以将中国古老的养生艺术和传统文化结合起来，让来这里消费的人感到自己是一个风雅之士。

吴道林想起有人告诉他后海边上有幢大宅子正在找租客，他对高渭河说，不如咱们合伙干吧，我在京城人脉比你广，但你比我有文化，而且你留过洋，见过日本人和泰国人怎么弄的，咱们合伙干一定行。他们找到大宅子的房主，但房主说宅子已经被一个叫商红兵的人租去了，说是要开一家私房菜馆，还说商红兵的老爷子是工商部门的一个头儿，他们也是冲着这一条才把宅子租给他的。吴道林和高渭河两人不罢休，他们找到商红兵，给他看保健会所项目的计划书，高渭河还把从网上下载的国外那些保健会所的图片给商红兵看，商红兵动心了，打消了开餐馆的念头，同意把宅子转租给他们办保健会所，但条件是他要参股。

接下来，就是办理各种手续，这个证那个证的，弄得高渭河不胜其烦，幸好商红兵有能耐，吴道林有干劲，手续很快就办齐了。从三人谋面开始，仅仅三个月后，畅生阁国际养生保健会所就成立了，吴道林和高渭河各出资200万元，各占40%股份，商红兵出资100万元，占20%

股份。"畅生阁"的商标则是注册在吴道林的瑟曼丽公司的名下，不过口头约定由大家共有。本来大家最初商量是想注册在高渭河名下的，因为畅生阁成立后，主要由高渭河负责经营。然而，根据《中华人民共和国商标法》(简称《商标法》)的规定，商标注册人可以是自然人、法人和其他组织，其中，自然人必须拥有营业执照或企业法人营业执照才能有资格申请注册商标。高渭河当时还没成立自己的公司，不是法人代表，也没有取得任何经营项目的营业执照，所以无法以他个人的名义注册商标。再加上，他们三个人那会儿一心想的就是快点开业、快点赚钱，也等不及高渭河重新注册成立一家他自己的公司。关键是高渭河自己当时对吴道林和商红兵充满信任，所以也就没过多计较这件事。他哪里想到，商场上的所谓信任虽说重要，但有时其实也是最危险的。

畅生阁成立后，基本上是高渭河在打理，吴道林偶尔来看看，商红兵则几乎不照面，只是有时店里在工商执法检查中遇到了麻烦，高渭河才会给商红兵打电话，请他家老爷子去摆平。其实，吴道林和商红兵不插手畅生阁的管理，倒是称了高渭河的心。吴道林从未管理过这种会所，当然不知道如何去侍弄它；而商红兵在高渭河眼里就是个公子哥儿，他不来瞎掺和就阿弥陀佛了。

畅生阁头两年的经营并不"畅"。第一年，装修、打通关系、打广告投入了不少钱，原指望第二年收回一点成本，谁知那一年来了"非典"。一时间，京城的发廊、足疗点、按摩院、美容院等公共场所都是门可罗雀。许多保健、餐饮服务的老板，都不得不暂时遣散店里的员工。那年5月，畅生阁唱了一个月的空城计，但高渭河并没有打发技师们回家，这些技师是高渭河的宝贝，都是他从中医学校和职业学校挑来，又花了很多银子和心血培训过的，高渭河除了请人传授他们畅生阁独家开发的经络按摩秘技，还请人教他们礼仪和古文，甚至还以军民共建的形式请子弟兵来教他们铺床叠被。高渭河认为散易聚难，如果以后情势好转，再想找这么好的技师就不容易了。高渭河下决心跟"非典"赌一把，他不但没给员工减薪，还给他们每人每天增加了两元钱的饭贴。

吴道林不同意高渭河这么做。他说："'非典'什么时候结束、能不能结束还不知道，你要养他们养到什么时候？这可是咱们三个人的钱。你要是坚持，那我就撤了。"高渭河跟吴道林讲不通，吴道林最后退股，他将自己那40%的股份和商标所有权一并转让给了高渭河。商红兵那边，高渭河跟他有个口头约定，说虽然商标转给了自己，但其实是他和商红兵两个人的，每年仍会分给商红兵20%的分红。高渭河和吴道林没找律师，只是私下里立了份字据。因为商标是挂在吴道林的公司名下的，所以在吴道林的提议下，字据上就有了"在适当的时候高渭河有权要求吴道林同意把该商标转让给高渭河指定的人或公司"这句话。其实，高渭河那时已经没有多少现金了，吴道林的退股无疑是雪上加霜，无奈之下，高渭河叫他远在汉中的爹将自家新盖的三层小楼拿去抵给信用社，借出了10万元钱，又拿出自己所有的积蓄，才将吴道林的钱付清。上天像是奖赏高渭河这种不屈不挠的劲头儿，"非典"特殊时期很快结束，畅生阁的生意顺风顺水，越来越好，到现在已经有了四家直营连锁点了。高渭河想在下一两年争取再开三四家。

但是，半个月前的一个晚上，很久没跟他联系过的吴道林打来电话。吴道林说："小高啊，你用畅生阁的商标开了那么多家连锁，可从没跟我打过招呼哦，那商标可是我的'瑟曼丽'

公司名义注册的。"

高渭河心里一惊,定了定神说,吴老板真会开玩笑,你大概忘了,我们的协议上写着商标的所有权归我啊。至于商标注册人,我还正想跟你聊聊正式转让的事情呢。别人不知道,咱们三个人还不知道啊,是因为我那时还没自己的公司和营业执照啊,咱们不都是想快点把畅生阁开起来吗?

电话那头的吴道林听了,嘿嘿地笑着说:"小高啊,我劝你把那份协议找出来,再仔细读一遍。你想让我把商标正式转让给你?没问题!有空咱们可以谈谈嘛。"

挂上电话,高渭河从抽屉里翻出那张已经泛黄的方格稿纸,看罢以后,他找到了蓝涛律师。

一壶清茶,一场智斗

生意人约吃饭喝茶,哪个先发邀请,哪个就低下半个头去,这是个大家都心知肚明而又心照不宣的理儿,高渭河焉能不知?但是,在见过蓝涛律师的那个晚上,他还是先给吴道林打了个电话,约他次日下午吃茶小叙。高渭河这么做实在是不得已,因为在蓝律师的提醒下,他明白商标这件事的主动权其实掌握在吴道林手里,他不找吴道林,吴道林是不急着找他的。蓝律师说,吴道林手里有一张大网呢,他可以等到高渭河把畅生阁养大养肥了,随时下网捕个鱼虾满舱。不过,高渭河并不想现在就跟吴道林谈判,还不到时候,他得先摸摸吴道林的想法,然后算算自己的筹码。

高渭河有意比约定短时间早到了半小时,他想先喝杯茶,定定神沉沉心,在吴道林来之前,理出个大概的谈话思路。茶馆里没几个客人,渺渺的古琴声衬得屋子里更显幽静。高渭河陷入沉思。

"小高,等很久了吧?"高渭河一抬头,吴道林已经站在桌子对面微笑地望着他,"这可真是个清雅之地啊,小高,你就是有文化底蕴。"

"吴老板过奖,我也就是瞎玩玩而已。"高渭河亲手为吴道林斟了杯茶,不动声色,想听吴道林接下去说什么。

"你太谦虚了。看你把畅生阁弄得,谁去了不夸那地方有品位啊。"

高渭河不想看他继续给自己"挖坑",便岔开话题:"吴老板,这段时间瑟曼丽的生意怎么样啊?"

"唉,别提了。技师就像走马灯一样,现在咱们这行都这样,技师难留。客人跟着技师,一个像样的技师走了,总是带走一批客人。哪像你啊,那些技师都死心塌地地跟着你。"

高渭河心想,我的技师队伍稳定,那还不是因为我自始至终都在关怀他们、培养他们。我们这一行的客人是养出来的,谁养他们?还不是技师。可谁又来养技师呢?是老板。想你吴道林那样做人,有啥人会一直跟着你呢。

"说吧,今天约我来什么事?是不是为了'畅生阁'的商标?这可是咱们共同的品牌,我是该关心关心啦。"吴道林真是高手,三言两语就让自己与畅生阁缔结了牢固的关系。

"吴老板说得不错,是为了'畅生阁'的商标,不过,我是想请吴老板考虑一下,能不能将'畅生阁'的商标正式转让给我,毕竟这个品牌我也做了六年了,看它成长起来的,而且我也注册了自己的公司。至于这商标过户需要的费用嘛,吴老板可以开个价,只要合情合理,都没问题。"高渭河也不兜圈子,直截了当地说。

"过户的事没问题,我也知道'畅生阁'是你老弟一手做大的,在这个行业,能做出个品牌不容易。至于费用,你见外了。"吴道林摊了摊双手,继续说,"我在想,我们不如还采取以前的合作方式,我把当初退出的那40%的股份重新进来,我知道你开新店是需要资金的。同时呢,我把商标拥有权也完全过户给你,我还像以前那样拿畅生阁40%的股份。"

听完吴道林开出的条件,高渭河嘴角露出一丝冷笑,简直是敲诈!"吴老板,四年前的一元钱和现在的一元钱可不好比,已经打了好几个滚儿了。"

"怎么不好比?我调查了一下,美容美发按摩这类服务的价格这几年基本没变动。而且你也知道,当初我投入到畅生阁的不只是钱,还有我所有的人脉关系,当然还有我付出的精力。"吴道林面无愧色。

"吴老板说的对,我们这一行这几年的价格是基本没变,可你应该知道我们的成本一直在增加,房租、水电、人工、伙食,任何东西都不是四年前的价了。"高渭河平静地说道,他的言外之意是:"你想以四年前的价钱再把你那40%的股份拿回去,门儿都没有!"对于吴道林,高渭河认为,他们是曾经有过共同的过去,但他绝不想再跟这种人有共同的未来,他只想尽早斩断彼此的联系,以求今后的风平浪静。

"如果你觉得我开的条件太低,我还可以把我那三家'瑟曼丽'也加进来,咱们利益共享嘛。"吴道林见高渭河半晌没吭气,艰难地笑笑说。

明明是想占便宜,偏偏却做出一副吃亏的样子,高渭河不知道自己什么时候也能"修炼"成吴道林这样。他故作温和道:"我记得,刚才吴老板还说你那三家美发沙龙生意不太好啊。要是那样,哪来的利益共享呢?"

吴道林听了高渭河的话,不禁愣了一下,停顿片刻,说:"老弟有所不知,最近我无意结识了一个法律方面的专家,他提醒我说,像我俩现在这种情况,我完全可以去法院起诉你侵犯了我的商标权。可你想,我怎么会那么做呢?大家当初是一块儿干的,一起创办了畅生阁,合伙创业的兄弟闹到法庭上去,多难看啊。如果再找来些小报记者,那对我们畅生阁的品牌也不利啊,你说是不是?"吴道林的眼睛深不可测地盯着高渭河。

高渭河领会了吴道林的弦外之音,而这正击中了他的死穴。看吴道林那架势,畅生阁40%的股份他是要定了。高渭河一时想不出对策,他只能采取缓兵之计了。

"股份和商标过户的事,吴老板容我再想想。也请吴老板念及我们的情谊,站在我的角度替我考虑一下,这些年我做得实在是不容易啊。吴老板当初退股时,的确弄得我很被动啊,为了买你那40%的股份,我父亲连房子都抵押了,全家人都在承担风险。"高渭河的语调明显谦恭了许多,甚至有点可怜。

"好说,好说,我吴道林是最讲情义的。"

说完,他们互敬了一杯茶,又漫无边际地聊了聊茶经,然后结束了这场假惺惺的友情谈话。

一个电话,一支暗箭

高渭河从茶馆出来的时候,天已近黄昏,暮色像他的心一样深沉。他在路边给蓝涛打了个电话,将刚才跟吴道林谈话的情形大概描述了一番。蓝涛说,我也正想给你打电话,你说能不能给畅生阁改个名儿啊，比如改叫“畅意轩”、“舒生堂”什么的，这样就跟他吴道林彻底没什么瓜葛了。高渭河说，我也想过这个方法，但“畅生阁”好不容易创出牌子了，要是换个名字，那我不就前功尽弃了，而且新创一个牌子又得花多少钱啊，这事咱俩回头还得好好合计合计。

高渭河在路边拦了一辆出租车，想去畅生阁在望京的分店看一看，那家店刚开了不到两个月，得多照应着点。他正想打个盹，手机响了，是商红兵。

“高兄，在哪儿与民同乐呢？晚上一起去撮饭吧。怎么样？说好几点，我去接您？”商红兵似乎永远都没心事，如果有，高渭河觉得他的心事就是去哪儿找好吃好玩的地儿。

“今天不行，我约了人，改天吧，红兵，改天我做东。”高渭河扯了个谎，他实在没时间也不想去陪他花天酒地。他有很多事情要考虑，有很多问题要解决。

“是约了吴道林吧？我还正想问您呢，听说这家伙想问您要回40%的股份，真不地道，您千万甭答应他。那商标要说也是咱三人的，它要是敢拿这个来压您，瞧我怎么收拾他。”

“那商标是咱三人的？”高渭河脑子里迅速回放了一遍这句话。他一直以为商红兵是个只知道吃喝玩乐的主儿，没想到每个人心里都藏着自己的小算盘，商红兵也是如此，只是不知道他的算盘是怎么打的。

“没你想得那么严重，我们还在谈。大家当初都是一起做的，我不想伤感情。”高渭河故作平静地说。

“是，您说您经营畅生阁容易吗？瞧您整天干得那么辛苦，当初您答应我的那些条件，我都不好意思追着您要，他倒不客气了。我知道凭您高兄的为人，等您闲下来是不会食言的。”

“我答应你的条件？”高渭河的脑子一时没转过弯来。

“怎么？您忘啦？当时您和吴道林立字据的时候，不是口头跟我承诺，说畅生阁的商标是咱俩的吗？要是真按您说的，那你每开一家分店，都该给我20%的分红啊。我现在每年只拿总店的20%。您新开的那四家店，可什么好处都还没给我呢！”

“可你当时只投资了总店啊。”高渭河感到自己快疯了，这年月怎么人人都成了食钱怪兽。

“可没有老母鸡，哪来您的那些小鸡儿啊？啊，哈哈，这事回头咱们再详聊吧，我今天找您，主要是为了另一件事，我家老爷子让给你报个信儿，这些天要有个联合执法行动，查卫生许可，查上岗证啥的，您让您店里的人多留意着些，免得回头被罚。还有您不是打算在二里河新开一家店吗？执照不太好办啊，现在工商对这一行卡得忒紧，我家老爷子正想办法呢。吁——前面有警察，我得挂了。”

高渭河挂断电话，脑子里一片空白。

“这世道，哪里还有规矩呢？”高渭河长叹一声：“我是豁出去打这场官司呢？还是按吴道林的要求给他那40%的股份？还是放弃畅生阁的商标另起名字？还有商红兵，我到底该不该与他共享分店的收益，毕竟我们当初只是口头约定，空口无凭，可如果不分给他，他会不会……”高渭河越想越沮丧，窗外的天，已经黑了。

案例来源：刘雪慰.谁的畅生阁？哈佛商业评论(中文版)，2007(12)：74—90。本章作者略有调整。

问题讨论：

针对商标归属权一事给畅生阁带来的麻烦，高渭河该如何处理？对这两个当初的合伙人，他又该如何对待？

本章精读文献

Lee, S H, Peng, M W & Barney J B. Bankruptcy law and entrepreneurship development: A real options perspective [J]. *Academy of Management Review*, 2007, 32(1): 257-272.

Chapter Article Summary(本章精读文献摘要)：

The article develops a real options perspective to explore how an entrepreneur-friendly bankruptcy law can encourage entrepreneurship development at the societal level. If bankrupt entrepreneurs are excessively punished for failure, they may let inherently high-risk but potentially high-return opportunities pass. The authors suggest that a more entrepreneur-friendly bankruptcy law, informed by a real options logic, can encourage more active and vibrant entrepreneurship development. The authors also discuss the implications of the role of venture capital and stigma in the effectiveness of an entrepreneur-friendly bankruptcy law.

本章精读文献评述：

本章这篇精读文献运用实物期权思路，从社会层面探讨了破产法如何激励创业发展。以往的创业发展研究多集中于讨论创业如何保持持续增长并在社会中创造价值，本文是从法律制度层面探讨如何降低创业者发展的障碍，鼓励冒险行为的同时能够获得更多的重生机会。本文的核心观点是在整个社会层面，以实物期权为出发点，偏向创业者的破产法能通过减少企业破产带来的负面影响和增加企业发展带来的利益从而鼓励创业。随着企业破产对创业者个人影响的降低以及创业者的数量和创业行业种类数目的增加，社会作为一个整体将从中受益。

创业企业在发展过程中极有可能遭遇财务困境，申请破产是清理债务的一种方式，一般有三种破产程序可选择：庭外和解、破产重组和破产清算。一般来说，公司都会首选庭外和解，因为成本更低；而后两种破产程序相比较，公司会倾向于选择破产重组，因为从财务困境中获得重生的机会更多。文章在对比美国、德国、英国、法国、中国、日本等国家破产法的异同基础上，总结了破产法影响创业发展的五个方面。在阐述这五个方面的同时，作者提出了对创业者而言较为宽松的破产法在制定上的一些建议。

(1) 有无破产重组程序。实物期权方法为企业管理者提供了在不确定性环境下进行战略投资决策的思路。从实物期权视角来看，处于财务困境的公司是否会有一个积极的未来是不确定的，需要提供一个机会来证明它是否具有未来价值，申请破产重组可以给公司带来机会。在破产保护的过程中，重组可使暂处于财务困境的企业最终渡过难关而获得新生。申请破产重组已经成为很多公司处于财务困境的战略选择之一。建议一：破产法中的破产重组程序能帮助企业减少破产带来的消极后果从而鼓励创业发展。

(2) 破产程序的处理速度。破产成本与破产程序处理时间成正比。程序时间短可使创业者尽快从上一次失败中走出来，开创新的事业。程序时间过长会使得商业伙伴(消费者和供应商)因不确定性而不再愿意保持业务关系。管理者也会因为程序时间过长而变得沮丧，不能专注于运营。此外，股东们也会视为负面信号，对公司的生存前景不再给予希望。可见，低效、耗时的程序可能会进一步增加困境而最终迫使公司进行清算，同时还会阻碍社会资源的有效再配置。建议二：加快破产程序的处理速度会鼓励创业发展。

(3) 破产清算后的重新开始。破产财产清算分配完毕，未得到清偿的债权，也不再进行清偿。创业者未来收益不需继续清偿债务，这往往被称为“新的开始”。如果没有相关法律保护，债权人就会无止境地追求剩余索取权。建议三：破产法保障失败的创业者在破产清算之后不再受以往债务拖累而有一个新的开始，这会鼓励创业发展。

(4) 破产重组中的企业资产自动留存。破产重组时，企业资产会自动留存，部分债务会被免除，债权人必须停止要求公司还债，只能通过法院索取权益。企业资产的自动保留有利于管理者与债权人在决定是否清算企业资产前有时间进一步沟通。建议四：由破产法规定的资产自动留存权利会鼓励创业发展。

(5) 管理者的去向。①公司申请破产时，为管理层提供留下来的机会，使他们因为与公司共进退而黏结得更为紧密，尽力发挥优势提高公司重生的概率。相反，如果申请破产后就马上启动受托人选聘制度，让不了解企业的外部人来进行重组是很难做出有益决策的。建议五：申请破产时，允许现任经理人留任，而不是选任外部人接管，这将会鼓励创业发展。②企业破产后，如果企业债务能追溯到创业者本人，那么创业者会因为减少风险而倾向于不冒风险产业。建议六：创业者本人不被破产企业债权人追溯的制度会鼓励创业发展。

文章在研究中也发现，破产法的相关条款是监管机构对创业所制定的重要的且正式的规定，但是一些非正式的制度环境，比如融资环境以及社会对待创业失败的态度都会关系到破产法对创业的影响程度。①风险投资的角色。从实物期权视角来看，风险投资的存在可以部分替代较为宽松的破产法对创业发展的促进作用，首先风险投资对企业的密切监督与有价值的建议可以降低破产的风险；其次，由于破产风险是由创业者和风险投资机构共同承担的，创业者可能会去尝试风险性更高的项目；再次，当一家公司陷入财务困境时，风险投资可以在需求申请破产之前进行重组。②对创业失败态度的影响。公司破产除了给创业者和管理者带来声誉和经济上的损失外，还会让他们承受巨大的心理负担，甚至被视为犯罪般的恶名。在一些风险厌恶文化的国家中，可能很难制定和实施较为宽松的破产法，因为极有可能违背了非正式但具有强大影响力的文化规范。文章最后也提到了制定宽松的破产法可能会带来的成本，比如保留了一些最终还是会失败的公司，给社会造成损失；再如少数机会主义的企业家会利用宽松的破产法造成巨大的社会成本。但是总体来看，宽松的破产法有利于鼓励冒险精神、促进创业发展。这篇 2007 年的文章为我们研究创业问题提供了一个新思路：制度框架(比如破产法)到底是如何影响创业战略选择的？本章“创业法律问题与知识产权”正是基于法律制度为基础的战略观，针对创业过程中的不确定性和模糊性(Sarasvathy，2001)，培育法律风险管理及防范的意识，从创业之初就以法律法规为经营准则，规范创业团队以及企业的行为；同时又能运用法律保护团队和企业的相关权益。

本章摘要与评述撰写者：王玲，中国政法大学教授；斯晓夫，浙江大学求是讲座教授，华盛顿州立大学管理博士；郑利华，美国曼哈顿著名知识产权律师，哥伦比亚大学法律博士。

本章作者介绍

王玲，中国政法大学商学院教授，天津大学博士、清华大学博士后、斯坦福大学访问学者。兼任中国创新方法研究会管理技术分会理事；中国管理科学与工程学会工业工程与管理研究会常务理事。长期从事创新与创业、企业知识产权战略及管理研究，在国内外学术期刊上发表论文 40 余篇。

本章相关引用材料

[1] Abratt, R. New approach to the corporate image management process [J]. *Journal of Market Management*, 1989, 5(1): 62-76.

[2] Arrow, K. Economic welfare and the allocation of resources for invention [G]. In: Nelson, R (Ed.). *The Rate and Direction of Inventive Activity. Economic and Social Factors*. New York: Princeton University Press, 1962: 609-626.

[3] Blind, K, Edler, J, Frietsch, R & Schmoch, U. Motives to patent: Empirical evidence from Germany [J]. *Research Policy* 2006, 35(5): 655-672.

[4] Chesbrough, H. *Open Innovation: The New Imperative for Creating and Profiting from Technology* [M]. Boston: Harvard Business School Press, 2006.

[5] Cohen, W, Goto, A, Nagata, A, Nelson, R & Walsh, J. R&D spillovers, patents and the incentives to innovate in Japan and the United States [J]. *Research Policy*, 2002, 31(8/9): 1349.

[6] Martineal, P. Motivation in advertising [M]. In: Chisnall, Peter M (Ed.). *Consumer Behavior*. London: McGraw Hill Book Company, 1957.

[7] Parchomovsky, G & Wagner, R. Patent portfolios [J]. *University of Pennsylvania Law Review*, 2005, 154(1): 1-77.

[8] Sarasvathy, S. Causation and effectuation: Toward a theoretical shift from economic inevitability to entrepreneurial contingency [J]. *Academy of Management Review*, 2001, 26(2): 243-288.

[9] Scholes, M & Wolfson, M. *Taxes and Business Strategy: A Planning Approach* [M]. Englewood Cliff, NJ: Prentice Hall, 1992.

[10] Shane, S. Technology regimes and new firm formation [J]. *Management Science*, 2001, 47(9): 1173-1190.

[11] Teece, D. Profiting from technological innovation: Implications for integration, collaboration, licensing and public policy [J]. *Research Policy*, 1986, 15(6): 285-305.

[12] Veer, T & Jell, F. Contributing to markets for technology? A comparison of patent filing motives of individual inventors, small companies and universities [J]. *Technovation*, 2012, 32(9-10): 513-522.

[13] Wang, L, Juan, Y, Wang, J, Li, K & Ong, C. Fuzzy-QFD approach based decision support model for licensor selection [J]. *Expert Systems with Applications*, 2012, 39(1): 1484-1491.

[14] 丹尼斯·昂科维克. 商业秘密[M]. 胡翔,等,译. 北京:企业管理出版社,1991.

[15] 冯晓青. 企业知识产权战略(第4版)[M]. 北京:知识产权出版社,2015.

[16] 冯震远,等. 企业劳动合同管理与风险控制中的律师实务[J]. 法治研究,2008(10):54—64;(11):45—53.

[17] 高翔. 人力资源管理法规与"案"例[M]. 北京:清华大学出版社,2014.

[18] 姜延年,等. 管道建设公司设备租赁过程中的风险识别与防范[J]. 交通企业管理,2014(4):67—68.

[19] 蒋松,王芸. 环保设备买卖合同的法律风险防范——以卖方为视角[J]. 中国环保产业,2010a(1):12—15.

[20] 蒋松,王芸. 环保设备买卖合同的法律风险防范——以买方为视角[J]. 中国环保产业,2010b(2):22—25.

[21] 雷家骕,王兆华. 高技术创业管理——创业与企业成长[M]. 2版. 北京:清华大学出版社,2008.

[22] 刘雪慰. 谁的畅生阁?[J]. 哈佛商业评论(中文版),2007(12):74—90.

[23] 毛金生,等. 专利运营实务[M]. 北京:知识产权出版社,2013.

[24] 宋永新. 美国非公司型企业法[M]. 北京:社会科学文献出版社,2000.

[25] 唐青林,黄卫红. 商业秘密百案评析与企业保密体系建设指南[M]. 北京:中国法制出版社,2014.

[26] 张玉利,等. 创业管理[M]. 3版. 北京:机械工业出版社,2014.

[27] 周丽. 我国知识产权质押融资面临的困境、挑战及对策[J]. 电子知识产权,2011(7):37—43.

本章相关引用法律法规

《中华人民共和国个人独资企业法》(1999年修订)

《中华人民共和国合伙企业法》(2006年修订)

《中华人民共和国公司法》(2013年修订)

《中华人民共和国企业所得税法》(2007年通过)

《中华人民共和国个人所得税法》(2011年修订)

《关于合伙企业合伙人所得税问题的通知》(财税〔2008〕159号)

《中华人民共和国合同法》(1999年通过)

《审理买卖合同纠纷案件若干问题的指导意见》(2008年发布)

《中华人民共和国劳动合同法》(2012年修订)

《中华人民共和国劳动法》(1994年通过)

《中华人民共和国商标法》(2013年修订)

《企业名称登记管理规定》(2012年修订)

《中国互联网域名注册暂行管理办法》(1997年发布)

《中华人民共和国专利法》(2008年修订)

《中华人民共和国著作权法》(2010年修订)

《中华人民共和国反不正当竞争法》(1993年通过)

《关于禁止侵犯商业秘密行为的若干规定》(1998 年修订)

《最高人民法院关于民事诉讼证据的若干规定》(2001 年发布)

《中华人民共和国担保法》(1995 年通过)

《中华人民共和国物权法》(2007 年通过)

《中华人民共和国公司法》(2013 年修订)

《中华人民共和国促进科技成果转化法》(2015 年修订)

Chapter 4

第4章 从创意到创业机会

学习目标

了解创业机会对于创业者的重要性

了解创业机会的构成与基本特征

了解如何构建与把握创业机会

章节纲要

本章主要分四节来阐述与探讨从创意到创业机会的过程。第一节介绍为什么创业机会是创业的核心？第二节介绍从创意到创业机会的过程；第三节介绍创业机会的发现与构建；第四节介绍创业机会到创业成功的过程以及相关要素。

开篇案例

雷军与马云谈创业机会

创业者雷军与马云有一个非常有意思的对话，雷军说："关键要有梦想，有了梦想是你迈向成功的第一步，有了第一步以后，你一定要为自己的梦想去准备各种坚实的基础。"谈到梦想的实现，雷军说："马云在阿里巴巴上市的那一刻，说过一句话，'梦想还是要有的，万一实现了呢？'小米刚刚创业，在中关村，十来个人，七八条'枪'，要去做手机，有谁相信我们能赢呢？我最近还有一句话挺出名的，也是我抄来的，叫'站在风口上，猪都会飞'，听说过吗？就是说你要成功，要找台风口。我其实想表达两层意思：第一，没有坚实的基本功，没有勤奋是成功不了的；第二，有了勤奋，有了坚实的基础也不一定能成功。还需要什么呢？还需要台风口。"马云针对雷军的观点说："风来了猪都可以飞起来，但是，风过去了最先摔死的还是猪。"雷军接着回应说："飞猪理论是我提的，最近也成了被批驳的焦点，说我是机会主义者。可能大家对我讲这句话的背景不了解。首先，任何人在任何的领域要获得成功都需要经过一万个小时的苦练。如果没有基本功谈飞猪，那真的是机会主义者。所以，大家千万不要忽略今天在空中飞的那些猪，他们都不只练了一万个小时，可能练了十万个小时以上，这就是大家被忽略的前提。其次，飞猪最关键问题是：不能只顾埋头苦干，不去抬头看路。应该花足够的时间研究风向，研究风口，这样你成功的概率要大很多。这里我要跟大家说明的是，我1989年开始创业，到今天干了25年。作为一个经历了好几次大潮的创业者来说，我认为风口是成功的关键。在上一拨互联网风口来的时候，我们有足够的资源，却眼睁睁地看着机会从我们身边擦肩而过。当时我做的金山软件本质上是传统企业，可是互联网与软件行业如此接近，人才几乎一模一样。"从上述对话我们可以看到什么！风口是什么？讲得简单一点，就是机会。创业者创业的前提是看到创业机会，成功创业需要把握机会，尤其是大的发展机会，把这个机会把握好，抓住了这个机会，创业才有机会成功。

案例来源：作者根据雷军与马云的几次不同场合的对话整理。

4.1 创业的核心是创业机会

创业的根本目的是满足顾客需求。顾客需求在没有获得满足前就是问题的存在，问题在哪里，机会就在哪里。寻找创业机会的一个重要途径是善于去发现和体会自己和他人在需求方面的问题或生活中的难处。例如，阿里巴巴公司发现现有的银行信用卡支付十分不便，这种不便隐含着商业机会，阿里巴巴公司看到了这种机会，因此就创办了支付宝，由于支付宝相较传统的银行支付有很多优点，于是就把原来的问题转化为创业机会，成为成功的经典案例。一般来说，创业机会是指创业者可以利用的商业与社会发展机会。《21世纪创业》的作者第莫斯教授则认为：好的商业机会有以下四个特征：第一，它很能吸引顾客；第二，它能在你的商业环境中行得通；第三，它必须在机会之窗[①]存在的期间被实施；第四，你必须有资源（人、财、物、信息、时间）和技能才能创立业务。创业涉及很多关键因素，然而究其核心为何？

过往对创业机会的理解，比如想开一家店铺，多数创业者会选择在人流量最大的地段，因为这代表着消费者需求的商机巨大。当下，"大众创新、万众创业"是新一届政府提出的推动经济发展的重要驱动力手段，全球尤其在中国将开启一个创业的新时代，互联网、物联网、大数据和云计算等引领的技术变革正在衍生出数以万计的创业机会。苹果手机、优步打车软件、余额宝，它们的出现都不是创业者发现了其市场空缺或竞争环境下的消费者需求的商机，而是，"乔布斯们"创造出一系列连消费者自身都没有意识到的他们所需要的某种功能或服务的产品（Suddaby et al.，2015）。

一直以来，创业机会存在于外生的客观环境中，等待有特质（Sexton & Bowman 1985；Krueger 1998）、有创业警觉性（Kirzner，1978；Gaglio & Katz，2001）或者认知差异（Mitchell et al.，2002、2007）的个体去发掘，这是创业机会的研究主流。但是，随着创业者个人特质论在创业研究领域的"穷途"（Low & MacMillan，1988）以及 Shane 和 Venkataraman 于2000年发表

① 机会之窗是指将商业想法推广到市场上去所花的时间，若竞争者已经有了同样的思想，并已经把产品推向市场，那么机会之窗也就关闭了。

在 *Academy of Management Review*（《美国管理学评论》）的文章引领的创业机会研究“风潮”及其日后的大范围讨论，让学者们在过去 10 多年时间里不断地审视创业机会的根本性问题：创业机会真的只来源于外生性的客观环境吗？创业者仅仅是受到外部社会、政治、经济环境变化和消费者偏好的改变才去发现那些市场上需求的空缺吗？

显然，这个问题的答案正在发生变化。伴随着 Effectuation 思维的提出，Sarasvathy（2001）在一定程度上贡献了创业的机会创造这一新的理论视点；Venkataraman 于 2003 年在给 Shane 新书的序言中提出了机会创造（creation）的观点，被 Alvarez 和 Barney（2013）认为是最早提出“创造标签”的学者；Baker 和 Nelson（2005）从资源的角度提出了在企业层面利用创造性的“拼凑”（bricolage）突破现有局限性来达到企业的成长；Alvarez 和 Barney（2007）提出机会“构建”这一“实验想法”（thought experiments）时认为创业机会不仅仅是纯粹外生的，而是创业者获得外部震撼的同时又通过内心反复迭代式的研判以达到机会的想象性创造，创造理论的提出进一步催化了创业机会的研究，引领了创业机会创造理论在哲学、经济学、心理学层面的大讨论。此后，Alvarez 和 Barney（2008）作为主编在 *Strategic Entrepreneurship Journal*《战略创业杂志》推出了以“机会构建”为主题的特刊，而另一个创业领域的顶级杂志 *Journal of Business Venturing*（《商业风险杂志》）也由 Suddaby 等（2015）推出了以机会发现/构建为研究对象的质性研究特刊。

总之，过往学术界的观点并不一致。有学者认为创业的核心是创业文化，有学者认为是就业，也有学者认为是创新，等等。但诚如胡适所言，做学问要“大胆假设，小心求证”。从学术层面来说，一种观点或结论要经过小心求证来体现出它的学术价值。纵观近 20 年发表在国际知名创业学术期刊上的创业理论研究，比较分析表明，创业的诸多内容是围绕着创业机会来进行的。换句话说，创业的核心是机会，是创业者对于创业机会的理解与把握。创业机会核心说在这几年里被大量探讨，在西方逐渐得到管理学界的认同。创业机会的研究已经被认为是创业管理研究的核心所在（斯晓夫等，2016；斯晓夫、傅颖，2015；Suddaby et al.，2015；Sarasvathy，2010；Plummer et al.，2007）。创业是一个跨学科的研究领域，经济学家、社会学家等都研究创业，但他们基本上都没有从创业机会的视角来研究创业。创业机会对于整个创业过程或众多创业内容来说，就好像是一根线，创业内容则是不同的珠子。在创业过程中，创业机会这根线把不同的珠子串在一起，共同发挥作用。

我们要认识与明确创业机会，将大众创业建立在创业机会的基础上，是我国大众创业避免盲目创业的重要因素。深入研究创业机会，对于创业研究本身，以及我国的大众创业都具有重大的理论与借鉴意义。

4.2 从创意到创业机会

4.2.1 “三创”的概念与相互关系

创意是一种思想、概念或想法。在创业管理中，创意强调的是一种新的价值，实现这种价值的创意本身就具有价值，它是一种新思想、新概念或新想法。人的一生往往会在不同阶段产生各种不同的创意，创业者也会在不同阶段产生各种不同的具有商业价值的想法。用适当的方法去保留与发展这些创意是必要的，而创业教育的重要任务就是帮助创业者找到合适的方法去强化与发展有价值的创意，学习如何将你的创意与商业机会连接在一起，进而奠定成功创业的基础。这种工作本身就是创意与创新相结合的过程，创业者应该有意识地尝试如何构建与完成这个过程，创业者应该不断地尝试与实践，一旦完成了这个从创意到商业机会的发现或构建过程，它对于创业者的回报将是巨大的。

研究创意一般是与创新与创业联系在一起的，很多人称之为“三创”，我国创业管理学者斯晓夫认为，“三创”是事物相互联系、不可分割的三个方面，如图 4-1所示。斯晓夫认为，创意简单来说就是一种“灵光一现”的现象。当一个创业者遇到某些问题时，他们可以马上想到解决方案或解决问题的思路，但有些问题既没有先前的知识经验或案例可供参考，也没有现成的答案，只有通过自己的观察、学习与不断探索，才有可能突然在某个时间“灵光一现”，产生解决问题的思路，这往往是创意产生的途径。创新则是创意的体现，从企业管理的角度，创新就是一种新的思想的体现，以及新思想首次商业化的过程。创新是美好的梦想加上有效的实施，并导致价值创造的过程。如何进行价值创造？答案就是创业。创业是价值创造的实践。因此，斯晓夫认为三者之间的关系，简单地说，创意是一种“灵光一现”，创新是创意的体现，创业则是创新的实践。

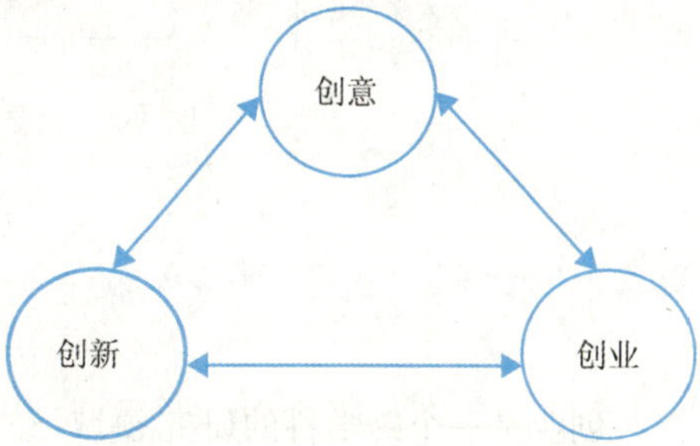

图 4-1　创意、创新与创业三者之间的关系

4.2.2　创意到创业的过程

在创业实践中，创业者往往有很多创意和新想法，但每一个创意与新想法并不一定会产生具体的创业项目。也就是说，全世界每天都有成千上万的创意产生，但最终变成事业的却屈指可数。这其中的许多创意都夭折在了“最初一英里”阶段。美国畅销书作家斯科特·安索尼还曾经在 2015 年专门写过一本书，名字就为《最初一英里》，用来告诉创业者和创业团队如何把创意变为赚钱的商业模式，如何进行创意管理让过程成本更低、效率更高。

时下一些人往往认为商业机会就是创业机会，实际并不尽然，创业机会仅仅是适用于创业的商业机会。创意是实现某种目的的可行的突破口、切入点、环境、条件等；商业机会则是实现某种商业盈利目的的可行的突破口、切入点、环境、条件等。商业机会分为两类：一类昙花一现，这是一般性商机；一类会持续一段时间，且不需要较多起始投入，这才是适于创业的商业机会，即创业机会。创业机会有三个重要特点：一是可持续一段时间；二是市场会成长；三是创业者有条件利用。

毫无疑问，成功创业是建立在对于机会的发现、构建与把握的基础之上的。从创业实践来看，创业者的很多创意不会都产生创业或商业机会，并最终促成一项事业或生意的成功。机会的产生往往与很多创意、新想法有关，它们之间不是一对一的对应关系。机会与商业或事业的成功，也不是一对一的对应关系。机会有很多，只要把握住其中之一，就能促成某项商业或事业的成功，如图 4-2 所示。

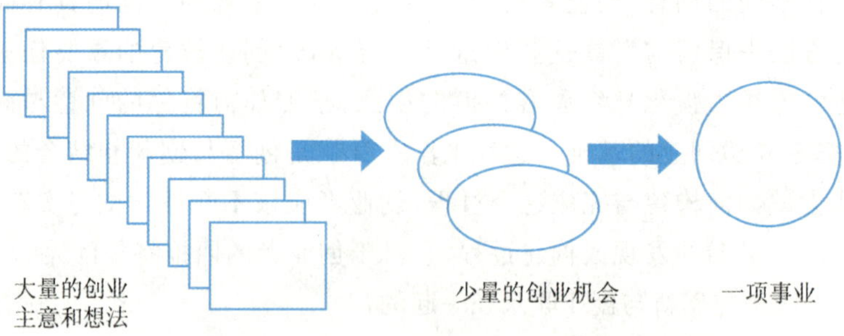

图 4-2　大量的创业点子过滤到一项事业

4.3　创业机会的发现与构建

创业是一个跨学科的研究领域，经济学家、社会学家等都在研究创业，学术界对创业机会的起源与产生过程一直存在着不同的观点(Ardichvili et al.，2003；Eckhardt & Ciuchta，2008；Sarasvathy et al.，2010；Zahra，2008)。大多数学者认为，创业机会存在于客观环境中，是被创业者发现出来的(Shane，2012)。创业机会的发现可以用来能填补市场的空缺(Kirzner，1978)，达到市场的均衡(Miller，2007)。但也有研究者认为，创业机会并非客观存在，也非先于创业者的意识，而是被创业者构建出来的(Alvarez & Barney，2007；Alvarez et al.，2015；Sarason et al.，2006；Suddaby，Bruton & Si，2015)。甚至有学者认为创业机会发现是机会构建的一个特例，而与之对立的学者认为创业机会构建是机会发现的一个特例(Alvarez et al.，2013)。那么，面对如此多相互矛盾的观点，对于创业者来说，创业机会到底是存在于客观世界中等待创业者发现，还是产生于创业者后天的构建的呢？依据经典的创业机会研究文献，斯晓夫等(2016)认为"创业机会发现"是一种基于客观存在论的"印迹(imprinting)"过程，是一种具有科学发现特征的机会发现过程；而"创业机会构造"是一种基于构建论的"众迹(reflexivity)"过程，是一种具有社会构建特征，并涉及创业者、环境、市场、顾客等因素综合作用的机会构建过程。创业机会与创业绩效的关系如图 4-3 所示。

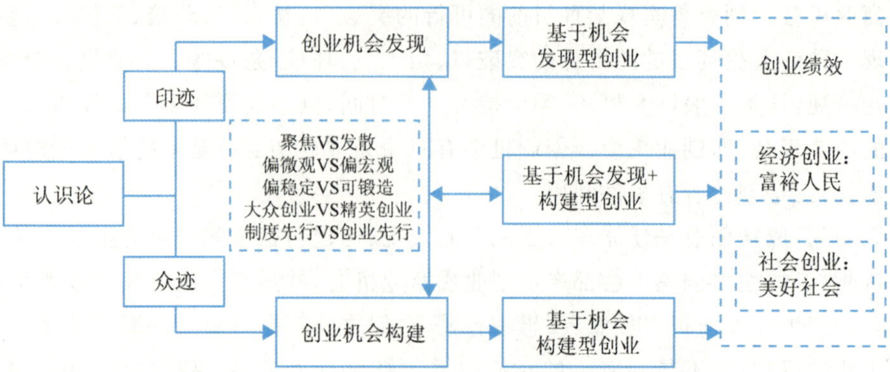

图 4-3　创业机会与创业绩效的关系

对创业者来说，在现有的市场中发现创业机会，是很自然和较经济的选择。一方面，它与我们的生活息息相关，能真实地感觉到市场机会的存在；另一方面，由于总有尚未全部满足的需求，在现有市场中创业，能减少机会的搜寻成本，降低创业风险，有利于成功创业。现有的创业机会存在于不完全竞争下的市场空隙、规模经济下的市场空间、企业集群下的市场空缺等。

然而，创业机会很难独立于创业者而存在，尽管某些客观的环境条件（如技术进步、政治或监管环境以及人口转变）影响创业机会，但创业机会最终取决于创业者的创造性想象以及社会化技能等内在因素，而不是仅仅依赖于外在环境因素。当乔布斯推出苹果手机时，消费者并不知道自己需要这样一款手机。而乔布斯却能创造性地发明一款消费者尚未意识其需求的产品。创业者不仅需要创造性想象，同时还需要社会化技能，促使市场与社会接受产品。当爱迪生发明白炽灯之后，他付出了巨大努力使大众接受这一从未在市场中出现过的产品。从这一角度而言，创业机会存在于更加广阔的社会或文化环境中，受助于创业者想象与社会化技能的互动，通过创业者将创意概念化、客观化并加以实施这三个过程来完成创业机会构建的过程，创业机会的构建是创造性想象与实践或创造性"拼凑"的产物。

4.3.1 创业机会发现

客观存在论的观点认为创业机会先于创业者的意识存在于客观环境，由独具慧眼的创业者发现（Shane，2012）。例如，微软就是在大型计算机统治的时代识别与发现了小型计算机的市场机会。创业者发现创业机会就好像科学家通过科学实验得到新的发现一样。创业机会发现研究者认为，机会发现是基于客观存在论逻辑，即创业者所经历的客观环境，都会在创业者身上留下创业印迹，因此有人称它为一种"印迹"的过程。创业者所经历的外部环境是创业者身上持久印迹的重要来源，而印迹会影响创业者在未来识别创业机会的能力。它是一种客观导向性的过程，是一种具有科学发现特征的机会发现过程。机会发现印迹来源还包括创业者身边的重要人物（家人与朋友）、创业者的工作经验、兴趣爱好等。Jaskiewicz 等（2015）认为创业机会的持续得益于家族内部或新企业创业精神的印迹。而 McKeever 等（2015）则认为，创业机会是个体与社区密切联结的结果。可见，上述创业研究者基本上都认为，创业者发现创业机会的感知差异来自创业者所经历的环境。印迹赋予某些创业者发现他人忽略的创业机会的特殊想法感知，因而造就他们的想法与机会的连接。

4.3.2 创业机会构建

然而，并非所有的创业机会都是客观存在的，创业机会的出现不可能不依赖于创业者（Alvarez & Barney，2007）。创业机会出现的根本原因不是因为环境的外生性，而是创业者不断提高的实践能力以及创业者创造性想象的能力（Sarason et al.，2006；Suddaby et al.，2015）。这体现出创业机会产生的另一种过程——"众迹"的过程。创业者占据初始市场（指一个未经定义或转瞬即逝的行业结构）采用的是共同构建市场机会和组织的边界，其中的三个过程分别是自我诉求、标定界限以及控制市场。Jennings 等(2015)通过研究超级游艇行业中创业者的行为指出,创业机会能够诞生于设计者、拥有者与管理者的情绪激发。因此,Jennings 等的文章支持了创业机会"构建论"的说法,同时说明了组织情境内个体行动者构建创业机会的方式。Alvarez 等(2015)通过分析韦克菲尔德海产品公司如何在大宗商品市场中完成合法化交易来探寻创业机会。另外,Singh 等(2015)对创业失败的研究指出,创业失败促使创业者顿悟或者获得更深层次的人生见解,有助于创造新的创业机会。Marion 等(2015)则认为,创业机会是核心企业清晰聚焦跨组织网络组成的产物。创业机会来自关键网络的成员之间的互动与联系,以及创业者意识到创业机会的构建需要成员之间的信任与凝聚。即便某一创业项目以失败告终,新的创业机会还会从跨组织网络之中涌现。

上述创业机会研究体现了构建论逻辑,认为创业机会并非一定预先存在等待被发现,创业机会可以通过创业者对社会环境、顾客和市场的迭代思考与理解来构建。事实证明,我国近年来诸多的创业机会是创业者构建出来的,例如阿里巴巴通过"双十一"构建出来的创业机会。

4.3.3 创业机会发现+构建

除了上述创业机会是创业者发现或构建出来的理论,还有一些研究者的研究认为部分创业机会的产生兼有"发现"与"构建"两者的特征,在创业实践中,很多创业机会是发现出来的,也是构建出来的,两者是相互作用的。例如,中国的打车软件——滴滴打车和快的打车,是发现了出租车市场存在着尚未满足市民出行需求的创业机会,通过借助移动互联网技术并结合市场特点与顾客需求构建出来的机会,以满足打车人群的需求来取得创业绩效的。

创业机会发现+构建与创业机会发现、构建的特征比较如图 4-4 所示。

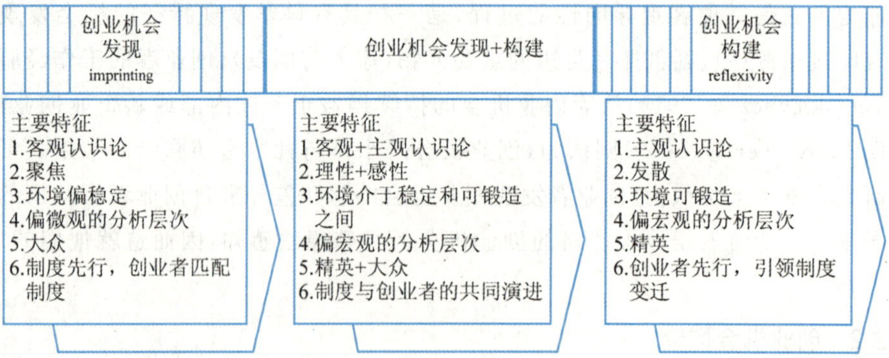

图 4-4 创业机会发现+构建与创业机会发现、构建的特征比较

创业机会发现+构建还可以从以下角度分析其特征:

(1) 从创业者个体及其行为视角来看创业机会发现+构建。通常,它们具有四种特别行为习惯,即质疑、观察、尝试以及将某些创意想法与外界网络保持交流等习惯,通过这些行为,创业者能辨认(包含发现和构建)出机会。

(2) 从资源利用的视角来看创业机会发现＋构建。例如，斯晓夫等(2016)对义乌创业发展历程的研究表明，在早期贫穷的情境下，义乌地区资源缺乏，农民一般没有机会迁移到资源丰富的地方去发展。然而，农民没有按照靠山吃山、靠水吃水的模式去创业，他们发现资源是可以再生的，这种资源再生可以产生创业机会。最初，这种创业模式就是义乌农民创造的著名的"鸡毛换糖、以物易物"的商业模式。义乌农民在后续的发展过程中，将不同的生产资料等从外地带入义乌，逐步以不同阶段的商贸模式发扬推广，通过破坏式创新把握了市场中潜在的机会，推动了经济的发展并塑造了义乌这个创业典范城市的形成。与斯晓夫等义乌的案例研究类似，Baker 和 Nelson(2005)发现，29 家资源贫乏的企业，为解决新问题和开发新的创业机会，可以通过整合手头现有资源，将有限资源创造性地利用以开展创业活动。

(3) 从组织形式和制度环境视角来看创业机会发现＋构建。创业者常常在组织化和制度条件不足的领域推出新的产品或服务，比如 Zhang 和 White 等(2016)对中国包括江苏、江西、浙江、河北等省的太阳能光伏私营企业的案例研究发现，无论在国内还是国外，虽然太阳能光伏被认为有前景，但私营企业的创业者们需要建立企业资源以及组织形式的合法性以适应制度环境合法性并获得政府和消费者的支持。再如，20 世纪 60 年代以前的板球运动，虽受不少观众青睐，但比赛时间太长，上座率并不理想，欲推动英国的板球运动发展，根据 Wright 和 Zammuto(2013)的研究发现，要想改变规则和赛制，除了要创业行动者在创造机会时满足经济的可行性，还要满足政治的可行性，把获得的新资源投入到策略目标中，使得旧有制度的"看门人"瓦解，才能在成熟领域市场中创造机会获得成功。Tan 等(2013)对中国四川省成都市新都家具产业集群分析发现，位于网络边缘的企业倾向于遵从体制要求，模仿具有竞争优势的企业，而位于集群中心的企业能权衡好制度压力和竞争差异化之间的关系，既能利用网络资源予以创新，又能改变制度环境。可见，位于网络中心的企业既受客观环境的影响，利用社会网络资源发现创新机会，同时又受构建论的影响，主动地推动制度环境变化构建创业机会。总之，发现论与构建论并非完全对立，客观上存在创业机会既可能是被发现出来的，又可能是被构建出来的，即发现与构建是兼容在一起的现象。

4.4 创业机会到创业成功的过程与要素

创业过程是围绕着创业机会进行的。识别创业机会自然是创业者需要具备的能力。创业机会识别，创业者需要弄清楚机会在哪里，怎样去寻找？为什么有的人可以看到机会，而另外一些人却看不到。影响创业机会识别的主要因素是什么？我国创业学者张玉利等(2014)认为有四方面的要素：①先前经验；②认知因素；③社会关系网络；④创造性。本章采用图 4-5 的模式来说明创业机会的识别过程。

在创业机会识别的过程中，一个人的工作经历会影响创业者的先前知识，而先前知识与创业机会识别是高度相关的。有关先前知识对创业机会识别作用的研究可以追溯到

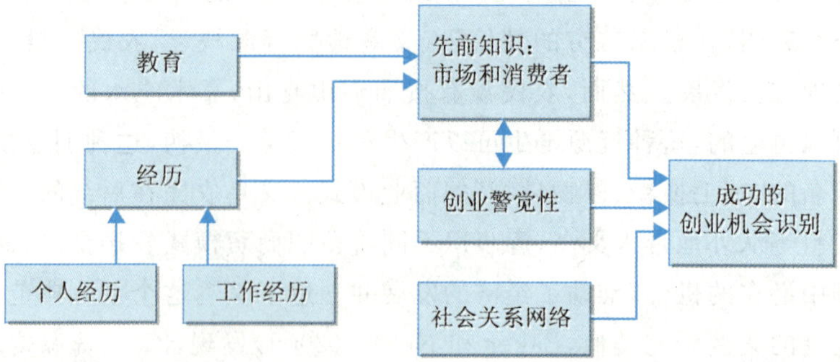

图 4-5　创业机会的识别过程

Hayek(1945)的研究。Hayek 认为任何一个人的知识都不可能是全面的。先前知识被公认为是创业领域尤其是创业机会识别的首要重要因素。例如,Shane(2000)提供证据显示,个体先前有关顾客、市场和如何服务顾客的知识与创业机会识别相关。Ardichili 等(2003)指出,四种主要的先前知识的纬度对创业过程是重要的:有关市场的先前知识、有关服务市场方式的先前知识、有关顾客问题的先前知识以及特殊的兴趣知识和总体的行业知识的结合。但是,Shane(2000)也指出,先前知识对创业机会的识别也可能产生负作用,例如一定的先前知识可能对某些潜在的创业机会识别形成障碍,知识可能会提供一个桥梁接近新的机会(创造力),也可能构造一个障碍阻碍这一路途。

教育也是一个影响创业者先前知识的因素。每一个人都有不一样的先前经验,这种先前经验往往是先前知识的重要来源,知识通常以经验的形式表现出来,而教育则可以连接经验与知识。这种通过教育连接的先前经验与先前知识在创业机会识别中是非常重要的。创业者从创业经验中获得的能力可能影响其以后的信息收集的数量和质量,同样,创业者通过在商学院学习或个人自学可以提升获取知识的能力,上述这些能力与创业者的洞察力以及创业机会识别能力是直接相关的。另外一个影响创业者先前知识的因素是创业警觉性,实践证明,先前知识与创业警觉性是相互作用的。

对于创业机会识别与筛选,浙江大学创业管理团队曾经对创业者有过小组探讨与深度访谈,在众多的因素中通过元素分析的方式,得出下面这些因素与创业机会识别和筛选高度相关:

(1) 通过早期经验识别与筛选创业机会;

(2) 通过头脑风暴识别与筛选创业机会;

(3) 通过与思想者互动识别与筛选创业机会;

(4) 通过创业实践识别与筛选创业机会;

(5) 通过大数据技术识别与筛选创业机会;

(6) 通过行业与竞争对手分析识别与筛选创业机会;

(7) 通过市场供需平衡关系识别与筛选创业机会;

(8) 通过问题导向、比较分析识别与筛选创业机会;

(9) 通过跨行业合法复制产生创业机会,以此识别与筛选创业机会。

除了上述因素，创业机会识别和筛选与创业者的个人(团队)能力是高度相关的。创业机会识别是创业领域的关键问题之一。创业中的很多机会，大多数人往往察觉不到，机会看上去甚至是“丑陋”的。那么，当大多数人与这些机会擦肩而过的时候，为什么个别创业者可以识别出这些创业机会？首先，识别创业机会在很大程度上取决于创业者的个人(团队)能力。与创业机会识别相关的能力主要有：扎实的知识能力、分析与判断能力、远见与细节观察能力、技术发展趋势预测能力、模仿与创新能力、网络关系能力等。面对具有相同期望值的创业机会，并非所有潜在创业者都能把握。其次，成功的创业机会识别是创业愿望、创业能力和创业环境等多因素综合作用的结果。创业愿望是创业机会识别的前提、是创业的原动力，它推动创业者去发现和识别市场机会。没有创业愿望，再好的创业机会也会视而不见或失之交臂。最后，创业环境的支持是机会识别的关键。创业环境是创业过程中多种因素的组合，包括政府政策、社会经济条件、创业和管理技能、创业资金和非资金支持等。一般来说，如果社会对创业失败比较宽容，有浓厚的创业氛围；国家对个人财富创造比较支持，有各种渠道的金融支持和完善的创业服务体系；产业有公平、公正的竞争环境，那就会鼓励更多的人创业。

本章小结

本章主要阐述了创业核心的问题，即创业以及创业研究的核心是创业机会；进一步描述了创业机会的三种来源，即创业机会的发现、构建以及发现＋构建。创业机会发现的观点认为机会是客观存在的，而机会构建则认为创业机会的出现不可能不依赖于创业者，机会发现和机会构建所对应的认识论逻辑分别为“印迹”和“众迹”。此外，本章描述了创意、创新和创业三者之间的相互关系，简单地说，创意是一种“灵光一现”，创新是创意的体现，创业则是创新的实践。最后，本章对从创业机会到创业成功的过程与要素做了简要的梳理，其中个体(团队)的经验与教育情况对创业机会的识别和筛选有较大的影响。

本章思考题

1. 你认为创业机会是被发现的还是被构建的，或者是发现＋构建的？

2. 创意、创新和创业三者在你心目中的重要性排序是怎样的？

3. 描述创业机会发现、构建以及发现＋构建三类机会来源的主要特征。

4. 阐述从创业机会到创业成功过程的影响因素。

案例分析

支付宝服务：持续的创业机会发现＋构建

21世纪初在网上买东西，信任问题对购物平台来说是个相当棘手的问题。我不相信你，你不相信我，网络店铺发了货，担心收不到钱，消费者给了钱，也担心收不到货。在淘宝推出支付宝服务之前，淘宝财务部采取的是担保交易的方式，那时候没有网上银行或移动支付，买家当时在线下的银行网点或邮局以汇款方式付了款以后，要把付款凭证，或是汇款单复印一下，传真到当时的淘宝财务部，然后由工作人员核对完以后，根据这个订单号，通知卖家发货。这种纯人工的鉴别方式如果依然延续到现在，淘宝是绝不敢推出"双十一"促销的，因为在2014年的"光棍节"促销日中，淘宝每秒的订单数为3.8万次。那么，支付宝人或者说当时的淘宝人，是如何解决困扰消费者购物需求与支付障碍的矛盾的呢？

技术问题其实非常简单，淘宝在2003年成立了一个三人团队，专门负责在淘宝网站中开发与添加一款淘宝网的担保交易工具，以建立和解决买卖双方的信任问题。2003年10月18日，淘宝首次推出担保交易支付宝模式，从其名字的谐音中我们也可以读出，它正是要保支付的安全，马云日后的演讲中在谈到支付宝时说，支付宝服务推出的初衷非常简单，模式则是"傻瓜式"的，即让买家在确认所购的产品满意后才将款项发放给卖家，降低网上购物的交易风险。彼时的支付宝植根于淘宝网网购需求，充当淘宝网资金流工具角色，其流程如图4-6所示。

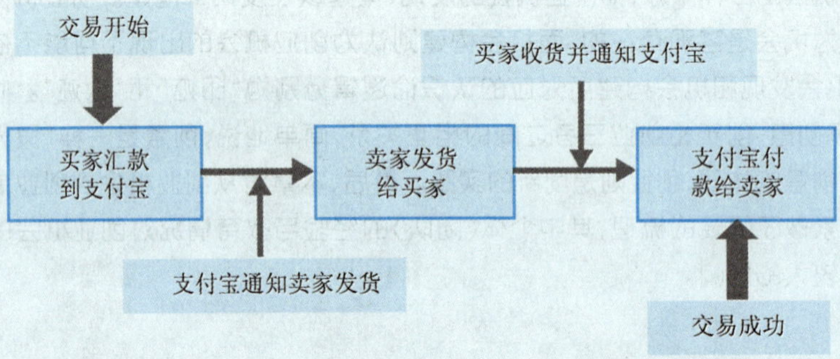

图4-6　支付宝为买家与卖家提供担保交易的流程

资料来源：http：//xueqiu.com/8417755168/20367069

技术不是问题，困难在何处呢？在于改变消费者的支付习惯，让消费者认可支付宝的网上支付业务，放心、安心并且方便地通过支付宝进行支付。

"一推一拉"：改变消费者的支付习惯

2003年，支付宝上线之初，消费者的付款模式仍有极大的一部分使用的是线下银行或邮政汇款方式。支付宝深知，支付习惯的改变才是下一步让消费者更便利进行网络购物的方向，而便利支付方式首选便是与国有及商业银行合作，并通过这些银行鼓励消费者使用网上银行。2004年12月8日，浙江支付宝网络科技有限公司成立。12月30日，支付宝网站www.alipay.com正式上线并独立运营。支付宝独立商业实体的运营，为支付宝进一步自主发展并开拓非淘宝支付市场以及阿里巴巴未来的金融战略提供了战略基础。

随着支付宝网络科技有限公司的成立，支付宝开始为切实的消费者服务做市场准备与战略布局。一方面，2005 年年初，支付宝提出“你敢用，我敢赔”的口号，推出“全额赔付”制度，推出免费手机短信通知服务，并在 2005 年 6 月 7 日正式暂停银行柜台汇款业务，这些举措都是鼓励消费者能更放心地使用线上支付方式进行网络购物，推动和培育消费者线上支付的习惯；另一方面，支付宝抓紧与各大银行进行战略合作，拉动各大银行融入电子商务的支付大潮中，方便消费者进行网上银行的转账与支付，表 4-1 列举了支付宝与各大银行建立合作的时间。

表 4-1 支付宝与银行建立合作关系时间列表

2005 年 3 月 3 日	支付宝与工商银行达成战略伙伴协议
2005 年 4 月 20 日	支付宝与 VISA 组织全面合作
2005 年 6 月 21 日	支付宝与招商银行战略合作
2005 年 7 月 5 日	支付宝牵手广发银行、浦发银行，消费者持有广发或浦发银行卡，便能进行在线充值和支付业务
2005 年 8 月 2 日	支付宝合作银行新增深圳发展银行
2005 年 8 月 11 日	支付宝新增民生银行充值和支付功能
2005 年 9 月 21 日	支持宝开通对建设银行的直接打款功能，提现到建设银行，只需 1～2 个工作日即可到账
2005 年 10 月 24 日	支付宝开通对民生银行的直接打款功能，提现加速，只需 1～2 个工作日即可到账
2005 年 12 月 9 日	支付宝开通对深圳发展银行和兴业银行的直接打款功能，提现申请只需 1～2 个工作日即可到账，其余银行也大大缩短提现时间，只需 2～5 个工作日即可到账。支付宝开通对工商银行、招商银行、建设银行、深圳发展银行、民生银行、兴业银行的周六对私账户付款业务
2005 年 12 月 14 日	支付宝开通对农业银行的直接打款功能，提现至农业银行，只需 1～2 个工作日即可到账
2005 年 12 月 21 日	支付宝认证升级，新增建设银行、农业银行、兴业银行、民生银行、深圳发展银行、浦发银行的提现认证
2006 年 3 月 16 日	农业银行与阿里巴巴战略合作
2006 年 10 月 24 日	阿里巴巴与建设银行共同推出国内首张专注于电子商务的联名借记卡——支付宝龙卡
2006 年 11 月 30 日	支付宝开通交通银行的充值与支付业务
2007 年 1 月 11 日	支付宝开通邮政绿卡的充值与支付业务
2007 年 2 月 10 日	支付宝开通对交通银行的直接打款功能，交通银行成为支付宝第 10 家直接打款银行

续表

2007 年 8 月 1 日	温州市商业银行成为国内 114 家城市商业银行中首家开办支付宝“卡通”业务的银行
2007 年 12 月 4 日	支付宝“卡通”业务已正式向招商银行“一卡通”用户开通
2008 年 5 月 5 日	支付宝和招商银行联合推出“支付宝卡通”业务，将支付宝的在线支付功能嵌入招商银行的“一卡通”中。银行卡和支付宝实现对接后，能通过“网上刷卡”进行在线消费，选择“支付宝卡通”方式，输入支付密码就可便捷地完成交易，既不用担心网银账号和密码的安全问题，也省了转账、充值等中间手续
2008 年 12 月 5 日	浙商银行携手支付宝联合推出“支付宝卡通”业务

资料来源：作者根据支付宝官方网站内容整理

至今，支付宝几乎与国内的所有国有、商业以及城市商行建立了合作关系，与美国、日本和澳大利亚的一些银行也建立了合作关系。2005 年是支付宝与银行建立合作关系最频繁的一年，几乎每个月都有合作签约事项公布。至 2006 年以后，一些银行特别是商业银行主动开始与支付宝共同推出“卡通”业务，支付宝在互联网支付的行业地位也为其带来了更高的议价能力。

通过一方面说服消费者改变支付习惯进行网上支付，另一方面建立与银行的合作，如此市场中的“一推一拉”的举措，使得支付宝在消费者中的使用地位迅速提升，支付宝付款已经成为网络购物的“标配”，在一段时间内主导着国内互联网的支付。支付宝的注册人数和交易额自然都呈现几何级别的增长，从 2005 年 5 月的 200 万用户至 2006 年 6 月的 2000 万用户，一年内翻了 10 倍！而支付宝的交易额一直稳定在中国第三方互联网支付份额的一半左右(见图 4-7 和图 4-8)。2006 年中国 IT 用户满意度调查中，支付宝被评为“用户最信赖互联网支付平台”和“互联网支付平台服务满意度第一”。可以说，支付宝的创造性出现以及注册用户人数和交易额的爆发式增长，让阿里巴巴集团进一步看到了其巨大的发展潜力。

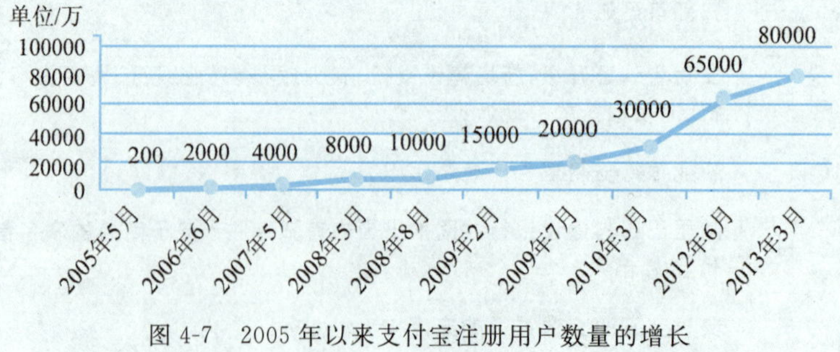

图 4-7　2005 年以来支付宝注册用户数量的增长

资料来源：作者根据支付宝官方网站不定期公布的里程碑数据绘制

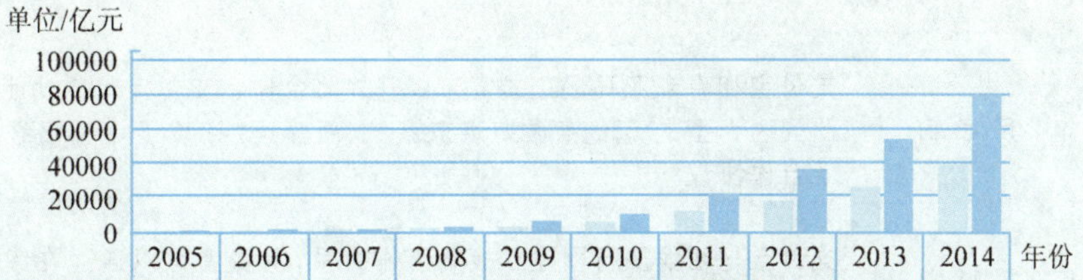

	2005	2006	2007	2008	2009	2010	2011	2012	2013	2014
支付宝交易额	80	230	165	1391	2515	5055	11096	18002	26166	38720
第三方交易总额	196	485	976	2743	5766	10105	22038	36589	53730	80767

图 4-8 2004—2015 年支付宝交易额及中国第三方互联网支付交易规模

资料来源：作者根据支付宝官方网站及艾瑞咨询报告绘制

顺势而为：为线上电子商务企业用户提供支付渠道服务

2006 年以前，网络消费处于初步发展阶段，消费者的购物习惯也属于培育时期，支付宝外部拓展空间有限，淘宝是其较为单一客户。但随着消费者网上支付习惯的养成，各式互联网支付情境和支付场景的增多，第三方支付在互联网电子商务领域的需求也就逐渐增多，在这一时代趋势下(从某种程度来说，这一时代趋势支付宝也扮演着功不可没的推动者角色)，使支付宝意识到除了为淘宝服务外，还应融入整个互联网电子商务的发展中。因此，其服务模式也从单一向多元支付发展，为各类线上电子商务网站提供支付渠道。

支付宝首先切入的是网游、航空机票、B2C 垂直网站、移动话费支付等网络化较高的外部市场，并在 2007 年 4 月推出一项营销举措，针对签约商家和非签约商家(在淘宝网和阿里巴巴网站的交易除外)按照不同的费率标准进行系统实时收费，在交易成功后自动实时扣除商家交易手续费。支付宝签约商家享受最高不超过 1.5%的费率，同时享受更多服务。此举旨在进一步发展支付宝的电子商务合作企业用户。表 4-2 列举了支付宝的一些典型合作企业。

表 4-2 支付宝线上支付的典型合作企业

2007 年 7 月 2 日	支付宝与中国最大的网络游戏运营商之一——第九城市达成合作意向，双方在 B2B 和 B2C 支付上共同展开合作。根据协议，支付宝将为第九城市旗下《魔兽世界》、《奇迹世界》等多款网游的玩家提供在线充值服务，同时第九城市与其点卡经销商之间的资金结算，也可使用支付宝完成
2007 年 9 月 6 日	支付宝与中国最大的网络游戏交易门户 5173.com 达成战略合作协议
2007 年 10 月 8 日	支付宝与中国 B2C 市场最大的 3C 网购专业平台 360buy 京东商城正式达成战略合作(2011 年 5 月京东取消了与支付宝的合作——作者注)
2007 年 12 月 18 日	支付宝正式与海南航空建立战略合作关系，双方将在促进电子客票普及、机票直销模式创新、品牌合作等多方面展开合作
2008 年 7 月 7 日	浙江省国家司法考试办公室与支付宝达成合作协议。报考司法考试的人员在进行网上预报名的时候，通过支付宝平台完成在线支付报名费

续表

2008 年 7 月 15 日	支付宝和卓越亚马逊正式宣布展开战略合作。支付宝付款功能正式开通。至此国内大型的 B2C 商城如京东商城、新蛋网、红孩子等都已经与支付宝达成了合作协议
2008 年 9 月 18 日	支付宝与艺龙旅行网建立战略合作关系，消费者可以通过在线支付的方式在艺龙旅行网上购买旅游产品
2009 年 1 月 13 日	支付宝与携程旅行网达成合作协议，支付宝成为携程第一家电子支付平台提供商
2009 年 4 月 7 日	支付宝与中国移动浙江分公司启动合作。通过双方的系统对接，支付宝将作为浙江移动商城重要的支付方式之一，为中国移动客户购买号码、套餐、新机等提供便利
2009 年 12 月 14 日	中国联通全面接入支付宝，全国的联通用户都能通过支付宝在联通网上营业厅购买充值卡或给全国联通手机和固网用户直接充值，且享受 9.85 折优惠，这意味着联通网上营业厅成为移动运营商中首个在全国范围内支持支付宝付款的商家
2011 年 3 月 15 日	支付宝大范围开放代付功能，包括苹果官网、DELL 中国官网、卓越、诺基亚、李宁官网、博库书城等国内近百家主要 B2C 网站
2012 年 2 月 22 日	支付宝宣布航旅产业开放战略，通过开放产业支付方案接口及行业数据，让市场航旅票务系统可以整合支付宝支付功能
2013 年 11 月 30 日	12306 网站正式支持支付宝购票，支付宝是铁路购票唯一第三方非银支付平台

资料来源：作者根据支付宝官方网站内容整理

人人支付宝：生活类缴费“支付宝”化

2008 年 10 月，当支付宝在各方“攻城略地”时，其注册人数已经突破了 1 亿人。也就是说，有 1 亿人正在或曾经使用过支付宝进行网络购物或第三方线上支付服务。各大线上企业也纷纷投入到支付宝的怀抱中。此时的支付宝又做出一项惊艳举措，于 10 月 25 日推出的支付宝公共事业缴费(go.alipay.com)正式上线，全面支持上海地区的水、电、煤、通信等缴费。翌年 2 月又在杭州市推出线上缴纳水费的服务，4 月与光大银行合作使北京地区可在线缴纳电视、网络、水电费等，6 月深圳也加入了这一行列。2010 年 4 月，阿里巴巴集团宣布将在未来五年内，继续向支付宝投资 50 亿元，同年 11 月支付宝启动“聚生活”战略，即建设无形的开放平台，从“缴费服务”向“整合生活资源”进行战略转型，实现市县级的水、电、煤缴费，信用卡还款，缴纳罚款、学费，行政类缴费以及网络捐赠等多项服务，至 2011 年 2 月，淘宝网宣布 2011 年为淘宝开放年，作为大淘宝生态圈的共建者，支付宝将为 3.7 亿淘宝网用户提供水、电、煤缴费和信用卡还款服务。

上述种种举措，都在宣告支付宝要融入平常百姓家，帮助普通老百姓进行各种生活缴费服务，进一步通过支付宝的平台达到“去现金”的生活方式。至2015年一季度，全国已有361个城市开通支付宝水、电、燃气等费用的缴纳功能，接入了超过1200家机构，并且迁移到移动业务支付宝钱包。2015年7月，支付宝推出的移动客户端9.0，用户甚至不用记住自己的户号，支付宝利用大数据便可通过常用的收货地址去匹配相应的户号(其竞争对手百度和微信支付是很难企及的)，这样一来，新用户首次缴费不用再手动输入户号，支付宝将自动获取账单，输入密码后整个缴费过程就结束了。不用外出、不用排队，简单操作就能让生活不受任何影响。2008年，支付宝公用事业人均生活缴费笔数仅为2.17笔，到2014年，随着移动支付的逐渐普及，这个数字已经上升为人均5.96笔。根据支付宝提供的数据，2004—2014年，支付宝提供的生活缴费、信用卡还款、手机充值、转账四大便民支付的交易总笔数约为60亿笔。普通人的生活离开了支付宝可能已经不习惯了！支付宝商家服务及其部分盈利模式可归纳总结为图4-9所示。

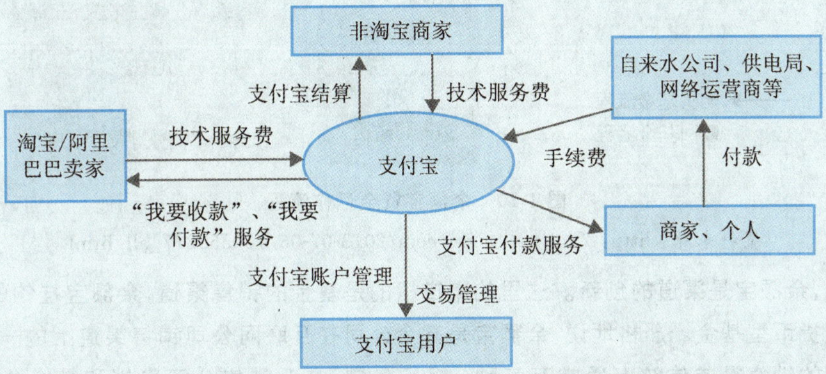

图4-9 支付宝商家服务及其部分盈利模式

余额宝理财的崛起

关于余额宝的诞生，很多人会认为仅仅是支付宝满足用户“挣钱”的目的，但其实这个目的的背后是支付宝公司为用户细心考虑所产生的产品服务的结果。支付宝的大数据发现，虽然越来越多的用户已习惯在网购时通过快捷支付直接付款，但还是有大约30%的用户习惯先给支付宝充值，再使用支付宝余额付款。而余额宝的诞生，则改变了这个局面，用户可以选择将资金转入余额宝，不但能在购物或转账时方便付款，还能享受基金公司提供的投资收益。其在2014年年初时年化收益率曾经最高达到7%，是银行活期储蓄的20倍。

截至2015年一季度，余额宝规模接近5800亿元，用户人数突破1.8亿人，根据支付宝的公告，余额宝自诞生以来累计为用户创造的收益超过了250亿元。余额宝拥有突破以往的用户体验。前面已经言及余额宝出现的初衷是为了解决网购用户每次先向支付宝转账问题，过往货币基金理财往往有较高的理财资金门槛，余额宝产品设计针对性很强，充分考虑了客户的流动性需求。余额宝的运作方式如图4-10所示。余额宝以其1元起存的超低门槛、强大的T+0转账的灵活性以及远高于银行活期存款利息的收益，带给客户超级便捷的体验。这种模式的创新与用户体验使整个行业其他的货币基金理财产品纷纷效仿，腾讯、京东、百度、苏宁等互联网企业也推出了类似产品，就连商业银行也开始销售类余额宝产品。同时，余额宝在给普通消费者提供理财服务的同时，还撼动了被垄断多年的银行业。余额宝的出现对于支付宝甚至阿里巴巴集团来说意义重大。

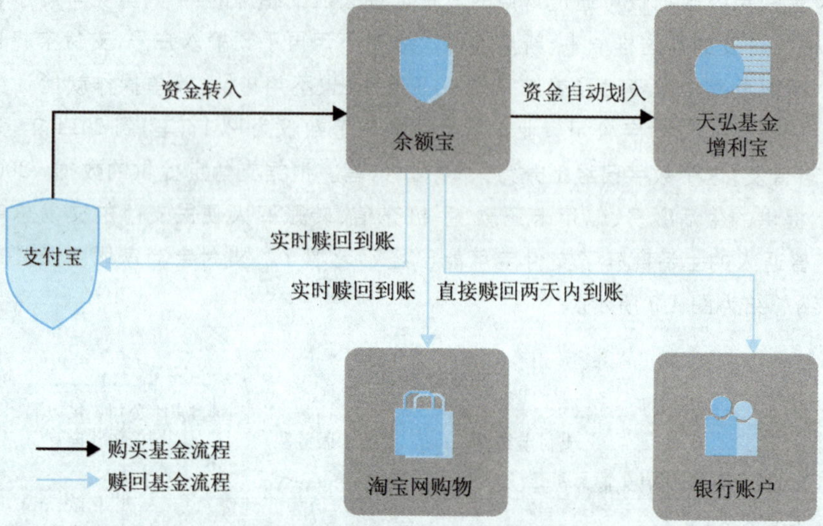

图 4-10　余额宝资金运作流程

资料来源：http://other.caixin.com/2013-07-06/100552377_all.html

首先，余额宝是渠道的创新。这里的渠道指的是基金的销售渠道，余额宝挂钩的金融产品是一款货币型基金。严格地说，余额宝是基金公司在互联网公司销售渠道上的一种拓展。基金公司的销售渠道传统上通常有三种：银行代销、专业销售公司代销和基金公司直销。但是余额宝把货币基金与理财相结合，把购买货币基金这一理财产品植入到支付宝网站和支付宝钱包，是一种新型的网上基金销售模式。余额宝销售基金的超级强大的能力，也得益于支付宝的庞大客户群。余额宝的快速发展凭借的又是其给客户带来的利益收入和超强的服务体验。

其次，余额宝能为阿里巴巴带来用户大数据。余额宝作为基金理财，用户必须实名认证，这就比之前支付宝注册能获取更多的用户信息，这些信息对于了解阿里巴巴、淘宝买家/卖家的用户特征、群体差异、用户偏好甚至用户的信誉情况十分有帮助，也为淘宝以及天猫卖家营销、蚂蚁小贷的贷款出借等提供了数据支撑并产生了巨大作用。余额宝的大数据甚至能预测国家宏观数据，天弘基金研究中心曾经通过余额宝的大数据分析观察社会经济运行情况，得到社会文化信息，比如每个省会城市的基尼系数、余额宝对地区经济的渗透率(余额宝投资额占当地 GDP 的比率)等。该中心还精确预测了 2014 年的“双十一”的交易情况。在阿里巴巴集团 2013 年 51%控股天弘基金以及蚂蚁金服 2014 年 60.8%控股数米基金网后，余额宝和蚂蚁金服获得的用户大数据更加庞大。

再次，余额宝是移动支付的重要入口。移动支付在过去三年是BAT(百度、阿里巴巴、腾讯)等大型互联网企业必争之地，如何获得移动支付的流量入口也是各大巨头绞尽脑汁思考的。从当年腾讯支持滴滴打车、阿里支持快的打车，到微信过年红包一夜让数亿百姓绑定无线支付，再到各大巨头进军外卖送餐服务，等等，都是在抢夺用户移动支付的入口。而余额宝是支付宝最先推出的理财产品，也聚集了比其他互联网理财公司更大规模的用户数量和资金规模。如今天弘货币基金已经是全球排名前三的货币基金，余额宝庞大用户数中，即使其中只有一半使用移动支付，也是非常庞大的用户人数。余额宝可以通过用户先理财后消费的方式达到曲线移动支付的目的。

当然，余额宝也成为蚂蚁金服的利润来源。我们知道支付宝作为担保交易工具，拥有大量的沉淀资金，这些沉淀资金放入银行账户就会有利息，据保守估计，支付宝沉淀资金的利息每年达到10亿元以上。2013年6月7日，中国人民银行公告〔2013〕第6号文件《支付机构客户备付金存管办法》正式发布并实施，原本征求意见稿中关于利息归属的内容被删除，该办法并没有对计提了风险准备金后的利息余额归属做出规定。在支付宝成立之初的几年由于这一第三方担保平台的创新无先例，马云曾经在演讲中提及对于支付宝沉淀资金的利息自己一分钱也不敢动，而且甚至说只要央行一句话他可以把支付宝平台送给央行。但是到了余额宝就不一样了，余额宝作为理财型的货币基金，本身就需要进行稳健型的投资，加上通过收取相关的手续费，余额宝可以使得蚂蚁金服更安稳地获得一定的利润来源。

至此，支付宝服务，也即目前的蚂蚁金服集团所拥有的品牌包括支付宝、芝麻信用、蚂蚁小贷、蚂蚁金融云、余额宝、招财宝等，已经囊括了支付业务版块、理财业务板块、网商银行为代表的融资业务板块，以及蚂蚁金服所拥有的以数据基础建立起的征信业务板块、技术与数据业务板块，这些是包括 Apple Pay 乃至微信支付目前还无法企及的。2016年3月，尚未上市的蚂蚁金服的估值已经达到了500亿美元，有评论认为蚂蚁金服相当于再造了一个阿里巴巴。

本案例为傅颖、斯晓夫撰写。

问题讨论：

1. 如果把支付宝2003年的出现和之后余额宝的出现归于创业机会的发现＋构建，你同意吗？

2. 请论述支付宝服务能从创业机会变为创业成功过程中的关键要素。

本章精读文献

Suddaby, R, Bruton, G D & Si, S X. Entrepreneurship through a qualitative lens: Insights on the construction and/or discovery of entrepreneurial opportunity [J]. *Journal of Business Venturing*, 2015, 30(1): 1-10.

Chapter Article Summary(本章精读文献摘要):

This article applies inductive analytic techniques to identify and elaborate on two recurring themes that underpin the core puzzle of entrepreneurship research—where entrepreneurial opportunities come from. The first theme is the unique role of imprinting, or the profound influence of social and historical context in constraining the perceptual apparatus of entrepreneurs and delimiting the range of opportunities for innovation available to them. Second, the analysis offers insight into the counterbalancing role of reflexivity, operating at both individual and collective levels of analysis, in generating the ability of entrepreneurs to overcome the constraints of imprinting. This article explores the various ways in which adopting a qualitative lens can help advance our understanding of entrepreneurship as a phenomenon. Early research in entrepreneurship has traditionally relied on quantitative methods grounded in a positivist epistemology. This study argued that the overreliance on quantitative methods lead to artificially constrained entrepreneurship research. While the use of quantitative methods has produced considerable knowledge accumulation, the field of entrepreneurship research has largely failed to develop an indigenous theory (Suddaby, 2014) and is often seen as a subset of strategic management theory. Entrepreneurship has failed to develop an indigenous theory because it has failed to generate a defining theoretical question or what Kuhn (1970) would describe as a "core puzzle". This article, thus, explores how qualitative methods might be used to generate a theory for examining entrepreneurial settings. The authors focus on an emerging "puzzle" within the entrepreneurship research community—the origin of entrepreneurial opportunity—and draw from the nine outstanding qualitative studies of entrepreneurship that comprise this special issue to advance a new conceptual model. The insights in this article are based on a thematic review of the nine studies that comprise a special issue on qualitative research. The nine qualitative studies, individually and each in their own way, offer key insights into how we might better understand the emergence of entrepreneurial opportunity. The authors identify imprinting and reflexivity as key mechanisms and core constructs that underpin the larger tensions that question whether entrepreneurs discover opportunity or create it. That is, theorists who advocate a discovery perspective see imprinting as a key process that explains how some entrepreneurs are more likely than others to "discover" an opportunity. Reciprocally, theorists who advocate a creation perspective see reflexivity as a core construct that explains how some actors are better able to "create" entrepreneurial opportunity.

本章精读文献评述:

这篇2015年发表在创业创新领域顶级研究期刊 *Journal of Business Venturing* (*JBV*)上的综述性理论文献,首先说明了为什么创业机会是创业研究的核心问题,并阐述了创业机会的存在论基础与认识论基础。就是说,如果创业机会是被发现的,那么它是建立在存在论基础上的;如果说创业机会是被构建/创造出来的,那么它是建立在认识论基础上的。为了更清楚地说明创业机会，文章进一步探索与阐述了创业机会的来源问题，具体运用了归纳与演绎两种分析技术来阐述创业机会的来源，并运用具体实例阐述了“印迹”与“众迹”两种创业机会的特征，以这些实例说明创业机会的发现过程是一种印迹的过程，创业机会的构建/创造过程则是一种众迹的过程。文章也着重论述了研究创业机会的研究方法问题。文章作者比较了创业研究中的定性与定量两种研究方法。具体地说，对定量研究方法，作者通过效度与信度、统计与非统计、归纳与演绎等研究技术，对问题的早期阶段与成熟期阶段，对问题的重点、实施的方法以及重点投入的比例、执行的时间和地点等方面做了比较研究；对定性研究方法，作者运用具体的案例分析来对研究问题做了比较研究。结合两种研究方法和理论分析，最终，作者认为，应该更多地考虑使用定性研究的方法来研究目前的创业问题与创业机会问题。

这篇文章对于我国的创业创新有理论与现实意义，它再次强调了创业的核心是创业机会。创业机会不仅是一个识别与发现的过程，更是存在于客观环境的客观现实，并且经由某些拥有独特个体特征的创业者发现。例如，美国咖啡零售巨头 Gloria Jeans 和 Caribou 借助个体特征、经验背景与认知能力识别他人目力所及之外的咖啡市场创业机会。这一领域的多数研究着重阐述创业者识别他人容易忽视的创业机会的特质。这些特质主要是指一系列的创业导向（entrepreneurial orientation）与创业倾向（entrepreneurial intension），包括创新精神（innovativeness）、风险倾向（propensity of risk）和诱发因素（provocativeness）。研究结果表明，学习过创业机会识别与发现过程理论的创业者相较那些仅仅依靠实践经验的创业者，更善于把握住创业机会。另外，很多时候，创业机会并非客观存在，也并非先于创业者的意识存在于客观世界。相反，机会创造很难独立于创业者感知。一方面，这一观点承认某些客观的环境条件（例如，技术进步、政治或监管环境以及人口转变）影响创业机会；另一方面，这一观点认为创业机会最终取决于创业者的创造性想象与社会性技能等内在因素，而不是外在环境因素。因此，当乔布斯发明苹果手机时，他并未看到预先存在于竞争环境的差距，或者需要满足的顾客需求。他能够明确的是他将发明并推广一款消费者尚未意识其需求的产品。类似地，当爱迪生发明白炽灯之后，他付出巨大努力以使大众接受这一从未出现在市场或意识的产品。创业机会存在于更加广阔的社会或文化环境中，受助于创业者感知与市场需求的互动。创业机会并非是先于创业者意识存在于环境的客观现象。相反，创业机会是创业者社会化构建其机会与产品/服务的内在、迭代的创造行为，因此创业机会是构建/创造出来的。总之，创业者应该非常明确地知道：创业是高风险的经济与社会活动，创业是从创意、创新一步一步走过来的。具体地说，创意是一种“灵光一现”，创新是创意的体现，创业则是创新的实践。创业过程是一个不断新陈代谢的过程，当一批批企业倒闭，一批批新的企业又产生了，但不是简单地重复，而是企业与时俱进的必然过程。我国大众创业最应该注意的一个问题就是避免盲目创业。我们必须清晰地认识到：创业成功的比例并不大，不是任何人都具备成功创业的条件的。不清楚创业机会的大众创业，还有可能造成很多的资源浪费，会给今后的经济发展带来阴影，甚至陷入较长时间的经济困境。人们容易被那些耀眼的创业成功故事所吸引，成功创业者喜欢讲述并传播他们的创业故事，并使这些成功故事声名远扬。但是，很多富豪们的创业故事，只是成功者事后编制的，而不是精确的实际进程，读起来都让人兴趣盎然，但真实进程中的许多细节并非如此。

本章作者介绍

斯晓夫，浙江大学求是讲座教授，美国华盛顿州立大学管理学博士，浙江大学创业研究所所长，美国宾夕法尼亚布鲁斯堡大学商学院创业管理终身教授。原上海大学管理学院院长，博士生导师；同济大学全球创业创新研究所所长，同济大学讲座教授，博士生导师。曾先后担任香港中文大学商学院、新加坡国立大学商学院、加拿大康卡迪亚大学约翰·莫尔森商学院全职教授。在顶级中英文创业管理研究期刊上发表学术研究论文，并担任创业创新顶级学术研究期刊客座主编，以及很多著名管理研究期刊的国际编委等，同时具有一定的创业实践经验。

本章相关引用材料

[1] Alvarez, S A & Barney, J B. Discovery and creation: Alternative theories of entrepreneurial action [J]. *Strategic Entrepreneurship Journal*, 2007, 1(1-2): 11-26.

[2] Alvarez, S A & Barney, J B. Opportunities, organizations, and entrepreneurship [J]. *Strategic Entrepreneurship Journal*, 2008, 2(4): 265-267.

[3] Alvarez, S A & Barney, J B. Entrepreneurship and epistemology: The philosophical underpinnings of the study of entrepreneurial opportunities [J]. *The Academy of Management Annals*, 2010, 4(1): 557-583.

[4] Alvarez, S A & Barney, J B. Epistemology, opportunities, and entrepreneurship: Comments on Venkataraman et al. (2012) and Shane (2012) [J]. *Academy of Management Review*, 2013, 38(1): 154-157.

[5] Alvarez, S A, Barney, J B & Anderson, P. Forming and exploiting opportunities: The implications of discovery and creation processes for entrepreneurial and organizational research [J]. *Organization Science*, 2013, 24(1): 301-317.

[6] Alvarez, S A, Young, S L & Woolley, J L. Opportunities and institutions: A co-creation story of the king crab industry [J]. *Journal of Business Venturing*, 2015, 30(1): 95-112.

[7] Ardichvili, A, Cardozo, R & Ray, S. A theory of entrepreneurial opportunity identification and development [J]. *Journal of Business Venturing*, 2003, 18(1): 105-123.

[8] Baker, T & Nelson, R E. Creating something from nothing: Resource construction through entrepreneurial bricolage [J]. *Administrative Science Quarterly*, 2005, 50(3): 329-366.

[9] Breugst, N, Patzelt, H & Rathgeber, P. How should we divide the pie? Equity distribution and its impact on entrepreneurial teams [J]. *Journal of Business Venturing*, 2015, 30(1): 66-94.

[10] Bruton, G D, Ahlstrom, D & Obloj, K. Entrepreneurship in emerging economies: Where are we today and where should the research go in the future [J]. *Entrepreneurship Theory and Practice*, 2008, 32(1): 1-14.

[11] Bruton, G D, Ahlstrom, D & Li, H L. Institutional theory and entrepreneurship: Where are we now and where do we need to move in the future? [J]. *Entrepreneurship Theory and Practice*, 2010, 34(3): 421-440.

[12] Casson, M. *The Entrepreneur: An Economic Theory* [M]. Plymouth: Rowman & Littlefield, 1982.

[13] Dyer, J H, Gregersen, H B & Christensen, C. Entrepreneur behaviors, opportunity recognition, and the origins of innovative ventures [J]. *Strategic Entrepreneurship Journal*, 2008, 2(4): 317-338.

[14] Eckhardt, J T & Ciuchta, M P. Selected variation: The population-level implications of multistage selection in entrepreneurship [J]. *Strategic Entrepreneurship Journal*, 2008, 2(3): 209-224.

[15] Gaglio, C M & Katz, J A. The psychological basis of opportunity identification: Entrepreneurial alertness[J]. *Small Business Economics*, 2001, 16(2): 95-111.

[16] Hayek, F A. The use of knowledge in society[J]. *The American Economic Review*, 1945: 519-530.

[17] Jaskiewicz, P, Combs, J G & Rau, S B. Entrepreneurial legacy: Toward a theory of how some family firms nurture transgenerational entrepreneurship [J]. *Journal of Business Venturing*, 2015, 30(1): 29-49.

[18] Jennings, J E, Edwards, T, Devereaux, Jennings P & Delbridge, R. Emotional arousal and entrepreneurial outcomes: Combining qualitative methods to elaborate theory [J]. *Journal of Business Venturing*, 2015, 30(1): 113-130.

[19] Kirzner, I M. *Competition and Entrepreneurship* [M]. Chicago: University of Chicago Press, 1978.

[20] Kirzner, I M. Entrepreneurial discovery and the competitive market process: An Austrian approach [J]. *Journal of Economic Literature*, 1997, 35(1): 60-85.

[21] Krueger, Jr N. Encouraging the identification of environmental opportunities[J]. *Journal of Organizational Change Management*, 1998, 11(2): 174-183.

[22] Low, M B & MacMillan, I C. Entrepreneurship: Past research and future challenges [J]. *Journal of Management*, 1988, 14(2): 139-161.

[23] Marion, T J, Eddleston, K A, Friar, J H & Deeds, D. The evolution of interorganizational relationships in emerging ventures: An ethnographic study within the new product development process [J]. *Journal of Business Venturing*, 2015, 30(1): 167-184.

[24] Mathias, B D, Williams, D W & Smith, A R. Entrepreneurial inception: The role of imprinting in entrepreneurial action [J]. *Journal of Business Venturing*, 2015, 30(1): 11-28.

[25] McKeever, E, Jack, S & Anderson, A. Embedded entrepreneurship in the creative re-construction of place [J]. *Journal of Business Venturing*, 2015, 30(1): 50-65.

[26] McMullen, J S & Shepherd, D A. Entrepreneurial action and the role of uncertainty in the theory of the entrepreneur [J]. *Academy of Management Review*, 2006, 31(1): 132-152.

[27] Miller, K D. Risk and rationality in entrepreneurial processes [J]. *Strategic Entrepreneurship Journal*, 2007, 1(1-2): 57-74.

[28] Miller, D. Miller (1983) revisited: A reflection on EO research and some suggestions for the future [J]. *Entrepreneurship Theory and Practice*, 2011, 35(5): 873-894.

[29] Mitchell, R K, Busenitz, L, Lant, T, McDougall, P P, Morse, E A & Smith, J B. Toward a theory of entrepreneurial cognition: Rethinking the people side of entrepreneurship research [J]. *Entrepreneurship Theory and Practice*, 2002, 27(2): 93-104.

[30] Mitchell, R K, Busenitz, L W, Bird, B, Marie, Gaglio C, McMullen, J S, Morse, E A & Smith, J B. The central question in entrepreneurial cognition research 2007 [J]. *Entrepreneurship Theory and Practice*, 2007, 31(1): 1-27.

[31] Plummer, L A, Haynie, J M & Godesiabois, J. An essay on the origins of entrepreneurial opportunity [J]. *Small Business Economics*, 2007, 28(4): 363-379.

[32] Sarason, Y, Dean, T & Dillard, J F. Entrepreneurship as the nexus of individual and opportunity: A structuration view [J]. *Journal of Business Venturing*, 2006, 21(3): 286-305.

[33] Sarasvathy, S D. Causation and effectuation: Toward a theoretical shift from economic inevitability to entrepreneurial contingency [J]. *Academy of Management Review*, 2001, 26(2): 243-263.

[34] Sarasvathy, S D, Dew, N, Velamuri, S R & Venkataraman, S. *Three Views of Entrepreneurial Opportunity* [M]. Berlin: Springer, 2010.

[35] Sexton, D L & Bowman N. The entrepreneur: A capable executive and more[J]. *Journal of Business Venturing*, 1985, 1(1): 129-140.

[36] Shane, S. Prior knowledge and the discovery of entrepreneurial opportunities [J]. *Organization Science*, 2000, 11(4): 448-469.

[37] Shane, S. Reflections on the 2010 AMR decade award: Delivering on the promise of entrepreneurship as a field of research [J]. *Academy of Management Review*, 2012, 37(1): 10-20.

[38] Shane, S & Venkataraman, S. The promise of entrepreneurship as a field of research [J]. *Academy of Management Review*, 2000, 25(1): 217-226.

[39] Si, S, Yu, X, Wu, A, Chen, S, Chen, S & Su, Y. Entrepreneurship and poverty reduction: A case study of Yiwu, China [J]. *Asia Pacific Journal of Management*, 2015, 32(1): 119-143.

[40] Singh, S, Corner, P D & Pavlovich, K. Failed, not finished: A narrative approach to understanding venture failure stigmatization [J]. *Journal of Business Venturing*, 2015, 30(1): 150-166.

[41] Suddaby, R, Bruton, G D & Si, S X. Entrepreneurship through a qualitative lens: Insights on the construction and/or discovery of entrepreneurial opportunity [J]. *Journal of Business Venturing*, 2015, 30(1): 1-10.

[42] Tan, J, Shao, Y & Li, W. To be different, or to be the same? An exploratory study of isomorphism in the cluster[J]. *Journal of Business Venturing*, 2013, 28(1): 83-97.

[43] Wright, A L & Zammuto, R F. Creating opportunities for institutional entrepreneurship: Thecolonel and the cup in English county cricket. *Journal of Business Venturing*, 2013, 28(1): 51-68.

[44] Zahra, S A. The virtuous cycle of discovery and creation of entrepreneurial opportunities [J]. *Strategic Entrepreneurship Journal*, 2008, 2(3): 243-257.

[45] Zhang, W & White, S. Overcoming the liability of newness: Entrepreneurial action and the emergence of China's private solar photovoltaic firms [J]. *Research Policy*, 2016, 45(3): 604-617.

[46] 斯晓夫,傅颖. 创业如何从"多乱难"到"一定成"[N]. 解放日报,2015-08-23(6).

[47] 斯晓夫,王颂,傅颖. 创业机会从何而来：发现,构建还是发现+构建？——创业机会的理论前沿研究[J]. 管理世界,2016(3)：115—127.

附表 顶级期刊十年来有关创业机会相关文献汇总

序号	文章标题	研究问题	主要结论	期刊年份
1	The nature of entrepreneurial opportunities: Understanding the process using the 4I organizational learning framework	作者结合组织学习和创业两个独立的研究主题，开发了一个组织层面理解创业机会的框架来理解创业机会	作者从组织学习的视角提出了组织层面的4I(Intuiting, Interpreting, Integrating and Institutionalizing)来整合理解创业机会存在论的两个根源，并帮助组织理解创业机会	ETP (2005)
2	Reconciling diverse approaches to opportunity research using the structuration theory	利用结构化理论来整合创业机会的识别和形成	结构化理论包含社会学中的结构决定论和人类行为动力，文章利用结构化理论来消融六个主要创业机会研究的不同分支，并把它们分别归入到创业机会的(结构)识别和(动力)形成。并指出，有知识和自反性(reflexivity)的创业者随着时间选择和塑造有合法性、威力和能胜任的"手稿"，以达到机会的识别和形成	JBV (2005)
3	Aspirations, market offerings, and the pursuit of entrepreneurial opportunities	(1) 为什么有的人能发现创业机会而另一些人则留在劳动力市场 (2) 在何种情况下个体最有可能去追求创业机会	当个体的抱负矢量及其感知的市场提供的价值矢量不平衡时，个体会去追求创业机会；当人力资源的相关人员或现有组织对个体有偏见或限制时，有前途的创业者会开始搜寻机会。上述两者的交互作用也对个体追求创业机会起作用	JBV (2006)
4	Entrepreneurship as the nexus of individual and opportunity: A structuration view	研究社会结构化理论视角认识创业过程，尤其是个体与机会的连接	传统的创业视角认为个体在填补市场机会的空白，而结构化理论则认为创业者和社会是共同演进的，机会不是已经存在于社会中等待个体去发现，创业的机会构建是一个动态的过程	JBV (2006)
5	Entrepreneurial action and the role of uncertainty in the theory of the entrepreneur	以个体分析层次整合系统分析层次，提出创业行动理论	提出创业行动理论。创业行动是创业机会和忍受感知不确定的结果。文中提出"第三人"机会和"第一人"机会的概念，并认为创业者感知的"第三人"机会处于注意阶段，而"第一人"机会会带来创业行动	AMR (2006)

续表

序号	文章标题	研究问题	主要结论	期刊年份
6	Discovery and creation: Alternative theories of entrepreneurial action	创业机会是独立于个体存在于环境中还是可以由创业者的行动进行创造的	机会本身是发现还是创造，没有经验内容可证。但是，创业者的行动基于哪个理论(发现还是创造)是可以总结出经验的。文章给出了创造理论对创业和战略管理的启示	SEJ (2007)
7	Learning asymmetries and the discovery of entrepreneurial opportunities	个体如何通过学习转移信息和经验来识别发现机会	实证的研究证明，一般的人力资本、特殊的人力资本、信息获得、信息转移都会对个体识别创业机会形成直接或间接的影响	JBV (2007)
8	Beyond the single-person, single-insight attribution in understanding entrepreneurial opportunities	建立在一个概念上的新基础和新视角，即创业机会的创造	(1) 机会可以被看成是创造的产品，它可以被认为是人为地对其不断地塑造和打磨 (2) 机会创造不仅仅是特别个体的功劳，更多的归因也来自于情境和社会影响	ETP (2007)
9	Market imperfections, opportunity and sustainable entrepreneurship	市场失灵的分类，及其对应的社会可持续发展的创业机会	作者把市场失灵归于四类(无效率企业、外部性、有缺陷的定价机制和信息不对称)，并认为现有社会的激进创新和新的商业模式给这些市场失灵带来了大量的创业机会，并服务于社会的可持续发展	JBV (2007)
10	Opportunity discovery, problem solving and a theory of the entrepreneurial firm	创业者何时使用市场去发现和识别机会？又何时成立一家企业去做这样的尝试？	机会的发现分为经验搜寻和认知(启发式)搜寻，前者独立个体就可以完成，而后者则会涉及知识分享。作者把市场机会发现视为创业企业问题解决的办法，并探究了不同的组织形式(包括治理结构)、学习能力等对市场机会发现、识别的作用	JMS (2007)

续表

序号	文章标题	研究问题	主要结论	期刊年份
11	Exercising entrepreneurial opportunities: The role of information-gathering and information-processing capabilities of the firm	企业践行创业机会受到其企业层面信息收集能力和处理能力何种影响	研究了影响企业有效实践创业机会的两种能力——信息收集能力和信息处理能力。文章发现，这两种能力并不总是线性和对称地对实践创业机会起作用。如果信息收集能力很高、处理能力很低或反之都不利	SMJ (2008)
12	The virtuous cycle of discovery and creation of entrepreneurial opportunities	不同的情境变量如何影响(尤其是企业层面)创业机会的发现和创造	作者认为机会发现和创造可以整合在一起，且机会创造常常出现在一个新兴行业的早期，且随着时间的推移，机会创造会慢慢与机会发现相互补而形成良性循环	SEJ (2008)
13	Niche construction: The process of opportunity creation in the environment	探究组织或创业团队是构建和转移创业机会的类型	文章提出了四种机会构建的分类形式：其一是个体(组织)的治理行为；其二是集体(组织)的治理行为；其三是一种未被治理的来自于个体组织或创业者的机会构建，这种构建更多是不能被预计的；其四是未被治理的集体的机会构建。根据作者机会构建的观点认为，创业机会发现是机会创造的一个特例	SEJ (2008)
14	Selected variation: The population-level implications of multi-stage selection in entrepreneurship	创业机会是如何在时间和环境演进中被创业者和人群共同挑选出来的	创业机会不可能没有创业者而从市场中出现，创业机会是在时间轴上被多阶段选择出来的，作者认为创业机会的创造是创业机会发现的一个特例	SEJ (2008)
15	Regulatory focus and new venture performance: A study of entrepreneurial opportunity exploitation under conditions of risk versus uncertainty	在风险(稳定)和不确定(动态)情境下，情境对创业机会发现和创造的影响机制	文章构建了创业机会发现和创造两种情境下的模型，从创业者认知框架(即两种自我调节方式：保护聚焦和提升聚焦)作用于创业者行为(对原始创业机会的偏离)的角度，分析了影响新创企业成长的因素	SEJ (2008)

续表

序号	文章标题	研究问题	主要结论	期刊年份
16	From Pabst to Pepsi: The deinstitutionalization of social practices and the creation of entrepreneurial opportunities	社会运动对组织创建新机会的影响机制	实证研究了社会运动的双重角色在改变组织形式上的作用，社会运动既底蚀了现有的组织，又会通过去机构化为组织提供新的创业机会种类，而且更偏向的是创造出新的机会	ASQ (2009)
17	Are opportunities recognized or constructed? An information perspective on entrepreneurial opportunity identification	创业机会来自发现识别还是构建？信息加工对创业者的机会识别有何影响	文章认为目前关于创业机会的两个主流研究中，机会识别或发现偏向认知心理学，而机会构建则偏向社会建构主义或发展心理学。文章使用 10 个中小企业的案例来研究人的信息加工对调节创业机会的识别所起的作用，并整合了构建主义者（试错类型的信息加工）和认知主义者（模式类型的信息加工）的视角，提出创业者实用主义的信息加工的整合框架	JBV (2010)
18	The production of entrepreneurial opportunity: A constructivist perspective	从建构理论的视角连接创业认知和创业行为来解释创业机会的起源	从机会构建的视角提出创业机会构建三阶段模型，包含机会概念化、机会客观化和机会执行。并提出在三阶段中，不足够的客观化和资源支持都会使机会遗失	SEJ (2010)
19	How opportunities develop in social entrepreneurship	揭示社会创业的机会开发过程	文章根据多案例分析，把社会创业的机会分为 effectuation 过程和理性(rational)过程，前者主要是机会的创造；而后者则更多的是机会的发现	ETP (2010)

续表

序号	文章标题	研究问题	主要结论	期刊年份
20	Cognitive processes of opportunity recognition: The role of structural alignment	(1) 个体认知过程是如何让个体识别机会？是否包含不连续的推理 (2) 先前的知识在这个过程中发挥怎样的作用	定义了新的概念“机会识别的过程”，是指努力把改变的信号(如个体接触的新信息、新条件)形成有意义的信念，这种信念能带来一些行动但不保证取得最终净利润。识别机会包含客观和主观维度。客观维度是指个体所处客观现实情境；主观维度则是指个体把其所在的情境和位置在机会被客观认识之前解析出来	OS (2010)
21	Imagining and rationalizing opportunities: Inductive reasoning and the creation and justification of new ventures	个体创业者如何使用一定形式的演说，即类比和隐喻来推演一个有别于一般企业创业机会的制度合法性及其获取必要资源和成长的能力	成立一个新颖的企业具有高度的不确定性，它迫使创业者要说服利益相关者理解其意义。作者从 sensemaking 的视角出发，整合创业认知和制度理论，提出企业创造的过程模型，其中创业者的归纳推理和隐喻推理，以及先前经验和解决不确定性的动力都对创立和商业化一个新创企业起作用	AMR (2010)
22	Social networks and opportunity recognition: A cultural comparison between Taiwan (in China) and the United States	社会网络，在中国台湾地区和美国国家文化情境(尤其是个体主义和集体主义)调节下，是如何对机会识别起作用的	个体主义和集体主义会调节关系强度、结构洞与机会识别之间的关系。研究同时发现，在美国，关系强度对机会识别是负效应，而对结构洞则是正效应，这与中国台湾地区的研究发现刚好相反	SMJ (2011)
23	Grappling with the unbearable elusiveness of entrepreneurial opportunities	把创业机会和创业行为相结合，为后续的创业机会性质和实证研究方向做出展望	作者首先把创业机会分为正式的(formal)和实质性的(substantive)，并认为现今主流的创业机会研究(参见 Shane 2000 年的文章)属于前者，而作者希望创业者更多的进行“实质性”的创业行为，因此进一步把创业机会分为“偶发”(提出创意点子)、表现行为以及与市场、行业规则互动等方面	ETP (2011)

续表

序号	文章标题	研究问题	主要结论	期刊年份
24	Solving the entrepreneurial Puzzle: The role of entrepreneurial interpretation in opportunity formation and related processes	当创业者面临模糊和不完全信息情境时,创业者倾向于选择什么样的决策和行为去利用创业机会? 这种选择机制对于发现和创造视角有什么启发	基于战略问题解释和管理认知视角,文章提出创业机会新机制——创业解释理论,并通过一系列命题的提出扩展了机会发现和创造理论的解释边界	JMS (2012)
25	Technology-market combinations and the identification of entrepreneurial opportunities: An investigation of the opportunity-individual nexus	创业机会本身是否会对个体机会识别产生影响	研究发现,技术市场的表面和结构相似性组合会影响个体对创业机会产生的信念,同时会对个体先前知识和创业机会的识别产生影响	AMJ (2012)
26	Information exposure, opportunity evaluation, and entrepreneurial action: An investigation of an online user community	个体接触到的外部信息如何对他们的机会评估和创业行为产生影响	在线的用户社区、技术领域和社会领域可以分别通过作用于第三人(third-person)的机会承认和第一人(first-person)的机会信念,对机会评估和创业行为产生影响	AMJ (2013)
27	Forming and exploiting opportunities: The implications of discovery and creation processes for entrepreneurial and organizational research	对发现和创造两种创业机会理论过程进行了比较	文章重点阐述了创业机会发现和创造机制的历史根源、市场不完美的本原(机会发现属于外生因素,而创造属于内生因素)、创业者的差异、信息和决策的情境,并认为创业机会发现是批判现实主义,而创业机会的创造属于演化现实主义	OS (2013)
28	Making it personal: Opportunity individuation and the shaping of opportunity beliefs	机会信念是个体创业行为的重要影响因素,本文章聚焦研究机会信念个性化的影响因素	个体层面:(1)心智模型理论逻辑提供了解释框架,特定个体的因素影响他们的机会信念形成;(2)知识和机会特定化有很大相关;(3)个体的动机、先前失败经验和失败恐惧对于机会信念起重要驱动作用 行业层面:行业的新成立率、分解退出率和竞争程度都对个体的机会信念(印象)产生影响	JBV (2014)

续表

序号	文章标题	研究问题	主要结论	期刊年份
29	Entrepreneurial opportunities and poverty alleviation	创业机会理论(发现与创造),对减少赤贫的作用	创业能促进经济增长、减少赤贫,创业机会的利用被作者分为三种:自我雇用、机会发现和机会创造。作者分别定义了贫困情境下创业机会类型的内涵。进而分析了在扶贫过程中,不能简单地不加创业机会类型考虑地投入资源,资源投入到人力资本、财务资本和产权保护中时,不同的创业机会将会产生不同的效果	ETP (2014)
30	Entrepreneurial opportunities and the entrepreneurship nexus: A re-conceptualization	"机会"是一个难懂的概念,通过文献分析(包括发现、创造),进行"机会"构念的整合,重新定义创业机会与创业之间的关系	作者开发了创业机会相关的三个构念:外部因子(external enablers),即外部情境的集合;新创企业点子(new venture idea),即未来企业的想象,是连接产品/服务,并把它们带入市场中的打算;机会自信(opportunity confidence),意为特别的个体主观感受能对某些机会产生兴趣和刺激而引发其创业行为。这三个构念的分析层级是逐渐递减的,作者对这些构念也提出了未来研究的展望	JBV (2015)
31	The effects of opportunities and founder experience on new firm performance	机会的特征与创业者的特征如何共同影响新创企业绩效	作者先把创业机会分为低风险机会和高风险机会。高风险机会偏好的创始人是有管理经验的,而低风险的创业机会偏好的是有行业经验的创始人,如此匹配的机会—创始人特征对新创企业最有效	SMJ (2015)

续表

序号	文章标题	研究问题	主要结论	期刊年份
32	Proposing social resources as the fundamental catalyst toward opportunity creation	在机会创造的不同阶段，社会资源（社会资本和社会胜任力）起着怎样的作用	本文以 Wood 和 McKinley (2010) 机会创造三阶段模型（机会概念化、机会客观化和机会实施）为基础，阐述了社会资本通过创业者与知识同道人的接触促进机会客观化的意义构建（sensemaking）过程；而社会胜任力则促进机会的实施，同时社会胜任力会有效调节社会资本与机会客观化的关系	SEJ (2015)
33	Cutting microfinance interest rates: An opportunity co-creation perspective	区别代理理论，以机会共同创造的视角来分析、研究减少小额信贷的促进因素	基于机会共同创造的视角，实证研究发现，小额贷款机构的每个利益相关者都能对减少贷款利率产生贡献和帮助，以便达到其社会使命	ETP (2015)
34	Creative personality, opportunity recognition and the tendency to start businesses: A study of their genetic predispositions	创造性的个人特质是否与机会识别以及开办企业相关联	研究发现，拥有创造性特性的个体会在辨别新的商业机会以及开办新企业上更具可能性。基因能部分地(66%)解释创造性特质和辨别机会；而创造性特质与开办企业的相关性为 82%，但基因与环境的因素都没有被验证能成为创造性个性或创业决定性的因素	JBV (2015)
35	What is an attractive business opportunity? An empirical study of opportunity evaluation decisions by technologists, managers, and entrepreneurs	技术人员、管理人员、创业者三类人中，什么样的机会最吸引他们？不同经验的人在判断机会时存在不同的“原型”和“模板”，这三类人关注怎样的模板（即参数选择）	对技术人员来说，更吸引他们的机会是与产品相关的；对管理人员来说，更吸引他们的机会是与竞争相关的；对创业者来说，更吸引他们的机会是与现金流相关的。不同经验的个体评估机会的参数选择是不同的，而且随着时间推移，这种异质性依然存在。同时，有管理经验和创业经验的个体对机会评估时的参数选择比有技术经验的个体更均衡	SEJ (2015)

续表

序号	文章标题	研究问题	主要结论	期刊年份
36	Integrating discovery and creation perspectives of entrepreneurial action: The relative roles of founding CEO human capital, social capital, and psychological capital in contexts of risk versus uncertainty	以发现（风险的情境）和创造（不确定性的情境）的视角，研究CEO的无形资本（人力、社会和心理资本）在风险和不确定环境下的创业绩效	研究发现，CEO过往创业的经历（人力资本）在发现情境下，对创业绩效有正向影响；而CEO的学历、强连带关系及其心理资本（乐观、自我效能感、顺应力和信心）则会在创造情境下对其创业绩效带来益处	SEJ (2015)
37	Bridging behavioral models and theoretical concepts: Effectuation and bricolage in the opportunity creation framework	整合拼凑、奏效理论以及机会创造理论，提出研究框架和未来研究方向	机会创造、奏效理论（effectuation）以及拼凑理论（bricolage）是三个都用于价值创造的概念，文章认为都是创业行为的过程理论。在检验了三个概念的起源和潜在的假定后，文章把它们统一到一个研究框架中并提出了未来研究方向	SEJ (forthcoming)

Chapter 5

第5章 从机会到商业模式与计划

学习目标

了解商业模式的构成和特征

学习商业计划书的写作原则和构成模块

掌握商业模式和商业计划书中有关市场开发和产品开发的基本内容

章节纲要

本章主要分四节来阐述与探讨从机会到商业模式与计划的过程。第一节介绍商业模式的构成和设计特征；第二节介绍商业计划书的写作方法以及投资者对商业计划书的评价原则；第三节和第四节则主要介绍商业模式以及商业计划书中的两项核心内容——市场开发和产品开发。

开篇案例

家政 O2O“百家争鸣”后的卡位战

家政 O2O 市场自 2013 年爆发以来，创业者与风险投资资金不断进入，在 2015 年更是掀起了惊涛骇浪，这一点我们从最近该行业的投融资情况中可见一斑，仅在 2015 年 8 月家政 O2O 平台就有“小马管家”宣布获得了 5000 万元的 A+轮融资、“好慷在线”宣布已完成 7000 万元融资等。不少业内人士表示，2015 年或将迎来真正的家政 O2O 大战。那么问题来了，怎么战？融资后的钱是否仅有补贴一道？

国内巨大的家政需求吸引着一系列创业者的关注，根据“云家政”2014 年年底发布的北京、上海、广州、深圳四地家政行业数据报告，目前一线城市普遍的家政从业人员供需缺口均在 10 万～20 万人，春节前后一个月更是会遭遇 30%～50%的从业人员缺口。另有数据显示，2015 年国内家政服务市场总规模将突破 1 万亿元。

人均消费能力以及生活质量需求的提升，直接导致了家政服务行业的火爆，其实早在 2013 年垂直于家政 O2O 领域的创业公司便接连诞生，如 e 家洁、云家政、阿姨来了、阿姨帮、小马管家等，再加上 BAT 巨头的觊觎，资本不断涌入，多数家政 O2O 平台不断爆出获得多轮融资。

但是在百花齐放之后，有业内人士指出，家政O2O项目的存活率只有10%，甚至是5%。管家帮创始人傅彦生表示："任何一个行业不可能长期百家争鸣，肯定会出现少量寡头，最终是谁还不好说。但跟团购相比，家政服务是非标性的，而且对线下服务要求较高，巨头形成的时间会更长。"

大家若想存活，就需要不断抢占市场，战争在所难免。小马管家CEO马晨飞曾坦言："大家在抢占市场份额的时候，都难免去烧钱补贴做推广。但这绝对不是一个良性的生意。"如何在同质化和与巨头的竞争中突围，真正实现盈利，是所有创业者们都迫切希望的。

无论哪种行业，若想赢得市场，用户体验都是关键。北京晨报记者在随机对消费者的采访中发现，不少消费者在请家政阿姨上门服务时，价格并不是主要考虑因素，他们最看重的是服务体验与质量。此外，也有消费者对于阿姨万一打破东西该如何赔偿、家中财物被偷盗等问题表示担忧。

对此记者致电了阿姨帮、云家政、小马管家等客服进行了解，对于阿姨不小心打破东西消费者该如何获得赔偿的问题，阿姨帮客服表示平台已经为阿姨投了保险，出现这种意外会由保险公司进行赔付。云家政客服则表示，一旦出现这种问题得分两种情况，阿姨在场的话需要与阿姨进行协商由阿姨进行赔付，不过如果阿姨在离开后才发现就会比较困难，得看阿姨是否承认。而小马管家客服则表示，由于阿姨一般工作时都会小心翼翼，还没遇到过这种情况，万一出现问题可以跟他们平台进行沟通联系。而如果出现物品丢失等问题，则需要报警进行处理。

如何做好做强用户关系，改善用户体验一直是家政服务行业中的老大难问题。亿欧网联合创始人、O2O分析师黄渊普表示，每一个平台甚至是每一位阿姨做出来的服务都是不一样的，是没法统一的，标准化只能是流程或产品的标准化，比如说在预订的环节或者订单发出后多久可以到你家进行服务等。如何提高服务质量以增加用户黏性，需要两个方面，第一是各大平台在拿到融资后一定要重视对阿姨进行各方面的培训，目前各大平台也比较重视这一块；另一方面需要把具体出现问题的赔偿规范写出来给用户以明确的保障。此外，也需要依托互联网本身的删减属性，也就是信誉好、服务好的阿姨慢慢留下来，差的阿姨逐渐被淘汰的优胜劣汰过程，不过这个过程需要一定的时间。

无论是国内还是国外，烧钱已经成为企业撬动市场最快的方式，但家政O2O鼻祖Homejoy倒下的案例有力地证明了烧钱之道并非良药，只有真正找到盈利的模式才能在竞争中胜出，而这也是目前几乎所有O2O企业面临的最大问题。

就在国内家政O2O风生水起的时候，家政O2O鼻祖Homejoy却在2015年7月底关张了。有媒体曝出导致Homejoy关闭的"决定性因素"是4起关于员工身份问题的诉讼。但不少业内人士表示，员工的身份问题或许只是压倒骆驼的最后一根稻草。实际上，盈利难匹配扩张速度也是Homejoy暴露出的一大问题。虽然

Homejoy 在很短的时间内迅速地扩张着自己的国际业务，但每拓展一个新城市就意味着要烧一大笔钱，而业务以小时工为主的 Homejoy，在扣除支付给清洁工的费用外，平台本身能够赚取的利润其实很有限，直接导致资金跟不上"铺"规模的速度。

众所周知，家政服务并不像出行打车或者叫外卖，服务价格仅在几十块钱之内，家政行业的服务对象大多集中在中产阶级家庭，一般人很少会请阿姨上门做家政服务，因此盲目地烧钱补贴做订单量只能形成短期的虚假繁荣，并不是长久之道。

黄渊普表示，之前大家大多在同一个细分领域做同质化竞争，在拿到更多融资后，关键要看谁能够在现有的服务模式品类中进行扩张。"当市场进入第二阶段，资本进入之后会要求产品进行地域、品类的扩张。这样就会导致强者越来越强，弱者越来越弱。"

资料来源：《北京晨报》2015 年 8 月 15 日，作者李小娟、杨琳。

从创业机会识别到商业模式构建，再到商业计划书撰写，这一过程是创业者的商业创意不断实体化，创业项目运行重点不断明晰化的过程。这也是创业者在创办实际企业之前的系列准备工作。对于大部分创业行动来说，这一过程是不可省却的。

5.1 从创业机会到商业模式

5.1.1 商业模式的概念

管理学家彼得·德鲁克曾指出：现在企业之间的竞争，不是不同产品之间的竞争，而是商业模式之间的竞争。随着互联网的出现和快速发展，从 20 世纪 90 年代中期开始，商业模式的概念被广泛使用，并且被越来越多的学者和企业所重视(Amit & Zott，2001)。早期的商业模式研究多集中于电子商务领域，后来逐步转向非互联网公司，如对戴尔、施乐公司的案例研究等(Zott，2011)。相对于商业实践，管理学界对于商业模式的理论研究却相对滞后，不同学者的观点和研究结论也存在较大区别。

很多学者首先从价值传递的角度界定了商业模式。例如，Teece(2010)认为商业模式是企业为客户提供价值，并将客户支付的价值转换为利润的方式。Chesbrough(2007、2010)则认为商业模式在企业的发展过程中扮演着两个重要功能：价值创造与价值获取。依据这一定义，他对商业模式的功能进行了进一步的描述，认为商业模式的作用主要有：①阐明价值主张；②识别细分市场；③定义公司所需来创建产品或服务的价值链结构；④为公司明确收入发生机制；⑤描述该公司在价值网络内的位置，将供应商和客户联系起来，识别潜在的互补者和竞争对手；⑥制定创新企业的竞争战略以获得并保持相对于对手的优势；等等。

交易行为则是商业模式的另一关注视角。Zott 和 Amit(2007、2008)认为商业模式是指中心企业与顾客、合作者和供应商进行交易的结构模式，以及公司与要素和产品市场跨边界链接的模式。基于这一视角，商业模式主要关注：如何与要素和产品市场相连接；将哪些利益相关者聚集在一起以开发商业机会，如何将这些团体与中心企业连接并进行交易;各利益相关方交易的产品和信息是什么;哪些资源和能力能促成这些交换;以及如何控制各方之间的交易等几个方面。在2010年的一项研究中,Zott和Amit又把创造价值和获取价值两个因素放进了商业模式的交易系统中,即企业通过交易系统促使外部合作者一起创造价值,并获取价值(Zott & Amit,2010)。

Morris等(2005)总结了以往的文献,在此基础上提出了商业模式的完整定义。商业模式是指在特定的市场中,企业战略、结构、经济等各方面相互关联的决策变量组合创造持续竞争优势的模式。基于这一定义,他们认为商业模式分为经济层面、运营层面和战略层面。同时,作者还列举了企业商业模式的六个核心问题:①企业怎么创造价值;②企业为谁创造价值;③竞争力和优势的来源;④企业与竞争对手的差异;⑤企业怎样赚取利润;⑥时间、空间和规模目标等。

不论是哪一种观点,从概念内涵来看,研究人员普遍承认商业模式的分析单位不是单个产品、单个企业甚至单个行业,而是围绕中心企业的整个跨边界协作系统。有关商业模式的探讨应该重视企业的组织活动,以及所占有的资源与客户、竞争对手、供应商和要素市场的相互作用。

商业模式与创业机会有着密切联系。创业机会是对市场潜在发展机会的总体概括,创业机会识别主要针对机会的潜在盈利空间。不过创业机会的潜在价值能否实现带有很强的不确定性,所以很多创业者在匆匆创业之后不能够实现之前的创业抱负。商业模式是将创业机会的潜在价值明确化的有力手段。通过商业模式的构建,创业机会的潜在价值与组织的运作流程得到了有效的配合,这就使得创业者能够通过系统的思维方式思考创业机会的开发过程。因此,从创业机会到商业模式,意味着创业者在明确创业方向、实现创业成长的过程中往前迈进了一步。

5.1.2 商业模式的构成

总体来看,由于商业模式概念本身较为复杂,学者一般认为商业模式构成要素众多,例如,Afuah和Tucci(2000)认为,商业模式的构成要素应该包括客户价值、价格、收入来源、相关联的活动、执行所需的资源、能力、可持续性以及关联性技术等。Hedman和Kalling(2003)通过大量文献分析和案例研究发现,商业模式起始于产品市场层面,其构成要素包括客户、竞争对手、产品和服务、活动和组织、资源、生产投入的供给等六个横截面要素和管理范畴这一纵向流程要素,而且商业模式的构成要素不是简单的汇总和叠加,每个部分之间应该是因果相关、紧密连接的。

Amit和Zott(2001)认为商业模式由三部分组成,其一是交易的内容(产品和信息的交换),其二是交易的结构(各业务利益相关者之间的联系),其三是交易过程的管理(对产品、信息和资源流等的控制)。这一构成如表5-1所示。

表 5-1 商业模式的构成

	效率	互补性	锁定	新颖
商业模式结构	● 交易机制 ● 交易速度 ● 议价成本 ● 营销、销售费用 ● 获得大量产品或服务 ● 参与公司库存成本 ● 交易简化 ● 需求聚集 ● 供给聚集 ● 交易量的扩展	● 交叉销售 ● 参与者的活动：如供应链整合 ● 线上线下交易的整合	● 交易可靠性 ● 联盟计划 ● 直接网络外部性 ● 间接网络外部性 ● 交易安全机制 ● 学习参与者的投资	● 新的参与者 ● 前所未有的参与企业或商品数量 ● 与合作者新的结合点 ● 联系的前所未有的丰富性 ● 商业方法专利申请或给予 ● 商业模式结构依赖于商业秘密和版权 ● 首先采用商业模式
商业模式内容	● 信息作为决策依据，降低了信息的不对称性 ● 关于商品 ● 关于参与者 ● 交易的透明度	● 线上线下资源和能力的组合 ● 互补性产品、服务和信息的使用（来自于企业、合作企业和顾客） ● 垂直产品或服务 ● 横向产品或服务 ● 参与者技术	● 通过第三方促进信任 ● 参与者利用专用性资产（如软件） ● 主导性设计 ● 自定义或个性化的产品和功能	● 新的产品、服务或信息（或产品、服务、信息的新的组合）
商业模式管理		● 鼓励开发专业合作的资源 ● 合作者的联盟能力	● 忠诚计划 ● 信息流的安全和控制程序 ● 使用个人信息控制顾客 ● 社区概念的重要性	● 新的激励措施

资料来源：Amit & Zott，2001

Shafer 等（2005）则根据之前管理类杂志上有关商业模式的定义和构成要素进行了梳理，发现已有关于商业模式的定义包含了 42 种商业模式的构成元素，而且其中有一些元素反复出现，他们将出现了两次以上的元素进行了分类。分类结果显示了四种主要的类别：战略选择、价值创造、捕获价值和价值网络。这一结果如图 5-1 所示。

纵观商业模式的研究，商业模式构成研究总体上围绕着商业模式的价值创造这一核心线索。围绕这一核心，我们可以将商业模式分为三个层面：价值层、机会层和基础层。其中，价值层（目的层）所关注的是企业的价值创造、价值获取和收入来源等要素，这些要素是创业活动的核心目的。机会层（过程层）是商业模式所依托的创业机会的特征，商业模式实现创造价值和获取价值的途径就是积极开发创业机会，满足市场的需要。因此，创业机会的关键特征、市场和产品方面的特征，以及相应的开发措施将是这一层面的关键构成要素。基础层(前提面)则是企业实现价值创造的基础条件,包括企业的业务系统、内部管理、组织、价值网络、资源基础和能力等。

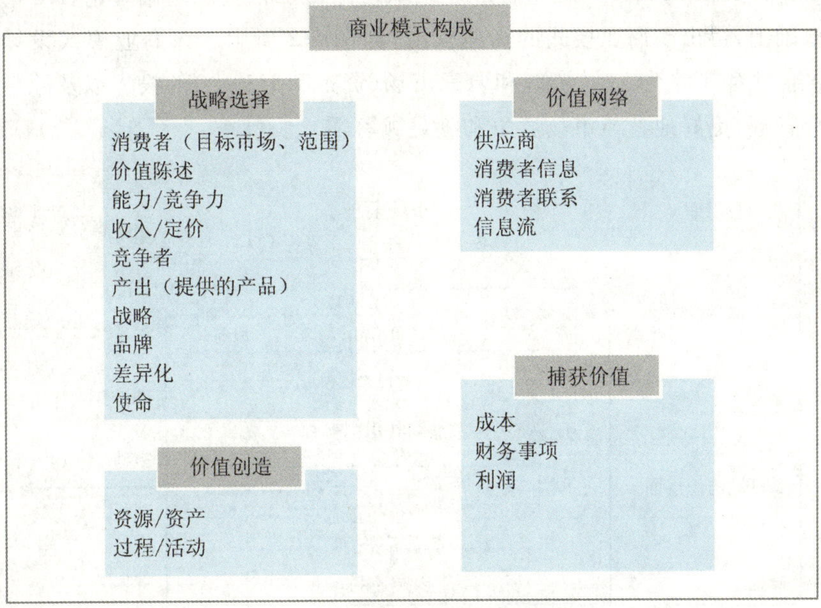

图 5-1 商业模式构成元素

因此,商业模式的构成要素也体现了创业机会的重要性。商业模式实质上可以看成创业机会边界的扩展,以及机会运作过程的实质化。

5.1.3 商业模式的设计

商业模式的设计是创业者需要重点考虑的一环,也是实现从创业机会到商业模式的关键环节。商业模式设计实际上是对商业模式构成要素的重组。

Morris 等(2005)认为,创业企业的商业模式设计应该考虑三个层次。首先,对商业模式的基本要素进行定义,这些基本要素包括企业的价值主张、客户、内部流程、公司赚钱的方式等。其次,对于商业模式的构成要素进行组合,也就是对前一阶段所涉及的不同要素进行组合,形成企业独特的创新模式,从而建立起在市场上的地位,并且能够抵御竞争对手的模仿。第三,在要素组合的基础上建立起企业的运行规则,也就是将要素组合以及创造价值的过程制度化,将其作为企业运行的指导原则,确保商业模式对于企业的长期指导作用。

Zott 和 Amit(2010)进一步从交易系统的视角论证了商业模式设计方案。他们认为商业模式设计应考虑两类因素：一类是商业模式的构成要素,包括组织交易活动的内容、结构和管理三个方面的设计;一类是商业模式系统设计的主题,包括创新(如采用新的活动、新的活动连接方式、管理活动的新方法等)、锁定(如提高转换成本、外部性等)、互补性(如各产品和服务之间、线上和线下、技术、各活动之间的互补等)和交易效率(如搜寻成本、选择范围、对称的信息、规模效应等)四个方面。该观点认为,商业模式设计的本质就是跨越组织的边界，整合中心企业、提供商、消费者和合作者，使其在系统内有目的地从事互补性的活动，从而创造价值、共享价值。

Hedman 和 Kalling(2003)在整合产业组织理论(I/O)、资源基础理论(RBV)和战略过程理论的基础上，得出了商业模式的构建模型，如图 5-2 所示。该商业模式设计模型的逻辑是：企业通过对其各类活动、资源和要素市场(资本和劳动力)的投入以及原料的供应等方面的综合管理，更好地参与市场竞争和满足顾客需求。

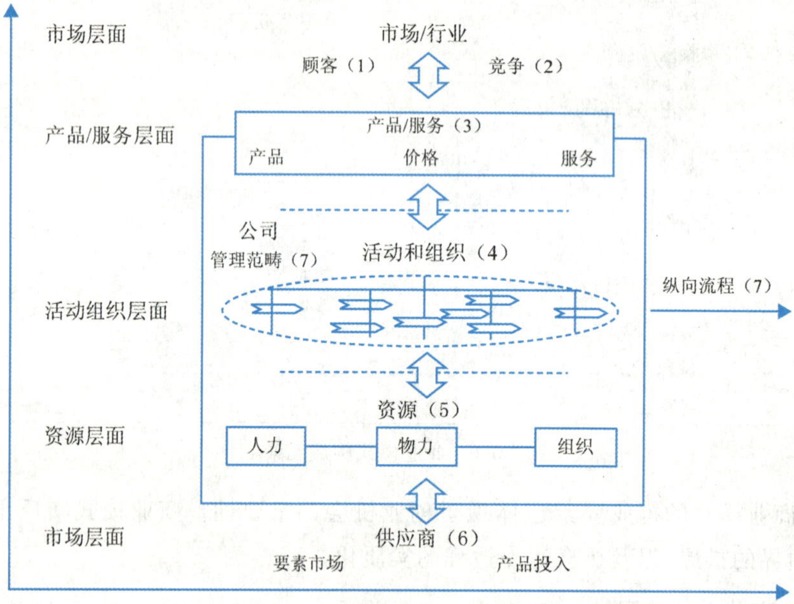

图 5-2　商业模式构建模型

资料来源：Hedman & Kalling,2003

我们认为，商业模式的设计同样应该落脚在创业机会的价值实现这一根本目的上。

首先，商业模式设计应当将创业机会的核心特征——产品特征和市场特征作为起点。商业模式不是凭空冒出来的。商业模式是对创业机会的持续开发直至形成可操作的行动方案。创业机会将是商业模式设计的起点。也就是说，在商业模式设计中，应当时刻关注创业者所面临的市场，以及所要提供的产品的潜在价值。脱离了创业机会的商业模式是创业者臆想的结果，也难以具备真正的市场价值。

其次，商业模式设计应当注重模式的系统性。商业模式不是对企业可能的盈利点的反复论证，而是建立在一个完整运作系统基础上的一整套方案。在商业模式中必须考虑众多利益相关方的价值所在。这需要创业者对创业项目的盈利模式背后的各个运作节点通盘考虑。所谓商业模式系统，是建立在创业机会基础上的、能够充分实现创业机会的系统解决方案。

第三，商业模式设计需要考虑到与环境和组织发展的动态适应性。创业机会本身也在不断的发展变化之中。基于创业机会所开发的商业模式也不可避免地面临内外部环境变化所带来的挑战。在商业模式设计中必须把探索和试错作为主要法则之一

(Sosna et al.,2010)。创业者需要根据环境和组织的变化不断探索和改善新的商业模式,并开发和强化改善后的商业模式,这一过程需要耗费较多的时间。

5.1.4 从商业模式到商业计划书

就创业活动的启动过程而言,商业模式的起点是创业机会,其终点则是商业计划书。从这个意义上看,商业计划书实际上是纸面上的商业模式。因此,商业模式的相关构成和特征,也通常要反映在商业计划中。我们将在下一节专门论述商业计划书与风险投资。

以创业机会为起点,从商业模式到商业计划书的过程中,创业机会的核心特征——市场特征和产品特征都贯穿其中。商业模式本身就是围绕市场特征和产品特征所形成的价值创造体系。商业计划书中,也需要把市场特征和产品特征作为核心内容。所以在商业计划书中,创业者通常需要使用大量篇幅来论证项目的市场定位和产品开发。不过随着创意开发、创业机会识别、商业模式构建、商业计划书撰写这一过程的推进,创业机会的市场和产品特征将不断具体化。特别是在商业计划书撰写阶段,由于创业者需要向他人展示创业机会的价值,他们将通过数据和逻辑推理来证明创业机会的市场是有利的,产品是符合客户需求的。因此,借助创业计划书,创业者将会重新审视创业机会。创业机会与实质性企业的距离也更加接近。

从创业机会到最终商业计划书的过程中,创业机会识别和开发的边界在不断扩展。在最初的创意和潜在创业机会阶段,创业者的机会识别更多的是借助信息搜索整理以及自身过去的经验。机会识别和开发的边界仅仅局限于机会市场和产品特征。商业模式是建立在创业机会基础上的系统整体,尽管在开发阶段,它仍然围绕创业机会的市场/产品特征,但创业者如何通过组织设计和模式创新实现创业机会的方式和手段已经成为重点。这就使得机会识别和开发的边界拓展到了以系统为单位的组织活动。商业计划书撰写则是上述过程的进一步深化,并且通过财务数据的分析以证明商业模式的现实可行性。因此,在商业计划书撰写中,机会识别和开发的边界拓展到了(虚拟)企业的整个运行范围。

商业模式构建和商业计划书撰写的过程也将会反过来作用于创业机会本身。特别是在商业计划书的撰写过程中,创业者从企业运行的真正情境中反思创业机会的市场和产品特征,这相当于是对创业机会的一次模拟。创业者很有可能发现之前所识别的机会存在一些问题,有时候,这种问题甚至是致命的。此时,创业者必须重新回到创业机会识别的最初阶段,反思对于创业机会的设定是否有误。这一过程对于创业活动的推进是有利的。从这个意义上看,商业计划书撰写是不可或缺的。

5.2 商业计划书与风险投资

5.2.1 商业计划书的必要性

商业计划书是有关创业活动的计划。很多企业在成立之后也会撰写商业计划书,不过一般认为商业计划书主要是服务于尚未创办企业的创业者的,特别是在他们想要从外部获得融资的时候。从概念上看,商业计划书是一个书面的正式文件,它描述了创业企业

(创业团队)目前的情况以及对未来的预期(Honig & Karlsson,2004)。它包含了创业活动推进的各个环节的细节,也包含了有关创业活动未来成长空间的理性预测。

在创业活动的实施过程中,商业计划书的撰写是在创业之前最被广泛关注的计划活动。商业计划书对于创业活动的重要性已经被很多教材和文章所认可(Timmons,1999;Kuratko & Hodgetts,2001)。撰写商业计划书也被很多学者认为是创业的重要准备工作之一,大量的书籍在反复论证如何撰写商业计划书。2002 年的一项研究数据表明全球每年大概产生 1000 万份商业计划书(Gumpert,2002)。考虑到创业活动和全球化的飞速发展,今天这个数据应当远远高于 1000 万份。不过,也有一些学者认为撰写商业计划书并不是必需的,实践中也有很多企业并没有撰写商业计划书。因为商业计划书不同于一般的生产经营计划或组织计划,创业者需要花费很多时间和金钱来撰写商业计划书,这使得有关商业计划书的必要性需要重新论证。

首先,商业计划书的主要功能在于帮助创业者获得外部资源。尽管商业计划书对于创业活动绩效改善的影响并没有得到学术方面的充分支持(Delmar & Shane,2004)。不过,我们认为,商业计划书并不是直接作用于创业活动的绩效环节的。事实上,对于一般组织来说,本身就很难把计划活动与组织绩效相挂钩。但是,在获取资源方面,商业计划书的角色是不可替代的。在融资活动中,外部投资者——不论是天使投资人还是风险投资机构——都需要商业计划书作为评判的依据。他们对于创业活动的第一印象,来自于商业计划书所传递的信息。对于有投资意向的创业项目,他们会进一步深刻地阅读商业计划书,寻找企业的商业逻辑。除了商业机构,政府部门在支持创业活动时也需要商业计划书。因为他们的支持行动也需要一定的依据,支持活动的效果也需要考核。在这种情况下,没有比商业计划书更具有可评价的判断依据。因此,就商业计划书的主要功能而言,创业者在获取外部资源的时候,商业计划书是必不可少的。

其次,商业计划书是创业者证明自身合法性的有效信号之一。Stinchcombe(1965)指出,年轻的企业有高度的失败倾向,因为创业者以及相关组织成员不能迅速地适应自己的角色,同时这些组织缺乏相关的经营记录,与外部的供应商以及购买者的联系也尚未建立,他把这种生存困境叫作新生者的不利条件(liability of newness)。新生者的不利条件在大量的研究中得到支持(Carrol & Delacroix,1982;Freeman et al.,1983;Singh et al.,1986)。这一不利条件是创业活动所固有的。不过,通过撰写商业计划书,创业者能够改善外部利益相关方对于自身的认知。商业计划书中呈现的数据分析和逻辑推理能够从理性的角度证明创业活动的价值。因此,商业计划书有助于帮助创业者建立市场上的合法性(legitimacy),从而在一定程度上克服新生者的不利条件。

第三,商业计划书是商业模式的书面呈现方式,也有助于创业者用更为理性和客观的方式推演创业活动的可行性,从而提升创业活动的生存可能。商业计划书与商业模式是一脉相承的。商业计划书所陈列的市场、产品、团队、运营等方面的内容,源自于创业者对商业模式的反复思考和分析。商业模式中所涉及的方方面面都要体现在商业计划书中。由于商业计划书的撰写通常是正规的计划过程,这实际上相当于对商业模式进行了一次检验。特别是商业计划书中要涉及大量的财务数据和财务指标，这些数据的分析结果也就是商业模式的运行效果预测。因此，商业计划书的撰写是商业模式分析的预演。创业者可以依赖这一计划过程对商业模式进行反思，查找其不足，并加以完善。

5.2.2 商业计划书的构成要素

作为融资的重要工具，商业计划书一般而言具备几个特定的构成要素。这些构成要素形成了投资者的评判依据。而且，它们实际上也就是商业模式的主要构成。

表 5-2 列举了投资者在评价商业计划书时所关注的指标。

表 5-2 商业计划书的评价指标

指　标	描　述
创业者/管理团队	创业者和团队成员的背景、经历、业务记录，他们的个人品质(例如，奉献精神和热情)，管理团队的技能/职能范围
战略	企业的总体运营和战略
运营(企业各职能的实践)	企业如何组织各职能以生产和销售产品(与生产过程相关的各项事宜)
产品/服务	产品/服务的属性，也就是它的概念设定、独特性、辨别度。它同时也包括产品/服务的质量、规格和性能、外观、款式和美学风格、人体工程学特征、功能和灵活性。
市场	市场的潜力和成长性、已经显示出来的市场需求、竞争特征/水平，以及进入门槛
财务事项	包括：(1) 企业的财务结构(也就是成本和定价、收入来源和财务预测)；(2) 企业股份/资产的价值；(3) 可能的回报率和可行的退出策略
与投资者的匹配度	包括：(1)投资者的背景、技能，以及行业、市场、技术等方面的知识与投资机会之间的关系；(2)投资者的偏好(也就是说这个项目是否属于投资者想要进入的行业或市场)
商业计划书	商业计划书本身的整体内容
其他	上面的分类中所不包含的任何内容

资料来源：Mason & Stark，2004

虽然上述内容是商业计划书的必要构成，不过，不同投资者对于不同要素的权重不同。这是由他们的企业背景和管理活动特征所决定的。在审核商业计划书时，他们会从不同的视角来评测商业计划书，和创业者面谈时所问的问题也不同。Mason 和 Stark (2004)的研究结果显示，银行在决定是否投资时，主要考虑财务方面的指标，它们较少地考虑创业者的能力或者机会的特征；风险投资机构同样关注财务方面的指标，同时也会重点考虑创业团队和市场方面的特征；天使投资人的考虑重点与风险投资机构相似，不过，相对于风险投资机构，他们会更关注创业者或创业团队，而且会更加考虑创业项目与自身的匹配度。因此，创业者必须根据他们搜索的融资对象来定制他们的商业计划书。

在获得资源方面，商业计划书的读者还可能包括外部的供应商、分销商、主要客户、董事会成员、外部咨询机构、会计服务机构等，他们在阅读商业计划书时的重点也不同。

除了上述要素，决定商业计划书成败的因素是多样化的。近年来有两篇文献提出了一些新的注意事项。

Chen(2009)的研究发现创业者对于商业计划书的展示非常重要，尤其是他们在展示过程中所呈现出来的热情与准备程度(passion and preparedness)。热情洋溢的创业者将会展示出强烈的正面情绪，他们使用口头语言(例如"我对于我们拥有的机会非常激动")和肢体语言(例如丰富的面部表情)来表达他们对于创业活动的信心和投入。准备充分的创业者则会在商业计划书中详细地论证有关市场需求、市场定位、竞争状况、期望收入等项目的内容，并且能够很好地回答投资者提出的问题，并且提出创造性的解决方案。Chen认为，这两类因素对于投资者的决策有着积极的作用。

Chan和Park(2015)的研究则发现商业计划书中的产品图像和颜色将会影响投资者的投资筛选决策。因为图像是容易感知、难以忘记、影响显著的，投资者更可能想起那些提供了产品图像的项目。不仅如此，他们进一步探讨了红色和蓝色这两种颜色的不同影响：红色往往与危险和警告相联系，会导致投资者更加警惕，更注意投资的风险规避，更认真地评价项目的细节，所以红色会负面地影响筛选决策；相反，蓝色则往往与安全、宁静等含义相连，它可能会诱发投资者探索性和风险承担的行为，投资者把企业与创业的盈利联系在一起，这将使投资者更愿意提供正面的投资评价。

5.2.3 风险投资的决策因素和增值服务

因为大部分创业者是通过风险投资来融资的，这意味着商业计划书大多数是面向风险投资的。这里我们主要针对风险投资的决策特征进行进一步的探讨。

顾名思义，风险资本的主要特征在于其投资的风险。这种风险本质上来自于创业活动所固有的属性。这些风险因素也是商业计划书中所必须重点陈述的。MacMillan等(1986)的研究表示，企业家的经验和个人特质是风险投资者评估风险的重要参考因素。他认为业务计划能够明晰产品、服务、市场和竞争状况，但是这些影响是显而易见的，虽然重要，但并不充分，被投资企业的管理者才是最终决定这些资金用途的人，因此，企业家的持久力、后劲、对风险的反应和对目标市场的了解程度才是至关重要的参考因素。在1987年的后续研究中，MacMillan等(1987)进一步总结了评价风险投资中投资风险的四个参考要素，即创业团队的特点、产品或服务的特点、目标市场的特点和预测的财务特征等。

Kaplan和Strömberg(2004)认为应该将风险投资决策的影响因素分成两大类：内部因素和外部因素。内部因素考察的是管理的质量(经验、能力等)、被投资企业以往的表现(财务状况、经营状况)、资金风险和其他投资者的影响等。内部风险主要来源于管理方面，其中对CEO等高层领导者的分析尤为重要。外部因素考察的主要是市场规模、竞争、客户、金融市场和退出条件等因素。外部风险来源的影响由大到小分别是竞争、市场规模、顾客接受的风险和退出风险等。

Tyebjee和Bruno(1984)通过对美国90家风险投资公司的调查，确定了影响投资者决策的五类共17个主要因素，这些因素包括：市场吸引力(市场规模、市场需求、市场增长潜力和进入市场的渠道)，产品差异度(产品唯一性、技术能力、利润边际和产品专利化程度)，管理能力(管理技能、市场营销能力、财务技能和企业家风范)，对环境威胁的抵制能力(防止竞争者进入的能力、防止产品老化的能力、风险防范的能力和经济周期的抵制能力)，以及套现的潜力(未来通过合并、收购或公开发行实现资本收益的可能性)。该观点综合预期风险和收益两个方面，能够较全面准确地对投资决策进行评价。

从风险投资的投资过程来看，这一过程总体上已经趋于稳定。早期的 Tyebjee 和 Bruno (1984)模型认为风险投资决策过程包括连续的五个步骤：①发起：将一项交易纳入未来投资的考虑范围；②处理筛选：划定重点决策变量，对限定的少数几个可控的项目进行深入评价；③交易评估：对感知风险和预期收益的评估，并决定是否进行投资决策；④交易的结构化：对交易价格的谈判，即对投资者可获得的股权和限制投资者风险的契约进行谈判；⑤投资后管理：协助创业企业招聘高管、战略规划、定位和扩大融资、兼并、收购或公开发售。

Fried 和 Hisrich(1994)的模型则包括交易发起、风险资本公司特定筛选、一般筛选、第一阶段评估、第二阶段评估、结束等六个阶段。如图 5-3 所示。

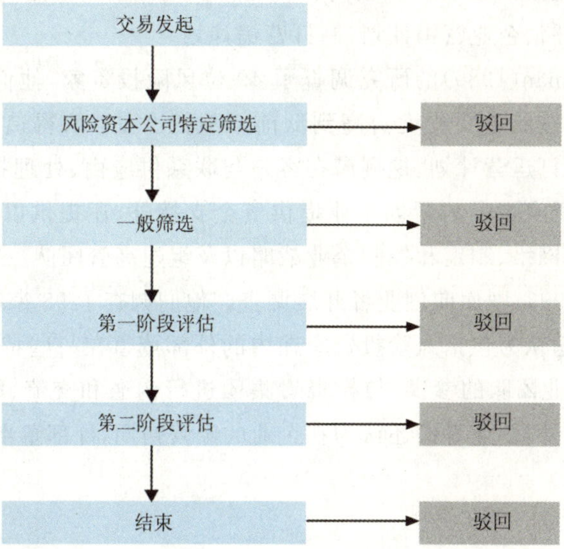

图 5-3　风险投资抉择模型

Fried 和 Hisrich 所界定的特定筛选阶段类似于 Tyebjee 和 Bruno(1984)前人提出的项目的筛选阶段，但是他们认为在该筛选过程中，还会有大部分的提案被快速否定。为了体现这一特征，他们加入了一个新的筛选阶段——一般筛选阶段，即通过分析风险投资企业中有关提案的资料和被投资公司的商业计划，进一步筛选出不符合投资标准的提案。另外，在评估阶段，Fried 和 Hisrich 也做了一定的变化：他们将评估阶段分成了两个环节，第一阶段的评估目标是确定交易是否有巨大的潜在利益，第二阶段评估的目标则是确定投资过程的障碍是什么，如何克服这些障碍。不过，Fried 和 Hisrich 研究的风险投资决策模型的结束点在于投资交易的完成，而没有涉及后续的风险投资撤回方面。

风险投资不仅为创业项目带来急需的资金资源，他们还会积极地参与新创企业的战略制定过程。有时候他们也会利用自身的信誉为新创企业招募高级管理人才，组建高层管理团队。这些活动被称为风险投资的增值服务。具体而言，风险投资的增值服务是指风险投资在投资之后，为创业者和新创企业在人力资源、财务、法律、营销等方面提供的一系列服务，这些服务有些仅通过管理咨询即可完成，有些则需要通过不同程度的管理介入。增值服务被认为是风险投资区别于其他投资的典型特征，一些研究甚至发现，风险投资机构的高级合伙人将60%的时间用于提供增值服务（Gorman & Sahlman，1989）。

MacMillan等（1989）在1986—1987两年间对62名风险投资家进行了调查，发现风险投资家参与新创企业的运营活动可以分为20项，其中7项活动与企业日常生产运营相关，5项活动与企业人力资源管理相关，4项活动与企业财务管理相关，此外，其他类型的活动还包括参与战略制定、处理企业危机等。MacMillan等进一步研究了这些活动的出现频率，其中，排在前5位的活动依次是：担任高管团队的参谋、获取权益投资的替代资源、与投资者团队进行沟通与交流、监督与控制财务绩效、获取债务融资的资源。最不常参与的6项活动则包括：挑选生产设备和供应商、开发新技术、开发新产品与服务、与客户和分销商进行沟通、测试和评估企业营销计划、制订营销计划。

Gorman和Sahlman（1989）的研究调查了49位风险投资家，他们发现风险投资对于新创企业的增值服务按照重要程度由高到低前6项依次是：取得追加融资、进行战略规划、聘用管理团队、制订运营计划、挖掘潜在客户与联系供应商、处理报酬问题。在此基础上，他们认为风险投资家除了向新创企业提供资金支持外，还提供以下三种重要的服务：创建与维护企业关系网络、制定和控制企业战略以及组建高管团队。

Rosenstein等（1993）则面向创业者开展调查。他们调查了98家新创企业的首席执行官，发现创业者们普遍认为包括风险投资家在内的外部董事在一些特定领域帮助最大，这些领域包括：担任创业团队的参谋、与投资者集团进行沟通和交流、聘请或者解雇CEO、应对短期危机等。此外，创业者们还认为在企业的经营初期，外部董事的帮助更大。

5.3 市场开发计划

市场开发是商业模式中的重要构成，也是商业计划书中的重要构成。创业者需要决定如何有效进入市场并且在市场上打开局面。这是创业活动中最重要的准备工作之一。在市场开发计划方面，无论是商业模式构建还是商业计划书撰写，需要完成的内容包括市场信息搜集和市场营销策略两个方面。

5.3.1 市场信息搜集

市场信息是与企业现在和潜在的外部利益相关方相关的信息（Kawakami et al.，2012）。它包含了但不限于关于消费者、竞争者、供应商的数据以及影响上述利益相关行为的因素（Kohli & Jaworski，1990；Moorman，1995；Parry & Song，2010）。市场信息搜集是创业者成功进入目标市场，并且有效应对外部竞争的必要手段。创业者不能凭借假想的目标市场特征来制定创业活动的市场开发策略。不过这一点在创业中却常常发生。很多创业者对自己的创业点子或是产品技术非常乐观，他们忽视了来自于市场的真实反应，从而使得创业活动耗费大量资源却没有实现应有的目标。

Spohn(2004)的研究提出了一个有关市场信息、市场行为和绩效的分析框架。这一框架为理解市场信息在创业活动中的作用提供了一个整体性的理论基础。如图5-4所示。

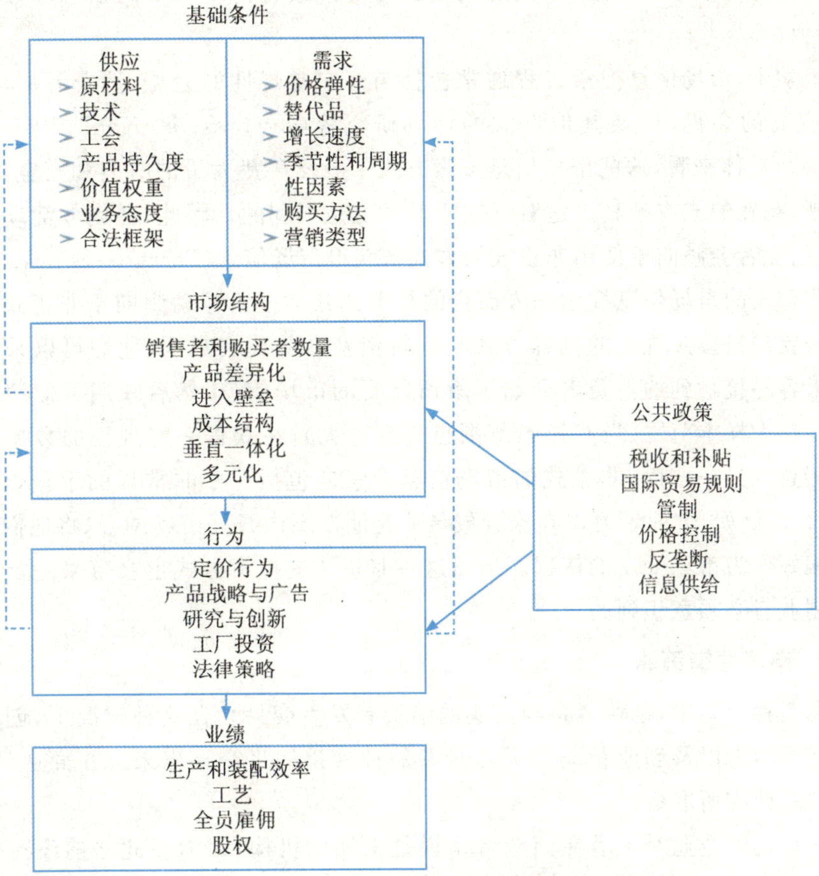

图 5-4 市场信息和市场行为的逻辑框架

根据 Spohn 的分析框架，在创业前，创业者所要获取的市场信息大致分为三个方面：

政策环境。行业的成长潜力，以及行业内部主要参与者的运行规律都必须遵循政策的总体框架。政府所设置的税收、管制、优惠、激励等政策会直接影响行业的成长空间，也进一步限定或提升了创业者的进入机会。

供应和需求要素。供应和需求是产业链上最直接的相关环节。创业者在进入市场前，必须了解供应和需求方面的运行特征。创业者首先需要在供应和需求方面获取必要的资源才能够创办企业。在供应或需求方面如果有过于强大的力量都不利于创业活动的开展。

市场结构。市场结构的内容将涉及除了供应和需求之外的更多的利益相关方和市场运行规则。市场结构是否有利于创业活动的发展也是创业者需要理性分析的。一个发展成熟、竞争力强的行业市场是创业者需要规避的。

上述三个方面的因素将对创业者的行动产生影响，并且最终造成企业的绩效差异。

市场信息搜索是创业者获得市场信息的过程。因为创业者要进入的往往是一个较狭小的市场。这个市场尚处于成长阶段，也没有太多的现成公开数据或资料可以为创业者的市场开发活动提供参考。在这种情况下，为了组建商业模式或是撰写商业计划书，创业者通常需要自行搜索市场信息。而且，通过自身的搜索行为所获得的信息和数据也更准确，更有价值。

在营销学中，市场信息搜索过程通常包括与客户常规性的会见、消费者抽样调查、与渠道和供应商的会见，以及其他形式的市场研究等(Jaworski & Kohli，1993；Parry & Song，2010)。总体来看，这些市场信息搜索方式一般要耗费大量的时间和资金，而且搜索方式越正规，耗费的成本越高。这对于创业者来说是不利的。因此，在创业活动的市场信息搜索中，创业者会倾向于使用非正式的方式来获得市场信息(Parry & Song，2010)。

所谓非正式的市场信息搜索一方面指的是上述几类搜索行动倾向于非正式化，例如，创业者不需要严格按照规范的抽样方式来获得消费者的代表数据，他们可以采用滚雪球的方式从最容易接触到的消费者开始了解所需要的市场信息，然后采用类似滚雪球的方式来进一步扩大样本范围(当然样本范围也不宜过大)，在获得一定规模的数据和信息之后就终止调查。另一方面，非正式的市场信息搜索还包括一些非常规的手段(Kawakami et al.，2012)。例如，创业者可以在家族成员或是朋友圈内开展市场调查，将他们的消费倾向和口味偏好作为市场开发的依据。当然这些非正式的搜索方式也会带来一定的调查误差。这是创业者必须意识到的。

5.3.2 市场营销策略

在市场营销活动中，创业者将与真实的消费者发生交易。在这种情况下，创业者所面临的真实市场压力以及创业行动所天然具备的种种挑战将突显出来。在商业计划书中，创业者必须对此有所准备。

新进入市场的企业对于潜在消费者来说是未知的机构，因为在此之前没有它们的经营记录。这通常意味着新创企业缺乏必要的可信任度，也就很难获得客户。这是创业者在市场进入方面的首要障碍。除了难以获得客户以外，新创企业与市场中的其他组织机构也难以建立稳定的联系。由于缺乏稳定的经营记录和充分的市场认可度，在很多行业，与供应商、渠道商，以及其他群体建立联系非常困难。这增加了企业在市场上经营的成本。同时，也使得企业在市场竞争方面天然地处于下风。

新创企业的营销面临着严重的资源限制。营销推广往往是与高额的资金投入相关联的。大型企业动辄一掷千金用于推广活动。刚刚进入市场的创业者基本上不可能实施类似的营销手段。这就限制了他们能够应用的营销策略。这同时也意味着在很多情况下，新创企业不可能与已经在市场上经营多年的同行直接竞争。当然，除了资金资源以外，创业活动也缺乏各类人力、物质、技能，这都使得创业活动的营销策略面临着种种限制。

创业活动所要面向的市场往往伴随着高度的不确定性和动态性。这种市场往往伴随着有潜力的发展机会,不过经营风险也很高。在不确定性高的环境中,之前创业者所搜集的市场信息会很快失效,也许会有实力强大的竞争者突然进入。在这样的市场环境中执行营销推广具备很大的难度。而且,由于新创企业的资源较少,这使得创业者在市场上的试错成本较高。这也限制了创业的营销推广活动。

基于上述几点,创业的营销活动与传统大型企业的营销活动有很大差异,甚至可以认为是对传统市场惯例的挑战(Morris et al.,2002)。创业者必须立足于较小的细分市场,所施展的营销策略是机会导向的(Hallbäck & Gabrielsson,2013)。由于规模所限,他们不能实现营销活动方面的规模经济和范围经济,创业者需要高度的效率来实施营销活动。

为了表明创业者的市场开发是强有力的,在商业计划书中,创业者需要重点论述的内容包括市场进入方式和市场营销措施。

(1) 市场进入方式

市场进入是创业者面向消费者提供产品/服务的起点,也是创业者将之前的准备工作与后续市场推广行为联系在一起的桥梁。在特定的市场进入战略下,创业者所选择的目标市场决定了企业未来持续发展的战略基础。因此,市场进入代表了创业过程中的一个里程碑(Gruber,2004)。

在创业活动中,市场进入通常有两种含义,其一是创业者要进入的目标市场界定,其二是创业者的进入时机。对于创业者要选择的目标市场,一般来说,创业者所要进入的市场应当尽可能狭小,在这样的市场上,创业者更能够尽快打开市场获得利润(Romanelli,1989)。不过由于新创企业本身缺乏充裕的市场知识,因此很难清晰地界定目标市场的边界。他们常常会试图获得更多的潜在用户,并且提供更多的产品。但是这样常常会使得企业难以实现强有力的进入——他们的力量被分散,对于真正的目标客户缺乏有效而精准的销售攻势。因此,积极采纳传统营销书籍中的市场细分策略是有效的。即使创业者暂时不能找到有效的细分市场,按照传统营销的观点,从地理、年龄、职业等方面强制市场细分也能够在一定程度上达到效果。

在进入时机方面,通常认为率先进入市场的将会享受到先进入者的优势,企业可以领先其他竞争者建立起市场的认可度,由于没有其他的竞争对手,企业的推广成本也能够限定在一定范围之内。不过先进入者的风险也会很高,因为市场很可能没达到预期的成长性,也可能遭遇后进入者的强力竞争。这一点对于创业活动来说尤其明显,因为创业者对于市场的信息和知识是亏缺的,他们进入市场的选择往往带有一定的盲目性。因为新的产品(服务),或者新的产业并没有现成的经验教训可以参考,先期的巨额投资一旦无法回收,对新创企业的打击将是致命的。因此对于创业活动,选择适当的进入时机是必要的(Shepherd et al.,2000;Levesque & Shepherd,2002)。

Karakaya 和 Stahl(1989)通过文献综述,识别了19类市场进入障碍以及它们的阻碍机制,这些因素可以成为创业者考虑市场进入时的主要影响因素。

➢ 在位者的成本优势。最主要的进入障碍之一，通常与规模经济和学习曲线有关。

➢ 在位者的产品差异化。由于先进入市场，在位者拥有品牌的认可度和消费者的忠诚度。

➢ 资本需求。一些资本密集型行业需要大量资本投入。

➢ 消费者转换成本。转换成本阻止了购买者改变供应商，技术变化常常提升或降低这一成本。

➢ 所能接触到的渠道。先进入者往往会限制潜在进入者与渠道接触。

➢ 政府政策。政府的许可证、准入机制等会限制行业的规模。

➢ 广告。现有企业的高强度广告会提升进入成本、影响品牌忠诚度和企业规模经济。

➢ 竞争者数量。当行业内出现合并时市场进入更为可行。

➢ 研究与开发。研发投入会提升技术的规模经济，促使行业演化发展，进而阻止新企业进入。

➢ 价格。价格冲突将会显著影响进入。

➢ 技术与技术变革。高技术行业的技术变革将会提升或降低规模经济，形成企业的成本优势。

➢ 市场集中度。市场集中度对于市场进入的影响相对并不强。

➢ 销售者集中度。销售者集中度将会提升进入壁垒。

➢ 分级管理体制。仅仅出现在一些垄断行业，在位者可以通过建立新分支机构来阻止新进入者。

➢ 品牌与商标。来自现有企业的品牌和商标的影响，一般较微弱。

➢ 沉没成本。沉没成本将会带来资源的耗费和无效率性。

➢ 销售费用。需求函数的变化将会带来新进入者的努力无效。

➢ 在位者的反应。在位者将会影响新进入者对于进入之后在位者的反应预期。

➢ 拥有战略性的原材料资源。这将会提升企业的绝对竞争优势。

(2) 市场营销措施

传统营销研究认为企业的营销绩效仅仅是公司产品或项目的特征的函数，同时更是企业通过一系列精心编排的活动与消费者交互的结果。这意味着营销活动的开展具备多元化的手段，不仅仅是消费者，市场上存在的多样化利益相关者都会参与企业的营销过程。在创业营销活动中，这一点同样存在。不过，由于新创企业的资源严重匮乏，需要更为创造性的营销方案(Atuahene-Gima & Li,2004)。作为新进入者，创业者所提供的新营销方案需要更多的时间和资源以教育客户，同时要应对在位者可能的激烈反应，这使得创业者的营销活动挑战远远高于传统企业。

对于创业者来说，存在三类可行的营销策略：首先，对于竞争对手的模仿战略。这是针对市场中的追随者而言的。如果创业者是率先进入市场的先行者，则没有太多的在位者可以模仿。对于竞争对手的模仿主要体现在产品设计和营销推广方面。创业者可以模仿竞争对手的产品属性，这样会降低一些研发费用；创业者也可以选择和竞争对手类似的广告和推销方式，因为类似的方式已经被证明有效。通过积极模仿早期的进入者，新创企业可以降低与产品和销售相关的成本。

其次，利用合作和联系进行市场推广。这一观点在创业营销领域被广泛接受(Stokes, 2000；Wallnöfer & Hacklin, 2013)。当然，对于创业行动来说，在进入市场的最初阶段就寻求和业内知名企业或组织的合作是不现实的。创业营销研究大多强调创业者在个人层面的联系。这些个体可能是创业者在创业前就认识的，或是不用耗费较多成本就可以产生合作联系的。通过他们，创业者可以较容易地建立起早期的市场认可度。基于个体的信任的建立也很容易转化为消费者对于整个企业的信任。

第三，采用按部就班(step-by-step)的营销行动。所谓按部就班，意味着创业者不用一开始就采用积极的进攻姿态，这样可以避开与其他企业的直接竞争。创业者可以先选择一个较狭小的市场进行营销推广，在成本可控的情况下获得一定的现金流，而后用赚取的利润投入进一步的营销活动。这样一步一步扩大营销活动的范围和力度。Gruber(2004)对于已有研究中的三个主要的创业营销阶段模型进行了总结，如表 5-3 所示。

表 5-3 创业者的营销阶段特征

模型	阶段 1	阶段 2	阶段 3	阶段 4
Tyebjee et al. (1983)	创业型营销：将产品销售给朋友和有联系的人，获得市场上的可信度，组织实施灵活的营销策略，主要关注利基市场	机会型营销：获得产品经济性，提升销售规模，开始进行销售管理，实施市场渗透策略	反应型营销：实现外部营销沟通以及内部沟通，积极跟踪消费者满意度，寻找进一步的市场/产品开发策略来加强企业成长	多样型营销：在公司层面出现营销职能，形成营销方面的专业化技能，进行产品生命周期和产品组合管理，寻找新的成长机会
Carson (1985)	初始的营销活动：寻找第一个客户，基于个人的联系、产品的质量和功能，产品价格和销售方式很重要，以原始方式销售，口口相传	反应式的销售：来自陌生人的问询增加，需要更多正式的信息，企业对外部的问询做出应对，需要营销的专业技能	自我开发的营销方法：创业者仍需要亲自销售；营销活动中包含了间歇的和不连续的主动开发；营销活动总体上不平衡	整合的积极营销：朝着专业的营销演进，营销实践被整合在一起，有全职的营销人员或咨询师
Boag (1987)	寻找一些销售：组织会议，非正式的营销结构，企业文化倡导工程师的文化，没有战略或任务计划，没有业绩指标，没有评价/奖励过程	创造优秀的销售：正式的销售部门，没有战略计划，不完善的产品/销售预算，企业控制销售，没有评价/奖励过程	寻找有利的销售：营销部门在扩张；没有战略计划，但是有一份系统的任务计划，企业控制销售/利润，评价/奖励销售业绩	创造有利的销售：制度化的汇报程序，初步设定的战略计划，企业控制销售/利润，评价/奖励销售业绩

资料来源：Gruber, 2004

5.4 产品开发计划

产品开发同样是商业模式和商业计划书中的重要构成。这里的产品开发计划主要针对新产品开发。传统意义上的产品，是指那些由劳动创造的，具有使用价值和价值，并且能够满足人类需求的有形物品。不过，随着市场环境的不断发展变化、新技术的不断涌现，特别是互联网技术对于人类社会的不断改造，传统产品形态也在不断发展变化，甚至出现了一些虚拟的产品概念。在创业活动中，这些新型的产品概念尤其吸引了大量创业者和投资者的注意。

5.4.1 新产品开发的定义

在创业范畴探讨产品开发计划，存在不同的概念内涵。很多创业者所识别和开发的创业机会面向的是非常独特的市场需求，或是尚未满足的利基市场，他们并没有推出与现有产品存在较大差异的创新产品。对于这一类型的创业活动，商业计划书中有关产品开发的部分可以适当简略。不过，有相当一部分的创业者致力于为客户提供有特色、差异化的新产品，此时，新产品开发计划将是创业计划的重点。

有关新产品的定义目前存在多个视角。在较早期的研究中，Souder(1988)将新产品定义为企业之前从未生产、经营或者销售过的产品——不管这个产品现在是否存在于市场上。Rochford(1991)则从消费者角度出发，认为相对于其他产品，新产品是更能满足消费者欲望和新需求，并为之提供更好效用的创新组合。Song 和 Montoya-Weiss (1998)、Kleinschmidt 和 Cooper(1991)从市场视角出发将新产品分为真正新产品(really new product)和渐进式新产品(incremental product)。真正新产品是技术上在所处产业中从未被用过，且很有可能造成产业冲击或产业转变的全新产品；渐进式新产品则是指对现有产品的改进、精炼或强化。Kotler 等(1991)和 Trott(1998)从产品本身属性的视角出发，认为只要品质、价格、技术、品牌、特征等产品属性中的任意一项发生变化，这一产品就是新产品。

虽然上述定义角度不同，不过从创业活动的实践来看，一般而言，可以将新产品的定义分为狭义和广义两类：狭义的新产品是那些从未在市场上出现过的产品；广义的新产品则包括了采用新技术、新构想、新设计、新材料、有新的结构和功能、技术达到领先水平、生产经营情况可靠、有经济效益的产品。

新产品的开发对于创业活动的发展起到了举足轻重的作用。因为在创业机会识别乃至商业模式开发阶段，有关产品的设计都还只是概念上的论证。只有通过实质性的产品开发活动获得真实可靠的产品，创业者才能够从中获得极大的竞争优势和利润(Kline & Fain,2001)。新产品开发是一个集产品规划、概念生成、系统设计、细部设计、测试和修改、规模生产等步骤于一体的全范围控制与管理过程。这一过程实际上反映了创业者对创业机会的重新审视，进而创造产品雏形直至导入市场的系列过程(Baker et al.,1988)。

5.4.2 新产品开发策略

虽然新产品可能会给创业者带来巨大的成功和丰厚的利益，不过新产品本身具备巨大风险，一旦新产品开发失败将会为创业活动带来巨大损失。很多创业者在撰写商业计划书时，新产品开发还处于较初期的发展阶段。相对于在企业内部发生的新产品开发活动，创业行动中的新产品开发风险更高。因此，为了有效推进新产品开发，同时也是为了增强商业计划书的说服力，创业者有必要在商业计划书中阐明可行的新产品开发策略。

(1) 新产品开发与创业战略

新产品开发首先要服从于创业行动的总体战略。这是因为，首先，创业行动的战略决定了创业资源的分配。如果创业者在创业初期把经营重点放在了市场开拓方面，那么新产品开发的投入就会削弱。其次，新产品开发的进度需要与创业战略行动相匹配，尤其是不能够晚于战略行动的步伐，否则会影响创业目标的实现。战略对于新产品开发的指导性作用在一些研究中得到验证。Atuahene-Gima 和 Li(2004)通过对广东工业园 1000 家新技术企业的问卷调查与数据分析，发现企业战略决策会影响新产品绩效和产品质量，而且技术和需求的不确定性会调节两者间的关系。这里，战略决策周密是指组织在制定相关战略决策时的全面性与包容性程度；技术的不确定性是指企业的主营产业中，技术变革的感知速度和技术的不确定性程度；需求的不确定性是指顾客产品偏好变化和需求变化的感知速度和不可预测性程度。

(2) 新产品设计和成本

新产品开发往往伴随巨大的投入，这对于创业者来说是昂贵的。理性的创业行动必须考虑新产品的开发成本。在大公司内，新产品开发可以不计成本。而新创企业则必须把新产品开发的可能产出和巨额投资做一个平衡。这涉及新产品开发本身的范围界定和工作计划，同时也包括与新产品开发相关联的一些组织活动。Marion 和 Meyer(2011)提出应该将工业设计与成本工程应用到初创企业的新产品开发过程中以提升产品开发的效率和效果。工业设计，即使用多功能团队和完备的市场规划建立竞争优势；成本工程，即一切以降低产品成本为目的的活动，如设计包装、供应链管理等。Marion 和 Meyer 指出，合并执行工业设计和成本工程两种方案时，会最大限度地减少新产品开发的时间和成本，但是，单独使用工业设计和成本工程中的任意一种方法都会降低新产品开发的效率。

(3) 与新产品开发相匹配的营销策略

产品开发和市场开发是相辅相成的。营销策略创新是指与新产品相关的营销策略与传统竞争战略的差异程度(Andrews & Smith，1996；Hambrick et al.，1996；Sethi et al.，2001)，比如使用新设计的包装、新的分销方法和渠道、新的广告媒体、巧妙的定价和付款方式等。Atuahene-Gima 等(2006)发现营销策略创新会影响新产品开发绩效，高管团队的外部关系(行业内与行业间关系、与政府和金融组织的关系)和环境动态性(市场与技术的动态性)会调节两者间的关系。作者进一步强调，高管团队的行业间关系或市场动态性高时，营销策略创新与新产品开发绩效呈正相关，否则呈负相关；高管团队行业内关系、与金融组织的关系或技术动态性高时，营销策略创新与新产品开发绩效呈负相关。

在商业计划书中，上述内容形成了新产品开发的主要内容。如果有可能的话，在商业计划书中，应当将创业者已经开发的产品图片附在其中，以证明新产品开发的可行性。

5.4.3 新产品开发效果的影响因素

新产品开发过程受到众多内外部因素的影响，这也正是新产品开发带有高风险和高不确定性的原因。除了新产品开发的实施策略，在产品开发部分，创业者还需要说明的是，创业者已经能够有效应对这些因素，并且筹集了充分的资源以推进新产品开发过程。一般来说，影响新产品开发过程的因素包括：

技术。新产品开发进程归根结底是与创业者所拥有的技术密切相关的。创业者本人或者创业团队拥有新产品开发所必备的技术，则能够迅速推进新产品开发。除了新产品开发本身，创业者及创业团队的技术实力还能够进一步影响企业产品的市场表现，以及企业后续的成长能力。Millson 和 Wilemon(2008)根据 204 个美国的重型建筑设备、电子器械和医疗仪器行业的有效调查数据，采用统计方法检验了新产品开发技术熟练程度、新产品开发进入战略、产品质量和产品感知风险四者的关系。技术熟练程度是指新产品开发项目执行过程中组织的研发、设计以及制造水平。开发进入战略是指新产品开发人员独自或与其他组织协作去开发新产品时所使用的方法，包括内部开发、合资企业、合作伙伴和许可等。感知风险是指那些可能导致企业无法成功推出新产品，赚取预期收入的因素。研究表明，产品开发团队对竞争市场和需要的技术熟悉程度越高，最终产品的质量就会越好，产品的感知风险也会越小。

企业人力资源。企业的人力资源禀赋影响新产品的开发过程，尤其是以 CEO 和高层管理团队为代表的管理者，他们的管理能力以及所拥有的信息资源会左右企业产品开发发展轨迹。Deeds 等(2000)的实证分析发现，在商业研究机构中从事过管理工作的 CEO，他的研究与开发经验会增强其企业新产品开发能力，加大其新产品开发项目的成功机会。然而，高层管理团队中研发博士人员占比过大会增加产品开发项目失败的可能性。换句话说，在组织管理方面过分依赖技术人员不利于企业产品开发过程的顺利开展。这是由于组织的人力资本分配不当引发的，技术人员会重研发轻管理，所以将他们的能力从实验室中转移到公司治理上，效果往往适得其反。Atuahene-Gima 和 Murray (2007)的研究进一步证实了高管团队的社会资本会影响其开发与探索性学习效果和学习的积极性，进而影响企业新产品开发绩效。具体而言，社会资本结构维度中的权力变量会促使具有工程研发背景的高管成员进行有效开发与探索活动，进而提高企业新产品开发绩效；高管成员的行业内管理关系则有助于提高产品的开发绩效，行业间管理关系的情况与之相反；最后，高管团队社会资本的关系和感知维度与企业产品开发绩效呈正相关。

行业竞争程度。每个企业都或多或少地面对竞争对手的威胁，在创业活动中，行业竞争的影响尤其明显，因为创业者往往缺乏能够在竞争中制胜的资源。不过，行业竞争程度对新产品开发过程能力的影响存在不同的观点。Deeds 等(1997)认为高度竞争的市场环境加大了资源的稀缺性，因为企业对新产品开发所需资源的获取会变得尤为艰难，不利于产品开发绩效的提升。Jin 和 Li(2007)对 250 家三种所有制类型的制造企业(国有、合资/外企、私营)进行对比分析，发现竞争型的市场环境对企业新产品开发活动的成功没有阻碍作用，反而起到促进作用。那些来自发达国家的企业虽然有技术和管理方面的优势，但其市场领导地位对于本土企业也不是什么威慑，反而可以促进追随者通过学习外企先进的管理思想和技术来提高自身的科研能力。

企业外部环境。这里的外部环境特指创业活动的发生位置。在什么样的地理位置进行新产品开发是每一位致力于研究与开发的创业者不可回避的问题，也是一个尤为重要的战略决策。Deeds 等(1997)指出企业将地理位置选择在距离同行业其他公司较近的地方进行新产品开发，会受益于知识的溢出效应、供应商的专业服务、充足的人才供给，但是在此区域上激烈的资源竞争也是不可避免的，它会阻碍企业新产品开发能力的提高。所以既定地理位置上，同行业企业的密度与企业新产品开发能力存在倒 U 形关系。密度较低时，企业间的资源竞争相对较小，地理位置的优越性也越明显；密度较高时，既定区域资源分配负担过重导致企业新产品开发能力的降低。所以，对于研究型企业的管理者，地理位置的选择是一个需要慎重考虑的问题。

本章小结

本章从整体上完成了创业机会—商业模式—商业计划书这一逻辑过程的原理论述，并且进一步就商业计划书中的两大重要构成——市场开发计划和产品开发计划进行了专题讨论。从内容上看，本章的重点在于帮助读者理解创业者在识别创业机会、构建商业模式、撰写商业计划书的时候，所依据的核心线索。这将成为创业者在创业初期管理工作的重点。

本章思考题

1. 你认为商业模式的最核心模块是什么？为什么？

2. 传统行业，如纺织、制造、加工等行业，有可能通过商业模式创新实现行业转型吗？

3. 如果把商业计划书压缩到 3 页纸以内，你觉得应当如何撰写商业计划书？

案例分析

《人再囧途之泰囧》的票房神话——商业模式的视角

《人再囧途之泰囧》(简称《泰囧》)于 2012 年 12 月 12 日公映,上映仅仅 5 天票房就突破 3 亿元。截至 2013 年 1 月 12 日,该片票房突破 12 亿元,观影人次超过 3900 万,创下国产片最高票房。在票房飙升的同时,《泰囧》的出品公司光线传媒股价也飞速上升。12 月 12 日上映当日,光线传媒股价为 21.40 元,10 个交易日内股价飙涨至 28.30 元,15 个交易日累计上涨 64%。

《泰囧》的成功背后:机会在哪里

为什么《泰囧》在中国会这么火?它成功的模式是什么?首先,《泰囧》的出现,迎合了当时的市场需求,换而言之,它的市场机会非常好。

中国处于急剧变革期,现代人一般生活压力都很高,尤其是现代都市白领。他们通常面临着房子、娘子、车子、位子、票子、面子等问题——俗称"六子登科"。事业、生活、情感各方面的压力都在层层加码。在这些社会人群中,简单、直接的"快乐"需求非常旺盛。这种需求就是很多娱乐节目、网络视频之所以非常火的原因。除了这一大背景,《泰囧》所上映的 12 月份本身节日集中,各类节日的存在又进一步催生了人们对于快乐的需求。

电影对于现实有着强大的虚拟作用。电影是满足观赏人群压力释放、情绪调整的重要工具。不过长期以来,在喜剧方面,国内一直没有什么较出色的电影作品。真正能够打动人心,让观众发自内心笑起来的电影乏善可陈。大量挂着喜剧的标志所推出的影片实际上矫揉造作,不知所谓。前几年以冯小刚为代表所拍摄的一系列贺岁电影是国产喜剧影片的代表,这些电影所讲述的故事轻松简单、喜剧效果强。不过随着冯小刚涉足其他类型的电影,贺岁喜剧电影也越来越平庸。这就造就了一个非常巨大的需求缺口。

《泰囧》的产品设计

剧本是电影产品的核心价值。从剧本设定来看,《泰囧》是一个叙事简单、笑点明确的影片。《泰囧》的剧情设计遵循了传统的"开端——发展——高潮——结局"的单向简单结构。在故事的开端,徐朗和王宝因为不同的原因共同踏上了去泰国的路途;在发展阶段,因为种种原因,徐朗和王宝在泰国结伴同行,这一过程笑点迭出;在高潮阶段,徐朗找到了泰国的终点站,矛盾激发到最高点;在结局阶段,徐朗和王宝各自做出了选择,他们均实现了他们的真正目标。可以看出,这种叙事结构逻辑简单,观众无须琢磨其中的线索,这使得影片可以适合于不同层次背景的观众,各类人群都可以把它当成一个放松心情的媒介。事实上,大部分选择进影院观看《泰囧》的观众,就是奔着放松的目的去的,他们不需要说教式的灌输,不需要曲折复杂的情感纠葛,也不需要故作高深的哲学解读。从《泰囧》的反应效果来看,这种观众所占比例不低。

除了剧情简单,整个影片所流露的氛围也非常贴近现代社会普通人的心理。这也是影片本身能够打动观众的一个原因。在影片最终,徐朗的决定对于他是一个解脱,这种解脱也让观众松了一口气,内心得到了共鸣。《泰囧》散发着如今社会和互联网流行的"草根"气息,充满着幽默的自嘲意识,迎合了当前普通大众的心理,因此,这种影片理所当然应当受到欢迎。

《泰囧》的市场开发

2012年年底的贺岁档期间,《泰囧》同档期的主要竞争对手有《少年派的奇幻漂流》、《一九四二》、《王的盛宴》、《大上海》、《十二生肖》、《血滴子》等。《泰囧》最初定在12月21日上映,后来往前提了档期,提到12月12日。此时,《少年派的奇幻漂流》已放映三周,《一九四二》和《王的盛宴》放映两周,而《十二生肖》、《血滴子》和《大上海》一周后才上线。而且,《一九四二》和《王的盛宴》走的都是沉重的历史路线,在上映之后很快后劲不足。在没有其他喜剧片可以选择的情况下,很多影院自然就把最优的时间和场次都安排给了《泰囧》。因此,可以说,《泰囧》的档期选择使得它的市场表现占尽了先机。

《泰囧》的市场信息收集也非常有特色。出品公司光线传媒在全国80多个城市都有市场人员,他们主要负责与当地的影院建立较长期的联系。当影片上映之后他们就会去影院实际调查电影的排片情况以及影片的上座率。这些信息汇总到光线传媒总部之后就能够形成较为客观的市场数据。

在宣传方面,《泰囧》的宣传成本只有区区3000万元,为了提升营销效果,《泰囧》将资金使用到了最有效果的一些渠道。片方在国内3000多家影院、300列火车、300个大学校园、3000个药店医院、很多加油站、北京和广州的全线地铁、北京和其他城市的全线公交车、40个机场和4条空中航线,以及付费数字频道"新娱乐"都投放了影片广告。而且,除了片方自己的宣传渠道之外,他们还与100多个地方频道的民生节目合作,播放了《泰囧》的影片信息。

网络也是《泰囧》实施营销手段的平台。在上映之前,片方就在网上发布了与影片相关的观影手册11条、海报13款30张、创意类图片超百张、视频40支,全网播放超2亿次,这种密集的网络宣传为影片知名度的迅速传播提供了可能。《泰囧》还积极借助豆瓣、微博等网络平台拓展影片人气。因为随着互联网时代的到来,很多人在观看电影前一般都会关注网络评价才决定看还是不看。早在《泰囧》上映前一个月,片方就加强了网络水军的投入,他们在网络上人为推高影片分值,吸引更多的人去观看电影。影片上映之后,片方又积极地利用这些网络平台制造话题。影片中的精彩片段、台词以及观众的正面评价在各个论坛上被反复推送。这也极大提升了观众对于《泰囧》的兴趣,让更多的人走进影院观看。

《泰囧》的人员支持

《泰囧》虽然仅仅是一部小制作的影片,不过它的演出人员和幕后制作人员却是非常出色的。影片的三位核心演员徐铮、王宝强、黄渤都是近年来活跃在国内影坛,尤其是喜剧影片的实力演员。近年徐铮亲自参与演出的喜剧影片包括《爱情呼叫转移》、《疯狂的石头》、《疯狂的赛车》、《人在囧途》等,王宝强主演了《天下无贼》、《人在囧途》,黄渤则主演了《大电影之数百亿》、《疯狂的石头》、《疯狂的赛车》等。这些影片都是当年市场上炙手可热的喜剧电影。除了核心演员,策划和编剧团队成员也不是新手。《夜店》的导演和编剧杨庆、"疯狂系列"的策划和编剧之一邢爱娜、"呼叫转移系列"的编剧束焕等喜剧创作者都出现在《泰囧》的创作团队中。可以说,这些人员的共同参与,在一定程度上是影片质量的保障。

在《泰囧》的发行上,片方也有一支强有力的队伍。前文提到了光线传媒在全国80多个城市的市场人员，光线传媒总共有100多人，发行人员就有80多人，这个数目远远高于其他影视公司。在宣传制作方面，光线传媒还有一个40多人的包装工作室，专门为影片制作各种海报、预告片等宣传包装。他们完成了《泰囧》宣传中所用到的所有资料。为了更好地提升人员使用效果，光线传媒还有着非常灵活弹性的用人制度，影片宣传部门可以非常方便地调动其他部门的可用人员，从而保证了宣传的力度和效率。

问题讨论：

1. 你认为推进《泰囧》成功的最重要因素是什么？在《泰囧》的商业模式中，这一要素的功能是什么？

2.《泰囧》的商业模式可以复制到其他电影上吗？为什么？

案例参考文献：

冯婷．解读《人再囧途之泰囧》票房神话的几个关键词[J]．电影评介，2013(13)：45—47.

何亮，贾云鹏．大众化电影的项目策划与类型创作——从《人再囧途之泰囧》说开去[J]．电影艺术，2013(3)：21—25.

李晓荷．浅析《人再囧途之泰囧》中的好莱坞类型片因素[J]．电影评介，2014(15)：34—36.

刘明，陈刚．《人再囧途之泰囧》：不可复制的票房奇迹[J]．当代电影，2013(2)：6—9.

柳罗．《泰囧》票房成功原因的数据化分析[J]．电影艺术，2013(7)：60—66.

王长田，刘藩，刘婧雅．从《人再囧途之泰囧》看"光线"的电影运作模式[J]．当代电影，2013(2)：4—6.

肖蓉，彭晓春，曾超．《人再囧途之泰囧》成功营销分析[J]．中国市场，2013(3)：18—20.

周亮，王茜．《泰囧》狂欢与我国中小成本电影的发展策略[J]．湘南学院学报，2014(6)：90—93.

本章精读文献

Bhide, A. How entrepreneurs craft strategies that work [J]. *Harvard Business Review*, 1994, 72(2): 150-161.

Chapter Article Summary(本章精读文献摘要)：

However popular it may be in the corporate world, a comprehensive analytical approach to planning doesn't suit most start-ups. Entrepreneurs typically lack the time and money to interview a representative cross section of potential customers, let alone analyze substitutes, reconstruct competitors' cost structures, or project alternative technology scenarios. In fact, too much analysis can be harmful; by the time an opportunity is investigated fully, it may no longer exist. A city map and restaurant guide on a CD may be a winner in January but worthless if delayed until December.

Interviews with the founders of 100 companies on the 1989*Inc.* "500" list of the fastest growing private companies in the United States and recent research on more than 100 other thriving ventures by my MBA students suggest that many successful entrepreneurs spend little time researching and analyzing. And those who do often have to scrap their strategies and start over. Furthermore, a 1990 National Federation of Independent Business study of 2,994 startups showed that founders who spent a long time in study, reflection, and planning were no more likely to survive their first three years than people who seized opportunities without planning. In fact, many corporations that revere comprehensive analysis develop a refined incapacity for seizing opportunities. Analysis can delay entry until it's too late or kill ideas by identifying numerous problems.

Yet all ventures merit some analysis and planning. Appearances to the contrary, successful entrepreneurs don't take risks blindly. Rather, they use a quick, cheap approach that represents a middle ground between planning paralysis and no planning at all. They don't expect perfection—even the most astute entrepreneurs have their share of false starts. Compared to typical corporate practice, however, the entrepreneurial approach is more economical and timely.

What are the critical elements of winning entrepreneurial approaches? Our evidence suggests three general guidelines for aspiring founders: (1) Screen opportunities quickly to weed out unpromising ventures; (2) Analyze ideas parsimoniously. Focus on a few important issues; (3) Integrate action and analysis. Don't wait for all the answers, and be ready to change course.

本章精读文献评述：

本篇文献虽然在题目中强调了"战略"一词，不过，全文整体上关注的是创业者如何筛选和分析机会，直至制订行动方案，因此非常契合本章的主题。作者从整体上建议了面向创业者的三条基本方针：快速筛选机会，将没有前途的创业项目淘汰；仔细分析创意，集中关注一些重要事项；将行动与分析结合起来，不要老是等待所有问题的答案，要准备随时改变进程。在此基础上，作者提出了可供创业者参考的四个步骤：第一，筛选出失败的创意。作者认为，在筛选创意时，除了对创意本身进行判断以外，还需要仔细思考实施创意的能力。在这一方面，作者提出了三个重要的因素，即企业的目标、外部变化提供的发展机会以及实施市场竞争的基础。比较有趣的是，在这一步骤中，作者指出，大多数创业者的创业行动是为了解决创业者之前作为企业员工或者市场用户时就抓住的难题，来自于他们读书期间，在校内撰写的论文的创意实际上非常少。第二，衡量创意的吸引力。在这里，作者提到了几类可用于衡量吸引力的指标，比如，创业者应青睐那些非资本集中型、利润丰厚、能够用内部资金支持快速增长的企业；投资项目应该提供足够充分的回报，以补偿创业者的全身心投入；创业失败成本应当较低，获得回报速度要快，或者能够很快承认失败，以便在损失太多时间、金钱及信誉之前，将企业关闭。创业者应当根据自身的追求以及愿意付出的牺牲，对潜在的新创企业进行评估。第三，适度的计划及分析。作者在文章中提供了他的调查结果：针对 Inc. 杂志 1989 年评选出的 100 家成长最快的私营企业的创始人访谈结果发现，创业者在最初的商业计划上几乎没有耗费多少精力，其中，41％的人根本没有商业计划，而 26％的人只是制订了一份简短而粗略的计划。因此，作者认为采用全面分析的方法来做计划，不适合大多数新创企业，创业者的计划方式应当是一种介于贻误时机的过度计划和根本不做任何计划之间的方式。第四，将行动和分析结合起来。作者认为，在创业行动中，常常很难将行动和分析分隔开来。因为创业者在实施行动中可以依赖的条件和实施竞争的基础，往往很难从事先的分析中获得。而且，作者还认为，对机遇进行充分分析之前就采取行动还会带来许多益处。比如给自己和员工或是投资者增加信心；或者是更准确和清晰的战略，因为在行动中，创业者会对市场产生更准确的认知。

本篇文献所讲述的内容至少在以下三个方面存在明显的价值，同时也对本章内容学习与理解有明显的帮助作用：

首先，作者所描述的创业者如何制定战略（从文章内容来看，其实更确切的是创业者如何制订计划）的过程中，计划是一个非常核心的内容。显然，创意筛选和评价本身就是计划中的构成成分；适度的计划和分析对创业者所要开发的计划进行了界定；行动和分析结合部分，分析也就是创业行动计划的主要内容。因此，推敲全文，作者实际上对创业过程所涉及的计划范围、计划程度、计划实施等问题进行了论证。这从另一个侧面对本章所关注的商业计划部分进行了佐证。

其次，作者所指出的“适度计划及分析”的观点尤其值得注意。这一点也是长期以来在创业和中小企业领域存在争议的话题——创业者在多大程度上依赖于正规化的计划？诚然，计划能够帮助创业者更好地识别机会和威胁，分析企业的可能突破方向以及必然存在的经营风险。不过，由于资源和时间限制，创业者又不能像大型企业那样耗费大量精力用于正规计划。那么，多大程度的计划对于创业者是适用的？作者的研究，特别是实证方面的数据研究为这一问题提供了非常有参考价值的答案。所谓适度计划的观点也非常适用于创业者的实践操作。

第三，作者所探讨的计划和行动相结合的观点具有很好的研究空间。成熟企业的战略/计划拥有非常成熟的模式，企业如何制定战略、如何将战略转化为行动都有现成的模式可循。在创业行动中，创业者却很难找到类似的方法或者模式，因为创业者的战略或者计划往往是适时而变的，它们和行动之间的关系正如作者这里所说的，两者是难以截然脱钩的。这就形成了很多有趣的议题，比如，创业者的计划和行动之间的关系是如何匹配的，在什么情况下，行动会落后于计划，什么情况下则是相反。这些问题的开发将会增进对创业行动的进一步认知。

本章作者介绍

林嵩，中央财经大学商学院教授，清华大学管理学博士，入选教育部新世纪优秀人才支持计划。在 *Academy of Management Journal*、*International Entrepreneurship and Management Journal*、*Chinese Management Studies* 等国内外重要管理学术期刊上发表论文数十篇。

本章相关引用材料

[1] Afuah, A & Tucci, C L. *Internet Business Models and Strategies: Text and Cases* [M]. Boston: McGraw-Hill Higher Education, 2000.

[2] Amit, R & Zott, C. Value creation in E-business [J]. *Strategic Management Journal*, 2001, 22 (6-7): 493-520.

[3] Andrews, J & Smith, D C. In search of the marketing imagination: Factors affecting the creativity of marketing programs for mature products [J]. *Journal of Marketing Research*, 1996, 33(5): 174-187.

[4] Atuahene-Gima, K & Li, H. Strategic decision comprehensiveness and new product development outcomes in new technology ventures [J]. *Academy of Management Journal*, 2004, 47(4): 583-597.

[5] Atuahene-Gima, K, Li, H & De Luca, L M. The contingent value of marketing strategy innovativeness for product development performance in Chinese new technology ventures [J]. *Industrial Marketing Management*, 2006, 35(3): 359-372.

[6] Atuahene-Gima, K & Murray, J Y. Exploratory and exploitative learning in new product development: A social capital perspective on new technology ventures in China [J]. *Journal of International Marketing*, 2007, 15(2): 1-29.

[7] Baker, M J, Black, C D & Hart, S J. The competitiveness of British industry: What really makes the difference? [J]. *European Journal of Marketing*, 1988, 22(2): 70-85.

[8] Carroll, G R & Delacroix, J. Organizational mortality in the newspaper industries of Argentina and Ireland: An ecological approach [J]. *Administrative Science Quarterly*, 1982, 27(2): 169-198.

[9] Chan, C S R & Park, H D. How images and color in business plans influence venture investment screening decisions [J]. *Journal of Business Venturing*, 2015, 30(5): 732-748.

[10] Chen, X P, Yao, X & Kotha, S. Entrepreneur passion and preparedness in business plan presentations: A persuasion analysis of venture capitalists'funding decisions [J]. *Academy of Management Journal*, 2009, 52(1): 199-214.

[11] Chesbrough, H. Business model innovation: It's not just about technology anymore [J]. *Strategy & Leadership*, 2007, 35(6): 12-17.

[12] Chesbrough, H. Business model innovation: Opportunities and barriers [J]. *Long Range Planning*, 2010, 43(2): 354-363.

[13] Deeds, D L, Decarolis, D & Coombs, J E. The impact of firm specific capabilities on the amount of capital raised in an initial public offering: Evidence from the biotechnology industry [J]. *Journal of Business Venturing*, 1997, 12(1): 31-46.

[14] Deeds, D L, DeCarolis, D & Coombs, J. Dynamic capabilities and new product development in high technology ventures: An empirical analysis of new biotechnology firms [J]. *Journal of Business Venturing*, 2000, 15(3): 211-229.

[15] Delmar, F & Shane, S. Legitimating first: Organizing activities and the survival of new ventures [J]. *Journal of Business Venturing*, 2004, 19(3): 385-410.

[16] Freeman, J, Carroll, G R & Hannan, M T. The liability of newness: Age dependence in organizational death rates [J]. *American Sociological Review*, 1983, 48(5): 692-710.

[17] Fried, V H & Hisrich, R D. Toward a model of venture capital investment decision making [J]. *Financial management*, 1994, 23(3): 28-37.

[18] Gorman, M & Sahlman, W A. What do venture capitalists do? [J]. *Journal of Business Venturing*, 1989, 4(4): 231-248.

[19] Gruber, M. Marketing in new ventures: Theory and empirical evidence [J]. *Schmalenbach Business Review*, 2004, 56(2): 164-199.

[20] Gumpert, D E. *Burn Your Business Plan* [M]. Needham: Lauson Publishing, 2002.

[21] Hambrick, D C, Cho, T S & Chen, M J. The influence of top management team heterogeneity on firms' competitive moves [J]. *Administrative Science Quarterly*, 1996, 41(4): 659-684.

[22] Hallbäck, J & Gabrielsson, P. Entrepreneurial marketing strategies during the growth of international new ventures originating in small and open economies [J]. *International Business Review*, 2013, 22(6): 1008-1020.

[23] Hedman, J & Kalling, T. The business model concept: Theoretical underpinnings and empirical illustrations [J]. *European Journal of Information Systems*, 2003, 12(1): 49-59.

[24] Honig, B & Karlsson, T. Institutional forces and the written business plan [J]. *Journal of Management*, 2004, 30(1): 29-48.

[25] Jaworski, B J & Kohli, A K. Market orientation: Antecedents and consequences [J]. *The Journal of Marketing*, 1993, 57(3): 53-70.

[26] Jin, Z & Li, Z. Firm ownership and the determinants of success and failure in new product development: An empirical study of manufacturing firms in the Guangdong Province of China [J]. *International Journal of Innovation Management*, 2007, 11(4): 539-564.

[27] Kaplan, S N & Strömberg, P E. Characteristics, contracts, and actions: Evidence from venture capitalist analyses [J]. *The Journal of Finance*, 2004, 59(5): 2177-2210.

[28] Karakaya, F & Stahl, M J. Barriers to entry and market entry decisions in consumer and industrial goods markets [J]. *The Journal of Marketing*, 1989, 53(2): 80-91.

[29] Kawakami, T, Maclachlan, D L & Stringfellow, A. New venture performance in China, Japan, and the United States: The impact of formalized market information processes [J]. *Journal of Product Innovation Management*, 2012, 29(2): 275-287.

[30] Kleinschmidt, E J & Cooper, R G. The impact of product innovativeness on performance [J]. *Journal of Product Innovation Management*, 1991, 8(4): 240-251.

[31] Kline, M & Fain, N. Perceived effectiveness of creative new product development in virtual teams [J]. *Trorija in Praksa*, 2001, 48(6): 1666-1694.

[32] Kohli, A K & Jaworski, B J. Market orientation: The construct, research propositions, and managerial implications [J]. *The Journal of Marketing*, 1990, 54(2): 1-18.

[33] Kotler P, Saliba S & Wrenn B. *Marketing Management: Analysis, Planning, and Control—Instructor's Manual* [M]. Englewood Cliff, NJ: Prentice Hall, 1991.

[34] Kuratko, D F & Hodgetts, R M. *Entrepreneurship: A Contemporary Approach* [M]. Orlando: Harcourt, 2001.

[35] Levesque, M & Shepherd, D A. A new venture's optimal entry time [J]. *European Journal of Operational Research*, 2002, 139(2): 626-642.

[36] MacMillan, I C, Kulow, D M & Khoylian, R. Venture capitalists' involvement in their investments: Extent and performance [J]. *Journal of Business Venturing*, 1989, 4(1): 27-47.

[37] MacMillan, I C, Siegel, R & Narasimha, P S. Criteria used by venture capitalists to evaluate new venture proposals [J]. *Journal of Business Venturing*, 1986, 1(1): 119-128.

[38] MacMillan, I C, Zemann, L & Subbanarasimha, P N. Criteria distinguishing successful from unsuccessful ventures in the venture screening process [J]. *Journal of Business Venturing*, 1987, 2(2): 123-137.

[39] Marion T J & Meyer M H. Applying industrial design and cost engineering to new product development in early-stage firms [J]. *Journal of Product Innovation Management*, 2011, 28(5): 773-786.

[40] Mason, C & Stark, M. What do investors look for in a business plan? A comparison of the investment criteria of bankers, venture capitalists and business angels [J]. *International Small Business Journal*, 2004, 22(2): 227-248.

[41] Millson, M R & Wilemon, D. Impact of new product development (NPD) proficiency and NPD entry strategies on product quality and risk [J]. *R&D Management*, 2008, 38(5): 491-509.

[42] Moorman, C. Organizational market information processes: Cultural antecedents and new product outcomes [J]. *Journal of Marketing Research*, 1995, 32(2): 318-335.

[43] Morris, M H & Laforge, R W. Entrepreneurial marketing: A construct for integrating emerging entrepreneurship and marketing perspectives [J]. *Journal of Marketing Theory & Practice*, 2002, 10(4): 1-19.

[44] Morris, M, Schindehutte, M & Allen, J. The entrepreneur's business model: Toward a unified perspective [J]. *Journal of Business Research*, 2005, 58(6): 726-735.

[45] Parry, M E & Song, M. Market information acquisition, use, and new venture performance [J]. *Journal of Product Innovation Management*, 2010, 27(7): 1112-1126.

[46] Rochford, L. Generating and screening new products ideas [J]. *Industrial Marketing Management*, 1991, 20(4): 287-296.

[47] Romanelli, E. Environments and strategies of organization start-up: Effects on early survival [J]. *Administrative Science Quarterly*, 1989, 34(2): 369-387.

[48] Rosenstein, J, Bruno, A V & Bygrave, W D. The CEO, venture capitalists, and the board [J]. *Journal of Business Venturing*, 1993, 8(2): 99-113.

[49] Sethi, R, Smith, D C & Park, C W. Cross-functional product development teams, creativity, and the innovativeness of new consumer products [J]. *Journal of Marketing Research*, 2001, 38(1): 73-85.

[50] Shafer, S M, Smith, H J & Linder, J C. The power of business models [J]. *Business Horizons*, 2005, 48(2): 199-207.

[51] Shepherd, D A, Douglas, E J & Shanley, M. New venture survival: Ignorance, external shocks, and risk reduction strategies [J]. *Journal of Business Venturing*, 2000, 15(4): 393-410.

[52] Singh, J V, Tucker, D J & House, R J. Organizational legitimacy and the liability of newness [J]. *Administrative Science Quarterly*, 1986, 31(2): 171-193.

[53] Song, X M & Montoya-Weiss, M M. Critical development activities for really new versus incremental products [J]. *Journal of Product Innovation Management*, 1998, 15(2): 124-135.

[54] Sosna, M, Trevinyo-Rodríguez, R N & Velamuri, S R. Business model innovation through trial-and-error learning: The Naturhouse case [J]. *Long Range Planning*, 2010, 43(2): 383-407.

[55] Souder, W E. Causes of crises: The behavioral accident. *Organization & Environment*, 1988, 2(3-4): 185-194.

[56] Spohn, D. *Evaluating Market Attractiveness: A New Venture Perspective* [D]. St. Gallen: University of St. Gallen Business Dissertations, 2004.

[57] Stevenson, H H, Grousbeck, H I, Roberts, M J & Bhide, A. *New Business Ventures and the Entrepreneur* [M]. Boston: McGraw-Hill, 1999.

[58] Stinchcombe, A L. Organizations and social structure [J]. *Handbook of Organizations*, 1965, 44(2): 142-193.

[59] Stokes, D. Entrepreneurial marketing: A conceptualisation from qualitative research [J]. *Qualitative Market Research: An International Journal*, 2000, 3(1): 47-54.

[60] Teece, D J. Business models, business strategy and innovation [J]. *Long Range Planning*, 2010, 43(2): 172-194.

[61] Timmons, J A. *New Venture Creation: Entrepreneurship for the 21st Century* [M]. Boston: McGraw-Hill, 1999.

[62] Trott, P. *Innovation Management and New Product Development* [M]. London: Prentice Hall, 1998.

[63] Tyebjee, T T & Bruno, A V. A model of venture capitalist investment activity [J]. *Management Science*, 1984, 30(9): 1051-1066.

[64] Tyebjee, T T, Bruno, A V & Mclntyre, S D. Growing ventures can anticipate marketing styles [J]. *Harvard Business Review*, 1983(1-2): 64-66.

[65] Wallnöfer, M & Hacklin, F. The business model in entrepreneurial marketing: A communication perspective on business angels' opportunity interpretation [J]. *Industrial Marketing Management*, 2013, 42(4): 755-764.

[66] Wright, A L & Zammuto, R F. Creating opportunities for institutional entrepreneurship: The colonel and the cup in English county cricket. *Journal of Business Venturing*, 2013, 28(1): 51-68.

[67] Zott, C & Amit, R. Business model design and the performance of entrepreneurial firms [J]. *Organization Science*, 2007, 18(2): 181-199.

[68] Zott, C & Amit, R. The fit between product market strategy and business model: Implications for firm performance [J]. *Strategic Management Journal*, 2008, 29(1): 1-26.

[69] Zott, C & Amit, R. Business model design: An activity system perspective [J]. *Long Range Planning*, 2010, 43(2): 216-226.

[70] Zott, C, Amit, R & Massa, L. The business model: Recent developments and future research [J]. *Journal of Management*, 2011, 37(4): 1019-1042.

Chapter 6

第6章 新企业的形成、成长与管理

学习目标

了解企业创始初期创业团队的类型和重要组成因素，以及各种企业组织形式的利弊

了解企业融资的方式、融资的种类以及不同阶段的需求

了解企业的人力资源来源以及如何有效利用人力资源

了解新兴市场的融资特点以及股权融资与债券融资的异同点

章节纲要

本章主要分四节来阐述与探讨新企业的形成、成长与管理。第一节着重介绍新企业初创时团队的类型及重要组成因素，各种企业组织形式的利弊；第二节介绍新企业的融资特点；第三节阐述了企业的重要资源——人力资源的来源和利用；第四节介绍新企业在新兴市场独有的融资特点。

开篇案例

小米科技

2010年，雷军与原谷歌中国工程研究院副院长、谷歌全球工程总监林斌，原摩托罗拉北京研发中心高级总监周光平（主持设计“明”系列手机），原北京科技大学工业设计系主任刘德，原金山词霸总经理黎万强，原微软中国工程院开发总监黄江吉和原谷歌中国高级产品经理洪锋六人，在北京联合创办小米科技。“小米，为发烧而生”是这个公司自始至终的口号。小米科技有限公司创造性地用互联网的方式来做手机，在短短的5年时间取得了巨大的成功。2014年12月，小米完成最新一轮融资，估值450亿美元，已经成为互联网行业的一大巨头。雷军是如何做到如此成就的？他是如何把一个在商业计划上的公司变为现实的？他为什么要与这些人一起创业？创业团队的作用是什么？创立的公司是否有不同的组织形式？新创业的公司会有哪些困难？如何获取不同的资源，比如人力资源和资金？新兴市场的融资有什么不同方式？不同种类的融资有什么特点？我们将在本章讨论。

案例来源：雷军简历：从1969年出生到2013年小米公司估值100亿美金，http://www.fashangji.com/news/show/1218/.

6.1 新企业的初创

本节将讨论创业团队的重要组成因素；创业团队的类型；新企业创立所采取的几种组织形式以及初创企业生存的关键因素。

6.1.1 创业团队的重要组成因素

创业团队是指有着同样目的，共同分享创业收益，同时承担创业风险的企业最初创立者。Allen(2006)曾说过，在过去，创业者通常自己一个人创立新企业，决定所有的事务，尽管小型公司和作坊依然常见，但这种方法在当下高度全球化和复杂多变的环境下，已经逐渐过时。如今，大部分企业家都认为拥有一个强大的创业团队是创业的必要条件之一。而创业团队的强大与否可以通过下面五个因素进行判断。

(1) 创业团队

在初创企业中，人是所有资源中最重要、最有活力的一种资源，企业的不同任务需要由不同的人来分工完成，创业者在选择创业成员时需要谨慎，充分考虑其各方面的能力。

(2) 创业目标

正如定义所说，创业团队需要有一个所有成员都认可的目标，有了这个目标所有的成员才知道自己需要怎么做才会有动力。否则就很容易让团队成员陷入迷惑，没有凝聚力和持续发展的能力。

(3) 权力分配

为了能让企业更好地运转，赋予团队成员一定的权力是必要的。但也要考虑权力的制衡，避免因为最初设置的缺陷而导致可能的僵局。例如，风险投资人最不欣赏的50%—50%股份的初创企业，因为一旦双方意见分歧甚至对峙，公司就有可能无法正常运转。所以赋予团队成员的权力需要适当。

(4) 企业定位

这里的定位包含两层意思：①团队整体在公司的定位。整个团队在公司处于哪个阶层，对谁负责，有什么权力等；②团队中每个成员的定位。这需要根据团队成员的专长来确定其应该扮演的角色。

(5) 发展规划

这里所说的计划并不是商业计划书，而更多指的是企业未来发展的规划，即上述目标和定位的具体实施方案。计划能有效地帮助团队制定短期和长期的目标，并在实施过程中不断地调整。

6.1.2 创业团队的类型

Allen(2006)认为，创业团队大致可以分为以下两个类型。

(1) 中心型

在中心型的团队中一般有一个核心人物。这个核心人物在团队形成之前就已经有了一些想法和构思，然后根据这些想法来组建整个创业团队。所以团队人员的选择都是根据这个核心人物的想法来进行。这种类型的团队通常有以下特点：①核心人物负责所有决策；②结构紧密，效率高；③权力过分集中，决策失误风险大。

（2）网状型

在网状型的团队中，成员彼此之间在之前就有着密切的联系，像同学、同事、朋友等。成员经常互相交流，有着相似的理念和价值观，在讨论中都认同某个创业想法，于是达成了创业共识，开始共同创业。在该类型团队中，往往没有明确的核心人物，团队成员都各自充当着重要角色。这种类型的团队有以下特点：①没有明显核心；②结构较为松散；③一般采取集体决策的方式，需要通过反复沟通和讨论，所以效率低。

6.1.3 新企业创立的组织形式

一般而言，企业创立需要经历以下步骤：①选择合适的企业组织形式；②登记注册，包括工商注册、税务登记等其他登记备案事项。那企业组织形式有哪几种呢？

企业组织架构是企业的流程运转、部门设置及职能规划等最基本的结构依据，常见的组织结构划分依据有简单结构，按职能划分成各个部门的结构，按区域划分的结构以及将职能、区域和产品种类相结合的矩阵结构。对于初创企业来说，一般最开始的组织结构即为简单结构。在初创企业的简单结构中，企业拥有者（企业创始人）即为企业的管理人，他们做出公司大部分的决定，其他职员只是管理层的延伸。这种结构的优点在于：①决定都由管理层做出，不会违背管理层的意愿；②职能分化少；③较少管理层级，管理者能快速了解一线信息。这种结构的缺点在于：①职员可能利用监管缺失去做自己的事；②职员职能不明确，不明白自己的工作要求。

（1）个体工商户

根据《个体工商户条例》，个体工商户是从事工商业经营的自然人或家庭。自然人或以个人为单位，或以家庭为单位从事工商业经营，均为个体工商户。自然人从事个体工商业经营必须依法核准登记。个体工商户的登记机关是县以上工商行政管理机关。个体工商户经核准登记，取得营业执照后，才可以开始经营。个体工商户应按照税务部门的规定正确建立账簿，准确进行核算。对账证健全、核算准确的个体工商户，税务部门对其实行查账征收；对生产经营规模小又确无建账能力的个体工商户，税务部门对其实行定期定额征收；具有一定情形的个体工商户，税务部门有权核定其应纳税额，实行核定征收。

根据全国工商总局的资料显示，截至2013年2月，中国实有个体工商户约4060万户，从业人数约8000万人，资金总额约2万亿元。分行业看，全国个体工商户90%集中在第三产业，有3600多万户，8%集中在第二产业，2%集中在第一产业。分地区看，50%的个体工商户在东部地区，约有2000万户，30%在中部地区，20%在西部地区。改革开放后，中国个体经济总体呈现快速发展态势。1978年全国仅有14万个体户，到1999年达到3160万户。2000年起，工商部门开始对“死户”进行清理，导致实有个体户数量连续5年下降，至2004年到达2350万户的“谷底”后方始回升，此后一直保持较快增长态势。

(2) 个人独资企业

根据《中华人民共和国个人独资企业法》简称《个人独资企业法》,独资企业即为个人出资经营、归个人所有和控制、由个人承担经营风险和享有全部经营收益的企业。以独资经营方式经营的独资企业有无限的经济责任,破产时借方可以扣留业主的个人财产,是最古老、最简单的一种企业组织形式。其主要盛行于零售业、手工业、农业、林业、渔业、服务业和家庭作坊等。个人独资企业按照现行税法规定不缴纳企业所得税,而缴纳个人所得税。独资企业在世界上的很多地区不需要在政府注册。在这种制度下,很简单的经营安排如小贩和保姆在法律上就属于独资企业。甚至暂时经济活动,比如个人之间的买卖交易在法律上就依照独资企业处理。通常为了方便执法活动,政府会要求某些种类的独资企业注册,比如餐馆注册是为了方便卫生检查。另一个注册原因是牌号,业主有权利使用个人的姓名为企业牌号,比如"张三的饭店",但是法律通常要求业主登记其他名称的牌号,以防有商标争议。

个人独资企业的优点:

①企业资产所有权、控制权、经营权、收益权高度统一。这有利于保守与企业经营和发展有关的秘密,有利于业主个人创业精神的发扬。

②企业业主自负盈亏和对企业的债务负无限责任成了强硬的预算约束。企业经营好坏同业主个人的经济利益乃至身家性命紧密相连。因而,业主会尽心竭力地把企业经营好。

③企业的外部法律法规等对企业的经营管理、决策、进入与退出、设立与破产的制约较小。

个人独资企业的缺点:

①难以筹集大量资金。因为一个人的资金终归有限,以个人名义借贷款难度也较大。因此,独资企业限制了企业的扩展和大规模经营。

②投资者风险巨大。企业业主对企业负无限责任,在硬化了企业预算约束的同时,也带来了业主承担风险过大的问题,从而限制了业主向风险较大的部门或领域进行投资的活动。这对新兴产业的形成和发展极为不利。

③企业连续性差。企业所有权和经营权高度统一的产权结构,虽然使企业拥有充分的自主权,但这也意味着企业是自然人的企业,业主的病、死,他个人及家属知识和能力的缺乏,都可能导致企业破产。

④企业内部的基本关系是雇佣劳动关系,劳资双方利益目标的差异,构成企业内部组织效率的潜在危险。

个人独资企业与个体工商户的相同点:

①两者的投资主体基本相同。两者的投资主体只能是自然人(公民),而不能是法人或其他组织。

②个人独资企业与个体工商户对投入的资产都实行申报制,不需要经过法定的验资机构验资。由于两者都承担无限责任,因此也不强调对作为出资的实物、工业产权、非专

利技术和土地使用权的实际缴付。

③两者承担法律责任的形式相同,都必须以个人或家庭财产承担无限责任。如果以出资方式分,个体工商户可分为个人经营和家庭经营两种形式;而个人独资企业也可以分为以个人财产出资的个人独资企业和以家庭财产出资的个人独资企业。在责任承担上,以个人财产出资的个人独资企业或个体工商户都以个人财产承担无限责任;以家庭财产出资的个人独资企业或个体工商户都以家庭财产承担无限责任。

④作为一种经济组织,个人独资企业与个体工商户均须有必要的资金、场所、从业人员及生产经营条件。这也是个体工商户与个人独资企业作为市场主体进入市场的必要条件。此外,个人独资企业与个体工商户在商标使用主体及广告宣传策略等方面也具有很多的相同点。

个人独资企业与个体工商户的区别:

①个人独资企业必须要有固定的生产经营场所和合法的企业名称,而个体工商户可以不起字号名称,也可以没有固定的生产经营场所而流动经营。换句话说,合法的企业名称和固定的生产经营场所是个人独资企业的成立要件,但不是个体工商户的成立要件。

②个体工商户的投资者与经营者是同一人,都必须是投资设立个体工商户的自然人。而个人独资企业的投资者与经营者可以是不同的人,投资人可以委托或聘用他人管理个人独资企业事务。也就是说,个人独资企业的所有权与经营权是可以分离的,这就决定了个人独资企业更符合现代企业制度的特征。而个体工商户的所有权与经营权是集于投资者一身的,已不能适应现代企业制度发展的要求,所以它只能适用于小规模的经营主体。

③个人独资企业可以设立分支机构,也可以委派他人作为个人独资企业分支机构负责人。这一规定,说明了个人独资企业不但可以在登记管理机关辖区内设立分支机构,也可以在异地设立分支机构,由设立该分支机构的个人独资企业承担责任。而个体工商户根据规定不能设立分支机构。另一方面个体工商户虽然可以异地经营,但随着各地近几年相继简化了外来人员的登记手续,从而使个体工商户的异地经营这一规定逐渐淡化。由此可以看出,个人独资企业的总体规模一般大于个体工商户。

④个人独资企业与个体工商户的法律地位不尽相同。在民事、行政、经济法律制度中个人独资企业是其他组织或其他经济组织的一种形式,能以企业自身的名义进行法律活动。而个体工商户是否能够作为其他组织或其他经济组织的一种形式,一直是国内民法学家的争论对象。在日常法律活动中,个体工商户的法律行为能力往往受到一定的限制,更多的时候,个体工商户是以公民个人名义进行法律活动的。事实上,国内就有许多法律专家提出个体工商户不是法律意义上的企业。另外,个人独资企业与个体工商户作为市场主体参与市场经济其他活动的能力不同,如个人独资企业可以成为公司的股东,从而以企业名义享有公司股东的权利和义务,而个体工商户一般不能以企业名义作为公司股东,只能以个人投资者(自然人)身份成为公司股东。

⑤个人独资企业与个体工商户在财务制度和税收政策上的要求也不尽相同。事实上,这也是投资者较关心的问题。根据《个人独资企业法》的规定,个人独资企业必须建立财务制度,以进行会计核算。值得一提的是,个人独资企业的财务制度是个人独资企业的必备条件,不以任何部门的要求而改变。而个体工商户由于情况复杂,是否要建立会计制度争论较多,在《中华人民共和国会计法》(简称《会计法》)中也只做了原则规定。按照执法情况看,个体工商户可以按照税务机关的要求建立账簿,如税务部门不做要求的,也可以不进行会计核算。另外,在税收政策方面,由于我国的税收法律制度是一个相对独立的体系,它与市场主体法律制度之间没有统一的联系。税务部门认定一般纳税人和小规模纳税人的标准并不是以企业的市场主体地位不同而划分的。一般来说,个体工商户较难认定为一般纳税人,而个人独资企业如符合条件则可以认定为一般纳税人。如何把市场主体立法与税收立法有机地结合起来,是今后完善社会主义市场经济法律制度值得探讨的问题。

(3) 合伙企业

定义根据《中华人民共和国合伙企业法》(简称《合伙企业法》),中国的合伙企业(partnership)是指自然人、法人和其他组织依照《合伙企业法》在中国境内设立的,由两个或两个以上的自然人通过订立合伙协议,共同出资经营、共负盈亏、共担风险的企业组织形式。

合伙企业分为普通合伙企业和有限合伙企业。其中,普通合伙企业又包含特殊的普通合伙企业。

普通合伙企业由 2 人以上普通合伙人(没有上限规定)组成。普通合伙企业中,合伙人对合伙企业债务承担无限连带责任。特殊的普通合伙企业中,一个合伙人或数个合伙人在执业活动中因故意或者重大过失造成合伙企业债务的,应当承担无限责任或者无限连带责任,其他合伙人则仅以其在合伙企业中的财产份额为限承担责任。

有限合伙企业由 2 人以上 50 人以下的普通合伙人和有限合伙人组成,其中普通合伙人和有限合伙人都至少有 1 人。当有限合伙企业只剩下普通合伙人时,应当转为普通合伙企业,如果只剩下有限合伙人时,应当解散。普通合伙人对合伙企业债务承担无限连带责任,有限合伙人以其认缴的出资额为限对合伙企业债务承担责任。

合伙企业的优点:

①与个人独资企业相比较,合伙企业可以从众多的合伙人处筹集资本,合伙人共同偿还债务,减少了银行贷款的风险,使企业的筹资能力有所提高。

②与个人独资企业相比较,合伙企业能够让更多的投资者发挥优势互补的作用,比如技术、知识产权、土地和资本的合作,并且投资者更多,事关自己切身利益,大家共同出力谋划,集思广益,提升企业综合竞争力。

③与一般公司相比较,由于合伙企业中至少有一个负无限责任,使债权人的利益受到更大保护,理论上来讲,在这种无限责任的压力下,更能提升企业信誉。

④与一般公司相比较,理论上来讲,合伙企业盈利更多,因为合伙企业缴的是个税而不是企业所得税,这也是其高风险成本的收益。

合伙企业的缺点：

①相对于有限公司而言，合伙企业的资金来源和企业信用能力有限，不能发行股票和债券，这使得合伙企业的规模不可能太大。

②合伙人的责任比公司股东的责任大得多，合伙人之间的连带责任使合伙人需要对其合伙人的经营行为负责，更加重了合伙人的风险。

③由于合伙企业具有浓重的人合性，任何一个合伙人破产、死亡或退伙都有可能导致合伙企业解散，因而其存续期限不可能很长。

(4) 有限责任公司

在中国，有限责任公司，简称有限公司(limited liability company，Co.，Ltd.)，是指根据《中华人民共和国公司登记管理条例》规定登记注册，由50个以下的股东出资设立，每个股东以其所认缴的出资额对公司承担有限责任，公司以其全部资产对其债务承担责任的经济组织。有限责任公司(有限公司)是我国企业实行公司制最重要的一种组织形式，其优点是设立程序比较简单，不必发布公告，也不必公布账目，尤其是公司的资产负债表一般不予公开，公司内部机构设置灵活；其缺点是由于不能公开发行股票，筹集资金范围和规模一般都比较小，难以适应大规模生产经营活动的需要。因此，有限责任公司这种形式一般适用于中小企业。

有限责任公司的优点：

①股东以其认缴的出资额为限对公司承担责任；

②可以通过出售股份来筹集资金；

③股份可以转让；

④公司作为法人可以与其他公司或法人签订合同。

有限责任公司的缺点：

①建立需要花费比合作企业和独资企业更多的资金；

②需要缴纳企业所得税；

③股东股权的转让受到严格的限制，资本流动性差，不利于用股权转让的方式规避风险；

④只有发起人以集资方式筹集资金，且人数有限，不利于资本大量集中。

以上是初创企业通常会选择的几种组织形式。表6-1是对以上各种组织形式的简单总结。每种组织形式都各有其优缺点，创业团队需要结合企业创立时不同的情况进行分析，选择最适合企业发展的组织形式。

表6-1　各种组织形式的对比

	个体工商户	个人独资企业	合伙企业	有限责任公司
性质	非法人、非企业	非法人企业	非法人企业	法人企业
出资人数	一个自然人	一个自然人	2人以上	2～50人
注册资本	无限制	无限制	协议约定	无限制

续表

	个体工商户	个人独资企业	合伙企业	有限责任公司
经营主体	自然人	投资者	合伙人	股东可参与经营或聘请职业经理人经营
税收	定额，不缴纳企业所得税	定额，不缴纳企业所得税	缴纳个人所得税，不缴纳企业所得税	缴纳企业所得税和个人所得税
责任形式	以个人资产对债务承担无限责任	投资者以个人资产对债务承担无限责任	普通合伙人承担无限责任，有限合伙人承担有限责任	以出资额承担有限责任

6.1.4 初创企业生存的关键因素

根据调查，2/3 的初创企业能坚持超过两年，坚持超过四年的不到一半，而即使能生存超过四年，大部分的公司也都是苟延残喘。如何能够存活下来，下面列出了几个关键因素。

(1) 树立权威

创业的目的在于影响他人，让他人相信你的理念。权威是达到这种目的的一种工具。但只有在你展现出了权威，人们才会相信你、尊重你。而与之矛盾的一点在于，初创企业往往带着颠覆现有行业的理念，这其实也是一种颠覆现有权威的表现，不然初创企业往往难以存活。如何在保持自我权威的同时颠覆行业的权威，这是创业者需要认真了解的地方。而能做到这两者的创始人通常都有一点极端自我主义的倾向。但这在创业阶段是极其需要的。因为创业者会遇到许多打击，很多人否定其理念，他们需要抵抗这些阻力并做出决定，而强大的自信常常能帮助创业者不受这些消极因素侵扰，并能让创业者展现权威。

(2) 认可的文化

企业文化是一个企业最重要的无形资产之一，优秀的文化不仅能吸引、聚合优秀的员工，有时也能帮助创业者做出更好的决定。企业应根据自身成长发展的规律，结合市场的环境，逐步形成一种符合目前定位的发展理念、价值理念和管理理念，增进员工对企业的认同感。那么，如何形成一种良好的企业文化？一项调查研究了 50 家最适宜的公司的企业文化，找出了它们共有的一些特点：

①让员工成为独立个体；

②给员工锻炼和娱乐的机会；

③免费为员工提供午餐；

④在新员工入职培训期间，创业者亲自说明公司的策略和使命；

⑤记住每个员工的名字；

⑥不会随意责备他们或称赞自己；

⑦考虑允许员工每周 2～3 天在家里办公；

⑧每年至少举行四次全公司会议，强调公司的策略和使命。

当企业的文化被创造并成功为大家所接受的时候，所有职员都会认为自己是企业的一分子，管理层的目标和计划将会更容易被执行和实现，也更容易获得成功。

(3) 规范的制度

一条在初创企业制度建设中的万能法则是，你希望别人怎么对待你，你就怎么对待别人。所以对于企业制度的设立，以下几点是非常重要的：

①公平。一个公平的企业需要拥有有效的升职渠道，同样也应该有严厉的惩罚措施。

②人性化。如果制度非常严苛，不人性化，那就不能被彻底地贯彻执行，企业的员工也都不会认同，这样就会导致员工对企业的归属感低，最终让员工离职。

(4) 创业者的良好素质

对于大部分创业企业而言，创业者工作经验不多，管理经验也缺乏，随着企业的发展，企业人数的增加，经营业务的扩大，许多创业者会在管理方面感到迷茫。所以，创业者需要不断在实践中提高自己的管理素质和能力，在必要时参加培训，使自己能跟上企业的步伐，符合目前企业发展的需要。

6.2　新企业的资源获得

本节将会讨论初创企业获取资源的方式，什么是内源式融资和外源式融资。同时，也会简单介绍资源的不同种类，以及企业在不同发展阶段的需求特点。新企业资源的类型大致可以分为以下几种：

按资源的控制方划分可将资源分为内部资源和外部资源。内部资源就是创业者本身所拥有的用于创业的资源，如自己持有的资金或其他财产，自己的人脉关系、社交网络，自己的技术，等等。

按资源的属性划分可将资源分为人力资源、物质资源和组织资源。对于初创企业来说，人力资源是最重要的资源，因为创业者及其团队的想法是整个企业发展的方向和动力，他们的知识、能力、技术、经验和人脉的多少关系到企业在起始阶段的发展顺利与否。下一节我们将详细阐述人力资源这一种资源。而在本节，我们会重点关注物质资源，通常来说就是资金。

小案例

- 小米没有正式的天使融资，主要是通过雷军的私人关系获得了一些投资。
- 2011 年上半年，小米完成 A 轮 4100 万美元的融资，由晨星、启明、IDG 投资估值2.5 亿美元。
- 2011 年年底，小米 B 轮融资 9000 万美元，投资人除了上述三家之外，又增加了顺为基金、淡马锡及高通公司，估值翻四倍达到 10 亿美元。
- 2012 年 6 月底，小米完成 C 轮 2.16 亿美元的融资，未公布具体投资方，估值 40 亿美元。
- 2013 年 8 月，小米 D 轮融资 DST 领投，估值超过 100 亿美元。

* 2014 年 12 月，小米完成新一轮融资，参与的投资机构包括 All-Stars 全明星基金、新加坡主权基金 GIC，融资额为 11 亿美元，公司估值达到了 450 亿美元。

6.2.1 资金获取途径

（1）融资的重要性

对于新成立的企业来说，资金是所有资源中最为关键的，没有资金企业将无法存活下去。资金的重要性体现在三个方面：①企业需要大量资金启动；②企业需要大量资金来进行宣传，从而开拓市场，占领市场份额；③企业需要大量资金进行研发及日常运营。而创业的融资与一般其他的融资不同，创业的风险性高，而且企业在前期也无稳定的收益，所以新创企业的价值评估也不同于一般的企业价值评估，因此需要发展一些独特的融资方式。

（2）创业融资方式

①内源式融资和外源式融资

创业初始，创业者更倾向于在创业团队内部融资，这种融资方式的优点是成本较低、资金来源渠道简单、容易操作、风险小；其缺点也非常显而易见，团队内部人员的个人资产往往不多，所以融资量也有限，当企业高速发展需要大量资金支持时，过分依赖于内源式融资可能导致资金流无法及时跟上，从而使企业存在发展停滞的风险。外源式融资则大大拓宽了新创企业融资的范围，但创业者与企业外投资者的不断谈判，不仅会让企业无法专注于本身的业务，创业者也必须适当放弃企业的一些权益来赢得这些资金，融资的成本相比内源式融资无疑大大地增加了。

②直接融资和间接融资

直接融资是指资金提供方和企业直接接触，融通资金的方式。资金提供方通过购买企业债券、股票等方式将资金提供给企业。直接融资具有长期性、流通性等特点。间接融资是指企业通过金融中介机构找到资金提供方，由金融机构充当信用媒介使资金进行流动。间接融资具有周期性、集中性等特点。

③股权融资和债券融资

股权融资是企业向投资方出售企业股权，发行股票进行融资。其特点是引入资金无须归还，不需要支付利息，但企业所得利润需按比例分配给投资者。

债券融资就是企业向投资方发行债券来进行融资。其特点是融资企业必须根据协议按期归还本金并定期支付利息，所得利润无须按比例分配给投资者。

（3）融资渠道

①私人资本融资。私人资本融资包括自己本身的资金，向亲戚好友借的资金和天使融资。

②机构资本融资。机构资本融资包括银行贷款、风险投资等。将在第四节做具体介绍。

6.2.2 不同阶段的融资需求

不同发展阶段的中小企业对资金的要求各不相同，从企业创办一直到企业取得成功或因种种原因而中途夭折，都对融资有不同要求。一般来讲，投资者对中小企业的投资往往也是阶段性的,企业成长的阶段性特点是帮助投资者确定各阶段投资额度的主要依据之一。

从中小企业的发展周期看,不同阶段所需资金有不同特点,不同渠道的资金对不同时期的偏爱程度也有所不同。为此,企业必须从战略的高度对企业各个阶段的融资问题拟订整体性规划,并根据自身所处的阶段有针对性地开展融资活动。任何一个企业从提出构想到企业创立、发展、成熟,存在一个成长的生命周期,一般可以分为种子期、创建期、发展期和成熟期。而种子期、创建期和发展期的表现又对一个企业的后续发展有着至关重要的影响。这里我们将重点讨论这三个时期。

(1) 种子期

顾名思义,这一时期新创企业还没成为现实,创业仍然是停留在创业者脑中的创意或者机会,创业者所殚精竭虑的是如何合理评价商业机会来构建独有的商业模式,招募合适的企业核心人员,获取足够的有形及无形资源。此时,企业的技术或某一高新技术产品正处于酝酿与发展阶段,还远远谈不上商品化,企业也谈不上什么规模,更不涉及组织结构问题,企业只是几个志同道合的创业者走到了一起组成创业团队,进行相关技术的研究开发和前期的准备活动。一旦时机成熟,创业者就可以正式创立企业。新企业的建立,标志着创业者成功渡过种子期。

种子期所需的资金并不多,投资主要用于新技术或新产品的开发、测试。在种子期内,企业的创业者们可能只有一个创意或一项尚停留在实验室还未完全成功的科研项目,创办企业也许还是一个梦想。在这个时期,创业者需要投入相当数量的资金进行研究开发,或者对自己的创意进行测试或验证。一般来说,这一时期所需的资金并不多。在这个时期,如果这个创意或科研项目十分吸引人,很有可能吸引被西方称为"天使"的个人风险投资者。个人风险投资者的作用不容小觑,尽管其提供的资金可能不多,但其丰富的阅历和经验能够为创业者们提供很好的建议以及勾勒未来的蓝图,这一点对于初出茅庐的中小企业创业者而言尤为重要。此外,中小企业的创业者也可以向政府寻求一些资助。种子期的主要成果是样品研制或软件开发成功,同时形成完整的生产经营方案。

(2) 创建期

一旦产品有了一个初步的成功,中小企业的创业者为了实现产品的经济价值,就会开始创立企业,处于传统行业的初创公司就会对产品进行试生产,而处于新兴的互联网行业的初创公司则会对产品进行推广和更深一步的开发。创建期需要一定数量的"启动资金"(数量由项目和企业的规模决定),资金主要用于购买机器设备、租用厂房或办公楼层、办公设备、生产资料、后续的研究开发和初期的推广等,所需的资金往往是巨大的。只靠创业者的资金往往是不能支持这些活动的。而且初创者大多没有在过去有过经营的记录和经验,企业也无稳定的收入,所以也不太可能从银行申请到贷款。因此,这一阶段的融资重点是创业者需要向新的投资者或机构(主要是风险投资和天使投资)进行权益融资。而企业产品的内容和对未来的构想将是融资的关键,因为此时面临的风险仍然十分巨大,是一般投资者所不能容忍的。更为重要的是，由于机构风险投资者投资的项目太多，他们一般不会直接干预企业的内部经营，因而他们会特别强调企业在长期是否能够严格按现代企业制度科学管理、规范运作，他们在权益上也要求非常明晰，这一点从长远来说对企业是很有好处的，特别是对未来的成功上市融资。

创建期是创业遇到的第一个挑战。这一阶段新产品的雏形已经生产出来，组织结构也初步形成雏形，然而，此时的组织结构极其简单，创业者必须处理几乎所有的事务。由于缺乏良好的运营记录以及充裕的资金支持，大量的新创小企业在这一阶段都不能赢得足够的顾客来获得企业生存必要的现金流，当企业的资金枯竭时，创业者只能选择出售企业，或者直接破产。只有那些在这一阶段赢得足够顾客的企业才能进入下一阶段。

(3) 发展期

渡过创建期，踏入发展期的创业者可能可以稍微放松一点。然而，如果对这一阶段的发展不够重视，企业仍然可能遭受重大打击，严重者甚至破产。这一阶段的企业基本摆脱了生存问题，开始着手考虑盈利。组织规模开始膨胀，创业者初步尝到了发展的甜头，但是各种复杂事务迅速到来，又对创业者产生了困扰，未来要如何走，是否应该持续创新，如何应对新出现的竞争者，这些层出不穷的问题需要创业者开始考虑如何建立一套合理的管理制度来适应企业迅速的扩张和发展。发展期需要大量的资金投入，用于进一步开发和加强营销能力。目前，进入上市的资产重组和上市辅导阶段的中小企业和民营企业大多属于此阶段，现金入不敷出和要求注入资金局面已经扭转。与此同时，企业拥有较为稳定的顾客和供应商，以及比较好的信用记录，取得银行贷款或利用信用融资相对来说比较容易。但企业发展非常迅速，原有资产规模已不能满足需要。为此，企业必须增资扩股，注入新的资本金。原有股东出资是一种理想的方式，但通常需要引入新的股东。此时，企业可以选择的投资者相对比较多。需要提醒的是，这一阶段融资工作的出发点是为企业上市做好准备，针对上市所需的条件进行调整和改进，如设立首席财务官 CFO，调整公司股权结构等。

6.3 新企业的人力资源

本节将讨论企业人力资源的获取方式，以及有效利用人力资源的方法。

在创业团队形成后，企业的初创进入融资阶段，与此同时，企业需要大量的人力资源保证企业运转良好。对创业团队而言，一个成功的团队可以为新企业的创立带来各种各样的优势，除创业者的个人能力与经验外，团队中人的社交网络也是新企业重要的无形资源。除创业团队外，董事会、核心员工以及企业顾问委员会等亦对企业的立足发展有着极为重要的影响。

6.3.1 人力资源的来源

新企业的创业团队可以提供两种极有价值的资源：人力资本和社会资本。人力资本即创业团队的起始能力、知识、技巧等，而社会资本是创业者与社会中他人的关系，创业者可从这样的关系中所获取的利益，创业者的声望以及他们给企业带来的社交网络。换而言之，这种资源是企业所拥有的最原始资源。这种资源的力量越广泛越丰富，对于新企业来讲就越为有利。Dimov 和 Shepherd (2005)的研究显示，新企业的人力资本和社会资本越高，新企业越有可能成功。Davidsson 和 Honig(2003)的研究结果更精确地显示，创业团队的社会资本越高，发现潜在价值机遇并发展他们的可能性就越大。不难看出，鉴于人力资本和社会资本的重大价值，新企业应尽力将其最大化利用。

创业团队在任何新企业的成立中都扮演着重要的角色，除此之外，几乎所有的新企业——尤其是成功的那些，都会输入有价值的人力资源来充实创业团队。这些资源通常有着极为广泛的来源，但通常其中三种最为重要的来源是固定的，即董事会、核心员工以及企业顾问。成功的新企业吸收他们所掌握的知识、技巧与特有能力并利用这些来壮大公司，使其快速成长。

任何作为法人团体开始的企业受法律限制都需要组成董事会。董事会是一组由公司股东选举出来并管理公司全局的团体。尽管此类董事会的职责多变，但从新企业的角度出发，他们的主要贡献是提供建议和保障，而明智的公司往往选择知识丰富并且在新公司的操作方面有经验的人作为董事，因为他们可以提供重要的建议和指导，有时，甚至由于公司董事的社会地位，新企业会在创立初期获得声望，被业界认可。人们会思考，为何有如此建树的名人会同意为这样一个名不见经传的小公司做董事？还不是因为此公司具有巨大的潜在价值和广阔的前景？企业资本家和其他的潜在投资人当然会得出这样的结论，新企业就这样在创办初期便得到了广泛的关注，而这自然要归功于现有的董事。显而易见，成功选择组成一个完美的董事会对于新企业获取人力资本来说是至关重要的，董事会的技能与知识会在多层意义上增加新企业成功的可能。

作为一个新企业，企业管理者十分希望吸引杰出的员工，但这往往很艰难。新企业几乎无声无名，亦无法如已走向正规的企业一样提供保障，因此在进入人力资源市场时他们处于劣势的位置。如何扭转这种局面？这个时候社交网络的作用就体现出来了。换而言之，企业管理者直接雇用他们认识的人，或者信任的伙伴所推荐的人，而这样往往会很有作用。Leung 等(2006)认为，因为不同于那些成型的知名大公司，新企业往往还没有足够的准备去自己训练新员工，因此他们必须从企业外获得熟练员工，而他们通常通过现有的社交网络来实现这一点。

通过雇用他们熟悉的人，如家人、朋友，或者校友及以前的同事，企业家能够迅速获得人力资源而不需要长时间高花费地搜寻。更何况因为他们直接或者间接地了解他们的雇员，企业家更容易取信于他们所力图合作的有价值的公司或客户。另外，新企业通常缺少明确的既定规则和定位清晰的企业文化，企业家与员工间直接或者间接的纽带有助于确立这一点。

顾问专家们作为第二类重要的人力资本，往往具有丰富的知识技能以及与公司商务有关的经验，被企业管理者邀请而来为公司出谋划策。不同于董事会，顾问委员会并不是法律所强制规定成立的，但公司管理者常常会意识到顾问的价值，由此设立顾问委员会，使得新公司借用他们的价值而获得更大的利益。另一个重要原因是许多经验丰富而且在行业中卓有建树的人更倾向于担任相对不正式的职能，而不是更正式的某一类特定角色如企业董事，等等。

企业家们与顾问委员会在多种方式上相互影响，但是传统意义上，他们一年见几次面去征求建议和指导。面对面的会谈并非总是必要的，电话会议或者互联网上的联络有时就已经足够了。然而企业家联系顾问最基本的原则是一直不变的，即选择合适的可以真正提供帮助的人。换而言之，选择在新企业运作行业或者市场方面有经验的，或者拥有创业团队所缺少的特殊技能的，或是那些在行业中广受尊敬的人来充当顾问的角色。

除了董事会、核心员工以及企业顾问，新企业经常也会通过一些其他资源提供的输入资本而获取利益，如投资者。投资者将资本投入一家新企业之后，通常会密切监控企业状况并要求企业家提供详细的企业报告。通常情况下，在企业状态运行不良时，企业报告会帮助投资者迅速意识到状况，并且从多种方式上进行干涉帮助改善境遇。有时政府机构亦会通过一些方式介入企业的初创，并为企业提供可观的帮助。

因此，一家新企业如果足够明智，企业管理者可以从众多层面上获得资源。即便是最有天赋、最有经验的创业团队也不可能掌握运作一个新企业所需要的所有的知识与技能，此时，企业家如能合理运用企业的人力资本，从各方面寻求帮助并将之付诸企业的运作并寻求发展机会，新企业的成功概率就会大大增加。

6.3.2 人力资源的利用

在历经种种人力资源获取后，如若不能将之合理利用，自然是毫无意义的。获取必要的资源——充分的知识、经验、技巧、能力，这仅仅是第一步。创业团队如果想帮助新企业取得成功，下一步必须以一种有效的方式合作，而这一点常常会被创业团队所忽视或者不充分实现。创业团队太过于关注他们认定的机遇以及希望企业可以快速发展，以至于他们对于和他人建立很强的工作关系这件事缺乏足够的关注，而这可以帮助新企业来最大化利用他们的人力资源。Ensely 等(2002)的研究显示，这样的关系是新企业成功的基本要素。在一项关于 70 家新企业的研究中显示，创业团队中更强的凝聚力即创业者间良好的关系与出众的财务表现有着密切联系。至于如何在创业团队中建立强有力的工作关系，并没有一个明确的答案，但是有三个因素在其中扮演了关键的角色。即：一是对每个创业者最初有一个清晰的角色分配(如责任和职权)；二是关注于公平性知觉的基础问题；三是在队员中形成有效的交流风格与模式，尤其是反馈问题。

责任与职权分配不明朗会给企业的管理带来不和谐因素，而一个清晰明朗的角色定位可以帮助避免上述问题的发生。团队中人员明确分工，每个创业者负责企业运作所需要的不同的职位并承担不同的责任，享有不交叉的职权。一旦职位被明确，创业者的角色就会更加有效地被执行。所以，当创业团队聚集在一起成立新企业的时候，每个成员应根据个体的经验与知识分配他们的权与责，如若不然，新企业也许会面临无意义的花销与注意力转移，无疑对其成功是极为不利的。虽然这从表面上看起来十分容易，但是执行起来却并非如此。创业团队只有学会与他们的组员合作，才有可能将削弱公司能力的危险降至最低。

至于公平性知觉，不难理解，在创业团队中合理分配责任、职权与利益是不言而喻但无法忽视的一点。当团队中面临分配不公时，即便是个人的感知偏差，亦会对团队的效率视程度不同产生或轻或重的影响，情节较轻的会让团队中的人面合心离，影响企业前进，而情节严重的甚至会导致新企业的分崩离析从而面临创业失败。让团队中的人感觉到公平合理是十分重要的一点，从某种意义上讲，处理不当其危害之大为三因素之首。

不同的创业团队往往会采取不同的沟通方式，这在某种方式上对后期企业文化的确立会产生一定影响。以IT公司为例，创业团队间通常习惯简单明了的沟通方式，高效处理各种问题，而广告公司往往选择反复沟通敲定细节，力图达到最完美的效果。即便是同一行业内，企业的沟通方式也存在差异，其中创业团队成员的性格及个人背景会是其中的部分因素。然而无论是何种沟通方式，简洁高效无疑是所有团队所共同需要的，故创业团队应建立团队间适用的沟通方式与反馈机制，帮助新企业更高效地运作。

通常层面上，权责不明会导致新企业运转失当，分配不公会影响企业精神，而反馈机制不完善、沟通不良则会影响企业效率，三者均会让新企业负担起不必要的花销而成为阻碍企业成功的重要原因。三种因素互相独立但又彼此间存在无形的联系，新企业要在成立初期便在根源上妥善处理好此类问题，避免其在新企业发展阶段产生更为严重的影响。

无疑，新企业的无形资源不仅仅包括人力资本，创新资源及企业声望等均是其重要的组成部分，而这两点将会在后面的章节中加以详尽的叙述。

作为一个新企业，一切从零开始，以上种种资源均需从头获取。打下良好的基础无疑是至关重要的，新企业在积极求索各类人力资源的同时，亦应牢守宁缺毋滥原则，并善加利用资源，在企业创业阶段明确地定位其竞争优势。在企业创立初期即对其竞争优势有一个明确的定位是十分重要的，此时团队的每一个决定都会关系到企业未来的走向，甚至于影响企业定位。通过团队对市场的认知与分析，他们对创业目标与期望进行合适的微调，规划出新企业的竞争优势目标。

6.4 新兴市场的融资特点

本节将重点讨论融资尤其是新兴市场融资的特征，股权融资和债券融资的异同以及企业创新等方面的话题。

6.4.1 初创与资源获得

Denis(2004)认为对众多融资途径的选择、资本决策对于初创企业的运营，如在失败风险、公司业绩和稳定发展等方面有着重大的潜在影响。De Bettignies 和 Brander(2007)总结关于初创企业融资的研究在近十年间持续发展，初创企业对于正式融资途径、股权融资与债权融资之间的利弊权衡已经得以检验，然而对于正式与非正式融资途径对创业者融资的利弊权衡的研究却少有提及。Webb 等(2013)总结正式的融资途径包括了来源于银行、信用社、政府以及非政府组织如邮政的资本来源。而非正式融资途径则以亲友间借贷、个人积蓄、供应商赊销、客户提前支付,甚至地下钱庄、民间标会为主。在许多新兴市场,非正式融资已经成为创业者或初创企业日益流行和普遍的融资途径。

Van de Ven (1986)定义创新即在一个制度秩序中,将全新的个人理念开发并实践(实施)于与他人的交易中。Bruton 等(2013)认为在成熟市场和新兴市场,创新都与创业精神息息相关。创业者往往发现可以创造或发掘商业机会。这样的商业机会往往是可以转化为解决市场中消费者无法被满足的需求的产品和服务。Suddaby 等(2015)建议创新需要尽快付诸实践,因此速度成了成功将创新引入市场的关键因素。在创业精神的背景下,创新是创业者创造价值和挖掘创业机会的重要方法。

Suddaby 等(2015)提出,为了充分利用已发现或者创造的机会,创业者需要致力于创新,创造新的产品和服务并将其引入市场,而且收回其价值。创新需要庞大的投资,所以必须获取必备的融资途径来用于开发创新。Ebben 和 Johnson (2006)发现初创者普遍会面临财务上的拮据和经历从正式融资渠道难以获取运营资本的困境。在金融市场尚未发展成熟和资本有限的新兴市场,创业者所面临的条件就更为艰苦。上述所致,创业者不得不依赖于非正式借贷,以解决创新所需的财务需求。

6.4.2 股权融资和债券融资

股权融资是企业向投资方出售企业股权,发行股票进行融资。其特点是引入资金无须归还,不需要支付利息,但企业所得利润需按比例分配给投资者;对于初创企业而言,公司并未在公开交易市场上市,不能通过发行股票进行融资,初创企业常见的股权融资主要以天使投资人和风险投资为主,当企业取得一定的发展则可以考虑引入私募股权基金作为上市前的主要股权融资方式。

债券融资就是企业通过向银行贷款,发行债券,或向非正式个体或者团体申请借贷的融资方式。其特点是融资企业必须根据协议按期归还本金并定期支付利息,所得利润无须按比例分配给投资者。与股票相似,债券也必须通过公开交易市场进行发售,因此,创业者往往选择非正式民间借贷或者直接向银行申请贷款来获得债券融资。

Chemmanur(2014)和 De Bettignies(2007)总结了股权融资与债权融资的优缺点,如表 6-2 所示。

- 银行债权融资可以让创业者保留全部公司所有权从而给了创业者极大的激励,相反,股权融资由于稀释了创业者的所有权,其奋斗的动力也被减弱。
- 相较风险投资对创业企业进行管理层输入,债权投资者显然相对被动。
- 相对于债权投资者,股权投资者更倾向于收取长期资本回报。
- 直接银行贷款需要企业达到一定的财务指标并且支付相关手续费,股权投资则更为灵活多样(如天使投资人)。

表 6-2　股权融资与债权融资的优缺点比较

新企业融资渠道	分类	优　点	缺　点	来　源
正式股权融资	风险资本	a. 提供监督服务 b. 提供一系列后续服务支持	a. 放弃部分所有权 b. 淡化创业者投入的积极性	De Bettignies & Brander (2007) Denise (2004)
	天使投资人	a. 扮演重要的社交角色 b. 在引入风险投资前提供短期融资 c. 在股权融资中占有重要地位	a. 不能提供大量投资后续支持服务 b. 缺乏清晰的任务纲领 c. 企业与风险投资的固有矛盾——缺乏提供价值增值的支持服务	Chemmanur & Fulghieri (2014) Denise (2004)
	公司风险投资	具有比传统风险投资更开阔的投资视野	a. 缺乏清晰的任务纲领 b. 缺乏充分的保证承诺 c. 启动初期战略导向的矛盾	Chemmanur & Fulghieri (2014) Denise (2004)
非正式股权融资	非正式众筹	从大量投资者中集资	a. 投资者蚀本机会增高 b. 众筹可能对初创企业长远发展无益	Chemmanur & Fulghieri (2014)
正式债权融资	银行贷款	a. 创业者对公司的所有权得以保留 b. 避免稀释创业者的投入和失去企业控制权	a. 丧失风险投资的管理输入 b. 需要银行批准贷款协议 c. 贷款规模有限	Talavera et al. (2012) De Bettignies & Brander (2007) Zhang (2015)
非正式债权融资	亲友或者私人放贷者之间借贷	借贷双方有一定个人了解即可	a. 成本与利率基于借贷双方的个人关系 b. 为降低拖欠风险，贷款额度小、时间短 c. 票面利率往往高于正规贷款利率，在偏远地区更为明显 d. 产生双向财务义务	Chua et al. (2011) Zhang (2015)

(1) 股权融资

广义而言，天使投资人、风险投资和私募股权都可以认为是风险投资，也就是国内常说的创业投资。三者往往通过被投资创业公司的不同阶段而划分，天使投资人是在种子期，风险投资是在初创或者发展期，而私募则是在成熟期。除了时间的先后顺序，三者的区别还在于投资的金额、来源和风险程度上有差异。

①天使投资人

天使投资人是一群以半正式结构组成的持有一定净值资产的投资者群体，定期与招揽融资的创业者会面，评估其商业机会，并进行尽职调查，最终选取其中符合条件的进行投资。在种子期内，创业者需要投入相当数量的资金进行研究开发，或者对自己的创意进行测试或验证。一般来说，此时期所需的资金并不多。在这个时期，如果这个创意或科研项目十分吸引人，很有可能吸引被西方称为"天使"的个人风险投资者。这个时期的投资不仅对创业公司日后的成败有举足轻重的作用，而且也会对其管理、治理和运营带来影响。Gompers(1996)认为与风险投资不同，天使投资人使用自己的资金自觉进行投资，然而风险投资则是由投资经理替有限合伙人或其他投资者进行选投，因此天使投资人在代理人问题方面是比风险投资更为简单的。另外，天使投资人可能选择一些风险投资不愿意投资的公司或行业，因此天使投资人与风险投资的领域存在市场划分。因为天使投资人和风险投资的专长和技能不同，所能给创业者提供的增值服务也不尽相同。

②风险投资

风险投资是由在技术、财务、市场或者相关行业领域具有相关知识和经验的专业人士所操作，为投资者寻找高风险、高成长的潜力创业企业进行投资，从而在长远的未来获得高回报。资本往往来自于个人、基金或者投资公司。风险投资虽然会选择投资种子期的企业，但是更为常见的是投资一些处于创建期或者发展期，已经有良好的商业发展轨迹并且需要额外融资来扩展的小型企业。企业进入成长期以后，战略基本成型，准备着手投入资源去实现这个战略。这些企业通常已经向银行借了银行批准的最大限额的贷款，但是现有股东无法注入额外的权益资本。这个时候就需要引入风险投资，所以风险投资是企业战略成型以后支持实施战略的投资。对投资者而言，此时的创新企业已经可以进行理性分析并且可以对所面临的风险进行相对准确的估计。这样机构化投资就有了一定的基础，也即实际的出资人可以委托专业的投资人士进行操作并对投资人士实施监督，从而在投资领域产生了委托—代理关系；另一方面，这个阶段的企业需要的资金量相对比较大，如果由个人投资者投资将很难分散风险，因此投资的机构化也成为必然。然而一旦创业公司获得风险投资，银行也有可能批出更高额度的贷款，因为相比没有风险投资进驻的创新企业，其信用风险更低。一项调查显示，75%的风险投资请求在初次筛选时就被拒绝，只有3%的项目可以通过层层筛选获得融资。

当创业者去风险投资机构寻求帮助时，他们应当考虑以下问题：

- 风险投资机构希望持有公司部分股权；
- 创业者需要说服投资者相信公司将会成功(有过管理层收购这样成功交易记录的公司近年来备受风险资本追捧)；
- 风险投资公司可能要求公司代表以独立董事身份进入董事会，以保证投资方的利益。

Celikyurt等(2014)的研究表明，在成熟市场，宣布风险投资进驻并指认代理人进入董事会的初创公司比风险投资进驻前有了更高的超额回报，公司业绩也相应提高。风险投资派驻创新企业的代理董事通常具有丰富的经验和一定的相关专业知识，能为企业在创新和投资方面提供有效价值。Tian 和 Wang(2014)发现,风险投资是个高风险、高回报的行业,引入风险投资的创新企业也面临着重大的失败风险。因此,风险投资者对所投资企业失败的态度也对企业未来的发展和表现有影响。上市前有过失败、承受力强的风险投资入驻过的企业会具有更强的创新力。这些公司不仅拥有更多的知识产权和专利,而且这些专利有着很高的影响力。

Chemmanur 和 Fulghieri(2014)的研究表明,企业风险投资(CVC)和个人风险投资(IVC)存在以下差异:首先,CVC 有更长远开阔的投资方向,不局限于财务报表上的回报,与创业公司间没有单纯业绩相关的对赌协议,使得相比 IVC,CVC 对于所投公司的实验和偶尔性失败更加开放。其次,母公司做派驻的代表拥有所投公司行业的专业技术和知识,IVC 则缺乏这个方面的资源。所以,CVC 可以更好地利用从所投公司获得的研究开发信息来提供资金的投资能力。综合以上因素,CVC 在培养创新企业方面比 IVC 更加行之有效。

③私募股权

私募股权的定义存在广义与狭义之分,广义的私募股权包括了企业 IPO(Initial Public Offering,首次公开募股)之前在企业各个阶段所进行的所有权益投资,前文提到的天使投资人和风险投资都包括在了广义的私募股权范围内;狭义的私募股权投资则特指针对具有一定市场规模,具有成熟的产品、稳定的生产线和现金流的进入成熟期的企业。

创新企业进入成熟期后,已经在市场上取得阶段性的成功,短期不再面临生存困境。此时企业的融资渠道和目的也变得多元化,有的为了扩展业务线,有的为了进行并购整合,有的则为了规划上市。为了这些目的而寻找私募融资都是希望企业可以达到更高的台阶。此时,企业一般可以通过自身积累和银行贷款解决较小金额的融资需求,而且私募资金的注入一般金额庞大,但是通过对赌、回购等合约可以将投资风险控制在可控范围内。创新企业吸引私募融资往往放眼于企业的长期战略和产业整合,因此要求投资方除了投入资金,还要通过自身的产业背景和其他资源为创新企业提供价值增值服务,以协助企业达到目标。

(2) 债权融资

Chemmanur 和 Fulghieri (2014)猜测非正式途径和正式途径在融资合同制上存在的差异最终会对公司开发产品服务创新的可接受风险造成影响。决定创新项目成本的因素存在不可预见性和高度的不确定性,而且经验显示创新项目以失败告终居多。Zott 和 Huy(2007)认为典型的初创者一般具有如下特征:可用于开发创新的财务资源严重受限,经商史不长,缺乏有说服力的业绩记录,缺乏具有抵押价值的资产,缺乏一般合法性和社会地位,所有上述情况均让初创者被正式融资途径拒之门外。Zhang(2015)发现在新兴市场或发展中国家,创业者的主要部分贷款并非来自直接银行贷款。Li(2006)发现创业者,尤其是创业新手难以获得银行贷款,因为银行发放贷款的对象主要为低风险客户,特别是在宏观经济不理想和制度体系不健全的大环境下,创业者获得一份创业贷款作为启动资金更是难上加难。Conning (1999) 认为在这样的条件下,来自亲友或者其他团队(如供货商、地下钱庄、民间标会)的借贷逐渐成为创业者资本积累的主要方式之一。Satta (2003)

的一份对坦桑尼亚136个小型企业的研究报告显示：由于企业发展受限，63%的企业面临难以从金融机构获取融资的困境。类似问题在其他发展中国家也同样突出，Buckley(1997)的研究发现，肯尼亚96%的创业者也因此类问题从未申请过银行贷款。

2008年全国工商联的一份调查报告显示：90%的小微创业公司从未向正规金融机构申请过贷款(包括商业银行、邮政储蓄、信用社、政府及非政府组织)，35%的企业通过非正式途径达到融资目标。

快捷、低手续费和简易的抵押要求使非正式贷款备受借款人青睐。Armendáriz和Morduch(2007)的研究表明，非正式贷款的手续费一般低于正式贷款。在相熟的双方经过一两次面对面会议对贷款数额和利率进行具体协商后即可达成口头或书面的协议并制订还款计划。在本章作者一次采访中得知，一个使用非正式渠道融资的中国创业团体透露，从与债主第一次接触到得到现金平均只需要3～4天时间，然而获得标准银行贷款的净时间则长达数周至数月。掌握资本的放贷者和急需资金的创业者一般相识但是并非必须熟悉。如果不考虑时间因素的情况下，创业者可能会更偏爱于低利率的标准银行贷款。

6.4.3 企业创新与非正式贷款

Amit等以及Zott和Huy(1998、2007)总结非正式贷款是作为无法获得正式融资渠道的创业者解决创新开发所需财务资源问题的少有出路之一，然而非正式贷款途径在长期看来却是一把双刃剑。也就是说非正式贷款与企业创新存在倒U形关系。

首先，非正式贷款的相对易获得性大大提高了获取资本流入创新活动的机会；其次，非正式贷款可以迅速发放，缩短了资本获取的时间周期。创新过程的相对易获取性，创新产品的质量和市场的表现是难以查证的。这个困境造成了资金提供者和创新企业的信息不对称，后者可能掌握有关于新产品内在质量的超前信息。Buckley (1997)发现尽管灵活的非正式贷款不需要抵押或担保，但是无抵押的高风险则需要更高的利率回报来弥补。Armendáriz和Morduch(2007)认为，与可以迅速批准的非正式贷款相比，通过正式融资渠道获得融资的程序较为复杂：严格的申请程序、可行性分析、文件调查、无满足条件的抵押物，并且正式贷款机构通常不鼓励创业者在竞争激烈的市场中创业。然而时间就是金钱，非正式的小微金融机构则可以减少时间成本和交易费。Hu(2010)的研究发现，非正式贷款的易接近性和快捷功效可能鼓励创业者继续使用其进行融资，然而长期反复使用也会使其优势递减。为减少商业的不确定性，非正式贷款一般倾向于提供短期贷款，对创业者而言，必须快速还款对创新带来了干扰因素。此外，非亲友的非正式贷款(如地下钱庄和民间标会)均通过收取极高的利息来获取提供高风险贷款的回报，如此高的利息支出可能超出了创业者的可承受能力。

Buckley(1997)发现过度或反复使用非正式贷款会让本来财务能力已经捉襟见肘的创新型创业者更加雪上加霜。Wu(2011)估计在中国非正式资本提供方会收取高达40%的年利息。在如此高的利率下，问题不仅在于借款方如何承受此项开支，卷入实质建立在双方个人关系交易基础上的创业者可能必须在建立社会关系和增加相互信任上投入大量时间和资源，因为争端和纠纷往往因以上工作不足而引起。创业者无法把主要精力和时间投入新产品开发，再加上过重的财务及扩展压力，最终会导致低质量的创业结果。

作为创业者，首先要认识到非正式贷款在促进创新开发上的积极作用，那些自身财力有限和被正式金融机构拒之门外的创业者可以用非正式贷款作为缓解创新研发资金暂时紧张的重要途径之一。但是创业者必须注意其产生的成本，并且对此类融资途径做到严格的利弊权衡。换句话说，使用非正式贷款必须深思熟虑、慎重行事，因为对其过度依赖弊大于利。过量使用也会带来财务高压，同时也会被复杂的社会关系网所困扰。为了克服非正式贷款的黑暗面，创业者需要确保可以获得互补的多种融资渠道。为了让外部融资渠道更好地服务新创企业，创业者需努力扩大其社交网络从而发现、获取新的可以用于创新发展和企业长期成长的资本来源。

本章小结

本章主要阐述了企业初创时期，创业团队的类型和重要组成因素，比较了各种企业组织形式的利弊，探讨了初创企业生存的关键因素。对于新创企业来说，资金是所有资源中最为关键的，创业融资方式和融资渠道有多种，处于种子期、创建期和发展期的企业具有不同的融资需求，企业必须从战略的高度对企业各个阶段的融资问题拟订整体性规划，并根据不同阶段的特点开展融资活动。在进入融资阶段，企业需要大量的人力资源来确保良好运转，新创企业的创业团队可以提供人力资本和社会资本这两种极为有价值的资源，并需要对其加以合理利用，有利于巩固企业发展基础，获得竞争优势。股权融资和债券融资是企业的两种融资方式，两者具有不同的优缺点。对于新创企业来说，需要了解各种正式的和非正式的融资途径，尤其需要对非正式融资途径进行严格的利弊权衡，克服其阴暗面，确保获得互补的多种融资渠道，更好地服务新创企业。

本章思考题

1. 什么是创业团队？列举创业团队的重要组成因素。

2. 初创企业通常采取什么组织形式？不同的组织形式有什么特点？

3. 企业的发展分成哪几个阶段？概述不同阶段的融资需求特点。

4. 人力资源有哪些来源？如何有效利用人力资源？

5. 新兴市场在融资方面有哪些特点？股权融资又可以细分为哪几种？

6. 天使投资人和风险投资有什么异同？

7. 什么是债券融资？简述其特点。

案例分析

小米融资案例——雷军

一提到小米，大家都会想到小米手机，小米科技的成长在终端行业可谓一匹黑马。小米何以发展如此迅速，下面将对此进行讲述。

2010年4月6日，雷军选择重新创业，建立了小米公司，并于2011年8月16日正式发布小米手机。小米人主要有来自微软、谷歌、金山软件、摩托罗拉等国内著名IT公司的资深员工。

2014年12月，小米完成最新一轮融资，估值450亿美元，已经成为互联网行业的一大巨头。将大多数中国互联网公司甩在其后，对此，投中集团分析师冯坡表示，小米公司的高估值再次验证了投资者对智能手机行业成长前景的认可，将进一步推动移动互联网投资活跃；小米"互联网手机"模式的成功，将进一步激励互联网公司介入手机市场。

小米没有正式的天使融资，主要是通过雷军的私人关系获得了一些投资。2011年上半年，小米完成A轮4100万美元的融资，由晨星、启明、IDG投资估值2.5亿美元；2011年年底，小米B轮融资9000万美元，投资人除了上述三家之外，又增加了顺为基金、淡马锡及高通公司，估值翻四倍达到10亿美元；2012年6月底，小米完成C轮2.16亿美元融资，未公布具体投资方，估值40亿美元；2013年8月，小米D轮融资DST领投，估值超过100亿美元。2014年12月，小米完成新一轮融资，参与的投资机构包括All-Stars全明星基金、新加坡主权基金GIC，融资额为11亿美元，公司估值达到了450亿美元。

风险投资机构为何投资小米？这就要从小米的优势说起。首先小米市场定位明确。当时(2010年)市面上的很多手机市场定位主要是面向普通消费人群，手机的功能也日益多样化和智能化，消费者不仅仅满足于日常通信，更注重的是娱乐，甚至有数量庞大的手机用户热衷于玩机、刷机，刷机的发烧友需要一部真正适合他们的手机，小米科技公司正是发现了这一点，针对刷机人群设计了小米M1，基于CyanogenMod而深度定制的Android移动操作系统，开放系统源代码，让用户可以自由刷机而且风险极低。其次，小米科技优秀的技术与管理团队。小米公司由前谷歌、微软、金山等公司的顶尖高手组建，小米手机的设计全部由小米内部来自摩托罗拉的硬件团队完成。众多来自于知名企业的管理和技术人员使得小米能够更好地与其他厂商合作以及得到更加完备和优秀的技术支持，为小米手机的面世奠定了良好的基础。更让人值得一提的一点是"铁人三项"，也即互联网+软件+硬件。雷军自称是乔布斯的超级粉丝，小米MIUI系统以及小米手机的销售模式在一定程度上借鉴了苹果公司，他得出结论：移动互联网时代，一家公司成功的标准是软件、硬件和移动互联网三种资源的高度匹配。"玩的就是'铁人三项'。"在小米成立之初，雷军就决心将"铁人三项"进行到底，在这方面他们最大的优势是7位创始人分别来自软件、硬件、互联网领域的著名企业：微软、谷歌、摩托罗拉，还有金山。雷军是金山软件的董事长和著名的天使投资人，林斌是谷歌研究院的副院长，洪锋是谷歌高级工程师，黄江吉是微软工程院首席工程师，黎万强是金山软件人机交互设计总监、金山词霸总经理，周光平是摩托罗拉北京研发中心总工程师，而刘德是一位毕业于世界顶级设计院校ArtCenter的工业设计师。

智能手机的风险投资者看重的是手机厂商的核心科技竞争力和团队力量，小米科技的执行团队可以说是群英汇聚，7位创始人中的每一位都是经验丰富的管理人才，旗下的小米开发团队更是人才济济，这也是小米科技敢公开声明，开发团队能够每周针对MIUI操作系统进行更新，这既是对其开发人员的一个考验，同时也显示了其强大的核心科技竞争力和团队力量，这正是吸引风险投资者的一个重要因素。

雷军在接受采访时说："当初我决定组建超强的团队，前半年花了至少80%时间找人，幸运地找到了7个牛人合伙，全是技术背景，平均年龄42岁，经验极其丰富。3个本地加5个海归，土洋结合，理念一致，大都管过超过几百人的团队，充满创业热情。如果你招不到人才，只是因为你投入的精力不够多。我每天都要花费一半以上的时间用来招募人才，前100名员工每名员工入职都亲自见面并沟通。当时，招募优秀的硬件工程师尤其困难。有一次，一个非常资深和出色的硬件工程师被请来小米公司面试，他没有创业的决心，对小米的前途也有些怀疑，几个合伙人轮流和他交流，整整12个小时，打动了他，最后工程师说：'好吧，我已经体力不支了，还是答应你们算了！'"

小米的另一个优势就是扁平化的管理架构。小米的组织架构没有层级，基本上是三级：7个核心创始人——部门leader——员工。而且不会让团队太大，稍微大一点就拆分成小团队。从小米的办公布局就能看出这种组织结构：一层产品、一层营销、一层硬件、一层电商，每一层由一名创始人坐镇，能一竿子插到底地执行。大家互不干涉，都希望能够在各自分管的领域给力，一起把这个事情做好。除7个创始人有职位外，其他人都没有职位，都是工程师，晋升的唯一奖励就是涨薪。不需要你考虑太多杂事和杂念，没有什么团队利益，一心在事情上。这样的管理制度减少了层级之间互相汇报浪费的时间。小米现在2500多人，除每周一的1小时公司级例会之外很少开会，也没什么季度总结会、半年总结会。成立3年多，7个合伙人只开过3次集体大会。2012年"815电商大战"，从策划、设计、开发、供应链仅用了不到24小时的准备时间，上线后微博转发量近10万次，销售量近20万台。

小米的成功给我们的启示是，有力的团队、独有的优势、合理的组织架构以及良好的产品是中小企业生存与发展的关键。借鉴小米公司的成功经验，实施开放式创新模式，从以产品为中心到以市场为中心，推进产品创新与市场融合，开放协调，发挥独有优势，多元融合，不断提升中小企业产品研发水平和市场营销水平，为实现中小企业腾飞打下坚实的基础。

案例来源：改编自"小米科技融资案例". http://www.360doc.com/content/14/0919/01/9428521_410587225.shtml.

问题讨论：

1. 请评述初创时期的小米在融资以及人力资源利用方面的做法。
2. 请评述初创时期的小米的创业团队建设以及其为产品创新所带来的益处。

本章精读文献

Alvarez, S A & Busenitz, L W. The entrepreneurship of resource-based theory [J]. *Journal of Management*, 2001, 27(6): 755-775.

Chapter Article Summary(本章精读文献摘要):

This paper examines the relationship between resource-based theory (RBT) and entrepreneurship and develops insights that advance the boundaries of RBT and begins to address important questions in entrepreneurship. They extend the boundaries of RBT by introducing two entrepreneurial concepts: (1) entrepreneurial recognition, which is defined as the recognition of opportunities and opportunity seeking behavior as a resource and (2) the process of combining and organizing resources as a resource. They also build a theory for the field of entrepreneurship that is organized around the four conditions of RBT: resource heterogeneity, ex post limits to competition, imperfect factor mobility and ex ante limits to competition. They show how RBT from another area of inquiry can be a very helpful exploration tool for probing and better understanding entrepreneurship related phenomena. They use RBT to show how entrepreneurship generally involves the founder's unique awareness of opportunities, the ability to acquire the resources needed to exploit the opportunity, and the organizational ability to recombine homogeneous inputs into heterogeneous outputs. Looking at these from a multiple levels of analysis perspective involves significant truncation or problems with theory development. By analyzing these different aspects of entrepreneurship as unique resources they resolve the level of analysis problem and facilitate better theory development. Furthermore, their development of the entrepreneurship in RBT paves the way for addressing important research questions. For example, one such question might be under what conditions is the firm's most efficient way of exploiting economic opportunities identified by entrepreneurs? Entrepreneurs have individual-specific resources that facilitate the recognition of new opportunities and the assembling of resources for the venture. By focusing on resources, from opportunity recognition to the ability to organize these resources into a firm and then to the creation of heterogeneous outputs through the firm that are superior to the market, they help identify issues that begin to address the distinctive domain of entrepreneurship. From an entrepreneurial perspective, one contribution to RBT is that they are now able to identify resources such as entrepreneurial alertness, insight, entrepreneurial knowledge, and the ability to coordinate resources, as resources in their own right.

本章精读文献评述:

这篇文章从理论上考察了资源基础理论与创业之间的关系,资源基础理论在创业研究领域的应用主要体现在创业机会识别和创业资源整合两个方面。创业者具有的独特的个人认知能力作为一种资源有助于识别新机会和积累新创企业资源。本文通过聚焦资源,从机会识别能力，到创业资源整合能力，再到创造出领先市场的异质性成果，帮助我们识别出了这些具有独特性的创业研究领域。作者认为构建新创企业优势和获取创业资金的基础可以归结为四个方面：资源异质性、事前竞争约束、要素的不完全流动性和事后竞争约束。作者在创业者异质性方面的论述，应该说对我们当前的“大众创业、万众创新”的社会环境和创业教育具有较大启发。这篇文章的作者认为相对于管理者，创业者更多会使用简单化的直观推断的思维模式（heuristic-based logic）进行思考，使用有限的或关键的经验来做决策，而不是建立在全面信息和严密论证的基础之上。这对我们的传统教育，尤其是高等教育提出了重大挑战。我们传统教育以提供系统性和应试性教育为主，这种模式下的学生具有较严密的逻辑思维能力和求全求真的精神，并形成思维惯性，却很难形成作者所提到的“创业警觉”和“快速决断”。因此对稍纵即逝的创业机会不敏感，即使捕捉到也容易因为追求更全面信息而错失良机。作者还提出创业者的另一项关键资源是隐性的一般知识（tacit generalized knowledge），即难以言述清楚的更全面的综合知识。有了这些知识，创业者就可以更有目的性地搜寻和整合更专业高深的具体知识和资源。匈牙利哲学家波兰尼认为人类的知识有两种，通常被描述为知识的，即以书面文字、图表和数学公式加以表述的，称之为显性知识，而未被表述或很难被表述清楚的知识，像我们在做某事的行动中所拥有的知识，是隐性知识。复旦大学曾提倡培养学生“自由而无用的灵魂”，这恰恰是创业者所需要的。因此，如何设计并有效传递宽口径的、能激发深度思考的知识体系是每一个高校和教育者都应该思考的问题。如何设计出一套更加有效针对创业素质的能力模型和知识体系是创业教育当前面临的一项重大挑战。

本文还强调创业者在社会关系中的弱联系强度对于创业成功至关重要。弱联系理论是社会学的一个经典理论，该理论认为人与人之间的关系，从沟通互动的频率来看，可以简单划分为强联系和弱联系。强联系产生于个人与核心家庭成员、好朋友、工作上的合作伙伴和主要客户之间，表现为在生活和工作中有较多的互动机会；弱联系则存在于更为广泛亦更为肤浅的社会交往中，一个人在社会上获得机会的多少，与他的社交网络结构很有关系。如果只跟亲朋好友交往，或者认识的人都是与自己背景类似的人，那么他的认知结构和信息结构就比较有限。由于创业者思考问题是跳跃性的和非线性的，将自己置于非常规的、思想迥异的人和情境当中，会激发他们创新思维的火花，会让他们接触到更多异质性的信息和资源。这些资源的整合无论对于创业机会的识别还是利用都很必要。2012 年，哈佛商学院的 Gompers 等发表了一篇《友谊的代价》（The cost of friendship）的论文。这篇文章考察了 3510 个风险投资者，以及他们在 1975—2003 年间 11895 个投资项目。有些人选择与自己能力相当的人合作，比如大家都是名校毕业；但更多的人选择与自己的“熟人”合作，比如是曾经的同学、同事。这个研究发现，按能力搭档可以增加投资的成功率，而找熟人搭档，则会极其显著地减少投资成功的可能性。因此，如何经营弱联系资源对于意欲创业和已经创业的人来说都意义非凡。

本章摘要与评述撰写者：魏峰，同济大学副教授，美国弗吉尼亚大学达顿商学院访问教授，管理研究论文发表在 *AMJ* 等期刊上。

本章作者介绍

吴杰，澳门大学企业管理系副教授，新加坡国立大学博士，主讲课程包括全球商业环境、创业管理、战略管理等。在研究方面曾荣获 2014 年 IACMR 最佳会议论文，2012 年 AOM 年会最佳论文提名奖等，并在 *Strategic Entrepreneurial Journal*，*Journal of Business Research*，*Technovation*，*Long Range Planning*，*Research Policy* 等国际高水平期刊上发表论文 20 余篇。

本章相关引用材料

[1] Allen，K R. *Launching New Ventures：An Entrepreneurial Approach* （*4th Edition*）[M]. Boston：Houghton Mifflin，2006.

[2] Amit，R，Brander，J & Zott，C. Why do venture capital firms exist? Theory and Canadian evidence [J]. *Journal of Business Venturing*，1998，13(6)：441-466.

[3] Armendáriz，B & Morduch，J. *The Economics of Microfinance* [M]. Cambridge：MIT Press，2007.

[4] Bruton，G D，Filatotchev，I，Si，S & Wright，M. Entrepreneurship and strategy in emerging economies [J]. *Strategic Entrepreneurship Journal*，2013，7(3)：169-180.

[5] Buckley，G. Microfinance in Africa：Is it either the problem or the solution? [J]. *World Development*，1997，25(7)：1081-1093.

[6] Celikyurt，U，Sevilir，M & Shivdasani，A. Venture capitalists on boards of mature public firms [J]. *Review of Financial Studies*，2014，27(1)：56-101.

[7] Chemmanur，T J & Fulghieri，P. Entrepreneurial finance and innovation：An introduction and agenda for future research [J]. *Review of Financial Studies*，2014，27(1)：1-19.

[8] Chua，J H，Chrisman，J J，Kellermanns，F & Wu，Z. Family involvement and new venture debt financing [J]. *Journal of Business Venturing*，2011，26(4)：472-488.

[9] Conning，J. Outreach，sustainability and leverage in monitored and peer-monitored lending [J]. *Journal of Development Economics*，1999，60(1)：51-77.

[10] Davidsson，P & Honig，B. The role of social and human capital among nascent entrepreneurs [J]. *Journal of Business Venturing*，2003，18(3)：301-331

[11] De Bettignies，J E & Brander，JA. Financing entrepreneurship：Bank finance versus venture capital [J]. *Journal of Business Venturing*，2007，22(6)：808-832.

[12] Denis，D J. Entrepreneurial finance：An overview of the issues and evidence [J]. *Journal of Corporate Finance*，2004，10(2)：301-326.

[13] Dimov，C P & Shepherd，D A. Human capital theory and venture capital firms：Exploring "home runs" and "strike outs" [J]. *Journal of Business Venturing*，2005，20(1)：1-21

[14] Ebben，J & Johnson，A. Bootstrapping in small firms：An empirical analysis of change over time [J]. *Journal of Business Venturing*，2006，21(6)：851-865.

[15] Ensely，M D，Person，A & Amason，A. Understanding the dynamics of new venture top management teams：Cohesion，conflict，and new venture performance [J]. *Journal of Business*

Venturing, 2002, 17(4): 365-386.

[16] Gompers, P A. Grandstanding in the venture capital industry [J]. *Journal of Financial Economics*, 1996, 42(1): 133-156.

[17] Hall, J K, Daneke, G A & Lenox, M J. Sustainable development and entrepreneurship: Past contributions and future directions [J]. *Journal of Business Venturing*, 2010, 25(5): 439-448.

[18] Hu, J. Promoting the participation of microfinance in entrepreneurial ventures' technological innovation (in Chinese) [J]. *Technology and Innovation Management*, 2010, 31(3): 254-271.

[19] Kerr, W R, Lerner J & Schoar, A. The consequences of entrepreneurial finance: Evidence from angel financings [J]. *The Review of Financial Studies*, 2014, 27(1): 20-55.

[20] Leung, A, Zhang, J, Wong, P K & Food, M D. The use of networks in human resource acquisition for entrepreneurial firms: Multiple "fit" considerations [J]. *Journal of Business Venturing*, 2006, 21(5): 664-686.

[21] Li, J. *A Survey on Informal Lending in China* [M]. Shanghai: Shanghai People's Publication, 2006.

[22] Satta, TA. Enterprise characteristics and constraints in developing countries: Evidence from a sample of Tanzanian micro and small-scale enterprises [J]. *The International Journal of Entrepreneurship and Innovation*, 2003, 4(3): 175-184.

[23] Suddaby, R, Bruton, G D & Si, S X. Entrepreneurship through a qualitative lens: Insights on the construction and/or discovery of entrepreneurial opportunity [J]. *Journal of Business Venturing*, 2015, 30(1): 1-10.

[24] Talavera, O, Xiong, L & Xiong, X. Social capital and access to bank financing: The case of Chinese entrepreneurs [J]. *Emerging Markets Finance and Trade*, 2012, 48(1): 55-69.

[25] Tian, X & Wang, T D. Tolerance for failure and corporate innovation [J]. *Review of Financial Studies*, 2014, 27(1): 211-255.

[26] Van de Ven, A H. Central problems in the management of innovation [J]. *Management Science*, 1986, 32(5): 590-607.

[27] Webb, J W, Bruton, G D, Tihanyi, L & Ireland, R D. Research on entrepreneurship in the informal economy: Framing a research agenda [J]. *Journal of Business Venturing*, 2013, 28(5): 598-614.

[28] Wu, G. A survey on micro-lending market in Wenzhou (in China) [J]. *Financial Industry*, 2011, 8(1): 25-27.

[29] Zhang, Y. The contingent value of social resources: Entrepreneurs' use of debt-financing sources in western China [J]. *Journal of Business Venturing*, 2015, 30(3): 390-406.

[30] Zott, C & Huy, Q N. How entrepreneurs use symbolic management to acquire resources [J]. *Administrative Science Quarterly*, 2007, 52(1): 70-105.

Chapter 7
第7章 新企业热点问题的理论与实践

学习目标

了解创业失败的特征、原因和应对措施
掌握连续创业的相关概念以及行为特征
掌握平台创业与联盟创业的理念与实践
了解从 0 到 1 看新创企业

章节纲要

本章主要分四节来阐述与探讨新企业创立中的热点问题。第一节介绍创业失败的概念、特征和发生原因；第二节介绍连续创业的概念及行为特征；第三节介绍平台创业与联盟创业的相关知识；第四节介绍新企业的多样性选择尤其是从 0 到 1 这个初创企业的发展过程。

开篇案例

10 年创业长跑　C 轮 3 亿美元融资后启动上市

2014 年 5 月中旬，"美团"宣布完成 C 轮 3 亿美元融资，并启动赴美上市。王兴的 10 年创业长跑终于要开花结果了。

没人能准确说出，王兴到底启动过多少个创业项目。

在刚刚回国，创办校内网之前的两年，王兴做过输入法、短网址、社交网站，甚至地图，没人能说清它们的原型究竟是哪个，但如此频繁的更替，如此快速的迭代，唯一的解释就是，他有自己视为目标的模板，并在为此频繁试错。

2005 年年底，王兴创办校内网，这个项目的灵感依然来自外部，一个典型的例子就是，它的内部代号是"Facebook"。但这一次王兴不再试错，他在项目最初阶段，就一改此前重技术、轻推广的策略，招募了 300 名"校园大使"，辅以近 20 种令人眼花缭乱的推广手段，一炮而红。

一年之后，校内网开拓的社交风潮已经席卷全国，数十家定位各异的网站一哄而上，将校园社交搅成一片"红海"。而校内网却因融资失败，不得不以 200 万美元卖给千橡集团的陈一舟。5 年后，陈将由校内网改名而来的人人网，以"中国最大的社交网络"概念在美国上市，市值一度在中国互联网界仅次于腾讯和百度。

2007 年，王兴又一次迈出了创业的脚步，创立类 Twitter 网站"饭否"，短短半年上线人数即达到百万人，引发国内的微博热潮，不久之后，他又启动了类似校内网但范围更广的社交类网站"海内"，发展势头同样良好。但好景不长，2009 年，"饭否"因"言论奔放"被有关部门关闭，连带着同服务器的"海内"一起关闭。但门户微博却在此后迅猛增长，5 年之后，用户最多时高达 5 亿的新浪微博在美国上市，为王兴开启的这一场微博盛宴画上了句号。

这之后到 2010 年创立"美团"之间的短短半年多时间，据说王兴又做过至少 5 个创业项目，但没人知道项目的具体名称、网址甚至是粗略的方向，唯一可以肯定的是，王兴又开始了新一轮"大规模试错"。

试错的结果不得而知。但正如 5 年前那样，王兴很快又高调启动自己的新创业项目，从内容到形式几乎完全拷贝自美国 Groupon 的团购网站。校内网时曾经看过的戏码再度上演，仅仅两个月后，已经有大量媒体以"百团大战"为题，形容效仿者一拥而上的乱象，半年之后，这个名词又悄悄改成了"千团大战"，不过，这一次的结果与之前不一样了。

资料来源：王宏宇.信仰的和不信仰的.南都周刊，2014(6).

创业过程往往不是一帆风顺的。在看到创业成功的案例、榜样的同时，也要注意到更多失败的群体。在过去的研究和著作中，有关创业失败的论述还比较少。本章将创业失败作为重点内容，关注失败的规律性特征。同时，因为创业失败之后继续创业的案例也非常常见，我们还将探讨连续创业问题。

7.1 创业失败

7.1.1 创业失败的定义

创业活动的风险和不确定性很高，创业失败非常常见(Knott & Posen，2000；Lee et al.，2011)。一项美国人口统计局的调查指出，34%的企业在创立前两年就死亡，50%的企业存活时间不超过 4 年，60%的企业不超过 6 年(Hayward et al.，2006)。国内也有类似的数据显示，中国创业企业的失败率为 80%左右，企业平均寿命不足 3 年，而大学生创业失败率更高达 95%。

在关注创业失败之前，首先需要界定什么是失败和创业失败。就概念定义本身而言，失败(failure)的定义是最宽泛的——它泛指未达到预期目标的一种状况(Cannon & Edmondson，2001)，可以广泛应用于管理学、经济学、心理学、社会学等领域。失败不仅仅限定于企业或组织自身的失败。当我们关注组织内部产品开发和设计、市场推广、项目研发、团队合作等层面或事务时，都有可能探讨失败发生的可能以及相应的应对措施。在组织外部，产业和区域层面，也常常将失败作为重要的研究议题。例如，2012 年前后，在欧洲市场削减光伏补贴、欧债危机爆发，国内受国家宏观调控的影响，银行信贷缩紧的情况下，很多媒体使用了"大溃败"的字眼来描述以光伏、风电为代表的新能源产业的发展状况。

创业失败集中于考察创业活动的失败。这种失败一般指的是新创企业在业务层面的终止(Ropega,2011),换而言之,也就是创业者停止了创业活动,新创企业也被关闭或出售。与创业失败相关的常见词汇还包括死亡(death)、终止(discontinuance)、倒闭(insolvency)、破产(bankruptcy)等(Cope et al. ,2004)。需要说明的是,创业失败通常不是创业者所乐于见到的情况,也就是说,创业者终止企业的业务是基于内外部不利条件所逼迫的。创业者为了盈利,将所创立的企业出售给他人,这种情况一般不被视为创业失败。

Lewis 和 Churchill(1983)的经典创业模型中强调了失败在创业过程中的显著地位,换而言之,他们的模型并不是仅仅汇报了创业过程的不同阶段特征(正如企业生命周期模型所刻画的那样),而是强调了失败和退出在创业过程中每个阶段的突出地位。因此,并不是所有的企业都会经历模型的各个阶段,相当一部分企业半途中就因为各种原因夭折。Churchill 和 Lewis 的创业过程模型如图 7-1 所示。

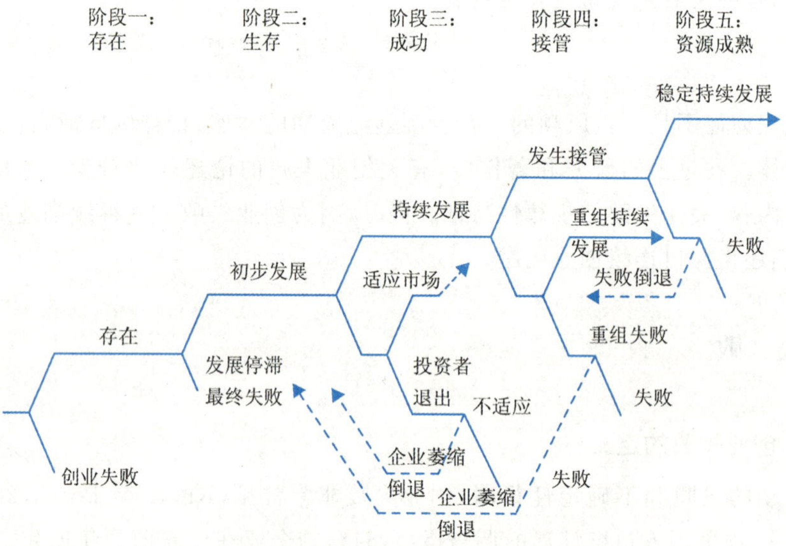

图 7-1 Lewis 和 Churchill(1983)的创业过程模型

第一阶段:存在(existence)。从这一阶段,创业机会开始转化为真实的新企业。创业者需要整合资源和团队力量,将头脑中的创意或是纸面上的创业计划变成实体企业。新企业的组织架构初步搭建起来以实现创业者的创业初衷。从这一阶段开始,创业者就将面临失败风险,不是所有企业都能够度过创业初期。很多企业在这一阶段就暴露出市场不成熟、产品无法成型等问题,从而被迫退出市场。

第二阶段:生存(survival)。在生存阶段,企业初步解决了生存问题。创业者所推出的产品能够为企业获得一定的现金流,这为企业的下一步发展奠定了基础。不过很多企业并不能成功度过这个阶段。其原因是企业的市场有限,产品设计也有严重短板。这些都限制了企业的发展空间,甚至导致企业难以应对外部竞争压力,从而退出市场。

第三阶段：成功(success)。成功可以理解为创业者初步实现了创业的目标。新企业具备较为稳定的市场地位，组织结构也趋于规范和完善。一些前期的投资者可能考虑投资回收，这会对企业的发展造成不确定性。一些企业能够适应投资者退出之后的资源整合和战略设计问题，就可以跨入新的发展阶段；如果企业无法解决这些问题，企业的发展可能会倒退，甚至引起失败。

第四阶段：接管(take-off)。接管往往意味着企业的发展已经达到一定阶段，前期的投资者和创业者可以通过上市或者重组实现创业目标。不过在接管或重组的过程中，可能发生企业的管理层自愿或不自愿的变动，这种变动对企业的运营会有较大的影响，可能使企业的发展倒退，甚至失败。

第五阶段：资源成熟(resource maturity)。资源成熟期也是企业生命周期的成熟阶段。在这一阶段，企业的市场地位较为稳固，现金流较为充足，能够有效应对市场竞争。不过 Churchill 和 Lewis 也提醒创业者，此时企业很可能陷入传统大企业的误区，失去进取心，满足于现状，热衷于规避风险，这也蕴含着很高的失败风险。

7.1.2 创业失败的特征

创业失败的特征是学者和创业者所共同关注的。这里的失败特征，指的是创业失败刚刚形成或者初步具备雏形时的特征，而不是创业失败已经暴露出来之后的特征。显然，对于前者的关注可以在早期阶段就识别出创业可能失败的迹象，从而采取相应的措施来克服创业的不利因素，减缓创业失败的严重影响，甚至避免创业失败。

财务指标是常用的创业失败指标。不论是学术研究还是创业实践，财务指标的重要性都是不言而喻的。创业者保持对于财务指标的敏感性，可以有效识别新创企业可能存在的问题，避免企业陷入困境。当然，针对不同的创业行为，所关注的指标侧重点也会有所不同。这里仅仅陈列出一些常见指标。

(1) 偿债能力指标

创业活动一般要通过各类渠道获得必要的启动和运营资金。在获得资金的同时，创业者也需要承担必要的偿债责任。偿债能力又分为短期偿债能力和长期偿债能力。短期偿债能力所反映的是企业偿付下一年到期的流动负债的能力，反映的是企业资产的流动性，是衡量企业财务状况是否健康良好的重要标志。适用于创业活动的常见短期偿债能力指标包括流动比率和速动比率等。其中，流动比率＝流动资产/流动负债；速动比率＝(货币资金＋短期投资＋应收票据＋一年内应收账款)/流动负债。这两个指标值越大，表明企业短期偿债能力越强。

长期偿债能力是企业对债务的承担能力和对偿还债务的保障能力，这一能力是企业债权人、投资者、经营者和其他利益相关者都十分关注的重要问题。衡量企业长期偿债能力主要看企业资金结构是否合理、稳定以及企业长期盈利能力的大小。适用于创业活动的常见长期偿债能力指标包括资产负债比率、负债权益比率、股东权益比率等。其中，资产负债比率＝负债平均总额/资产平均总额；负债权益比率＝负债总额/股东权益；股东权益比率＝股东权益/总资产。资产负债比率和负债权益比率越低，股东权益比率越高，表明企业的长期偿债能力越强。

（2）营运能力指标

营运能力指企业的经营运行能力，即企业运用各项资产以赚取利润的能力。对于创业活动而言，营运能力意味着在创业者能够有效利用所掌握的资源获得有效收入的能力。营运能力不足，创业活动就难以获得较可靠的成长空间。适用于创业活动的常见营运能力指标包括应收账款周转率、应付账款周转率、存货周转率、流动资产周转率、负债结构比率等。其中，应收账款周转率＝赊销收入净额/平均应收账款；应付账款周转率＝（主营业务成本＋期末存货成本－期初存货成本）/平均应付账款；存货周转率＝主营业务成本/存货平均余额；流动资产周转率＝主营业务收入净额/平均流动资产；负债结构比率＝流动负债/长期负债。

一般来说，应收账款周转率、应付账款周转率、存货周转率、流动资产周转率这几个指标越高，说明创业者对于资产的利用率越高，企业获得收入的经营周期越短。负债结构比率越高，则说明创业者在短期负债方面力度过大，需要注重债务的比例和平衡问题。

（3）成长能力指标

顾名思义，成长能力指标所反映的是创业活动的核心问题。企业成长性和企业的盈利有一定的相关性。如果盈利能力过低，创业者难以获得企业维持经营的必要收入，企业的失败风险就大大上升。不过，通常而言，创业活动的盈利指标在绝对的数量值方面，往往很难和成熟企业或者大企业相比。所以，在创业活动范畴，我们通常考察企业的成长性而非直接的盈利指标。适用于创业活动的常见成长能力指标包括：主营业务收入增长率、净利润增长率、总资产扩张率等。其中，主营业务收入增长率＝（本年主营业务收入－上一年主营业务收入）/上一年主营业务收入；净利润增长率＝（本年净利润－上一年净利润）/上一年净利润；总资产扩张率＝（本年资产总额－上一年资产总额）/上一年资产总额。

上述指标一般越高越好，通过将企业当年的数据与往年数据相比，我们可以大致判断企业的发展变化趋势，如果企业突然停滞发展和扩张，往往意味着企业的经营出了问题。

除了上述财务指标以外，现有研究还更加关注一些专属于创业活动的特征要素。相对而言，财务指标是显性的，创业者或投资者能够积极、理性地分析企业财务状况，即可发现企业可能存在的问题，从而在一定程度上应对创业失败。不过对于现实中的大部分企业而言，一旦财务指标出现不正常迹象，往往意味着企业的经营状况已经出现了较为严重的问题。此时，创业者的应对效果会大打折扣。

与财务指标不同，那些创业活动中的隐性指标，往往在创业失败之前数年就出现了苗头。如果创业者能够在这些方面保持清醒的头脑和敏锐的警觉性，就能够大大降低创业失败的可能。Duchesneau 和 Gartner(1990)的研究关注了 26 家新创立的小企业，发现相对于较成功的企业，失败企业往往缺乏先前的经验，家庭背景中没有与创业相关的活动，对企业的控制不够、投入也不足。他们所分析的成功和不成功/失败的企业特征如表 7-1 所示。这些特征或指标，应当成为创业失败研究的重点。

表 7-1　创业成功和失败的大致对比

指标	特　征	成功的企业	不成功或失败的企业
创业领导者	1. 父母亲是创业者	有可能	不大可能
	2. 管理经验	较丰富	较贫乏
	3. 风险降低行为	较谨慎	较冲动
	4. 控制欲望	较为强烈	非常强
创业行为	5. 商业创意	清晰	模糊
	6. 视野宽度	宽阔	狭窄
	7. 创业行为	程序性的、综合的	不周全的、凑合的
	8. 用于计划的时间	较长	较短
	9. 计划的宽度	宽阔	狭窄
	10. 市场研究	做过一些	做得很少或者不做
	11. 使用专业的顾问	使用	不用或少用
	12. 购买企业	不购买	购买
企业行为和战略	13. 人员雇用的专业化	多	少
	14. 创业者的个人需求	低	高
	15. 组织的形式	联合创业	独立创业
	16. 战略决策制定	多人参与	非多人参与
	17. 运营决策	多人参与	非多人参与
	18. 创业者的交流方式	有效的、善于接受意见的	无效的、无指导意义的
	19. 资本投资水平	高	低
	20. 向市场提供最低的成本或最好的服务	是的	很少

7.1.3　创业失败的原因

导致创业活动失败的因素很多，涵盖了从创业者自身到行业、区域层面的众多要素(Robinson，2007；Hayward et al.，2006；Carter & Wilton，2006)。我们可以将这些因素分为四个层面。

(1) 行业和市场选择

行业和市场是创业者要选择创业行动时候所进入的领域，也是企业创立之后创业者的经营空间。行业和市场因素也是创业者在机会识别的时候首先要关注的要素。

行业和市场选择错误是创业活动失败的主要原因之一。事实上，对于大部分创业者和创业行动来说，创业主要不是选择合适的技术人员，设定良好的激励方案，而是在最初阶段能否找到最正确的创业方向。如果方向正确，即使创业者后续的机会开发行动中存在一些失误，也不会对创业活动造成致命的影响。甚至，创业者可以在后期失败之前，就已经享受到了正确选择创业方向的红利。因此，为了避免创业失败，创业者应当首先在行业和市场选择方面投入大量资源。

一般而言，就创业者所选择的行业和市场来说，太大和太小都是不可取的。太小的目标市场的不利之处很容易理解，因为空间有限，限制了创业者的成长空间。目标市场太大则一般有两种情况：第一，创业者在主观上判定市场太大，这通常意味着创业者没有找到真正适合于企业的目标群体，基于一个大而泛的市场所开发出来的产品和服务往往缺乏特色，也难以吸引到真正的客户；第二，目标市场客观上巨大，这往往会吸引大量潜在竞争者进入，这些潜在的竞争者中甚至包括一些在位的大企业，与它们竞争会耗费大量的财力和物力，不利于创业活动积累成长所需的资源。

另外，创业者的行业和市场过于早期和过于成熟也会提升创业失败率。过于早期的市场内，产品和商业模式都还处于雏形阶段，客户的消费习惯还没得到培养，这样的市场需要创业者耗费大量的前期投入——但效果通常被后进入者所享受。过于成熟的市场内，产品和技术都过于成熟，缺乏进一步开发的空间；更重要的是，创业者的竞争对手一般拥有很强大的规模和实力，这使得创业活动的开展更为艰难。

(2) 产品和服务设定

产品和服务是创业者实现商业价值、吸引客户的载体。因为创业者一般会面临巨大的竞争压力(即使是最先进入市场的，也会迅速面临后来者的压力)，如果创业者不能提供有效的产品或服务，消费者很快就会转向那些特色更鲜明、功能更完善，或者是价格更有竞争力的同行。这一点在高新技术领域可能相对并不突出，因为技术门槛限定了竞争对手的速度和规模。但是在大量传统领域，或者是在技术门槛不高的新兴领域，产品方面的问题是创业失败的重要原因。

产品有别于其他同类型产品或替代品的差异化特色是创业者避免创业失败的重要手段。为了在这方面建立起竞争优势，创业者需要对目标市场的需求特征以及同类型产品进行深入、理性的分析，找到可以差异化的方面。创业者要确保自己所设计的产品或服务差异化特征具备客观的商业价值。很多技术人员创业时经常犯的一个错就是对自己在实验室中设计出的产品过于自信，但是他们所认为的产品特色却经不起市场的检验。

(3) 企业的商业模式设计

商业模式是创业者将产品和客户联系在一起的桥梁。很多创业者在市场选择和产品设计方面是冷静和清晰的，但是对于如何建立商业模式并将产品转化为商业价值却缺乏理性思考。在过去的20年中，几次互联网领域的泡沫破灭大都是因为在这些领域商业模式存在明显的短板。尽管商业模式的重要性已经成为学术界和实业界的共识，但在创业活动的推进过程中，创业者却仍然在这些方面不断犯错。

关于商业模式的设计在前面的章节中已经有较详细的论述。一般而言，商业模式是关于产品流通和商业价值流转的一个闭环。除了企业和客户两个最明显的参与者，其他对于创业活动的开展起到至关重要作用的利益相关者也都是商业模式中必须要囊括的人员，例如企业的供应商、投资方等。商业模式最大的短板就在于这些相关方的商业价值没有得到保障，这就使得商业价值的闭环出现了漏洞。不解决商业模式存在的漏洞，即使创业者能够暂时得到市场的认可，企业也不能维持长久的可持续发展。

（4）企业管理方面的错误

企业管理方面的错误涉及内容较多，包括创业者在人力资源管理方面的错误做法，例如任命了不合适的市场总监；也包括创业者的财务计划失误，例如融资方案与企业的扩张规模不匹配。企业管理方面的失误在所难免，即使是大型企业，管理失误也不可避免。重要的是企业有没有一套规范的制度来发现管理方面的问题，以及当问题出现之后，如何将恶果控制在一定范围内。这一类型的错误往往发生在企业度过了初步的生存期，在企业不断吸收资源、为将来的发展储备能量的时候，这一时期创业者尤其需要警惕这方面的错误。

创业团队方面出现的分歧和矛盾也可以放到这一类型之中，因为这本质上是企业高层管理者在战略和路线方面的分歧。"共患难易、同富贵难"，创业者需要在创业初期就在团队权限设计、利益分享、成员退出等方面设计好方案，避免因团队分歧造成企业元气大伤，甚至造成企业死亡。

Cardon 等(2011)对创业失败原因进行了较为系统的总结，认为创业失败可能由创业者的个体失误(mistakes)或外部难以控制的不幸(misfortune)所引起。在此基础上，他们进一步构建了创业失败的原因和失败后续影响的逻辑框架，这一框架具有很强的探索性和参考价值，如图 7-2 所示。

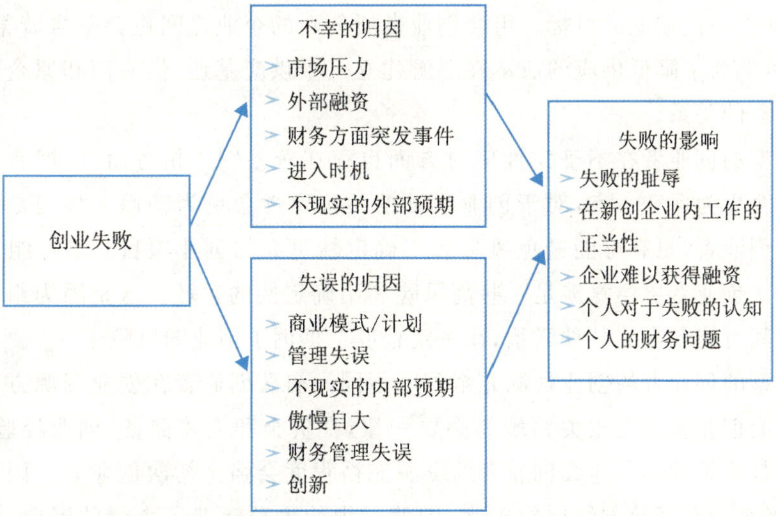

图 7-2　Cardon 等(2011)总结的失败归因和失败影响

7.2　连续创业

7.2.1　连续创业的定义

很多创业者不是首次创业，他们在创业之前都有过多次创业的经验。数据显示，在英国、德国等国家，超过15%的创业者在本次创业前都创过业（Hyytinen & Ilmakunnas，2007）。国内的创业者中连续创业者也非常多，马云在创办阿里巴巴之前就曾多次创业，直至最终创业成功。连续创业的现象已经引起来很多学者的研究兴趣，但是相关的理论和实证研究都很少。

连续创业者（serial entrepreneur）是相对于初次创业者（novice entrepreneur）而言的。初次创业者是指那些没有任何之前的创业经验，首先识别和开发创业机会、搭建创业组织的创业者。而连续创业者则具备之前的创业经验，当然，这种经验可能是创业成功，也有可能是创业失败。除了之前的创业经验以外，连续创业的定义中还强调，连续创业行动是在上一次创业行动终止之后发生的。此时，上一次创业的企业有可能被出售或关闭。

与连续创业者相关的另一个概念是组合创业者（portfolio entrepreneur）。他们同样有着之前的创业经验，不过组合创业者之前的企业并没有终止业务，他们同时拥有数家企业。

连续创业者和组合创业者又被称为习惯创业者（habitual entrepreneur）或重复创业者（repeat entrepreneurs）。

初次创业者、连续创业者、组合创业者之间的差异非常明显。这种差别首先反映在他们的创业动机上。一般而言，初次创业者的目的往往非常明确。不论是机会型创业，还是生存型创业，创业者的动机往往都是尽可能通过独立创业的机会获得商业价值，改善个人财务状况，实现创业目标。但是连续创业者和组合创业者往往有更多的考量。有的时候，连续创业者的创业行动是为了弥补上一次创业的遗憾，他们会持续开发之前未完工的产品，直至实现上一次创业的目标。组合创业者所创建的企业之间也会蕴含着某种联系，比如，创业者可能为了降低供应的成本在上游建立一个供应基地，供应商和原企业之间就形成了组合创业的关系。

不同类型的创业者在不确定性应对方面也存在着差别。相对而言，拥有创业经验的连续创业者会更为保守一点，对于创业活动的不确定性会更为警惕。特别是那些之前曾经失败过的创业者，更有可能避免风险和不确定性更高的创业项目。不过组合创业者有可能比起初次创业者更愿意涉足一些高风险和不确定性的领域。这是因为组合创业者拥有的企业之间可能存在着某种联系，在一定程度上抵消了创业的风险。

不同类型的创业者的创业资源充裕程度不同。初次创业者在创业资源方面通常是最匮乏的。因为创业者缺乏相关领域的必要积累，在资金和人才储备、创业经验、业内联系等方面往往都比较缺乏。连续创业者的资源充裕程度会强于初次创业者。因为先后多次创业，创业者至少在经验方面比较丰富，即使过去的失败耗费了大量的资金，这些经验仍能够有利于创业者开展新的创业活动。投资者在选择投资对象的时候，也愿意把资金投向之前创过业的人。组合创业者则可能拥有最多的创业资源，因为这样他们才能支撑起多项同时开展的创业行动。

不同类型的创业者在获取启动资金时所倾向的渠道不同。作为初生的创业者，他们在获取外部资金来源时难度是最大的，因此他们的启动资金往往依靠自筹。个人积蓄、家族或朋友提供的资金扶持是其启动资金的主要来源。相对而言，连续创业者和组合创业者更容易获得外部的启动资金。其中，连续创业者在获得天使投资、风险投资等方面可以凭借其创业经验获得一定的优势。而组合创业者则更有机会获得银行或政府部门提供的外部资金。

不同类型的创业者在机会开发过程中的侧重点不同。初次创业者更加关注与创业机会相关的开发方案，例如加强技术研发、提升产品的创意、提高企业的竞争力等。连续创业者的机会开发过程通常是对上一次创业行动的纠正和加强：那些成功的经验需要加强，而失败的教训则需要纠正。组合创业者则更为关注企业管理的技巧、外部资源的利用，并且致力于提升企业的成长性。

7.2.2 从创业经验中学习

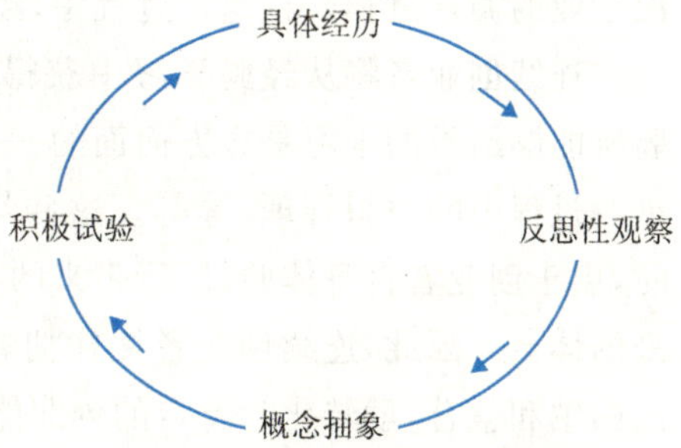

图 7-3 Kolb 的经验学习过程

过去创业经历对于后续创业行动的影响主要是通过从经历中学习的机制来实现的。这是一种典型的经验学习(experiential learning)。已有文献指出创业情境中的学习活动天然是一种经验学习(Minniti & Bygrave，2001；Politis，2005；Lans et al.，2008)。在 Kolb(1984)的经典著作中，经验学习分为四个阶段：具体经历(concrete experience)、反思性观察(reflective observation)、概念抽象(abstract conceptualization)和积极试验(active experimentation)，如图 7-3 所示。通过这个过程，个体能够将经验转换为新的知识。在连续创业行动中，创业经历的学习过程同样存在着类似的四个阶段。

具体经历：连续创业者的具体经历就是他们之前的创业实践。连续创业者至少拥有一次实质性的创业经历。即使这一经历非常短暂，也经历了机会识别、企业创立、产品设计和出售等环节。在这些环节中所产生的经验就是创业者学习的来源。有些创业者的创业经历非常曲折，经历了大起大落，比如史玉柱的巨人集团。这种经历更是宝贵的学习源泉。与其他类型的学习活动不同，因为创业者是从自身经历和体验的事情来学习，这种学习更为直观，能够产生更多的反响。

反思性观察：在上一次创业成功或失败之后，创业者通常会对创业经历进行反思，特别是寻找其成功或失败的原因。理性的创业者会较全面地反思过去自己在市场和消费者识别、产品和技术研发、商业模式和战略决策、人力资源配置等方面的有效做法或失误行动。这一过程相当于电影的回放。通过不断反思，创业者可以在一定程度上认清自身的优势和劣势，为后续的行为奠定基础。当然，在反思性观察中，不是所有的创业者都能够把过去经历加以理性认识，特别是那些过去失败过的创业者。一些研究也指出，创业者会把失败的原因更多地归结于外部的不利条件，而不是自身在机会识别或开发方面的不足。

概念抽象：概念抽象是创业者对之前创业经历中所暴露出来的问题或者展现出来的成效的概括和总结，并且形成对于下一次创业行动的初步设想。换言之，创业者会在认知层面建立起一整套的创业设想——如何将之前的成功经验发扬光大，并且避免之前的错误做法。当然，也有一些创业者会坚守之前的做法，哪怕过去这些行动曾经造成企业经营上的困境。在这种情况下，创业者也往往会在主观上为自己的行为找到依据。

积极试验：积极试验是创业者将之前的创业设想付诸行动的过程。在连续创业中，其也就是创业者实施下一步创业行动的过程。不论是改变行动方案或者坚持原来的做法，创业者都需要事实上的创业行动来检验自己的想法是否合理有效。在试验中，创业者会根据创业效果来调整和改进之前的设想。有时候，创业者要再回到经验学习的反思性观察阶段，将当前创业所面临的情境与之前做对比，设计新的行动计划。

上述四个阶段是一个周而复始的过程，对于连续创业者，就是从之前创业经历到下一次创业的循环过程。在这一过程中，经验学习对创业者的影响主要体现在两个方面：

连续创业者将从经验学习中获得更多的创业专属知识和技能。因为，实际创业的体验所能够给予的学习是方方面面的——囊括创业之前的准备工作、创业初期的产品销售、创业过程中的组织管理，等等。这些学习所带来的知识和技能与创业活动直接相关。同时，由于创业者自身体验过，所带来的实际感受要远远高于通过课堂学习或数据阅读所带来的体会。因此，连续创业者往往拥有丰富的创业知识和技能。这些知识和技能进一步的归纳和整合，就转化为特定的创业能力。

连续创业者将改变他们对于创业行动的认知。初次创业者对于创业的认知一般来自于外部，比如创业榜样的言传身教，或是报纸媒体的宣传。这些因素的影响毕竟是非直接的，而且常常带有偏差——典型的例子是，媒体在宣传创业案例的时候，很少涉及失败案例。通过自身经历体验创业，并且通过经验学习反思创业，则能够带来创业的直接体会。这种体会会从根本上改变创业者的认知。很多创业者会变得更为审慎，所以一些创业者在创业之后就放弃了创业目标，即使重新创业也会更加小心翼翼。也有一些创业者会更加乐观，特别是之前创业成功的人。他们会更大胆地进入新的领域，在后续的创业行动中也会更加积极进取，甚至冒之前不敢冒的风险。

7.2.3 连续创业的行动特征

(1) 连续创业行动的时机

在上一次创业成功或失败之后，连续创业者会选择等待多久再次创业？一些创业者会迅速找准新的方向，开始新的征程，不过很多创业者会有一段沉寂期，他们往往在积累了必要的资源和做好准备工作之后东山再起。不过，如果间隔时间太长，创业者在之前的创业经验中得到的知识和技能也有可能失效，使得连续创业者失去优势。一般来说，创业者的连续创业行动时间间隔和创业绩效之间存在着如图 7-4 所示的曲线关系。

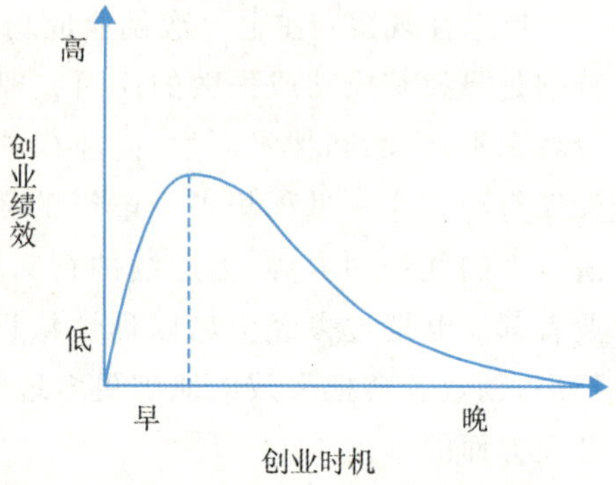

图 7-4　连续创业的时机与创业绩效

显然，创业者在上一次企业关闭或出售之后立刻创业并不是一个明智的选择。除非上一次创业很早就已经名存实亡，创业者的下一次创业准备早就在企业实质性的死亡之前就已经开始。在创业结束之后即刻创业的主要问题在于创业者没有充分的时间来吸收、消化之前创业经历所带来的知识和技能。创业者的反思性观察和概念抽象都不是一蹴而就立竿见影的事。正如对于一般创业行动所强调的创业准备工作，经验学习和反思也是连续创业者必须使用大量时间和精力完成的事务。

随着创业者用于学习和反思的时间逐渐增加，创业者所能够从中获得的知识和技能也在迅速上升。因为创业行动是一个复杂的工作，相关的知识繁杂众多，这些知识需要时间来消化。因此，时间的耗费总体上对于后续创业行动是有利的。例如，创业者在反思方面的时间越多，甚至花费大量时间对之前的领域和客户进行调查，越有可能获得有关上次创业得失的细节。不过创业时机有一个最优点，超过这一点，创业者的经验学习效果将会削弱。因为学习效果没有及时应用，创业者有可能丧失部分创业记忆。同时，由于外部环境的迅速变化，创业者之前的创业经验也有可能失效。不过总体来看，时间演进所带来的经验学习效果的下降程度是缓慢的，因为创业者在机会识别和开发方面的学习在很大程度上是根深蒂固、很难消逝的。

(2) 连续创业行动的机会选择

连续创业者一般会选择什么机会？按照创业机会的两个主要维度：市场和产品，可以将连续创业者所选择的创业机会分为四个不同类型（见图 7-5）。具体如下所述：

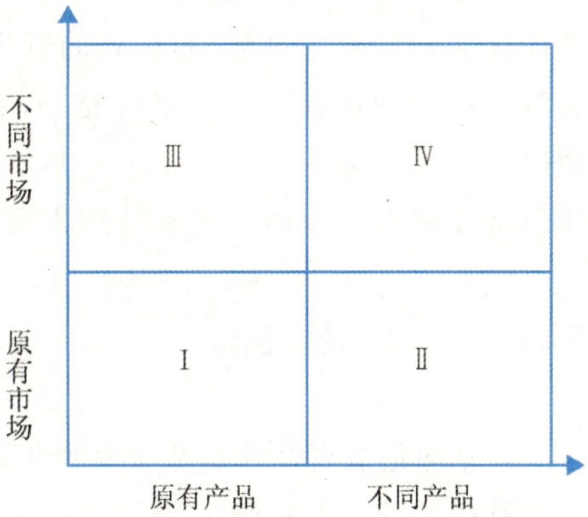

图 7-5 连续创业者的机会选择

象限Ⅰ(原有市场，原有产品)的创业机会。选择这一类型创业机会的创业者往往在之前的创业经历中出过问题，因此寄希望于在后续的创业行动中弥补之前创业的不足，实现更高的创业业绩。这一类型的创业机会优势在于创业者对目标市场的特征以及所开发产品的特征非常熟悉，能够以较低的成本推进创业活动。不过，如果创业者不能够清醒地认识之前创业行动的经验教训，新的创业仍有可能重蹈覆辙。

象限Ⅱ(原有市场，不同产品)的创业机会。选择这一类型创业机会的创业者往往是因为在经验学习中认识到了自己在产品开发方面的不足，所以会努力通过产品方面的改变形成新的创业机会。同时，创业者对之前所选择的行业和市场仍持有较大信心，所以会依然进入同样的领域。这一类型的创业者仍然能从之前的创业行动中获得充分的经验和知识，但在产品方面的变化则具有一定的风险。

象限Ⅲ(不同市场，原有产品)的创业机会。选择这一类型创业机会的创业者一般对自己的产品和技术有较强的信心，但同时从之前的创业经历中认识到行业和市场方面的定位问题。创业者转而选择不同的目标客户来推广产品。在这种情况下，创业者之前在行业和市场方面的经验失去用武之地。创业者会尽可能地在市场聚焦和定位方面进行分析。应当注意的是，这里所谓的原有产品并不意味着和现有产品完全相同，不过至少在核心技术方面大致一样。

象限Ⅳ(不同市场，不同产品)的创业机会。选择这一类型创业机会的创业者放弃了之前的创业机会，完全进入一个新的创业领域。不过，创业者在团队选择、人力资源配置、资金融通、商业模式方面的经验仍然有一定的应用空间。作为全新领域，创业者会面临与初次创业者类似的压力和挑战。

(3) 连续创业行动的机会开发

连续创业者的机会开发行为可以从战略力度和组织模式两个方面来认识。在战略力度方面，如果连续创业者进入的是一个与之前创业机会相关的领域(不论是产品或是市场)，创业者一般会选择一个较为激进和积极的战略模式。因为创业者可能面临一些与之前创业活动类似的问题，在这些方面创业者已经拥有一些现成的经验。在相对熟悉的领域，创业者会更快地制定和实施战略。如果连续创业者放弃了熟悉或相关的领域，进入一个全新的领域，则很有可能趋于谨慎和保守。因为曾经创业的经历让他们能够更清晰地知道创业的风险和不确定性。

在组织模式方面，连续创业者有可能趋于更规范的管理模式。相对而言，初次创业者往往会采用较为灵活、非正式的管理模式，因为创业活动需要创业者迅速机动地做出决策。连续创业者则拥有相对充分的时间来进行计划，因为在创业结束和新的创业行动启动之间给创业者留下了较完整的时间。创业者会更审慎地思考如何管理企业。这些思考反映在企业的组织和管理方面就是趋于正规化的计划、组织、控制等流程设计。

7.3 平台与联盟创业

新企业创业者往往是基于有价值的新思想、新点子建立新企业，由于这些新思想、新点子有可能可以不断更新，继而产生连续性的新思想、新点子来支持企业的发展。但另外一种情况则是新思想、新点子只能维系一段时间，因为其他很多企业可以复制或通过相似的方法向市场提供相同的产品与服务。因此，对于基于新思想、新点子来支持新企业来说，如何以最快的速度取得行业中的定位，通过产品或服务取得最大的利润，或者以有吸引力的价格被其他企业收购而获得利润是重要的目标。被誉为数字经济之父的唐·泰普斯科特认为，当前最具颠覆性的技术就是大规模协作。平台创业和联盟创业是两种实现上述目标的途径。

7.3.1 平台创业

平台创业(platform entrepreneurship)作为一种越来越常见的创业商业模式，经济学中解释这一模式是网络外部性创业，社会学则解释这一模式是社会网络创业。另外，知识管理领域也有隐性知识和显性知识的说法。如何解释平台创业中的平台，以及它的要素是什么？应该说一个成功的平台首先它要有巨大的客户流量，否则设计得再完美，没有客户是产生不了价值的，它自然也不符合新企业迅速扩张与发展的目标。其次，一个成功的平台要能承载多种业务，例如，WINTEL联盟下聚集了大量的应用软件厂商、硬件制造商、整机装配商、渠道经销商，从而成为一个庞大的体系，这些联盟资源唯WINTEL马首是瞻。再次，成功的平台要有较强的定价力，这种定价力可能来自于独特的低成本优势。例如，出自中国工厂的运动鞋，打上耐克的商标，售价就可以高几倍，事实上耐克品牌这个平台就具有一种定价力。因此，可以简单地说，巨大的用户流量才可以做大，广泛的承载力才可以扩张，较强的定价力才可以做强，对于新企业来说，如何形成一个成功的平台是非常重要的，形成一个成功的平台，实际上就是获得了一种杠杆力量。通过这种杠杆力量的赋能，可以使新企业得到迅速扩张与发展。因此，如何设计与建设一个有价值的、与众不同、很难被他人所模仿的，又与时代和市场潮流相一致的平台，对于新创企业特别重要。

平台的质量直接关系到流量/用户，而对于很多初创企业来说，最重要的是向同行与市场展示企业的前景，通过流量/用户的不断增加来树立市场对于企业的信心。就是像脸谱(Facebook)这样的优秀企业，在初创时期的企业利润也是负数，企业CEO扎克伯格逢人便说的就是Facebook目前有几千万流量/用户，接下来又告诉市场Facebook流量/用户过亿了，等等。因为，流量/用户可以说明外界看好新创企业，因此可以得到大量用户的支持，取得利润与提高企业的绩效。

在创业实践中，我们可以看到平台创业通常是有一个创新理念在先，然后根据这个创新理念建立合适的商业模式，并迅速建立多地区性、全球性的产品与服务网络，以最快的速度取得行业中的地位。例如，租车公司优步(Uber)的商业与经营模式是全新的。优步的商业理念与思想出现在卡兰尼克的脑子里多年后，卡兰尼克等创业者建立了优步公司。成立至今公司也就几年的时间，从公司的对外介绍中可以看到：2009年Uber开始在市场出现，最早是在由崔维斯·卡兰尼克(Travis Kalanick)和格瑞特·坎普(Garrett Camp)成立，当时名为"UberCab"。优步在2010年6月正式于美国旧金山推出服务，同年8月莱恩·格雷夫斯(Ryan Graves)就任首席执行官。格雷夫斯不久后卸任首席执行官一职，由卡兰尼克接任。格雷夫斯目前为营运副总裁和董事会成员。起初优步学习了伦敦出租车的风格，司机穿着西装驾驶清一色黑头的林肯城市轿车(Lincoln Town Cars)、凯迪拉克凯雷德(Cadillac Escalade)、BMW 7系列和梅赛德斯—奔驰S550(Mercedes-Benz W221)等车系。在2012年后，优步推出"菁英优步"(UberX)服务，加入更多不同系列的车型。优步在2012年宣布扩展业务项目，其中包括可搭乘非出租车车辆的共乘(ridesharing)服务。优步的移动应用程序在2010年于旧金山地区推出，支持IOS和Android系统的智能手机。2014年7月24日，优步推出支持Windows Phone的智能手机应用程序。2010年下半年，优步获得加州硅谷一群超级天使投资人的创业投资资金注入。2011年年初，优步获得来自创投公司Benchmark的3200万美元资金。2011年下半年，优步再次从多位投资者处获得了3200万美元的资金，投资者包括高盛、Menlo Ventures和杰佛瑞·贝佐斯等。2012年4月，优步在芝加哥测试以较低价预约传统出租车的服务，并于7月进入伦敦市场。2013年7月3日起,优步开始在纽约市和汉普顿市之间提供实验性的直升机招呼服务,称为“UberCHOPPER”,定价为3000美元。优步于2013年进入中国市场,2013年6月27日,优步开始在台湾台北市试行营运。2014年3月12日,Uber在上海召开官方发布会,宣布正式进入中国大陆市场,确定中文名“优步”,并与支付宝合作。经过数个月的试营运后,于同年6月19日正式于香港部分地区推出服务,初期服务范围仅涵盖中环及邻近地区;同年8月14日,增加招呼普通出租车的服务。在中国大陆,人民优步(People's Uber)是优步公司所推出的一个非营利的公益拼车平台。综合优步这几年的发展,一个创新点就是将打车行业转型成社区平台,叫车的客户通过手机App(应用程序),就能与欲做兼职司机的优步用户和与有闲置车辆的租户之间三者联系,一旦交易成功即按比例抽佣金、分成给予回馈等去监管化的金融操作手法,有人认为Uber摧毁了传统出租车公司与租赁汽车产业的基础。但未来的商业竞争还是看谁在创新方面做得最好,基本模式还是平台—流量/用户—利润。

对于平台创业,创业者要必须注意以下方面:①平台的逻辑通常都是正确的,你一定可以说出供需双方不够有效率的现有做事方式,并认为自己的平台可以更有效率地解决问题,但平台的真正的难处只有运作后才知道。通常做平台的人具有技术背景,但是,平台本身毫无价值,如果不能够把平台很好地运转起来,再好的平台设计也无济于事。然而,如何把平台很好地运转起来?关键是平台与市场的结合。如果设计者或者创业者不懂市场,是很难将平台很好地运转起来的。②平台创业的价值绝对是巨大的,是成功创业者必须要思考的一个问题,然而,创业者必须认识到:从世界上创业的成功与失败的案例来看,建立并将创业平台成功运转起来,是一件非常困难的事。平台创业的创业者应该要多去研究一下目前成功的平台从零开始到现在的过程,找出其中的关键成功因素,在学习别人的过程中得到提高。

7.3.2 联盟创业

唐·泰普斯科特认为,当前最具颠覆性的技术就是大规模协作。联盟创业(alliance entrepreneurship)是一种在西方很流行的协作方式。联盟创业是两个或两个以上的企业为了实现各自的商业目的而达成的一种长期或短期的合作关系。这种协作是企业为了实现扩张需要而采取的行动,有明确的意图和目标,但合作关系本身则不一定是长期稳定的。然而,在协作期间初创企业之间追求的是1+1>2或双赢的特征。它的形成过程如图7-7所示。

联盟创业主要是通过协议形式进入多地多点经营,其中也有与对方机构合作的。合作协议的目的是初创企业可以得到或增加流量/用户,这一点对于初创企业来说显得特别重要。上一节平台创业中优步的案例,其实也具有联盟创业的特征。

联盟创业与战略联盟是不同的,战略联盟追求的是初创企业的明天与未来,联盟创业主要考虑的是眼前的业务,即将该企业眼前的业务建立在新点子基础上,有价值的业务得到迅速扩张与发展。联盟创业中,有一点是清楚的,就是初创企业与联盟伙伴保持着引领性的协作/合作的关系,两者之间也存在竞争关系,但绝对是第二位的。联盟创业伙伴虽然在部分领域中进行合作,但在协议之外的领域可以保持着各自的经营管理。

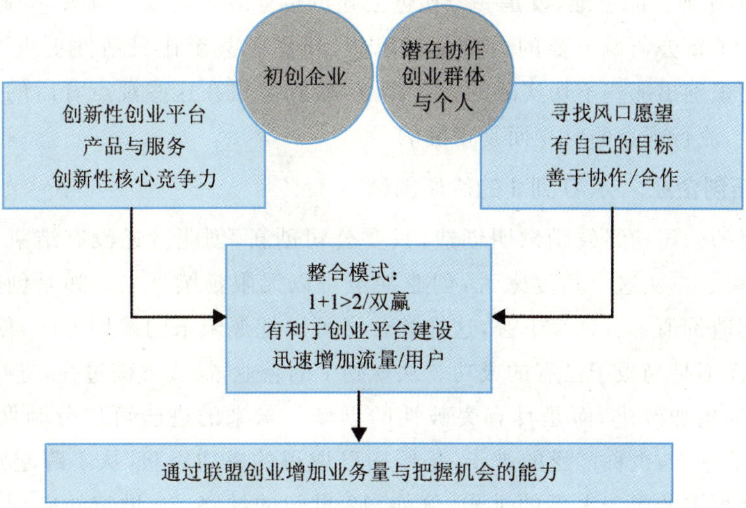

图 7-7 联盟创业的形成过程

7.4 从 0 到 1 看初创企业

新创企业要思考从 0 到 1 的问题。《从 0 到 1》是一部世界著名的、具有创业思想性的专著。作者彼得·蒂尔(Peter Thiel)开篇便让我们思考一个关于新创企业的问题：如果你新创立一家企业，希望制造的是从第 0 台到第 1 台的打字机还是从第 1 台到第 100 台的打字机？如果你选择的是前者，也就是说，你所新创立的企业不是为了修补过往产品或服务的细枝末节，也不是跟风建立一个没有特色的企业，你将打造的一定是一家与众不同的企业、一家唯一的企业。这就是新创企业从 0 到 1 的思维。对于成功创业，蒂尔总结了七大问题，如图 7-8 所示。

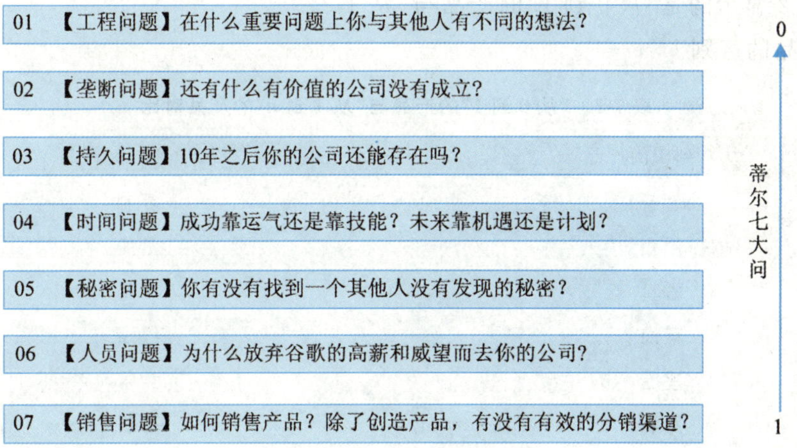

图 7-8 《从 0 到 1》的七大问题

蒂尔认为，0 到 1 的思维，就是一个初创公司的创业者要说服一群人，一起有发现秘密的好奇心。一个新公司最重要的力量是新思想，新思想甚至比灵活性更重要。一家从 0 到 1 的企业要识别出那些不切实际的大众观点，看到隐藏在这些观点背后的反主流事实，而且很有可能，流行观点的对立面是正确的。

7.4.1 新创企业：从 0 到 1 的价值创造

最有价值的公司始终鼓励发明创造，只要公司创新，创业就还没有结束，一旦创新停止，创业就结束了。从这个角度来说，创业甚至可以无限延续下去。如果创业时机正确，创业者能把创造价值一直延续下去，这样的公司可以把握未来的发展方向，使其向着创新的道路发展，而不是局限于已有的成功。从 0 到 1 的企业，需要突破过往，进行"破坏式"创新，不是技术的稍加改进，而是具有突破性的创新。未来的进步可以分为两种类型来呈现，一是水平的进步，也称广泛的进步，是照搬已取得的成功经验，从 1 跨越到 n。目前中国的经济发展更多的属于水平的进步，例如，19 世纪的铁路、20 世纪的空调，甚至城市化的进程路径。当然可以看见，国内的许多企业及其产品也是一种成功经验的复制，比如滴滴打车对应于 Uber，微博对应于 Twitter，更早则包括当当网对应于亚马逊，等等。二是垂直的进步，垂直进步属于深入进步，意味着要探索新的道路——从 0 到 1 的进步。垂直进步需要尝试从未做过的事，如果使用创业机会识别理论，则这样的新创企业所利用的创业机会，不是在客观环境中能够被简单发现的，而是通过创业者构建出来的。垂直进步的本质来自科技的发展，但科技不限于计算机技术的发展，任何新方法、新工艺等能使得事情更易完成的方法都是科技。图 7-8 显示了垂直进步与水平进步两种进步类型，而表 7-2 显示的是"从 0 到 1"的产品与"从 1 到 n"的产品的区别。

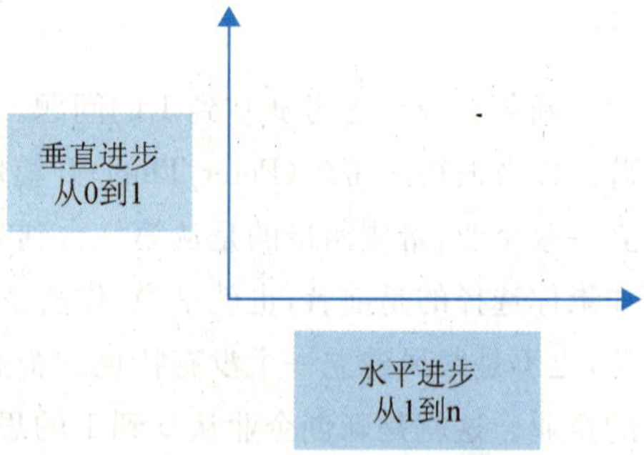

图 7-8 垂直进步与水平进步

表 7-2 "从 0 到 1"的产品与"从 1 到 n"的产品对比

从 0 到 1 的产品	从 1 到 n 的产品
创新	复制
质变	量变
垂直	水平
蓝海	红海
垄断	竞争
厚利	薄利

资料来源：彼得・蒂尔、布莱克・马斯特斯，2015

从 0 到 1 具备技术性创新的企业，并不一定马上能得到利润回报。一个企业今天的价值是它以后创造利润的总和。初创科技公司常常会开始几年亏损。因为创造价值的东西需要时间,所以收益延迟。一个公司要想有价值,不但必须成长,还必须能持续发展,但是许多企业家只看到短期发展。因此,一个初创企业必须要看到未来极具价值的公司的样子。在蒂尔看来,这必须具备四大因素。如表 7-3 所示。

表 7-3　未来极具价值公司的特征

特　征	含　义
专利技术	最实质性的优势,它使你的产品很难或不能被别的公司复制
网络效应	使一项产品随着越来越多的人的使用而变得更加有用
规模经济	产品不需要重复的投入,边际成本趋近于零
品牌优势	一家公司最显而易见的垄断是对自己品牌的垄断,因此打造一个强势品牌是形成垄断的有力方式

资料来源:彼得·蒂尔、布莱克·马斯特斯,2015

7.4.2　新创企业:从 0 到 1 的激励制度

文化是一种社会交流及社会传递,通过特定的途径,被社会成员共同获得。这种获得共同文化的特定途径,其实就是文化得以交流和传递的制度文化。文化的存在只有被认同和学习时才是有意义的。而被认同和学习的实现,必须依靠一套相关的制度规则。从 0 到 1 的企业在团队文化以及激励制度上也有其独特性。

选择创立一家从 0 到 1 的企业,在一开始创业的时候,创业者首先要做的至关重要的决定是和谁一起做。选择合伙人就像结婚,而创始人之间闹矛盾就像离婚一样令人不快。技术能力和才华互补固然重要,但创始人之间的了解程度和他们之间合作的默契程度也同样重要。创始人在共同创业前应有深厚的交情,如此在公司的所有权、控制权和经营权方面产生矛盾的可能性便更低。

挑选员工也同样重要,一般来说雇用的员工应该是全职的。员工间紧密团结,他们必须有才华,更为重要的,他们要由衷地喜欢具有挑战性的工作。根据蒂尔的建议,从 0 到 1 的人力资本开发应该做好如下一些事项:

- 挑选认可公司使命与愿景的员工;
- 尽量避免远程工作;
- 让员工专注,最好只负责一件事;
- 从激励手段来说,股票激励＞现金红利＞现金报酬;
- CEO 的年薪不应该太高,至多 15 万美元。

初创公司是肩负同一使命的一个团体,企业文化的好坏取决于内涵。他们必须有才华,但更为重要的是,他们要由衷地喜欢与其他同事共事,雇用真正喜欢团队合作的人。员工不需要解释工作的重要性,而是解释为什么你在做别人从未想过要做的重要事情。所有成功的企业都是基于鲜为人知的秘密创立的。好企业是改变世界的密谋者,当你与人分享秘密时,听众就成了你的谋士,这在从 0 到 1 的企业中更为形象。

7.4.3 新创企业：从 0 到 1 的营销

一般来说，从 0 到 1 的企业主要把精力放在创新性产品中，那么一款创新性的产品是否也还需要营销呢？答案是肯定的，顾客在目前信息产品爆炸的时代并不会轻易地自动上门。首先，在营销上，须谨慎选择市场，占领小市场。每个初创企业刚开始都很小，而市场内的垄断企业都在自己的市场内占主导地位，因此，每个初创企业都应该在非常小的市场内起步，宁可过小也不能大，但并不意味着去找一个不存在的市场。一个初创企业的完美目标市场是特定的一小群人，而且几乎没有其他竞争者。其次，对新创企业而言，还必须选择一条适合自身的销售渠道。对于新创企业来说，总得有一种销售类型适合自身的产品或服务，如果所有的销售渠道都不能解决产品的销售问题，可能暗示了你的企业所生产的产品并不为市场所接受，也就是说创业面临失败的巨大压力。对于从 0 到 1 的新创企业，除了面向特定客户，还必须抓住一切机会向员工、投资者、媒体等推销自己的产品和公司。当然，对于一家小型的创业型企业，如果没有专业的销售人员，技术人员以及创业者自己也必须充当起销售员的角色。

除了上述几个从 0 到 1 的新创企业问题，蒂尔列出的七大问题，几乎对于初创企业的运作与发展都是非常有价值的，值得初创企业创业者学习与思考。

本章小结

创业失败是创业过程的组成成分。大量创业活动的生命周期都很短，不过有很多创业者在创业失败之后仍继续创业，这些现象虽然普遍，但是相关的理论和实证研究都很少。本章将创业失败作为重点内容，首先分析了创业失败的概念、特征、原因，并且进一步探讨了连续创业的概念和行为特征，同时，本章还分析了平台创业与联盟创业的相关理论与实践，并着重从实践的角度探讨了新创企业从 0 到 1 的思维、价值创造、激励与营销等问题，这些都属于创业的前沿议题。

本章思考题

1. 你认为在不同行业，创业失败的特征和原因存在区别吗？请列举一两个行业，分析其中的典型创业失败案例。

2. 连续创业者的最大挑战是什么？为什么？

3. 从现实出发列举平台创业或联盟创业的案例，分析其创新模式或运作模式。

4. 你觉得你有什么想法是不同于别人的？请列举你熟知的企业，你认为这家企业的目标理念或流程不同于别家企业的地方在哪里？

案例分析

屡败屡战的创业者

位于农讲所附近翰雅明轩4楼的广园校区，一进门，横幅上硕大的字就映入眼帘："1167名超重本线，2528名超本科线。"

"来，迟到的同学在本子上写下自己的名字。"班主任一脸严肃地站在教室门前，用不容置疑的语气跟每一位迟到的同学说着这句话；等待孩子下课的父母安静地坐在休息区，读书看报。而在这个拥有13个教室和1个自习室的校区里，琅琅书声不绝于耳。

18年前，周贵与唐氏兄弟用借来的2万元钱创办卓越教育培训中心，如今已成为华南地区名列前茅的民办教育机构。在光鲜亮丽的背后，鲜为人知的是，在成为卓越教育的高级副总裁之前，现在员工们亲切地称为"周校"的周贵，其经历过多次失败的创业，最终才成功逆袭。对于如今的成就，周贵归结为"要感谢广州这个包容性很强的城市"。

勤工俭学辛苦打开市场，却被人"收割"了

1990年，18岁的茂名化州农村青年周贵高考成绩优异，理工科名列全县第三，许多外省的著名院校在向他招手。艰难的选择摆在周贵面前，是出省还是留在广东？经过反复思考，周贵最终选择了位于广州的中山大学，就读国际贸易专业。第一是因为"家里穷，出不起省"；第二是因为"广州作为改革开放前沿城市，未来会有更多用武之地"。

然而，需要很长时间，周贵才能融入这个南国大都市。

大一的时候，由于人生地不熟，又只会说广东话，周贵几乎没什么朋友，只好每天来往于教室与图书馆之间，"那段时间，我比高三的时候还要勤奋"。因为读书刻苦，大一期间，他各科成绩都名列前茅，还拿到了奖学金。在老师眼里，他是全班最勤奋、最认真的孩子。但是，他总是觉得自己还缺少点什么，"总之，读大学就不能还像在中学那样读书。"周贵笑称，"其实我也很想走出去看看这个大千世界，但苦于找不到突破口。"

其实，还在中学时代，周贵就做过勤工俭学：虽然爸妈都在农村做教师，但由于上有老，下有小，家境依然窘迫。为了改善家境，家里利用业余时间在村头开起了一间小卖部，而能干的周贵则充当起送货员的角色。每个周末，他都会骑着自己的破单车，奔波于十几公里的山路之间帮家里采购食品，成了小小食品商。在广州这个商业气息浓厚的城市，他想在好好学习之余找个兼职，但苦于找不到门路。

机缘巧合，大二时，周贵认识了同校的师兄唐俊膺。"师兄就带着我做兼职，周末的时候还会带我去溜冰，跳交谊舞，学吉他，等等，不但改善了生活，而且开阔了眼界。"沉默寡言的周贵，在师兄的带领下，逐渐变得活泼开朗起来。

"'想做什么就要说，这样才会成功'，师兄的这句话深深地影响了我整个大学生活。"大三时，周贵逢人便说他想做兼职，这一消息传遍整个岭南学院。没多久，机会来了。"系主任找到我说，北京有一本叫《证券市场》的周刊想打开广东市场，问我有没有兴趣去做推广。"正愁于学习之余没事做的他，二话没说就接手了这个工作。"那个时候证券还不是特别火，没什么人关注。"不懂如何寻找客户群的周贵，带着杂志奔波于广州的火车站、汽车站、报刊亭、证券公司之间。“我那时走遍了广州的大街小巷，练成了广州‘活地图’。”当时这本杂志还没什么知名度，各大公司都不愿意订阅，但屡次被拒的周贵没有放弃。屡败屡战，终于有几家证券公司耐不住他的软磨硬泡，同意他将杂志放到门卫室寄卖。

“杂志都是从北京空运过来的，我每周六都要骑单车去白云机场提货，有时候飞机晚点，我要等到凌晨两三点才能拿到杂志。”不怕辛苦的周贵除了寄卖，还守候在证券公司门前，向每个路人推销。“我厚着脸皮去问他们要不要订阅，慢慢地就开始有人接受了，后来逐渐发展到 300 家订户。”随着读者的增加，周贵的小单车已经满足不了运货的需求，他花了 60 元租同学的摩托车去机场取货。后来，证券交易一天比一天火爆，杂志的订阅量也随之暴增，代理杂志的周贵也从中赚取了 1 万余元。但不幸的是，由于杂志的知名度与日俱增，北京那边的公司把杂志的销售权收了回去。

在最赚钱的时候，突然又“失业”了。说起那段经历，周贵不由得苦笑。

1994 年，面临毕业的周贵与唐俊膺、唐俊京两兄弟一起在广州开起了广告公司。“广州非常包容，也有很多机会，而且商业模式都比较成熟，所以我们第一次就选择在广州创业。”

在广告公司里，踏实能干的周贵负责策划和地推工作。经过他们的艰辛努力，一段时间之后，广告公司步入正轨，第一年，公司就净盈利 20 万元。周贵也觉得，“自己真正融入了广州这个大城市。”

省外创业连番打击下，合伙人出走

好景不长，广告公司的业务增长没能保持高速态势。

“其实我们的广告公司不好做，我们处于整个行业的最底层，一个项目，我们最多能拿 6%的利润，其他都让上游公司拿走了。而且我们是做策划的，做多了，就发现我们的点子也快枯竭了。”处于瓶颈期的广告公司，让周贵萌生退意。“我们毕竟不是设计出身，每天都过得诚惶诚恐，生怕做了这一单就没下一单。”经过 6 个合伙人的商量，决定保住广告公司的同时转战食品行业。

1995 年 1 月，周贵带着公司的 40 万元和两位社会股东的 40 万元，远赴湖北开设食品公司。“当时湖北有一家国营的食品加工厂处于连年亏损的状态，我们考察后就把它租了下来，生产一种新型食品；而且，为了回馈社会，没有辞退一名原来的员工。”此举被当地媒体广泛报道，称之为“盘活国有不良资产的榜样”。分工明确的周贵等人，经过半年的努力，终于做出了自己的第一箱产品。

但在武汉推销产品的时候，他们却吃了闭门羹。那些经销商都说，“这是些什么东西，从来没有听说过”，去批发市场洽谈业务，也没有一个人理会他们。不服输的周贵，利用之前在广告公司做地推的经验，决定砸重金加大广告投放量和覆盖范围。他还雇用大批兼职人员，给武汉每个小卖部免费送去两箱产品，唯一的要求就是让他们把自己的产品摆在店内显眼的位置。此外，还免费送给当地小学生新型食品。之后，又不惜重金花费 20 万元在当地电视台投放广告。15 天后，原本无人问津的产品，突然爆红。“有些经销商拿着现金过来，一开口就跟我们要 1 万箱的货。”

终于成功了，但问题又随之而来。“生产线每天只能生产几十箱产品，根本供不应求，有些经销商为了抢夺产品还大打出手。”无奈之下，他们只好加班加点，24 小时三班倒生产。“没过多久，机器却烧了。”每天应对供销商的催货，看着真金白银从眼前流走，周贵他们急得焦头烂额。半个月后，新的生产线组装好了，每天能生产几百箱产品。但是，产品的火热程度已经大不如前，产品又滞销了。“这下好了，钱都拿去购买原材料和机器了，资金链断裂了。我们只好去武汉周边的城市，低价销售，成本能收回一点是一点。”

接二连三的失败，让社会股东也失去了信心，撤了资，但并没有摧毁周贵的创业信心。总结经验教训之后，他重新集资，再次出发。“唐氏兄弟给了我很大的鼓励，他们在团队管理、领导风格和人际交往上教会我许多。”有了之前的经验，这一次周贵与唐氏兄弟把生意越做越大，在全国 20 多个城市设立了分公司，1996 年的营业额高达 1400 余万元，利润在 50% 左右。然而，就在生意做得风生水起的时候，1997 年爆发的亚洲金融危机导致人们的消费能力下降，“我们研发的新产品也不受待见，价值上百万元的原材料都堆在仓库，厂子开一天，就亏损一天。”无奈，周贵他们终于痛下决心，关掉了食品厂，“一夜回到解放前”，不仅把两年间赚的钱都赔了进去，还倒欠上百万元的货款。“压力山大”之下，广告公司 6 位合伙人中有 2 位出走。

重返广州扛着高额债务 创办民办教育机构

面对高额的债务，周贵和唐氏兄弟三人选择回到市场更庞大、机会更多的广州寻求出路。

经过仔细的市场调研，他们发现，广州的家教市场很大，而且暂时还没有哪家机构一枝独秀。说干就干，凭借多年积累的创业经验，他们开始创办卓越教育培训中心。

他们租下几间位于区庄立交桥附近一所业余大学的教室，再找到任职于广州名牌中学的老师朋友帮忙出资料和授课。为了扩大招生规模，善于开拓市场的周贵亲赴现场派发宣传单。“我就骑着摩托车，到处跑，把折叠椅展开，然后就开始‘现场办公’。”1997 年 10 月 28 日，他们拿到了营业执照，11 月便轰轰烈烈地开班。“我们周日就开班了，周五的时候才 100 人，到了周六就有 200 多人，终于顺利开班了。”

当时的广州，课外辅导市场刚刚兴起，虽然已经有几家较大的教育培训机构，但走的都是“便宜却简单的路线”，招生规模都不大。而背负着几百万元债务的周贵他们，则一心想要把卓越做大做强。在第一期“期末冲刺班”取得成功的影响下，卓越第二期的学生数量飙升至 800 余人。受过高等教育的周贵等人深知“因材施教”的道理，根据实际情况，设计出“一对一个性化辅导”、“全日制复读班”等特色课程，以此，卓越在市场上脱颖而出。

从 2002 年到 2012 年，又是广州课外辅导发展的“黄金十年”，但是前路并非一直平坦，2003 年爆发的“非典”就给了他们当头一棒。“‘非典’来了，很多学校都不上课，我们的生源也受到了很大影响。”停办两个月之久的卓越，靠着只发基本工资和退租场地，勒紧裤腰带，咬紧牙关坚强地支撑着，在“非典”之后终于迎来了自己的春天。经过多年的不懈努力，到 2009 年，“卓越教育”发展到可以成为教育集团的规模；如今，已经成长为每年能够培训 40 万人次、拥有 4000 多名教职员工的“航空母舰”。

但是随着企业的发展，卓越所承受的压力也越来越大。尽管课外辅导的市场需求很大，但由于卓越的不断扩张，社会对其管理能力和教育质量的要求也越来越高。“人越多，管理层的决策也就越难。我没有一天能停下来,都要思考企业如何能够健康发展。"周贵深呼一口气,深有感触地说。正是基于这些原因,2010年,他与唐氏兄弟不约而同地选择了深造,到长江商学院给自己"充电"。

"学习也是一件永远在路上的事情,我们看到自身的弱势之后,就会不断调整自我。"周贵说,"同样,卓越也是在前进中不断调整它的发展战略,在今后的互联网经济中,卓越也不会落后于时代。"他进一步解释说,"随着广州经济的发展,人口快速增加,教育市场也变得更加庞大,如何面对这日渐庞大的市场,未来,互联网或是卓越的发展方向。"

如今的卓越,帮助无数学子圆梦。获得成功的卓越也积极回馈社会,从2001年开始,他们就开始举办关于小升初、中考、高考择校问题的免费讲座,10多年下来,累计为35万个家庭排忧解难。

而这一切,员工们都归结为"领导班子的眼界和做事能力"。除了唐氏兄弟的鼎力支持,卓越教育的财务总监邱军还认为得益于周贵这个"好校长","周校洞察能力很强,做事格外稳健。他对教育事业有着源源不断的热情,全身心投入其中。为人也朴实、低调,平易近人。他的人格魅力深深震撼着我,是值得尊敬的教育从业者,是值得追随的上级。"员工 Apple 女士说,"周校带给我们很多很赞的互联网思维,他把上网思考得来的点子用到企业的运作上,非常成功。他是个很认真的人,每次有问题咨询他,总会做好充足准备,悉心帮助我们解决。看问题也很独到,总能挖掘事件背后的意义。"周贵则说,"我很喜欢教育这一行,因为通过我们的努力,能够为国家培养更多的人才。"对于规模不断扩大后,可能会对教育质量产生影响的问题,周贵也有自己的考虑,"我们有着严格的教师选拔机制,对于考核不合格的教师,会扣工资或者开除,在这一点上,我们绝不含糊,我们清楚地认识到,只有过硬的教育质量才能保证卓越健康发展。"

据了解,卓越每年都会投入大量资金用于教材的研发和教师的培训,而且已经具有自主开发的教研系统、排课系统、师生管理系统。"这全都得益于在广州的长期深耕。"周贵说。

案例来源:周贵.专注创业屡败屡战 深耕教育成功逆袭.南方日报,2015-9-1.

问题讨论:

1. 分析周贵在民办教育前的系列创业,分析其失败的因素。
2. 从个体特质方面分析周贵作为一名创业者其"闪光"的品质。

本章精读文献

Eggers, J P & Song, L. Dealing with failure: Serial entrepreneurs and the costs of changing industries between ventures [J]. *Academy of Management Journal*, 2015, 58(6): 1785-1803.

Chapter Article Summary(本章精读文献摘要)：

Research has suggested that serial entrepreneurs differ from inexperienced entrepreneurs in important ways. Serial entrepreneurs are presumed to learn by gaining knowledge and capabilities from prior experience that helps their subsequent ventures to be more successful. But do all serial entrepreneurs learn and benefit equally from prior entrepreneurial experience, or are there important sources of heterogeneity in learning? This study offers a behavioral theory of learning in serial entrepreneurship that seeks to address how outcomes drive changes in behavior, and how those behavioral changes affect learning and performance. This study suggests that strategic and organizational changes between ventures may have dramatic effects on subsequent venture performance and the failure of an entrepreneurial venture is likely to lead the founders to blame external factors (as opposed to themselves), which leads them to change industries from the previous to the subsequent venture, but not to change other aspects of the business (namely their strategy or managerial style). This industry switch has implications for the success of the subsequent venture: as industry experience has been shown to be a key ingredient for entrepreneurial success, industry change invalidates some industry-specific expertise. Thus, while the success or failure of a previous venture may tell us something about the underlying quality of the serial entrepreneur, the failure of a previous venture may also have important implications for the behavior and choices made by the entrepreneur, and these behavioral changes may then drive the ability to learn from experience, thereby affecting subsequent performance. This study contributes to the literature on serial entrepreneurship, as well as the broader literature on learning from failure. The use of a behavioral learning and decision-making lens provides insights into this ongoing discussion that has previously been absent by focusing on the behavioral choices that entrepreneurs make, instead of simply linking experience and performance. Given the importance of industry specific experience for entrepreneurial success, this study offers a theory and evidence about what may lead entrepreneurs to sacrifice this experience based on the success or failure of their previous venture. The results show that remaining in the same industry from previous to subsequent venture is more important for later venture performance compared to the outcome of the previous venture, suggesting that the accumulation of industry-specific experience is likely a key explanation for the success of serial entrepreneurs. In terms of learning from failure, their study shows additional evidence of behaviorally inefficient responses to failure, and emphasizes the tradeoffs that managers face when attempting to learn from failure—reducing the risk of future failure based on their perceptions of the causes of failure, versus utilizing accumulated experience to improve performance.

本章精读文献评述：

本篇文献关注了连续创业和创业失败现象。正如文章中所提到的，连续创业现象非常普遍,现有研究指出,连续创业者与没有创业经验的创业者存在明显的差异。相对于后者,连续创业者更容易获得投资,他们能够从过去经验中学习,从而在后续的创业行动中获得更好的业绩。不过,是否所有的连续创业者都能够从过去创业经历中学习呢?已有的定性和定量研究显示,创业经历和后续创业行动绩效之间的关系是复杂的。从目前的文献来看,一方面,大量的研究是探索性的,缺乏较深入的实证研究;另一方面,基于不同样本的实证研究也没有得到一个一致的结论。作者认为,这可能是因为现有研究没有寻找到合适的行为方面的特征来刻画创业者的学习。这也正是另一个高度相关的领域——创业学习研究所面临的问题。基于这一点,文章使用学习的行为理论来关注过去的经历如何推进创业者在行为方面的变化,以及这种变化如何影响创业者的学习和绩效。特别的,文章主要关注一类特定的创业经历——创业失败。因此,文章对于现有的连续创业研究、失败创业研究、创业学习研究、企业行为研究等领域都有理论贡献。文章使用了来自于中国的连续创业者调查数据,以及美国的创投背景新创企业的公开数据进行实证方面的研究。文章结论显示,连续创业者将会采用不同的行为来应对成功和失败的经历。他们会把之前的失败经历更多地归因于外部的行业特征,因此在后续的创业行为中改变进入的行业。不过,在组织内部的行为上,例如,战略、管理、计划风格等方面,他们不会有太多的改变。与此同时,连续创业者在行业方面的改变使得他们所拥有的与行业相关的知识在新的创业行动中失效,从而降低了后续创业行动的成功可能。文章将归因和失败经历整合在一起,关注了连续创业者对于失败的应对行为。与现有的失败学习文献不同的是,文章认为创业者对于失败的归因将会使得创业失败情境中的学习行为变得非常困难。同时,对于补救之前引起失败的原因以及从失败经历中学习这两个方面存在着权衡。这种权衡对于创业者——管理者来说,也就是改变他们所认为导致之前失败的因素,或者不做改变以更好地应用从经验中获得的知识。文章最后也指出,因为个体层面对于失败经历的归因和意义建构非常重要,未来的研究应当更为关注这些方面的理论建构。

本篇文献所讲述的内容在以下三个方面存在着非常明显的价值,同时也对本章内容起到显著的促进作用。首先,作者所描述的连续创业者的行为选择以及创业绩效的影响因素,有助于加强对于连续创业者行为的理解。在过去的创业研究中,有关连续创业者的研究都是关注其人口统计学方面的特征,有关行为的研究还比较少。在创业类教材中,相关的内容就更少了。本篇文章是这一方面的有益探索。创业行为是创业者施展创业主张、实现创业目标的主要手段,也是创业实践者最为关注的问题。在这一方面的深入研究可以帮助创业者建立较理性的创业认知,在特定环境中选择相对理智的创业行为。这都是本章学习内容的有益丰富和补充。其次,作者所关注的创业失败以及失败后续行动的相关讨论为创业者正确认识创业失败提供了线索。在过去的研究中,失败往往被看成是有害的,应当尽量予以规避。不过,近年来的研究已经指出失败也孕育着重要的学习机会。在实际创业行动中,鉴于创业的高失败率,这种学习机会如何把握?对这一问题的回答尤其有其现实意义。本篇文献虽然没有直接对学习这一特定行为进行概念建构和实证分析,但是通过比较前后两次创业行动(特别是创业失败前后)的差异,来反映连续创业者的学习效果。这种基于学习产出的视角一方面为创业学习的学术研究提供了参考,另一方面对于现实创业活动也更有参考价值。第三,作者所探讨的连续创业行动和学习行为的分析也有助于在创业认知领域形成一些新的见解。在分析连续创业行动时，作者参考了归因(attribution)理论和意会(sensemaking)理论，这些理论所涉及的议题、内容都与创业认知高度相关。后者正是近年来得到高度关注的研究领域。在这些方面的深入分析，有助于我们进一步了解创业者如何认识创业机会、如何应对环境和行动进行意义建构、如何阐释自身创业主张等方面的问题。这些问题的开发将会进一步形成创业领域更多样化的研究结论。

本章作者介绍

林嵩，中央财经大学商学院教授，清华大学管理学博士，入选教育部新世纪优秀人才支持计划。在 *Academy of Management Journal*、*International Entrepreneurship and Management Journal*、*Chinese Management Studies* 等国内外重要管理学术期刊上发表论文数十篇。

斯晓夫，浙江大学求是讲座教授，美国华盛顿州立大学管理学博士，浙江大学创业研究所所长，美国宾夕法尼亚布鲁斯堡大学商学院创业管理终身教授。原上海大学管理学院院长，博士生导师；同济大学全球创业创新研究所所长，同济大学讲座教授，博士生导师。曾先后担任香港中文大学商学院、新加坡国立大学商学院、加拿大康卡迪亚大学约翰·莫尔森商学院全职教授。在顶级中英文创业管理研究期刊上发表学术研究论文，并担任创业创新顶级学术研究期刊客座主编，以及很多著名管理研究期刊的国际编委等，同时具有一定的创业实践经验。

本章相关引用材料

[1] Cannon, M D & Edmondson, A C. Confronting failure: Antecedents and consequences of shared beliefs about failure in organizational work groups [J]. *Journal of Organizational Behavior*, 2001, 22(2): 161-177.

[2] Cardon, M S, Stevens, C E & Potter, D R. Misfortunes or mistakes? Cultural sensemaking of entrepreneurial failure [J]. *Journal of Business Venturing*, 2011, 26(1): 79-92.

[3] Carter, S & Wilton, W. Don't blame the entrepreneur, blame government: The centrality of the government in enterprise development; lessons from enterprise failure in Zimbabwe [J]. *Journal of Enterprising Culture*, 2006, 14(1): 65-84.

[4] Cope, J, Cave, F & Eccles, S. Attitudes of venture capital investors towards entrepreneurs with previous business failure [J]. *Venture Capital*, 2004, 6(2-3): 147-172.

[5] Duchesneau, D A & Gartner, W B. A profile of new venture success and failure in an emerging industry [J]. *Journal of Business Venturing*, 1990, 5(4): 297-312.

[6] Hayward, M L, Shepherd, D A & Griffin, D. A hubris theory of entrepreneurship [J]. *Management Science*, 2006, 52(2): 160-172.

[7] Hyytinen, A & Ilmakunnas, P. What distinguishes a serial entrepreneur? [J]. *Industrial and Corporate Change*, 2007, 16(4): 793-821.

[8] Knott, A M & Posen, H E. Is failure good? [J]. *Strategic Management Journal*, 2000, 26(7): 617-641.

[9] Kolb, D A. *Experiential Learning* [M]. Englewood Cliffs, NJ: Prentice Hall, 1984.

[10] Lans, T, Biemans, H, Verstegen, J & Mulder, M. The influence of the work environment on entrepreneurial learning of small-business owners [J]. *Management Learning*, 2008, 39(4): 597-613.

[11] Lee, S H, Yamakawa, Y, Peng, M W & Barney, J B. How do bankruptcy laws affect entrepreneurship development around the world? [J]. *Journal of Business Venturing*, 2011, 26(4): 505-520.

[12] Lewis, V L & Churchill, N C. The five stages of small business growth [J]. *Harvard Business Review*, 1983, 61(3): 30-50.

[13] Minniti, M & Bygrave, W. A dynamic model of entrepreneurial learning [J]. *Entrepreneurship Theory and Practice*, 2001, 25(3): 5-16.

[14] Politis, D. The process of entrepreneurial learning: A conceptual framework [J]. *Entrepreneurship Theory and Practice*, 2005, 29(4): 399-424.

[15] Robinson, S. Business failure rates: A look at sex and location [J]. *Academy of Entrepreneurship Journal*, 2007, 13(1): 45-57.

[16] Ropega, J. The reasons and symptoms of failure in SME [J]. *International Advances in Economic Research*, 2011, 17(4): 476-483.

[17] 孟丁. 平台企业竞争战略框架及策略性行为研究[J]. 华东经济管理,2013(1): 107—112.

[18] 彼得·蒂尔,布莱克·马斯特斯. 从0到1: 开启商业与未来的秘密[M]. 高玉芳,译. 北京: 中信出版社,2015.

Chapter 8

第8章 公司内部创业

学习目标

了解公司内部创业的内涵与特征

知道公司内部创业需要解决的主要机制问题

了解公司内部创业常见的组织模式

章节纲要

本章主要分三节来阐述与探讨公司内部创业。第一节介绍公司内部创业的基本内涵与特征；第二节介绍公司内部创业需要解决的主要机制问题；第三节介绍公司内部创业常见的组织模式。

开篇案例

第一台 IBM-PC 开发者的辉煌往事

在 IT 产业史上，曾经参与世界上第一台 IBM-PC 开发的 12 名工程师改变了计算机行业的发展方向和竞争格局。当时，工程师 Bill Lowe 向 IBM 总裁建议开发个人电脑，以期在当时由苹果、Commodore 和 Atari 等品牌占据的电脑市场中开辟一块属于 IBM 的市场。IBM 总裁接受了 Bill Lowe 的建议，并将开发个人计算机的行动命名为“跳棋计划”。由此开始了围绕个人计算机的公司内部创业，继而使 IBM 成为 PC 界的大鳄。

IBM 在佛罗里达州的 Boca Raton 设立了个人计算机研发总部，Noel Fallwell 所在团队即开始了命名为“跳棋计划”的公司内部创业，并选择了使用其他公司零件和技术来开发系统的道路。

特别是，在 IBM 此前的产品开发中，工程师们习惯使用 IBM 自己的零件来设计开发系统，甚至于开发新品所需要的大部分硅芯片和设备都是 IBM 自己生产的。但开发个人计算机时，鉴于英特尔和摩托罗拉等公司已在生产新的微处理器和外围设备，IBM 即考虑能否将别人生产的 CPU 整合进 IBM-PC 的产品设计。由此，IBM 的研发小组很快开发出了基于摩托罗拉 68000 微处理器的个人计算机。

Bill Lowe、Noel Fallwell 所在研发小组将他们的成果向 IBM 总裁进行了汇报，得到了总裁的认同。进而，采用同一方法，IBM 又开发出了使用英特尔 8088 处理器和 standalone 打印机的个人计算机。相应地，在个人计算机上市的最初几个月里，IBM 即卖掉了原来估计需要若干年才能卖完的产品。

鉴于 IBM-PC 事业的建立与发展采取了公司内部创业的组织模式，故 IBM-PC的开发往往被视为内部创业的典例之一。

案例来源：雷家骕，洪军．技术创新管理．北京：机械工业出版社，2012.

8.1 公司内部创业的内涵与特征

8.1.1 两个重要概念

（1）公司内部创业

所谓公司内部创业，即公司内部的某些个体或群体，面对新的商机，利用公司提供的条件和其他支持，为公司创建新的业务机构，进而推动组织内部战略更新的过程。

公司内部创业不仅有助于有效利用公司资源，促进公司迅速抓住新的市场机会，同时也是公司激励员工，发挥其创新创业精神的有效方式之一。公司内部创业也是企业开辟新的业务、谋求持续经营的可行途径。

在市场竞争条件下，企业既要保持组织的动态灵活性，快速响应市场的需求，又要克服组织内部的低效率，充分调动内部人员的积极性，公司内部创业即成为大公司持续成长的可行途径之一。典型的是，在 2010 年《财富》世界 500 强企业排行榜中，名列前 100 位的大公司，在产品创新方面即有 55％采用了公司内部创业的模式。

实践中，诸多企业成功地开展了公司内部创业，如 3M、柯达、施乐、宏碁等知名的大公司。这些公司通过建立内部市场和规模相对较小的自治或半自治的经营部门，以独特的方式利用企业资源以生产产品、提供服务或技术。在我国，不少企业也逐渐意识到了公司内部创业的重要性，华为、用友的内部创业就是典型代表。

2000 年，深圳华为集团为了解决机构庞大和老员工问题，鼓励员工内部创业，将华为非核心业务与服务业务，如生产、公交、餐饮业以内部创业方式社会化，先后成立了广州市鼎兴通讯技术有限公司、深圳市华创通公司等。这些内创公司依托华为强大的经济实力与市场占有率，为其产品提供相关技术服务，同时也成就了企业内部员工的创业梦。

财务软件公司"用友"是另一个典例。前些年，"用友"在合肥、武汉和温州推出了"创业计划"，公司总裁王文京希望地区分公司的员工离开公司，转为自行创业的代理商。公司为离职代理并成立公司的员工提供资金和产品支持。员工级的能获得 8 万元、经理级的能获得 15 万元赞助。这就缓解了用友原有的渠道成本压力太大的问题。

（2）创业家和内创业家

所谓创业家，即开创或经营某项业务，特别是要涉及许多财务风险的人。这类人往往具有强烈的创业愿望，善于捕捉机会，愿意去组织团队，筹措所需资金，承受相应风险，进而去开发新的事业。

相对于公司外部、与公司无关的创业家，不少研究者发现，公司内部也会有一些创业者。他们富有创造力和创新创业精神，总是偏好去创立新的事业。如果公司能够为他们提供相应的资源和机会，他们即可能成为公司新的业务的开拓者。我们可以将这些员工称为公司内部的创业家，即内创业家。

内创业家是公司内部创业的主体，他们不同于一般的企业经理人。经理人是被公司雇用来控制、组织、指导企业各项业务活动的经营管理者。内创业家固然也是公司雇用来的，公司雇用他们的目的是让他们承担某些方面的工作。

但被雇用来了之后，因为内创业家有着强烈的创新创业精神，在某些情况下，他们可能"违背"公司雇用他们的初衷，而努力去发现新的商机，进而为公司开发新的业务。他们能否成功，多在于他们是否愿意承担风险，能否有效地利用公司所提供的资金和平台，以及他们是否有坚忍不拔的毅力。

8.1.2 关于公司内部创业的讨论

1971 年，Peterson 和 Berger 在《管理科学季刊》上发表了一篇研究流行音乐产业环境动荡性对企业创业影响的论文，这篇论文后来被 Zahra 等(1999)誉为公司创业领域的奠基之作。然而，学术界对于公司内部创业的界定有不同说法，如果把公司创业比喻为一个百货商店，其包含的物品用"琳琅满目"来形容绝不为过。首先，公司创业的概念名称本身就包括公司创业、内创业、公司风险投资(Sharma & Chrisman，1999)。公司创业的内涵所包含的内容就更多，如战略更新(Guth & Ginsberg，1990)，发展新产品或新市场(Jennings & Lumpkin，1989)，发展组织所接受的公司文化和制度规范(Kuhn，1993)，培育创新(Baden-Fuller，1995)，为未来企业的利润流获得知识(McGrath et al.，1994)，国际化的成功(Birkinshaw，1997)，产品、流程或管理创新(Covin & Miles，1999)，多元化(Burgelman，1991)，个体观点赋予到组织集体(Chung & Gibbons，1997)，商业模式和领域重构(Covin & Slevin，1988)，公司建立新的实体商业及风险投资(Phan et al.，2009)，创业战略姿态(Covin & Slevin，1991)，延展公司相关机会(Burgelman，1984)以及创业导向中的多维度(Miller，1983；Lumpkin & Dess，1996)；等等。

学界对于公司创业称谓与定义的多样性，公司创业的学者先驱 Burgelman 似乎有先见之明，"公司创业"这一术语本身看上去似乎是"矛盾的修辞"(oxymoronic)(Burgelman，1984)。Dess 等(1999)认为相对于"创业"这个概念，"公司创业"显得更加模糊、因为公司创业更加的复杂，它所要挑战的领域包括组织的战略、结构和过程。而公司创业内涵的多样性，甚至存在着不同的学者使用不同的公司创业内涵以满足学者本身写作目的的情况(Sharma & Chrisman，1999；Busenitz et al.，2001)。

尽管说法有所不同，但一致的观点是公司内部创业是在现有企业中的创业，而这类创业为现有组织中的管理者提供了主动尝试新鲜创意的自由平台。公司内部创业是"在位企业"通过非主流业务创新，来驱动业务整体增长和战略更新的主要动力，同时也是促进产品、流程、管理创新和业务多元化,促进员工把个人的创新构想转化为集体行动的主要动力(Barringer & Bruedorn,1999)。由此认为,公司内部创业对于企业的生存和发展具有极其重要的意义。

创新理论的始祖熊彼特先生讲,“创新就是建立一种新的生产函数”。也就是 $f=f(k,l,t)$,其中,k 为资本、l 为劳动、t 为技术。而创业,不外乎是在这类生产函数中加了一个组织变量(o)。这样,创业的生产函数就是 $f=f(k,l,t,o)$。可以说创业是创新的特殊形态。公司内部创业是在现有企业内建立全新事业的独立部门。公司内部创业的本质是某个公司已有很好的业务方向,且这些业务发展得很好,但市场上又产生了新的机会,于是公司即以创业的思维和组织形态,利用现有的资源开发出新的业务。由此,公司内部创业是不少公司迅速成长的重要途径。

值得关注的是,尽管学界对公司内部创业的内涵的阐述不尽相同,但一种广义的公司内部创业概念已被众多学者所认同:即在现有公司组织内部,以类似于独立企业的机制去为公司开发新的业务,这即可视为是公司内部创业。

公司内部创业既可以是由内创业家(创业团队)自发推动的,也可以是由公司战略引导而发生的。公司内部创业既可以在公司现有部门内实施,也可以成立新的组织来实施,关键是要采取类似独立企业的运行机制。

公司内部创业通常强调两个方面:一是新开发的业务要服务于公司的整体战略,有利于增强公司的核心竞争力;二是新的业务最好能利用公司既有资源和专长,从而使新业务的开发成本降至最低。但不能排除的是,在某些情况下,为了以内部创业的方式开发新的业务,可能会要求既有公司做出一些调整。这可能涉及公司的资源配置,甚至会涉及既有公司的组织结构或战略层面(郭鲁伟、张健,2002)。

8.1.3 公司内部创业的特征

(1) 新开发的业务不在公司原有业务范围内

新开发的业务虽然不在公司原有业务范围内,但这个新开发的业务未来有可能变成公司另外新一轮的优势业务,且不会影响公司既有业务方向的可持续发展,除非企业本身拟放弃原有的业务。相应地,公司内部创业与狭义创新的主要差别是,狭义创新的方向通常与企业现有的经营方向一致,而公司内部创业通常与企业现有的经营方向并不一致。典型的是,IBM-PC 业务的开发,就不在 IBM 原来的业务范围之内。

(2) 新业务的开发是为了既有公司的业务发展

换言之,不能将公司员工利用公司资源来干“自己的营生”理解为公司内部创业。例如,前述 Bill Lowe 等人开发个人计算机业务,是为了 IBM 发展新的业务、扩大 IBM 的业务范围,为了 IBM 整体上更好地发展,故我们说它是内部创业。但如果 Bill Lowe 及其团队开发这项业务纯粹为了开发团队的利益,甚至开发出 PC 后与 IBM 分道扬镳了,这就不属于内部创业了,甚至只能称之为“团队创业”了。

(3) 新业务的开发得到公司高层的认同

不管新业务的开发是由内创业家(或创业团队)自发推动的,还是由公司战略引导而发生的。只要真正想让这个业务发展起来，即需要使用既有公司的平台、资源和外部价值网络。此时，既有公司高层的认同和支持，能够自主地使用公司内部可以用于发展新业务的资源，成为公司内部创业必备的条件。典型的是，IBM-PC 业务的开发，能以内部创业的方式来实施，就在于 Bill Lowe 等人的动议得到了 IBM 时任总裁的积极回应。

(4) 公司高层支持以类似于独立公司的架构来开发新的业务

任何创业活动的实施，创业者都需要"独立自主"。在公司内部创业也是如此。如果新业务开发团队不能相对独立地运行，就很难开发有团队和公司高层所期待的开发效率，甚至会迫使"内创业家"离开现有企业。因此，当"内创业家"致力于为公司开发新的业务时，高层最好能支持他们以类似于独立公司的架构来开发新的业务，给予他们足够的自主权。典型的是，IBM-PC 业务之所以能在一年后即在市场上获得佳绩，这与 IBM 时任总裁给予 Bill Lowe 等人足够的自主权有极大的关系。

(5) 战略更新与主动竞争同在(冯婷、林嵩，2009)

企业借助内部创业发展新业务、进入新领域，公司战略必然要相应调整。这就意味着，内部创业实际上也是"公司战略更新"的过程。因为如果公司决心实施内部创业，即表明高层在考虑公司新的发展方向及其战略，进而会重新整合资源。这显然就有着"战略更新"的寓意。相应的战略往往被称为"创业导向的公司战略"。进一步看，这样的企业在市场中也会表现出"主动竞争"的姿态。因为既有公司致力于进入新的领域，势必对该领域现有企业形成威胁。如果既有公司是一家在原有领域有较大规模和较强竞争力的公司，则新领域内既有的企业就会产生较大的"被威胁感"，相应也会采取"反击"的措施。由此，一旦某家公司选择进入新的领域，往往会引发更为激烈的竞争。而企图通过内部创业进入新领域的公司，则会根据新的市场机会和自己的资源能力，主动出击、重塑环境、影响趋势，甚至努力去创造新的需求。

(6) 创新与风险同在

公司内部创业通常是以创新为动力的。且相应的创新与公司正在经营的业务有较大差异。这就决定了公司既有的核心能力不一定能支撑这些创新的实现，进而导致相应的创新必然存在很大的风险。近些年，国内不少企业都有公司内部创业的动议，力图推出跨领域的新业务，实现企业转型，但成功的却不多。究其成因，往往是企业高层和内部创业团队对于开发新业务的风险估计不足，或者是缺少有效的应对措施。这就要求，创业战略导向的企业及企业高层，以及内部创业团队，必须对开发新业务的风险有足够的考量，要把握具体风险所在，并应有应对风险的合理预案和有效行动。当然，一家既有公司，如果真的拟借助内部创业来实现转型，甘冒风险，也是必需的，同时也应尽可能地将开发新业务的风险降到最低，那就需要尽可能地在"能力亲近度"较高的领域开发新的业务，同时应加强开发新业务的战略管理和过程管理，同时应关注提升新业务开发团队的创新能力。

小案例

比尔·盖茨隐藏于他人公司的创业

电脑迷发现了商机

今天全球无人不晓的比尔·盖茨1955年10月28日生于美国西北部华盛顿州的西雅图。父亲是律师，母亲是教师，他们后来在盖茨与IBM历史性的合作中发挥过关键性作用。

1972年的一个夏天，年龄比小盖茨大3岁的保罗拿来《电子学》杂志，指着一篇只有十个自然段的短文章对小盖茨说，有一家新成立的叫英特尔的公司推出了一种叫8008的微处理器芯片。两人不久就弄到了这种芯片，摆弄出了一台机器，可以分析城市交通监视器上的信息，于是即成立了"交通数据公司"。

1973年，盖茨上了哈佛大学，保罗在波士顿一家叫"甜井"的电脑公司编程。但两位经常会面，探讨电脑相关问题。1974年春，当《电子学》杂志宣布英特尔推出了比8008芯片快10倍的8080芯片时，盖茨和保罗都认定那些像PDP8型的小型机的末日快到了。他们在新芯片背后看到了电脑的前景：个人化、适应性强、不超出个人的购买力。这似乎点燃了保罗与盖茨的电脑梦，也使正在哈佛上学的盖茨看到了商机。

在MITS公司蕴壤的创业

盖茨给MITS公司的罗伯茨打电话，表示要给Altair研制Basic语言，但此时的罗伯茨将信将疑。然而，盖茨和保罗没日没夜地干了8周，为8080配上了Basic语言。1975年2月，保罗亲赴MITS为罗伯茨演示他们的软件。这年春天，保罗进入MITS，担任软件部经理。在哈佛念完二年级后，盖茨也飞往MITS，加入了保罗的工作。那时他们已有创业的念头，但在Basic被广大用户接受之前，他们是不会离开罗伯茨的，他们在等待羽翼渐丰。

1975年微软公司诞生了。但当时微软与MITS的关系十分模糊，即"寄生"于MITS之中。1975年7月下旬，盖茨和保罗与罗伯茨签署了协议，期限10年，允许MITS在全球使用和转让Basic软件及源代码，包括第三方。借助Altair的风行，Basic语言也推广开来了。此事使盖茨和保罗获利18万美元。于是，二人开始将更多的精力放在了自己的公司上，但他们仍在MITS兼职。

早期的微机用户多数是图谋改变世界的年轻人。他们依靠俱乐部和展销会而彼此交流，互购产品。当时著名的"家酿俱乐部"，就主张向所有的人免费传播软件编码和内部运行情况。正是这种开放的理念，促成了早期PC业的成长。盖茨赞同这种理念，因为这有助于他的软件形成标准，但他又不愿让自己的软件成为免费的午餐。

通过与IBM合作而开始独立运营微软公司

1977年，罗伯茨将MITS公司卖给了Perterc公司，Perterc公司要求把软件作为交易的一部分。但盖茨和保罗提出，他们与罗伯茨签署过协议，故他们提出软件应单独出售。这个争端最后诉诸仲裁，但在盖茨父亲及其律师朋友的帮助下侥幸获胜。保罗离开 MITS 后不久的 1977 年元旦，盖茨正式退学。解决了与 MITS 的关系后，两人开始独立运营自己的企业。

盖茨有位朋友叫加里·基尔代尔。加里是美国海军研究院的研究员，他曾为英特尔 8008 芯片写出了 PL/I 这样大型、复杂的计算机语言，他也是解释型 Basic 程序的发明者。与 MITS 合作期间，盖茨和保罗用 Basic 开发出一个简单的 DOS，但很不好使，且与别的微机不兼容。于是，盖茨潜移默化地谋求与加里·基尔代尔合作。

1980 年，IBM 公司准备进军 PC 市场，想购买加里·基尔代尔开发的 CP/M* 做系统。盖茨表现出十足的骑士风度，为 IBM 安排了与基尔代尔的会晤。1981 年 8 月 12 日，IBM-PC 问世。负责这个项目的唐·埃斯特利奇是 IBM 中盖茨最为诚服的人，他 1984 年就给 IBM 带来了 40 亿美元的收入。但 IBM 高层却让另一个人洛伊代替了埃斯特利奇。洛伊对 PC 一窍不通，这就为微软创造了与 IBM 合作的空间。1985 年 6 月，微软与 IBM 公司达成协议，联合开发操作系统。

根据协议，IBM 公司可在自己的电脑上任意安装微软与 IBM 联合开发的操作系统，同时允许微软向其他电脑厂商转让该系统。当时 IBM 公司在 PC 市场上拥有绝对优势，但在兼容机市场中的份额极低。而到了 1989 年，IBM 公司在兼容机市场上即达到了 80% 的份额。盖茨的微软公司收取的操作系统许可费，短短几年盈利 20 亿美元。

开发独特技术而迅速成长

在与 IBM 公司合作的同时，微软公司也从 1981 年开始独立开发“Windows”系统。如今微软已成为业内“帝国”，除了主宰 PC 操作系统和办公软件外，还插足个人财务软件、教育及游戏软件、网络操作系统、商用电子邮件、数据库及工具软件、内部网服务器软件、手持设备软件、网络浏览器、网络电视、上网服务等。

由此，1990 年，微软公司引起了美国联邦贸易委员会的关注。该委员会调查了微软将操作系统与应用软件捆绑销售的情况，这种搭售方法正是美国反垄断法规制的行为之一。1993 年司法部接管调查。1994 年，司法部对微软公司的市场行为做出了限制性裁决，尤其是当微软公司准备并购财务软件领头羊 Intuit 公司时，司法部即挺身而出，指控这起并购为非法。由此，微软不得不放弃了这个并购。

值得关注和思考的是，1974 年春比尔·盖茨进入 MITS 公司，1977 年元旦离开了 MITS 公司。而此间的 1975 年，比尔·盖茨即创办了微软公司。他创办这个企业，算不算公司内部创业呢？

案例来源：改编自 http：//zt. blogchina. com/2012zt/Microsoft/以及 http：//www. chinavalue. net/BlogFeeds/413823. aspx.

8.2 公司内部创业需要的相关机制

8.2.1 公司内部创业的激励机制

公司内部创业的说法源于20世纪80年代，此间美国电话电报公司(AT&T)、3M公司、宝丽来公司(Polarold)等借助内部创业方式发展新业务，获得了巨大成功，由此使这一概念逐步在学界和业界得以流行。内部创业的本质是公司为了发展新的业务领域，而给"内创业家"以组织授权和资源保证，并旨在实现企业长期使命与目标的活动，这对于企业持续成长具有十分重要的意义。

要使内部创业在企业内得以兴盛，最为基本的是公司应构建相关激励问题。

(1) 鼓励员工的创业精神在既定的组织框架内得以张扬

企业内部往往会有不少充满创业精神的员工，即潜在的"内创业家"。他们有着不同于多数员工的创造性经营思维，企业如果在制度上鼓励这些员工通过内部创业的方式，来张扬他们的创业精神，则将既有利于企业在关键时刻的突破式发展，也有利于员工自身的职业发展。反之，如果企业压抑充满创业精神的员工的个性，则他们就可能离开现有企业，而去独立创业。如前述IBM-PC的开发，如果IBM时任总裁不接受Bill Lowe等人的建议开发个人计算机业务，则很难想象IBM后来会成为PC界的大鳄，而Bill Lowe很可能联络相关人员去独立创业。

(2) 鼓励员工以内部创业的方式在企业内部升迁

升迁是企业多数员工的职业追求，特别是那些优秀的员工，他们都会有"不想当将军的士兵不是好士兵"的意识。基于此，对于那些具有强烈创业精神的员工，与其让他们自愿离开现有企业而另谋高就，不如通过鼓励这些人以内部创业的方式在企业内部升迁。这既不挤占企业现有高管的位置，还有助于创造新的高管岗位。一项研究认为，在那些鼓励内部创业的公司，内创业家所创造的部门经理级的高管就业机会，至少相当于现有部门经理的1/5。这对企业吸引并保有优秀人才无疑是有益的。

(3) 要将内部创业作为企业成长的重要途径

2002年《哈佛商业评论》发表的文章称，企业有以下七个有效的成长途径：一是打破惯例，寻求增长契机；二是价值创新，创造高速增长的战略理念；三是兼并收购；四是多元化；五是使企业成为有生命力的公司；六是服务创新，捕获附加服务的新价值；七是开发虚拟价值链。但这篇文章的一个缺憾，就是忽视了内部创业对于企业成长的价值。从国内外的不少案例中可以发现，企业只有真正视内部创业为企业成长的有效途径，实践中才能真正将内部创业作为企业快速成长的实际途径。相应地，企业也才会充分重视激励员工的内部创业。

8.2.2 公司内部创业的运行机制

激励机制要解决的是鼓励公司产生内部创业的问题，运行机制要解决的则是有效实施内部创业的问题。企业要有效地实施内部创业，至少需要建立以下运行机制。

(1) 将“内创业家”的创业冲动与企业高层的引导结合起来

实践中公司内部创业多数源于“内创业家”的创业冲动，但如果公司高层也能引导员工去内部创业，那就相当于“双重力量”在推动内部创业，这对公司内部创业的发生及推动无疑是有益的。1995 年，日本富士通公司三位员工从公司获得了 100 万美元的内部创业基金，他们与公司合资创立了通力(日本)公司，研制数码相机软件产品。由于富士通公司的大力支持，加上产品研制方向对路，很短时间之后，这家新创企业即成为富士通强劲的合作伙伴。由此可见，公司引导员工内部创业对于企业和社会都是十分有益的。

(2) 使创新与创业在企业内部相互协调

企业的创新多数与企业现有的经营方向一致，多是在现有经营领域及方向上“建立新的生产函数”；而内部创业多数情况下与企业现有的经营方向不一致，是为发展新的业务，在新的经营领域构建“新的生产函数”，这就势必分散企业的资源配置。因此，如果企业并不志在整体性转变企业的经营领域，而是谋求确保企业在“可持续经营”基础上的“可持续成长”，企业高层推动内部创业时，需要充分考虑企业可掌控资源的允许程度，以免在内部创业上投入过多资源，而影响企业在既有经营方向上竞争优势的丧失。当然，如果企业在现有经营方向及领域已无竞争优势，或者是即便靠创新也难以抑制竞争优势的日渐丧失，在这种情况下即需要在内部创业方面投入更多的资源、付诸更多的努力，以期为企业在新的经营领域缔造新的竞争优势。

(3) 合理确定“内企业”的边界

既有企业有合理边界的问题，内部创业企业也存在合理边界的问题。根据科斯的制度经济学理论，当将某项业务置之于企业内部经营时，如果内部管理交易的代价大于将这项业务置于企业外部的市场交易费用时，企业即应将这项业务剥离出去，交由市场交易来完成；反之，当将某项业务置之于企业外部交易来实施时，如果外部市场交易的代价远大于将这项业务置于企业内部的管理交易费用时，企业即应该将该业务拿进企业内部，通过企业内部的管理交易来完成。内部管理交易的边际费用与外部市场交易的边际费用相等时的企业边界，即是企业的合理边界。相应地，内部创业的“内企业”也有合理边界的问题，即当“内企业”置身于现有企业内部的交易费用大于独立运行的交易费用时，“内企业”即应从现有企业分离出去，独立运行，只保留与既有企业的产权关系。这才有利于“内企业”的进一步发展，同时也有利于既有企业整体上的发展。

(4) 要敢于和善于打破对待客户的不适当惯例

客户是企业外部价值网络的“终极节点”。企业成长的本质之一是“外部价值网络的不断优化”。但问题恰恰在于，一些企业往往形成了某些貌似合理的“惯例”，不能善待客户，淡化甚至恶化了企业与客户之间的关系，使客户失去了对企业的满意度，这就势必降低甚至破坏企业外部价值网络的功效，进而使企业很难有业绩上的理想增长。企业一定要发自内心地关注“自己是否有未能善待客户的惯例”，千方百计改进之，以此来求得企业产品价值的及时实现，进而求得企业在内部创业时能更新与成长。

8.2.3 公司内部创业的团队构成

创业团队是创业得以成功的最为重要的因素，素质较高、结构合理的创业团队有助于解决创业中遇到的所有困难，继而使创业活动步入良性的发展轨道。公司内部创业也是如此。在公司内部创业中，以下三类成员尤为重要。

(1) 创业的领导者

不管是公司引导的公司内部创业，还是团队自发推动的公司内部创业，创业的领导者都是不可或缺的。他们通常是公司内最具企业家精神的"内创业家"。他们所追求的，并不一定、至少排在第一位的不是金钱方面的报酬，而是成就感、实现理想的机会、工作的自主性等。公司内部创业的团队领导者，不应是公司高层直接任命的，而应是创业团队推举的。大量案例证明，只有那些具有远见卓识、有献身精神、能够为追求成功而不计得失的"内创业家"，才可能将一个团队的"内部创业"引向成功。而只有创业团队才能发现这样的人。因为在团队成员朝夕相处中，每个成员都可能辨别出哪个人最适合引领整个团队"做正确的事、正确地做事"，从而使整个团队最有效率地付诸努力。

(2) 创业团队成员

创业要靠集体的努力。在 IBM 围绕个人计算机的内部创业中，固然工程师 Bill Lowe 向 IBM 总裁提出了开发个人计算机的动议，但如果没有 Noel Fallwell 等人的加入，如果没有整个开发团队的有效努力，IBM 个人计算机业务的发展，要么不可能成功，要么不可能推进得那么快。但恰恰是这个团队，为 IBM 做成了这个事。这就告诉我们，在内部创业过程中，就团队组成而言，一是公司高层应赋予"创业的领导者"自主选择成员、组建团队的权利。二是团队成员首先应选自既有公司内部，因为他们相互有着较多的了解，甚至有着以往相互配合的良好基础。相应地，除非内部寻找不到适合承担某些工作的成员，才从公司外部招聘相关人员。三是团对成员之间应加快磨合，以使整个团队尽快进入开发新业务的工作状态。四是创业的领导者应保有调整团队、辞退成员的权力，以使整个团队处在"最佳协作"的状态。一般来说只有具备以下特点的人，才适合进入核心团队：四有，有激情、有恒志、有经验、有社会资本；三敢，敢于担当责任、敢于创新、敢于打破常规；三善，善于与人沟通、善于交朋友、善于解决困难；三特，思想特活跃、思路特独特、处事特灵活。

(3) "内企业"董事会

公司内部创业的团队，也应有其核心，即决策层。这相当于"内企业"的"董事会"。这有别于独立公司董事会的"董事会"，一是就新业务开发的重大问题做出决策。诸如技术方向的选择，技术路线的设计，技术方案的选择，新业务上市时机的安排。二是就创业团队的组成及运行做出决策。诸如人员的招聘或辞退，重要岗位的人员安排，不适当人员的辞退。做好这两类决策，是这个"董事会"义不容辞的责任，这相应对"董事会"人员的选择，也提出了一些独特的要求。一是"董事会"多数成员应有强烈的创业精神与创新意识。因为他们决定着整个创业团队的士气。二是也需要选择一些团队之外的人员担任"外部董事"，诸如商业名流、科技名家、市场分析师，以使"董事会"天然地拥有更多的信息来源，使"董事会"具有更为理性的决策态度。

小案例

日本江崎糖业公司的泡泡糖业务开发

20世纪90年代，日本泡泡糖市场年销售额约为740亿日元，但其中大部分市场被“劳特公司”所占用。泡泡糖江山唯“劳特”独坐，其他企业很难挤进泡泡糖市场。但有家名为“江崎糖业公司”的企业，偏偏想进入泡泡糖行业。

为此，江崎糖业公司成立了内部创业团队，专门从事泡泡糖产品和市场的开发。该团队首先调研了泡泡糖市场霸主“劳特”的产品存在哪些不足，进而去寻找可能的“市场缝隙”。经过大量调查和分析，他们发现了“劳特”公司的产品至少存在四方面不足：

(1)“劳特”产品的市场重点是儿童泡泡糖市场。而当时，恰恰是成年人泡泡糖市场正迅速成长的时期，市场需求日益扩大。这对江崎糖业公司应该是个机会。

(2) 当时消费者的需求正在多样化，而“劳特”的产品主要是果味型泡泡糖。对此江崎公司貌似也有机可乘。

(3)“劳特”多年来一直生产单调的条板状泡泡糖，而缺乏新型式样。在此情况下，江崎公司可否搞点新的花样?

(4)“劳特”产品价格为110日元，顾客购买时需多掏10日元硬币，往往不甚方便。那么，江崎公司可否在价格上方便一下顾客?

略做分析，江崎公司决定：

(1) 以成人泡泡糖市场为主攻的目标市场。

(2) 多样化。陆续推出四大类成人泡泡糖产品。一是司机喜欢嚼的泡泡糖，使用了浓度薄荷和天然牛黄，以强烈的刺激消除开车嚼糖者的困倦感。二是运动员专用的泡泡糖，内含多种维生素，有利于消除剧烈运动后的疲劳。三是成人特别是异性交际用的泡泡糖，可清洁口腔，祛除口臭。四是轻松型泡泡糖，通过添加叶绿素，可调节人的情绪。

(3) 精心设计产品的包装和造型，以满足顾客的新奇感。

(4) 定价方便顾客一枚钱支付。即将每枚泡泡糖的价格定为50日元和100日元。日元恰好有这两种硬币，顾客从口袋摸出一枚硬币，即可购买一枚泡泡糖，以此避免找零钱的麻烦。

基于以上，江崎公司的功能性泡泡糖迅速打开了市场，不仅挤进了劳特公司独霸的泡泡糖市场，而且席卷日本，产品上市当年即占到1/4的市场份额，销售额达到175亿日元。

案例来源：http://www.chinadmd.com/file/trrswocsrur6ozeeavo6u6ct_1.html.

8.3 公司内部创业常见的组织模式

常规的独立创业，多数是创业家或创业家团队独立创办新的企业(暂且不管它的组织形式的多样性)。相对而言,公司内部创业因为有可依托的既有公司的组织平台和资源网络,创业的组织模式更为多样化。但较为常见的主要是项目小组、创业孵化器、创客实验室、公司创业投资等四类。

8.3.1 旨在发展新业务的项目小组

传统上,公司如采取常规的创新方式来开发新的业务,大都会将新业务按职能专长进行分解,以借助公司既有平台及其资源来完成新业务的开发。如将新业务的技术获取交给研发部门,将新业务的产品制造交给生产车间,将新业务的市场开发交给营销部门。这种组织方式固然轻车熟路、简单易行,但不足之处就是新业务开发的协调性较差。参与项目的人员固然不少,但他们大多还承担着其他业务的职能性工作,这往往会贻误新业务进入市场的最佳时机,甚至会降低新业务开发的成功系数。

而通过组织旨在发展新业务的项目小组,以内部创业的方式开发新业务,则会使新业务的开发团队具有专业性,开发过程具有协调性。因为在项目小组,新业务的开发是"以任务为导向"的,要根据公司总体战略安排去开发新的业务。

以项目小组形式开发新业务,有几个特点:一是它要服务于公司整体战略,与现有业务建立较为紧密的相关性;二是小组有明确的目标,即预期可能上市的产品或服务;三是新业务开发的资源投入全由既有公司承担,且新业务开发过程中有公司各部门的配合,并可利用公司各种资源;四是与常规方式相比较,项目小组形式更易调集资源,协调跨部门力量,从而集中、快速开发新的业务。

特别是,如果新业务全部在公司内部进行,资金由既有公司投入,往往会享受"软预算约束"的优惠。所谓软预算约束,即新业务开发项目启动后,由于各种不确定性,资金需求往往会突破初始预算,公司决策层也很难"忍痛割爱"、终止新业务开发。相反,多数情况下会持续投入资金,以确保新业务开发成功。

8.3.2 旨在培育新业务的创业孵化器

在社会层面,创业孵化器是创新创业者得以起步与发展的"助推器",是助推公众创业的重要机制,是处境艰难的新创企业得以生存的平台。创业孵化器所服务的企业,在一些地区甚至成为高增长的企业群体。故在国际上,一些人将孵化器对于经济增长的作用称为"孵化器经济"。

在企业层面,为开发有利于公司总体发展的新业务,有时也可以采取建立企业内部创业孵化器的方式。即通过建立面向"内创业家"的孵化平台及其机制,为公司内部诸多创新创业团队提供所需的资源和服务,助推这些团队努力开发新的业务,以期使其中一些成为有助于公司持续成长的重要业务。

企业内部创业孵化器有以下特点,一是它相似于社会上特别是高新区的企业孵化器,但它主要服务于"内创业家"主导或领导的创新创业团队,甚至团队的大部分成员来自于企业内部。二是企业创办这样的孵化器,基本宗旨是为新业务的开发引入创新创业的思维,同时为团队构建有利于他们更为有效地做事的"小环境"。三是进入孵化器的新业务,都是以独立的团队载体出现的。孵化器服务的直接对象是一个个创新创业团队，而不是一个个新的业务。四是孵化器青睐的业务方向与新业务，通常是未来能与企业总体战略“协同”的，即那些有助于加强企业既有主导业务群，或者为企业开发新的业务领域的创新创业活动。五是企业也希望通过这样的孵化器，降低所进入团队的创新创业风险和成本，助其缩短创新创业周期，提高创新创业成功率。六是从结果上看，在孵化器中发展较好、且预期有更好前景的新业务，往往是公司未来整合进主导业务群的重点。

有必要重视的是，建立公司内部创业孵化器，应该把握“专业化”的原则，即应明确专业方向、专业领域，以期形成创业孵化的独到的“核心优势”。因为特定的孵化器不可能擅长孵化所有领域的创新创业，聚集于孵化个别方向、少数领域的创新创业，才可能多、快、好、省地为公司培育真正有价值的新业务。

8.3.3 旨在培育创新者的企业创客实验室

2014 年 9 月，李克强总理在达沃斯论坛开幕式上首次发出了“大众创业、万众创新”的号召。2015 年 3 月，国务院办公厅下发了《关于发展众创空间推进大众创新创业的指导意见》，旨在推动社会青年和在校大学生创业的政策构想，这一指导意见也引发了企业建立旨在培育自身员工成为创新者的“创客实验室”。

企业内设的创客实验室，类似于大学工科院系的实验室，通常是为企业内部有强烈创新意识的员工提供一定的实验条件和环境，吸引员工在该类空间中开发出新的产品、工艺、服务或商业模式。它与企业内部孵化器的最大差异，一是不要求创新者成为“内创业家”。但不排除一部分创新者后来成为“内创业家”。二是任员工自由发挥，但并不要求创新者在此开发的产品、工艺、服务或商业模式成为企业未来业务的来源。换言之，并不要求员工所做的事情与企业的业务形成“战略协同”。

企业内设的创客实验室，通常有以下特点：一是旨在激发员工的创新意识与创新努力。以培养创新者为目标，而不是以培育企业新的业务为目标。二是进入实验室的人员被称为“创客”。他们主要是企业既有的员工，但不排斥经企业批准进入的企业外人员，诸如其他企业的员工、无业者，或者是学校的师生。三是鼓励员工做出有商业价值的新产品、新工艺、新服务或新的商业模式原型，企业提供相应的生产经营条件，引导员工尽可能地将所开发的新的产品、工艺、服务或商业模式原型推进到商业化的程度，即便这些新的产品、工艺、服务或商业模式与企业经营毫无关系。当然，万一员工开发的新的产品、工艺、服务或商业模式有助于加强企业既有的业务，企业则多会将这些产品、工艺、服务或商业模式纳入企业的业务序列之中。四是如果某个创客团队开发的产品、工艺、服务或商业模式有助于另一家企业的经营与发展，创办“创客实验室”的企业即会“大大方方”地充当创客团队与另一家企业之间的“中介”。在这种情况下，创办“创客实验室”的企业通常会从另一家企业那里收取一定程度的“服务补偿”。

由前述第四个特点可以看出，企业创办的“创客实验室”，其效果具有一定程度的“外部性”，即一些企业创办的创客实验室的社会效益远大于本企业的收益。这就要求创办创客实验室的企业有一定程度的“社会公益心”。诸如，青岛海尔集团创办的创客实验室。

8.3.4 面向内创业家的公司创业投资

在社会范围，创业投资公司往往是创业者实现创业梦想的资金提供者，即股权投资人。自第二次世界大战后在美国出现创业投资的机制以来，不少创业投资机构成为当地居民创业和当地产业转型、经济增长的“助推器”。鉴于创业投资对于创业的巨大推动和支撑作用，近年来，一些企业为了助推“内创业家”的创业努力，也建立了“面向内创业家的公司创业投资平台和机制”。

笼统地看，公司创业投资是有明确主营业务的非金融企业在其内部和外部所进行的创业投资活动。这类公司从事创业投资，通常是公司直接成立独立的创业投资子公司，其运作方式与专业、独立的创业投资公司极为相似。

与专业、独立的创业投资公司相比，公司创业投资具有以下特点：一是投资金来源于企业自身，而不是来自于愿做有限合伙人(Limited Partner，LP)的其他企业；二是投资对象通常是所开发业务能对本企业业务起到改进、加强作用的那些创业团队；三是得到创业投资资金的团队，主要是“内创业家”主导甚至领导的创业团队，但不排除投资于所开发业务能对投资者公司的业务起到加强、改进作用的独立创业团队或新创企业；四是投资团队会像独立创业投资公司那样，给来自企业内外的创业团队以投资之外的其他增值服务。诸如财务规划、客户发现、市场开发等服务。

值得提及的是，美国施乐公司即是成功运用公司创业投资机制的典范。该公司 10 年中投资 18 个新创企业，其中投资于“内创业家”创办的 6 个新企业的业务，对施乐公司的业务发展具有很强的助推和加强作用，最终施乐公司将这些业务整合到了自己的业务之中。一个典型的例证是，施乐通过创业投资机制投入给某家新创企业 1200 万美元，这在后来的 10 年内为施乐公司带来了 2 亿多美元的回报，同时也加强了施乐公司的某些业务。

小案例

携程潘飞的项目小组式创业

携程公司是现任 CEO 梁建章创建的一家服务型公司。离开携程的老员工潘飞，在外面神游几年后，又回到了携程公司。而吸引他回归携程公司的原因，便是他离开携程公司后，老东家所推动的“小单位创业计划”。

2011 年，在携程干了 5 年的潘飞选择了离职。在另一家同业公司干了一段时间，帮那家公司开发了高端酒店业务后，2014 年 3 月，潘飞又回到了携程。

这之前，CEO 梁建章对公司架构进行了调整，把公司分拆成了多个事业部(Business Unit，BU)，提出了鼓励事业部内小单位自主创业(Small Business Unit，SBU 以及 Entrepreneurship Unit，EU)的构思。

回到携程公司后，在旅游事业部(BU)下属的地面事业部(SBU)，潘飞负责全球的“当地玩乐”项目，售卖“目的地碎片化的吃喝玩乐”。

“当地玩乐”项目于2014年立项，半年后员工数达到180人左右，半数员工通过外部招聘，半数则是从公司内部“流通过来”的。为激发这180人的工作积极性，围绕“当地玩乐”项目，公司授权潘飞自己去构建新的激励机制，包括估值与股份期权两方面。

在该激励机制下，公司对“当地玩乐”项目每半年做一次估值。当时的情况是，如果半年期该项目的利润是负的，则该项目的估值即是负的。按照公司相关规定，该项目就有可能被其他事业部或创业项目合并掉。

可能“被合并”的压力，激励潘飞及其属下员工努力追求“当地玩乐”项目的高估值。于是，潘飞及其属下的员工不得不加大努力程度。

既然公司授权以“小单位创业”的方式来实施“当地玩乐”项目，潘飞及其团队即借助于互联网技术努力挖掘“流量”。他们发现，“当地玩乐”项目的40%流量来自于酒店、国内门票、旅游等交叉流量，30%为用户搜索或直接通过携程主站进入“玩乐频道”，剩下约30%是完全的外部流量。况且70%的自有流量，远比外部流量的质量高得多。

于是，潘飞及其团队将工作重点锁定在“有效挖掘内部流量”上。经过一年多的努力，潘飞及其团队使“当地玩乐”项目成为携程所有项目中最为吸金的项目之一。而携程公司CEO感叹道，“你们正是携程所需要的狼团队”！

案例来源：改编自曾宪皓．员工谈携程内部创业：没想到改得这么彻底．http：//www.traveldaily.cn/article/89320.

从创新小组到内部创业

大学衍生企业的一个重要功能，是将大学的知识创新成果二次开发，并孵化成新的企业。清华同方公司（简称“同方”）亦同。对于“同方”这类以大学为技术背景，又具备在资本市场上融资能力的上市公司来说，努力孵化有市场价值的新技术的产业化，是企业成长的有效途径之一。

股票公开上市不久，清华同方公司即就此进行了大量探索，逐渐形成了一套适合于自身技术创新模式的组织制度。这套组织制度的核心，即先围绕项目成立一个创新小组，然后通过创新小组不断完善技术，并同时完善产业化团队。项目孵化到一定程度即有两个流向：一是如果所孵化项目可以形成一种技术成熟、可靠的产品，则将其并入公司已有主业领域，或直接转移到社会企业；二是如果所孵化项目足以推动新的产业，则即以孵化项目为依托，以创新小组为基础建立新的内企业（分公司、子公司），这些内企业可能为公司创造新的利润增长点，也可能在资本市场上以“技术＋团队”的方式转移给社会企业。

通常，社会企业的技术创新主要是围绕自身“主线产品”进行的，或在此基础上适度拓宽。而大学衍生企业往往不同，它需要通过内部创业方式来转移、转化大学的科技成果，因而其之创新必然要涉及较多学科领域，甚至往往是与公司现有主业无关的全新领域。在此情况下,要对不同领域的项目进行孵化,创新小组即可能是一种可取的组织形式。如前所述,创新小组是由技术、市场、管理等方面人员围绕特定创新目标和任务而形成的,且享有充分授权的创新组织,在以创新小组为组织载体对项目进行孵化时,清华同方公司拥有一种特殊的优势,即它能够把技术连同技术的掌控者同时整合到所孵化的创新项目之中。

一般来讲,科技人员的创新行为是影响大学科技成果转化的关键因素之一。大学的一些科技人员为了不使自己的创新思路落为空想,往往会直接到社会上创业。鉴于这种情况,为使科技人员有机会开拓自己的事业,清华同方公司建立起了一种由"创新小组"到"内企业"的创业的组织机制。创新小组成员可以以一种"内企业家"的身份进行具有企业家特征的创新活动,一旦项目孵化成功,达到预期的产值目标与市场规模,就可能以创新小组为基础建立独立的分公司、子公司。这就是内部创业。

在同方公司这种内部创业机制中,内企业家(创业者)可以充分利用企业内部的各种资源,而风险则由公司整体来化解,由此促进了大学科技成果转化的孵化成功率的提高。故有人言,同方公司这种允许科技人员以内企业家的身份进行内部创业的方式,为科技人员提供了广阔的创新与发展空间,同时也为同方公司的可持续成长构建了可行的途径,从而使同方公司能够在若干年里持续保持高技术、高成长公司的基本特征。

本章小结

本章首先讨论了公司内部创业的内涵与特征。在理论界,尽管有关公司内部创业的界定有不少争论,但一致的观点认为公司内部创业是在现有企业中的创业,并总结了公司内部创业的六个特征。本章第二节对公司内部创业需要的相关机制进行了探讨,主要讨论了公司内部创业的激励机制、运行机制和团队构成。最后,本章总结了公司内部创业常见的组织形式,较为常见的组织形式包括旨在发展新业务的项目小组、旨在培育新业务的创业孵化器、旨在培育创新者的企业创客实验室以及面向内创业家的公司创业投资。

本章思考题

1. 寻找相应案例,分析公司内部创业的主要特征。
2. 为活跃公司内部创业,"内创业家"可怎样组建创新创业团队?
3. 结合某项实际的内部创业活动,思考新产品营销的可能途径。
4. 结合相应案例,分析公司内部创业主要有哪些组织模式?

案例分析

海尔的创客实验室

2014 年，海尔集团推出了新的战略主题：企业平台化、员工创客化、用户个性化。在该战略引领下，海尔集团创办了“创客实验室”。

(1) 海尔办起了创客实验室

海尔创客实验室是开放、共享的创客交互平台，秉承“相信一切创新力量”的价值观，促进创客的联结互动，并聚合产业力量，让创新生态体系中的创客、众创空间、创投机构、供应链及营销渠道等资源，在该实验室中开放式分享与对接，以期帮助创客们将梦想、创意等变为现实。

该实验室结合用户反馈和海尔的战略考虑，鼓励创客构思创意、进行创新。如果“创客”有好的产品创意，海尔可以提供软硬件设备支持及供应链整合服务，涵盖从研发设计到试制与中试再到模具设计，甚至生产、销售、物流配送的服务支持。海尔网上商城、日日顺及海尔的渠道伙伴国美、苏宁、京东、天猫等都可合作对接。

通过联络区接口人的沟通、选拔，海尔 M-LAB 创客实验室总部任命各高校创客实验室的总负责人，由后者选拔、任命三名核心团队成员，任命两名辅导老师，三名核心团队成员分别负责运营、企划和研发，核心团队下面可以有 10 名骨干成员和其他普通成员。

在海尔创客实验室，海尔的员工可以创新，海尔的用户甚至合作伙伴的员工也可以来此创新。海尔将创客实验室与高校的创新公开课对接，在 15 个省区市与 40 多所高校合作，借助自己的产业基础，帮助创客将项目落地。海尔的创客实验室还与美国知名草根创业团队 Startup Weekend 合作举办“创业周末”，关注大学生的硬件创意，为优秀项目提供国际沟通、联动的机会。

海尔创客实验室与高校大学生具体的合作形式分为两种，一种由合作校方提供固定空间、相应设备或由教育部提供设备标准，海尔家电提供设备、经费等支持，同时配备核心学生成员、专门辅导老师，海尔家电与校方进行深入合作。每个创客实验均有单独的编号，并挂牌。另一种是创客组织，由学生群体发起，老师辅导，并联动当地创客空间资源，由海尔家电为创客组织提供活动经费，可组织、赞助该校或当地的创新、创客或创业活动，以实现创意方案、作品、创客群体的线上输出与交互。

此外，海尔在青岛国际创新园内，与青岛崂山区政府合作，项目由崂山区政府、海尔双方共同运营，将海尔内部孵化的智能硬件、互联网、电子商务、大数据、工业 4.0 等领域已进入早中期的小微企业注册至青岛国际创新园，引入“海创汇”进行加速培育。相应地，崂山区政府优先向“海创汇”入驻项目提供创新创业的政策扶持。

(2) 海尔创客实验室的服务：提供投资与产业化服务

为驱动创客持续创新，海尔要求每个创客通过为用户创造价值来获得自己的报酬。在用户付薪机制驱动下，创客们以用户需求为第一要素，不断为用户创造价值。

为加速创客们的工作进程，该实验室为“雷神游戏本、小帅影院、有住网、免清洗”等创客团队引入了创业投资资金。其中的“有住网”是一家互联网装修公司，该实验室帮其引入了 5 亿元的 A 轮投资。

借助海尔以往的业务联系，该实验室汇聚了3万家销售渠道资源、6万家加工制造资源、98家孵化资源，为创客们提供服务，以加速创客的项目进程。基于上述资源，海尔规划了两条服务创客的路径，第一条路径是以“创客学院—创客工厂”为主线，强调对于创客的服务。其中，创客学院为创客们提供创新指导，创客工厂为创客提供供应链匹配和生产试验服务。第二条路径是以“创客实验室—创客市场”为主线。创客实验室从社会范围内挖掘优秀创意，通过创客市场来吸引外部资源介入。

32岁的邹浩是进入海尔创客实验室的一位“创客”。他构思了名为“水盒子”的创新。“水盒子”原本是海尔利用互联网技术，为用户提供的健康用水智能解决方案。邹浩看到了这个产品在技术上的缺陷和发展空间，便组建了“水盒子”创客团队，来完善相关技术和产品。该创客团队所需要的一切资源都可以通过实验室从市场获得。该团队四个人分别负责产品研发、模块和交互等，而其他的交易、交付、制造、服务等环节，全都借助海尔平台通过市场化机制来整合。

再如，“雷神”游戏本(游戏功能较强的笔记本电脑)的创客团队，是海尔的几名员工。他们依靠贴吧、论坛、QQ群等渠道与用户交互，聚集粉丝80余万人。相应地，针对用户需求提出产品创意，经过研发及玩家测试，再到互联网预约销售，最后再次回到交互平台进行痛点交互，形成循环往复的产品上市闭环。

目前“雷神”已经“玩大”，吸引到了创业资金，开始进入类似小微企业的运行状态。“雷神”的下一步目标，就是成为游戏本行业的第一品牌，吸聚粉丝200万人以上。硬件做强后，“雷神”计划2016年完善游戏软件生态圈，吸聚粉丝300万人以上；未来打通游戏产业链，代理游戏运营、游戏推广，逐步进入游戏文化产业，吸聚粉丝600万人以上。

案例来源：作者根据青岛财经网 http://www.qdcaijing.com/2015/1023/153189.shtml、海尔集团官网文章 http://www.haier.net/cn/about_haier/news/jtxx/201409/t20140909_244672.shtml 以及经济日报文章 http://paper.ce.cn/jjrb/html/2015-01/12/content_228312.htm 改编而成。

问题讨论：

1. 阐述海尔创客实验室的组织模式与团队构成。
2. 阐述你对开放、共享、联结互动的海尔创客实验室理念的看法。

本章精读文献

Sharma, P & Chrisman, J J. Toward a reconciliation of the definitional issues in the field of corporate entrepreneurship [J]. *Entrepreneurship: Theory and Practice*, 1999, 23(3): 11-27.

Chapter Article Summary(本章精读文献摘要)：

Although authors generally agree on the nature of entrepreneurial activities within existing firms, differences in the terminology used to describe those activities have created confusion.

The article represents one effort to systematize the use of terminology in the field of corporate entrepreneurship. To do this the authors of this article first review some of the existing definitions and illustrate how they are contradictory. This review is conducted to provide a grounding from which a framework of definitions can be developed that covers the field of corporate entrepreneurship. In developing this framework the authors go from a general point of view to a specific one in order to clarify the existing boundaries of the field, reconcile the various terms used to describe the phenomena of interest, and illustrate the territory they cover. The authors are of the opinion that broad definitions of concepts are preferable to narrow definitions at this stage in the field's development for several reasons. After the article has presented a framework of definitions pertaining to corporate entrepreneurship, the authors then proceed to discuss some of the critical constructs by which internal corporate venturing efforts might be classified to illustrate the possibilities of the approach taken. The authors focus on internal corporate venturing because it is the sub-area that has been perhaps the most thoroughly studied thus far and is, therefore, the most amenable to further classificatory efforts.

本章精读文献评述：

本章精读文献探讨了公司内部创业活动的本质，以及这些创业活动的共同性与差异性。本章精读文献作者还对与公司创业有关的概念、内涵与分类进行了阐述与分析，并认为如果要对公司创业有准确的理解，就不能不先讨论公司创业的概念。因此 Sharma 和 Chrisman 首先通过对“创业”定义的起源进行了比较，认为创业定义可以归为两个类别，其一是参考熊彼特(1934)的经典著作，认为创业基于创新，创业者要进行创新性的整合，涉及产品、服务、市场、过程、供应商、组织形式等；其二是 Gartner 在 1988 年发表的经典文献，他认为创业的本质是要创造一个新的组织。然后，Sharma 和 Chrisman 两位作者对 20 世纪 80 年代到 20 世纪末的有关公司创业的文献进行了分析，并且对公司创业的定义做了一番梳理和归类，认为“公司创业”的英文表述主要如下：① corporate entrepreneurship; ② internal corporate entrepreneurship; ③corporate venturing; ④ intrapreneurship; ⑤ strategic or organizational renewal; 等等，其中有许多交叉与重叠的地方。但是，Sharma 和 Chrisman 两位作者还是对公司创业做了比较明确的概念界定、分类与分析。他们认为，首先，创业分为独立创业与公司创业，独立创业区别于公司创业，是指个人或团队独立自主进行的创业（创建一家新组织）。公司创业（corporate entrepreneurship）包括创立一个新的机构（corporate venturing）、战略更新（strategic renewal），以及创新(innovation)。两位作者还把公司创立一个新的机构(corporate venturing)进行了分类，认为可以包含内部创立新的机构(internal corporate venturing)和外部创立新的机构(external corporate venturing)，前者是位于公司内部，可能是一个新的实体，也可能是一个新的部门；而后者则是成立于公司外部，它既可以是公司自己创立，也可以是通过并购或者分割(spin-off)而来，但公司外部成立新机构一定是具有自主权或者至少是半自主权。

这篇精读文献对于我们理解公司创业的概念及其具体内涵是非常有意义的。我国有 100 多家央企，其中 50 多家央企被定义为关系到国家经济与安全的大型企业。然而，如何有效管理这些大企业，有效进行公司内部创业是其中一项重要内容。中国的企业，除了国有企业，还包括许多民营企业，这些民营企业一样需要内部创业的成功。支付宝等创业项目就是这些民营企业内部创业的成功案例。公司创业是建立在机会基础上的，换句话说，只有公司看到好的机会，公司创业才有动力与成功的可能性。这些机会通常来自于两个方面：一是来自于技术进步的机会。技术进步经常与经济、社会变革相契合来创造机会，从过去的电话、手机到如今的移动互联网、大数据等，所蕴含的诸如共享经济、定制化等商机不是不“美”，而是缺少发现这个“美”的创业者。二是来自于企业价值链上下游的转型机会。企业可以整合上游供应商或拓展下游消费者，国内的企业还可以借助诸如“一带一路”国家战略，借助全球价值链重构契机，促进贸易结构转型和产业技术升级。公司创业很多时候就是重组价值链或在某个环节增值，最后达到提高客户体验的目的。

公司创业最忌讳的就是形式主义。公司创业者并没有看到任何创业机会，也没有能力构建/创造创业机会，只是为了一种形式进行公司创业，那是完全没有必要的。公司创业是一种内部的创新性活动，它对于企业的发展，尤其在创新发展方面具有非常大的意义。如何有效开展公司创业？认真读一读本章的这篇精读文献，应该是非常有意义的。

本章摘要与评述撰写者：斯晓夫，浙江大学求是讲座教授；傅颖，浙江大学管理学院博士研究生。

本章作者介绍

雷家骕，清华大学经济管理学院教授。清华大学中国企业成长与经济安全研究中心主任，专注于创新、创业与企业成长研究；北京市高教教学名师，主要讲授“创业管理”、“技术创业”、“公司成长管理”等课程。

浙江大学傅颖、斯晓夫为本章增添了部分内容，并为修改完成本章做出了贡献。

本章相关引用材料

[1] Baden-Fuller, C. Strategic innovation, corporate entrepreneurship and matching outside-in to inside-out approaches to strategy research1 [J]. *British Journal of Management*, 1995, 6(s1): S3-S16.

[2] Barringer, B R & Bluedorn, A C. The relationship between corporate entrepreneurship and strategic management [J]. *Strategic Management Journal*, 1999, 20(5): 421-444.

[3] Birkinshaw, J. Entrepreneurship in multinational corporations: The characteristics of subsidiary initiatives [J]. *Strategic Management Journal*, 1997, 18(3): 207-229.

[4] Burgelman, R A. Designs for corporate entrepreneurship in established firms [J]. *California Management Review*, 1984, 26(3): 154-166.

[5] Burgelman, R A. Intraorganizational ecology of strategy making and organizational adaptation: Theory and field research [J]. *Organization Science*, 1991, 2(3): 239-262.

[6] Busenitz, L W, Gomez, C & Spencer, J W. Country institutional profiles: Unlocking entrepreneurial phenomena [J]. *Academy of Management Journal*, 2001, 43(5): 994-1003.

[7] Chung, L H & Gibbons, P T. Corporate entrepreneurship: The roles of ideology and social capital [J]. *Group & Organization Management*, 1997, 22(1): 10-30.

[8] Covin, J G & Miles, M P. Corporate entrepreneurship and the pursuit of competitive advantage [J]. *Entrepreneurship Theory and Practice*, 1999, 23(3): 47-63.

[9] Covin, J G & Slevin, D P. The influence of organization structure on the utility of an entrepreneurial top management style [J]. *Journal of Management Studies*, 1988, 25(3): 217-234.

[10] Dess, G G & Picken, J C. Beyond productivity: How leading companies achieve superior performance by leveraging their human capital [J]. *Personnel Psychology*, 1999, 53(2): 481-484.

[11] Covin, J G & Slevin, D P. A conceptual model of entrepreneurship as firm behavior [J]. *Entrepreneurship Theory and Practice*, 1991, 16(1): 7-25.

[12] Guth, W D & Ginsberg, A. Guest editors' introduction: Corporate entrepreneurship [J]. *Strategic Management Journal*, 1990, 11(5): 5-15.

[13] Jennings, D F & Lumpkin, J R. Functioning modeling corporate entrepreneurship: An empirical integrative analysis [J]. *Journal of Management*, 1989, 15(3): 485-502.

[14] Kuhn, T S. Metaphor in Science [M]. In: Ortony, A (Eds). *Metaphor and Thought, 2nd Edition*. Cambridge: Cambridge University Press, 1999: 533-542.

[15] Lumpkin, G T & Dess, G G. Clarifying the entrepreneurial orientation construct and linking it to performance [J]. *Academy of management Review*, 1996, 21(1): 135-172.

[16] McGrath, R G, Venkataraman, S & MacMillan I C. The advantage chain: Antecedents to rents from internal corporate ventures [J]. *Journal of Business Venturing*, 1994, 9(5): 351-369.

[17] Miller, D. The correlates of entrepreneurship in three types of firms [J]. *Management Science*, 1983, 29(7): 770-791.

[18] Peterson, R A & Berger, D G. Entrepreneurship in organizations: Evidence from the popular music industry [J]. *Administrative Science Quarterly*, 1971, 16(1): 97-106.

[19] Phan, P H, Wright, M, Ucbasaran, D, et al. Corporate entrepreneurship: Current research and future directions [J]. *Journal of Business Venturing*, 2009, 24(3): 197-205.

[20] Sharma, S P & Chrisman, J J. Toward a reconciliation of the definitional issues in the field of corporate entrepreneurship [J]. *Entreprenurship Theory and Practice*, 1999, 23(3): 11-27.

[21] Zahra, S A, Jennings, D F & Kuratko, D F. The antecedents and consequences of firm-level entrepreneurship: The state of the field [J]. *Entrepreneurship Theory and Practice*, 1999, 24(2): 45-63.

[22] 冯婷,林嵩. 公司内部创业的概念内涵和支持要素[J]. 生产力研究,2009(4).

[23] 郭鲁伟,张健. 公司创业的模式探讨[J]. 科学学与科学技术管理,2002(12): 94—96.

[24] 雷家骕. 从创新出发认识创业[J]. 中国青年科技,2007(12): 1.

Chapter 9
第9章 家族创业

学习目标

认识商业世界中普遍存在的家族力量
理解家族在个体创业阶段发挥的作用
正确解读家族参与对公司创业的影响
知晓打造创业家族的意义和有效策略
知道如何借力家族成功开展创业活动

章节纲要

本章主要分四节来阐述与探讨家族创业。第一节展示在商业世界中，家族以及家庭所扮演的巨大力量；第二节介绍了创业之火也需要家族供氧，家族可以为创业提供金融资本、人力资本、社会资本以及情感资本四种“燃料”；第三节分析了家族涉入对于家族企业创业的影响；第四节介绍家族企业的代际创业情况。

开篇案例

天地人和万事利

杭州素有“丝绸之府”的美誉，丝绸的历史悠久璀璨。万事利集团作为杭州丝绸行业中的老牌企业，同整个行业一起经历过改革开放和国家放宽外贸经营权限制等给国内丝绸行业带来的黄金发展契机，也经历了亚洲金融危机之后“一蹶不振”的海外市场造成的沉重打击。不同的是，面对市场的低迷，万事利没有像许多企业那样死守面料市场，一味地从技术上谋求摆脱困境的可能，而是选择了在坚持技术创新和产品设计创新的同时，进行了一系列的商业模式创新，从而实现了企业的华丽转型。如今，万事利已发展成为中国丝绸行业的杰出代表和真正领跑者。回顾万事利集团的整个转型过程，创始人沈爱琴家族的第二代成员扮演了十分重要的角色。

万事利集团的创始人沈爱琴女士出生蚕农世家，1975 年 30 岁的沈爱琴带领 22 位刚放下锄头的农民，依靠几间破旧的平房、17 张原始的铁木织机，创办了万事利的前身，即杭州笕桥绸厂。20 世纪 90 年代初期，丝绸服装成了北美和东南亚人民的衣衫主选，中国丝绸行业迎来了“黄金发展期”，整个丝绸行业一派欣欣向荣的景象。然而，好景不长，到了90年代中后期，作为丝绸外贸主要市场的东南亚爆发金融危机，引起了巨大的经济震动，国内整个丝绸行业受到了前所未有的打击，80%的丝绸企业陆续关门停业，杭州的丝绸企业更是从3000多家锐减到30多家。作为从这次危机中存活下来的为数不多的企业之一，万事利面对如此严峻的形势，也不得不开始对自己的未来进行重新思考。

跟许多中国的第一代企业家一样，沈爱琴当时也偏爱重资产的运营模式，并在危机之后进行了一系列的多元化探索，相继投资过文化商城、进军过房地产和医院等行业，但效果都不甚理想。慢慢地，企业转型升级的重担就落在了思维更加活跃、眼界更加开阔且年富力强的第二代人肩上。2003年，沈爱琴的小女儿屠红燕，这个从小受家人熏陶有着浓厚丝绸情怀并立志要帮妈妈分担事业重担的江南女子，同自己的丈夫李建华一起接手了企业，在延续着家族的丝绸梦的同时，选择将丝绸行业的复兴作为他们终生的事业。为了探寻一条新的持续发展之路，二人可谓是绞尽脑汁、煞费苦心。功夫不负有心人，最终在两人的领导下从2000年万事利随文化部出访美国的"黄河之梦"大型时装秀和2001年万事利为在上海召开的亚太经济合作组织领导人非正式会议(APEC)提供丝绸唐装面料和丝绸唐装内衣中，看到了万事利丝绸的未来：丝绸在这里充当的是面料，体现的却是其承载的中国文化，它不仅仅是丝绸，还是中国的象征。

在打破了"丝绸即面料"的局限性认识之后，万事利开始逐步挖掘丝绸本身蕴含的文化元素和承载的文化价值，并从此开启了从"产品制造"到"文化创造"的商业模式创新之旅。2001年7月13日，北京获得2008年奥运会主办权，并随后确立了"科技奥运、人文奥运、绿色奥运"的理念。通过对丝绸文化元素的充分挖掘和诠释，万事利找到了进入北京奥运会的切入点，并在第一代企业家丰富的社会网络和人脉资源的帮助下，成功叩开了北京奥组委的大门，于2005年1月13日正式获批奥运会特许经营商资格。随后，在2008年北京奥运会的赛场上，我们看到了令人惊艳的"青花瓷"等不同系列的颁奖礼服。万事利借助奥运可谓是"一炮走红"。有了北京奥运会上的华丽绽放之后，进军上海世博会和广州亚运会就变得顺理成章。万事利也的确没有辜负人们的期盼，相继创造出了"世界级盛会上的万事利现象"。

经过三大盛事的洗礼，万事利逐渐成了丝绸行业的代言人，品牌形象得到了极大的提升。丝绸礼品公司业务量因此大幅增长，而丝绸科技、印染等兄弟公司也极大地受益于万事利品牌形象的提升，很多公司现在都享受到了之前不曾享受过的客户选择权，在与客户的对话中逐渐占有了更大的话语权。在2006年新成立的丝绸股份有限公司的创新和运作之下，万事利已经开始打造丝绸领域两个新的升级产业：丝绸装潢和丝绸艺术品。目前，万事利集团年营业额已破百亿元，这艘家族集团航母正朝着国际化和互联网跨界创业的方向驶去。作为“商二代”的屠红燕和丈夫李建华完美实现了企业的传承与革新发展，领导万事利集团成功突破了传统丝绸行业的发展瓶颈，从丝绸服装到丝绸礼品、丝绸材料，再到文化创意甚至是高科技。家族与创业，似是风马牛不相及，真的如此吗？

资料来源：由本章作者根据浙江大学管理学院老师针对万事利开发的两个教学案例《从产品制造到文化创造——万事利的商业模式创新》和《文化，让万事利丝绸重放光彩》，以及作者对万事利集团的多次访谈和部分来自网络媒体的二手资料整理编写。其中，两个教学案例均获全国MBA“百篇优秀管理案例”奖。

对于万事利集团的跨代连续创业历程，我们其实可以从不同的角度描述出完全不一样的故事。从第一代创业者的角度来看，在创业过程的不同阶段，家族究竟给他们带来了什么？他们究竟该如何处理创业与家族或家族之间的关系，让家族成为创业的助力器而不是掣肘？剥离还是融合？沈爱琴及其家族的做法会给我们带来怎样的启迪？随着创业的成功和企业的演进，创业者都将进入个人生命周期的后半段，新老更替在所难免。如何更好地为家族和社会创造价值，将自己的使命、责任和精神更好地代代传递下去，将成为“久经沙场”的老一代企业家内心深处的一种真实诉求。他们中多数希望将自己的家族打造成为真正的企业家族或者创业家族，将家族事业打造成为真正的百年老店。舐犊情深，望子成龙，可以预见相当大比重的父辈都希望由子女来接管企业。然而，这样一种朴素的愿望，并非触手可及。虎父也可能出犬子，再加上中国在过去三十多年间实行的计划生育政策，并非所有的创业企业家的子女都既有能力又有意愿扛起家族事业的大旗；另一方面，即使子女接下上辈的帅位，由于家族内部潜在的代际(父辈与子辈)和代内(子女间)矛盾，如何让家族事业这艘大船可以朝着期望的方向顺利前行或许还需要通过预先的规划来成功实现。那么，究竟什么样的家族和企业治理机制设计，能够更好地确保创业精神在家族和企业内部顺利延续？

从创业企业家子女的角度来看，他们似乎有着普通人难以企及的先天创业优势，但同样他们也背负着巨大的社会压力——成功理所应当，失败便被冠上“扶不起的阿斗”的骂名。那么，同时面对这样的先天优势和社会压力，不同的创业企业家子女会做出怎样的选择？有的人会选择到其他企业就职，从此“平凡”一生；有的人会选择去做公务员或进事业单位，从此“享受”一生；有的人会选择进入父辈企业，安稳守业，从此“安分”一生；有的人则选择在企业内“兴风作浪”，开启新事业；或者有的人可能会选择“离家出走”，另起炉灶，从此“折腾”一生。究竟是什么让他们做出了完全不同的人生选择？对于追求创业精神世代延续的企业家及其家族而言，怎样的规划安排更能激发后代的创业热情？在后代的创业过程中，企业创始人能给他们提供哪些帮助？从企业的角度来看，创业者家族成员，尤其是后代家族成员的参与，究竟是会促进还是阻碍公司内部的创业活动？他们的参与究竟给企业带来了什么？怎样的结构和制度安排，更有利于家族企业内创业活动的开展？

对上述问题的思考和探讨将构成本章对“家族创业”现象的多维解读。谈起家族创业，或许没有哪位学者可以给出一个边界清晰、内涵清楚的概念界定，我们也认为没有必要一开始就刻意地提出一个概念让大家共同去遵循，那样反而限制了人们对这一主题及其所映托出的多维现象的自由探索和解读，这对知识的创造和积累无疑是非常不利的。为此，在本章，我们将着重尝试对上述与家族紧密相关的创业活动中的有关问题按照不同的层面进行归纳，继而来组织相应的案例素材、理论观点和实践者视界，供大家相互讨论，共同学习。在此开始之前，我们先对创业过程和商业世界中的“家族力量”做一简要的引介。

9.1　商业世界的家族力量

如果将“创业”与“家族”①、“企业”与“家族”这两对概念同时呈现在人们面前，会发生怎样的结果？估计很多人都会觉得有些“无厘头”，尤其是对于那些受过经济学、管理学或商学教育的人，因为在他们的思维中，这两对概念的前后部分有着完全不同的内在逻辑。一般来说，除了社会企业（或社会创业），创业和企业活动基本遵循理性经济人的自利法则，公司以追逐利润为首要目标或主导方向，公司惯常把对股东负责视为第一的优先序考虑。家庭，原来是社会学的研究范畴，是社会的最小组成细胞，也是人类最基本、最重要的一种制度和群体形式。家族是具有共同的祖先、血缘，或具有姻亲关系、养育关系的人所组成的社会网络。亲属并不一定居住在一起，以群体的形式发挥作用，但是他们彼此承诺，承担一定的责任和义务。亲属网络中的确切成员是由特定的文化规范规定的。在中国，亲属家族一般是以五服为界。不论在国内还是国外，在家庭社会学中一般认为，主导家族活动更多的是社会人所具有的利他主义。因此，当“家族”要素加入到企业当中时，我们有充分的理由相信，将家族的要素排除在企业经营之外，以一种绝对理想化的、按照理性经济人、以追逐经济利益为唯一目标而运转的企业，在现实中是不存在的。事实上，大多数企业或多或少地保留着同创始家族或所有者家族之间的一些联系。通过表 9-1 我们可以清晰地看出受家族控制或影响的企业在全世界各个国家或地区都占着很高的比重，为各个国家或地区的经济和社会发展做着巨大的贡献。

表 9-1　家族企业(FB)在世界各地经济和社会中的地位与作用

国家	FB 的定义*	数据质量**	FB 的比重	GNP 贡献率	FB 创造的就业占比
阿根廷	广义	ES	65%	—	—
巴西	中义	ES	90%	65%	—
智利	广义	ES	75%	50%～70%	—

① 可能是单个家庭，而不一定是家族的概念，这也是很多人将 family business(FB) 翻译为家庭企业的原因。为简化起见，在本文中没有对家庭和家族做严格的区分，尽管从严格意义上来讲两者会具有一些细微的区别。

续表

国家	FB 的定义*	数据质量**	FB 的比重	GNP 贡献率	FB 创造的就业占比
加拿大	广义	ES	—	45%	—
美国	广义	NRS	96%	40%	60%
比利时	狭义	NRS	70%	55%	—
塞浦路斯	广义	NRS	80%	—	—
丹麦	中义	ES	—	45%	—
芬兰	狭义	RS	80%	40%～45%	—
法国	广义	NRS	>60%	>60%	45%
德国	中义	RS	60%	55%	58%
希腊	广义	NRS	80%	—	—
爱尔兰	中义	ES	—	—	40%～50%
意大利	广义	NRS	93%	—	79%
荷兰	狭义	NRS	74%	54%	43%
波兰	广义	ES	50%～80%	35%	—
葡萄牙	广义	NRS	70%	60%	—
西班牙	狭义	NRS	75%	65%	—
瑞典	狭义	RS	79%	—	—
英国	中义	NRS	70%	—	50%
澳大利亚	狭义	RS	75%	50%	50%
印度	广义	ES	—	65%	75%
印度尼西亚	广义	ES	—	82%	—

* 对家族企业的定义按照 Shanker & Astrachan(1996、2003)的操作性定义方法。其中，广义的家族企业只要求某个家族参与到企业当中并且控制着企业的战略方向；中间定义要求企业所有者试图将企业传给其家族的其他成员，并且创业者或创业者的后代在企业的经营过程中扮演重要的角色；狭义的定义要求家族拥有企业并且几代人直接参与企业的管理，同时有一位以上的家族成员负有重要的管理责任，以及大量的家族成员参与其中。

** ES(Estimate)：估计；EP(Extrapolation)：推断；NRS(nonrepresentative samples)：不具有代表性的样本；RS(representative samples)：具有代表性的样本。

资料来源：根据 Family Business Dominate: International Family Enterprise Research Academy 整理。

既然这些联系客观存在着，那就不能刻意地去回避，否则就不可能获得关于这些现象的全面且准确的认识。那么，我们不禁会问：既然创业和家族有着如此紧密的联系，为何长期以来都被人们所忽视？从国际上主流的观点来看，其中的缘由可以归纳为以下三点：

首先，大公司中两权分离引起的认知偏差。随着公司制企业的出现，社会学家大都认为企业的控制权已经不再掌握在家族成员手中(Berle & Means，1932；Galbraith，1967)，而是越来越多地从家族成员手中向职业经理人手中过渡。这一认知判断对人们的影响是极其深远的，单从代理理论及各种与之相关的研究来看，其对社会科学领域多个学科的影响广泛且深远。近年来，从一些统计数据来看，这一认知判断甚至在加剧，也就是说，越来越多的社会学家认为企业的管理经营完全掌控在职业经理人手中。

其次，学科分化带来的跨领域研究匮乏。15 世纪之后，人类开始了对世界条分缕析的深入认识，与此相对应，近代科学也开始了专门化的进程。随着学科越分越细，家族和企业这两个看上去遵循完全不同发展和演进逻辑的社会组织单元分别单独成为不同学科领域的关注焦点就成了一种历史的必然。术业有专攻，随着研究者知识的日益专业化，单一领域学者同时对家族和企业两个系统进行研究就显得越来越困难。同时，在现代工业社会中，人们普遍认为工作和家庭是两个相互独立、自我包容的社会制度安排。因此，管理学者和家庭研究者彼此之间基本没有什么交流，两个领域之间的相互关系自然受不到太多的关注(Kanter，1989)。

第三，低调行事的风格导致较少的媒体关注。家族企业之所以被人们所忽视，另一个潜在的原因则是在很大程度上家族企业的规模普遍比较小，他们自己往往选择“隐姓埋名”。就当下现实情况来说，引起众人关注的多为跨国集团、互联网企业，不同层次的 500 强(严格来讲，现有的排名都应该是 500 大)等，它们占领媒体版面似乎成为一种“理所应当”。如此一来，规模较小的家族企业的重要角色往往不为人们所知晓。此外，家族企业非常明显的倾向就是不愿去面对学术研究者和新闻媒体。也正是因为这样的态度，家族企业很多时候被冠以“隐形冠军”(Simon，1996)的称号。

在澄清了商业世界中广泛存在的家族力量之后，可以试想：如果自己去创业，家族会在自己的创业旅程中扮演怎样的角色？如果分别让你列出其中三点积极的动力因素和三点羁绊，你会想到什么？

9.2 创业之火需家族供氧

创业研究领域最为权威的期刊 *Journal of Business Venturing* 在 2003 年专门通过一期专刊讨论家族和创业之间的关系。其中，Rogoff 和 Zachary 在社论中使用了“家族之氧引燃创业之火”的标题。他们从“地球四元素说”出发，借助法国化学家拉瓦锡(Lavoisier)关于光电研究中的结论，将创业和家族企业比作火，而将家庭比作氧气。他认为，有关创业的研究就好比科学家们对“燃素”的追求。有的学者将其归因于创业者个人的特征，试图寻求创业者的“腹中之火”，然而至今还未识别出家族创业者独有的特征。另外一些学者则强调创新和技术的创造力，但同样也没有识别出一种独特而神奇的要素。

他们认为，从情景观来看，几十年的研究带给了我们一个“拉瓦锡范式”的启示：创业不可能在真空中发生。犹如燃烧需要氧气的支持，创业同样需要金融资源、人力资源、教育、经济条件，以及家庭等提供的“氧气”。虽然家庭几乎渗透在所有的创业过程，环绕在每一位创业者的周围，为大多数创业者提供金融和人力资本，乃至对创业者至关重要的教育和价值观，但是有关创业的研究大多忽视了家庭是创业之“火”的“氧气”来源，反而试图通过寻求其他可能存在的神奇而特殊的类似“燃素”的物质来解释创业。基于这样的认识，他们强调指出，我们有必要了解“家庭”创业燃烧所需的主要“氧气”来源。他们指出，技术、家庭结构、工作模式、业务创造，以及其他的变革，已经并将继续给商业创业和家庭之间的关系带来深刻的变化。然而，不管在创业的哪个阶段，家庭联结都是一种关键的“燃料”。包括社会网络在内的资源，在家庭和企业之间的分享是所有企业繁荣的关键影响因素。

那么，家庭或家族在个体的创业过程中究竟发挥着怎样的角色？如果提供的是“燃料”，会是怎样的“燃料”？除了积极的动力“燃料”之外，是否还有其消极作用？综合现存的主要观点，我们认为家族在个体的创业过程中至少可以提供四种“燃料”。

(1) 金融资本

初创企业的未来充满着高度的不确定性，因而初创时期往往是他们资源缺口最大的时候，如何筹措创业和企业成长所需的资源？相信很多人脑海中首先闪过的便是找天使投资人、找风险投资基金，因为近两年来由天使或风险投资支持下的烧钱项目被网络媒体炒得热火朝天，比如快的公司与滴滴公司。可是，现实中多数情况下创意与资本的对接远没有想象的那般容易，并不是所有的初创企业者都能类似刘强东或其他互联网企业的创业者那般受眷顾，风险投资围着创业者转。江西晶能光电创始人王敏博士在创业初期的境遇才有可能是初创业者的常态。据他自己回忆说，创业最初的几个月时间里，为了筹集资源，平均每天驾车里程超过 200 千米。他是幸运的，最终获得了金沙江创投、梅菲尔德基金和永威投资等的青睐，首轮融资即获 1000 万美元。现实中，没有王敏这般幸运的创业者可能是大多数。正因为如此，相当比例的创业者在创业初期都会将融资期望寄托在家人、亲戚或朋友身上。《中国青年报》在 2008 年开展的一项调查显示，82%的创业者以个人、家庭和合作伙伴出资为创业资金来源。用一直致力于为家族企业“正名”的方太集团创始人茅理翔先生的话讲，“在创业初期，一没资金，二没设备，多数情况下没有人愿意来投资，只有家人最有可能来共同奋斗。”

(2) 人力资本

俗话讲，“打虎亲兄弟，上阵父子兵”。放眼全球创业或商业领域，夫妻档、父子兵、兄弟连比比皆是。走在欧洲的马路上，我们经常会看到路两旁的建筑上或者从身边疾驰而过的货车身上挂着或喷涂着“father and sons”或者“brothers”之类的标识。在中国，创业者可能会选择更加内隐或含蓄的方式，外人很少能直接感知到，但是仅就知名的企业而言，这样的例子也不在少数，比如方太集团就是由茅理翔及其儿子茅忠群共同创立；地产界的知名企业龙湖地产，由吴亚军及其前夫蔡奎联手创立；四川希望集团的刘氏四兄弟当年集体辞职回乡联手创业，至今还会让人觉得荡气回肠。在创业过程中的危难关头，家族往往会成为稳定可靠的人力资本源泉。茅理翔先生每次追忆起自己的创业历程时，都会述及自己的三次危机以及家人的无私帮助，用他自己的话讲，“我创业中的三次危机均是在家人的理解、支持和共冒风险下渡过的。”他的第一次创业危机发生在 1986 年，受国家宏观调控的影响，企业举步维艰，公司核心人员纷纷流失，身为地方针织厂副厂长的太太毅然辞职回来帮扶。他的第二次创业危机发生在1992年，由于塑料外协厂的背叛和倒戈，企业再次陷入窘境，刚刚结婚三天的女儿放弃了结婚旅行，辞掉了待遇优厚的事业单位工作，"下海"创办塑料加工厂，帮助父亲渡过难关。茅先生的第三次危机是1994年的日渐微利让企业到了破产的边缘，此时儿子放弃了出国留学和留校任教的机会，回家同他一起二次创业创办了方太。

(3) 社会资本

社会网络被认为是创业者重要的资源来源渠道以及资源整合渠道，因为它除了可以加速信息流通(Uzzi,1999)外，还可以通过内嵌其中的信任和社会责任感来缓解代理问题(Saparito et al.,2004)。Chua等(2011)的实证研究就发现，家族成员的参与可以让新创企业更容易地获得外部的债务融资。对此，他们认为是家族成员的社会资本在其中发挥重要的作用。换句话讲，创业者可以"借用"家族成员的社会资本来进行其他类型资源的整合。除了提供融资的便利之外，家族社会资本还可以在市场的开拓等方面为创业者提供帮助。比如，宁波卓奥电子科技有限公司的创始人王亚红在接受作者的访谈时就表示，"我们公司的主打产品之一是家电控制面板，我父亲从事的就是家电行业，在业内有不少朋友。在我的产品最初开拓市场时，大部分客户都是由我父亲通过自己的朋友帮忙介绍的。尽管父亲只是起到了牵线搭桥的作用，但是在品质相同的情况下，他们肯定会首先考虑我的产品。"

(4) 情感资本

创业是一个充满不确定性的探险之旅，从踏上创业之路的那天起，就注定随时都可能跟艰辛、挫折，乃至失败并肩前行。在这个过程中，可能会享受到自身价值体现的无穷乐趣，也可能会饱受挫折和失败的煎熬，心理的起伏在所难免。对于成功者和失败者而言，最大的区别可能就体现在，前者可以更快地从挫败感或失落感中恢复过来。"家是心灵与身体的港湾，能停泊万吨巨轮，也能栖息独木小舟。"无论你是天之骄子般的创业明星，还是路边便利店的生存型创业者，都可以从家庭或家族里获得其他地方无法获得的心灵和身体上的休憩，从而让你抖擞精神，重新上路。研究表明，来自家人和朋友的鼓励和帮助，可以让创业者变得更加自信，具备更高的自我效能感(Ozgen & Baron,2007)，进而拥有更加顺利的创业旅程(Davidsson & Honig,2003)。

水能载舟，亦能覆舟。家庭或家族在个人的创业历程中可能会扮演助推剂的角色，但同样也可能会成为其创业路上的绊脚石。可是，目前这方面还没有得到人们的足够关注，或许这正是理论研究者先前刻意忽视创业过程中家族元素的原因所在，因为他们认为家族参与会因其中的非理性因素给创业者带来负面影响。更有甚者，会刻意主张将家族因素从创业或商业活动中人为剥离。作为研究者、教育者和学习者，这显然是不合适的。我们需要的是"旁观者"的视角和心境，以客观和理性的思维，来进行这方面的探索和研究。那么家族参与究竟会给创业者带来哪些可能的羁绊？如何更好地平衡家族可能带来的动力和障碍？这可能需要高超的艺术，否则也不会有那么多共同创业的兄弟、夫妻，乃至父子反目成仇,甚至对簿公堂。由于现有成果积累的欠缺以及篇章的篇幅限制,这些暂且作为开放性问题留给大家去思考和探讨。

9.3 家族涉入与公司创业

目前,谈起创业,人们已经不再仅仅局限于狭义的新企业创立或"从 0 到 1"的过程,而是更多地将成熟公司中的新事业组建与开发,以及组织更新等活动纳入广义的创业范畴加以考虑。不仅如此,近年来人们对公司中创业活动的关注持续升温。大量研究均强调,创业态度和行为对公司的长短期成功都具有重要的影响(比如,Dalton et al.,2007;Dess et al.,2003;Zahra & Covin,1995;Zahra & Garvis,2000)。对于广义的家族创业而言,我们同样有必要将家族所有或管理的企业(为简洁起见,由此以下我们将统一采用"家族企业"的说法)中的公司创业活动纳入思考和讨论的范畴。

要对家族企业中的公司创业活动进行考察,我们首先需要明确的一个问题就是:家族企业中的公司创业活动与非家族企业中的公司创业活动有何不同?究竟是存在形式上的差异,还是内容或程度上的不同,抑或是具体实现方式上的区别?对于这些问题,目前理论界关注的焦点还只是停留在一般创业活动(即普通企业中也会存在的创业活动)的水平差异及其可能成因的解读上面。接下来我们将分别对这两个问题展开讨论,并尽量简洁地提供现有的理论观点及其主要证据。

9.3.1 家族企业中的公司创业表现

在国内,谈起家族企业很多人都会跟过时、落后、保守等概念联系在一起,并会将之视作现代企业制度的对立面来公开批判。因此,在过去一些年中,家族企业在组织与管理的研究和教育中始终有点难登大雅之堂的味道。近年来,这种"偏见"(或许我们的这种认知定位本身也是一种偏见,不过究竟如何,相信每一位读者都会有自己的评判,但这不会影响我们对相关现象的讨论)才有逐步消除的迹象。如果家族企业果真如人们过去所讲的那样是落后的代名词,那么它们似乎就跟"喜好风险"、"前涉行动"、"创新"等现象扯不上半点关系,公司的创业水平自然就会显著低于非家族企业。然而,有些令人惊讶的是,全国工商联 2015 年关于非公经济的调查数据显示,民营企业家中有一次创业经历的比例为 37.9%,有两次创业经历的比例为14.1%,而有三次及以上创业经历的比例则达到了 9.9%。开篇案例万事利的跨代创业故事似乎也印证着这一调查结果。那么,实际情况究竟怎样?下面这几项研究应该可以给我们提供一些更加全面的证据。

(1) 家族企业中创业更沉寂

与上面的猜测相一致,的确有一些研究发现,家族企业中的创业活动明显弱于非家族企业,Block(2012)、Chrisman 和 Patel(2012)分别从创新投入的角度为我们提供了相关证据。通过对 154 家美国高研发投入制造行业企业的研究,Block 发现,家族所有权会降低企业的研发投入水平,进而会对企业的创新产生负面影响。Chrisman 和 Patel 对美国 964 家制造业上市企业的研究也发现,总体而言,家族企业的研发投入比非家族企业要低。最近开展的一项关于家族企业国际创业的文献，也从侧面为我们提供了类似的证据。Sciascia等(2012)对1035家美国企业的研究发现，家族过度参与会让企业表现出更低的国际化创业倾向。

(2) 家族企业中创业更活跃

近年来，一些最新发表的对创业活动的直接研究似乎正在给出一些与上述主张相反的观点。创业研究领域的权威学者Shaker Zahra在2012年对美国40个不同制造业的企业进行了一项大规模的调查研究，来自741家企业的经验证据表明，家族所有权(即单一家族拥有的企业股权的比重)对公司创业水平具有显著的正向影响，同时家族所有权还会显著地正向影响组织学习的广度，并进而间接地对企业的创业活动产生积极影响。与Zahra采取的连续测量方案不同，Garcés-Galdeano等(2014)从所有权维度对家族企业采用了二分法测量(非上市公司中，家族拥有超过50%的股权就算作家族企业；上市公司中，家族拥有超过10%的股权即算家族企业)，分析了家族企业和非家族企业之间的创业导向水平差异。来自401家西班牙制造企业的数据表明，家族企业比非家族企业表现出更高的创业活跃度。其他类似的证据还可见Zahra等(2004)的研究。

面对上述相互冲突的证据，我们究竟该怎么解读？尤其是像Zahra教授在自己前后的研究中都得到了截然相反的证据。[①] 究竟是样本选择偏差所致，还是测量工具差异使然？在缺少足够的证据积累之前，我们似乎很难得出令人信服的结论，哪怕试图说服我们自己都有些困难。这时候，我们如果能够对家族涉入影响企业创业活动的内在机制有一个深入的理解，那么再回过头来反刍上面的矛盾证据，或许能够豁然开朗——家族涉入可能会通过多种不同的途径影响企业的创业活动，关键看在不同情况下哪种途径占据主导。

9.3.2 家族涉入如何影响公司创业

纵览上述不同研究得到的观点，其实可以在不同的理论思路上找到合适的解释，而在背后支撑这些解释路径的又是有着不同前提假设的理论视角。对任何一家企业而言，要真正采取创业活动，不仅需要意愿，同时还需要具备相应的资源和能力。其中，意愿与公司的目标追求紧密相关。在现有研究中，学者们用以解释家族企业创业行为的理论视角或框架也都离不开对这两个方面的讨论。围绕公司目标，研究者们的分析主要借助了长短期导向(Hofstede & Hofstede, 2001)框架，以及在企业行为理论(Cyert & March, 1963)和行为代理模型(Wiseman & Gómez-Mejía, 1998)基础上发展起来的社会情感财富框架(Gómez-Mejía et al., 2007)。从资源和能力视角做出的解释，学者们依然借助了企业资源观理论(Barney, 1991; Peteraf, 1993; Wernerfelt, 1984)。接下来，我们分别对这些路径及其对应的理论视角给出简单的梳理和介绍(当然，由于一些框架本身就建立在先前已有理论的基础上，所以在内容和观点上难免会有部分的交叉)。

(1) 长期导向目标的追求

在公司创业或公司创业导向的研究中，学者们在论述其重要性和必要性的时候无

---

① 这一点从他在2005年开展的一项探索性研究中提出的多对矛盾的对立假设也可窥一斑。

不强调它对公司长期生存的影响。换句话讲，公司越是追求长期的生存和发展，就越是应该重视并采取创业活动，以不断发展新的能力来保持公司的活力（Zahra，1996；Zahra et al.，2004）。家族企业通常被认为更加看重长期导向的目标和行为（Lumpkin et al.，2010），因为家族企业的领导人通常会有更长的任期，同时他们也都希望将自己的企业世代延续下去。因此，家族企业应该会采取更多的创业行为或拥有更高的创业导向。比如，三花股份为了给未来创造新的利润增长点和发展空间，于2010年入股以色列Heliofocus公司（一家开发太阳能热利用技术的研发公司），获得其30%的股权，成为第二大股东。可是，也有学者指出，长期导向会让家族企业领导者在做决策时更加谨慎和保守，这将会阻碍公司中的创业行为（Schulze et al.，2002），比如，家族企业如果拥有强烈的愿望长期保护自己的财富，那么他们就更不愿意进行结果高度不确定的创新和创业活动。

（2）社会情感财富的追求

目标决定行动，行为是实现目标的手段。根据企业行为理论，任何企业都会同时追求经济目标和非经济目标。在家族控制的企业中，家族导向的非经济目标可能会拥有高于企业导向的经济目标的优先权，比如家族成员更加看重对企业的控制和影响，因而即便创业活动可以为企业带来经济效益，他们也会因为担心由此带来的非经济利益的损失，而不愿意去追求这样的创业活动。对此，国际知名管理学教授Gómez-Mejía在2007年率先提出了社会情感财富（socioemotional wealth，SEW）的概念，用来归纳和概括家族成员对这些非经济目标所带来的情感效用（有兴趣的读者可以对此部分内容做适度的文献拓展阅读）。由于创业活动都带有不同程度的风险，并且通常需要融合企业外部的各类资源，比如金融资源、人力资源、信息资源等。这些不同类型资源的融入，往往就意味着对家族控制权的稀释，这也往往是许多创业家族不愿放弃的重要追求之一，所以这些企业会表现出较低的创业导向。可是，这种影响并非一成不变。研究者们同时也指出，如果企业的运营和绩效远低于预期，那么不仅企业的经济目标不会实现，而且家族的非经济目标也会受到极大的损害，此时家族可能就会做出更多的风险偏好性选择，进而表现出高水平的创业导向。Chrisman和Patel（2012）关于家族企业中创新活动的研究为此提供了很好的支持证据。

（3）独特的"家族性"资源

不论是创业机会的识别，还是后续的机会开发，通常都需要大量的资源投入。所以学者们也从资源观的角度对家族企业相较非家族企业在创业活动中的资源优劣势进行了分析。对于家族企业特有资源的分析可以追溯到Habbershon和Williams在1999年开展的研究。他们在自己的一项课题研究过程中，受困于家族企业的优势评估而无法突破，为此借助资源观理论和系统理论，首次构筑了一个评价家族企业竞争优势的理论框架。他们认为由于家族参与而在企业中产生的"家族性"（familiness）或内部异质资源使得家族企业与众不同。其中，"家族性"是指由于家族、家族成员、企业三者之间的交互作用而产生的独特资源束。同时，他们也指出"家族性"可能是企业战略能力的来源（异质性），也可能会成为家族企业的障碍(束缚性),关键在于所采取的管理策略。

在 Habbershon 和 Williams 的论述中,“家族性”还是一个非常抽象和笼统的概念,对于真正理解家族参与给企业带来的独特资源的认识恐怕还需要了解 Sirmon 和 Hitt 的工作,他们在 2003 年率先对家族企业中特有的资源进行了归纳和梳理,并指出了其中可能的积极和消极作用。他们认为家族企业中的资源可以从五个方面进行归纳或概括,分别是人力资本、社会资本、耐力(patient)财务资本、生存力(survivability)资本,以及治理结构与成本。其中,每一个方面既可能会给家族企业带来积极的影响,同时也会有一些消极影响,具体参见表 9-2。至于这五种资本究竟如何影响公司中的创业机会识别和开发,在前面的章节中均有不同程度的述及(尽管资源的特性可能会有区别,但是影响的路径或者机制是相似的),在此不再赘述。

表 9-2 家族企业中的独特资源和特征

资源	界定	家族企业		非家族企业
		积极	消极	
人力资本	一个人获得的知识、技能和能力	非同一般的承诺;温暖、友好、亲密的关系;加深企业特有的默会知识的理解潜力	很难吸引和留住高素质的管理者;路径依赖	没有这些积极面,但是也很少有局限
社会资本	嵌入在网络中的、通过关系获得的资源	嵌入在家庭中的要素;赞助者赋予的合法性;人力资本开发	数量有限的可达网络;经常被排除在经营网络之外(即《财富》世界 500 强企业的 CEO)	网络会更加多样;接近和借力网络时可能会产生更多的机会主义;有时会被用来服务于管理者的个人利益,即代理成本
耐力财务资本	不会有清算威胁的已投入金融资本	跨代眼光;不对短期结果问责;资本的有效管理;允许追求富有创造性和创新性的战略	非家族投资者被排除在外;局限于家族内部现有的金融资本	通常没有什么好处或局限
生存力资本	家族成员借给、贡献给和分享给企业的个人资源	在经济低迷时期帮助维持或开发企业业务;安全保障	并非所有家族企业都拥有这类资本	通常没有,因为缺少雇员和股东的承诺
治理结构与成本	与控制企业有关的成本;比如机理、监督和控制	家族所有和运营企业的结构、信任和家族纽带会降低治理成本	一些家族企业可能缺少有效的结构、信任和强家族纽带,进而可能带来更高的治理成本	职业化管理和资本多样性经常会增加代理成本

9.4 代际传承与创业家族

谈到家族企业，相信很多人都容易将其跟"富不过三代"等俗语联系在一起。不仅在中国，在世界各地都存在类似的说法(Lee et al.，2003)。早在1987年，Ward就曾根据自己的研究发现提出了著名的"30/13/3"论点，即：通常有30%的家族企业能够传到第二代，只有13%的家族企业能够传到第三代，而能够再往下传的家族企业不到3%。许多统计数据和现实案例似乎也都在印证着这一点。正因为如此，"传承"一直是家族企业研究领域的一个持久话题(Zahra & Sharma，2004)。然而，在市场竞争愈演愈烈的今天，家族企业如果仅依靠代际传承，那么即使他们能够实现所有权和管理权的完美对接，也无法保证长盛不衰。要维系企业的竞争优势，进而确保企业或家族事业的长盛不衰，唯一的途径或许就是，让家族的后代保护和发展家族和企业的既有资源及能力，同时通过资源重组和动态更新，打破路径依赖和原有发展框架，积极发现甚至创造机会，来成功实施连续创业(Nordqvist & Zellweger，2010；Serrano et al.，2006)。

9.4.1 代际创业的表现形式

如果将代际创业视为家族企业或事业长盛不衰的"法宝"，那么首先需要了解的一个问题便是，代际创业通常以什么样的形式开展？与我们当下认识的一些主要创业形式有没有什么区别？这样的疑问看上去很具吸引力和诱惑性，可是如果尝试着给出系统的概括就会因自己所储备知识的捉襟见肘而略感羞愧。正因为如此，目前都没有关于此问题的解答，哪怕是常识性的。当然，也可能从另外一个角度说明，这样的问题压根就不适合去回答。不管如何，在此我们仅凭自己的一些观察，对这一现象做出十分粗浅的梳理，作为大家进一步探讨的起点和靶子。

(1)"固本"型业务转型升级

"固本"型代际创业主要是指二代企业家主导或两代企业家共同主导的，以巩固和再造企业现有业务的核心竞争力为目的的公司创业活动。此类创业活动，主要体现为新知识、新技术和新的商业模式对原有业务的再造。这类创业活动如果成功，往往可以给原有的业务插上再次腾飞的翅膀。开篇案例万事利集团有限公司(下面简称万事利)就是一个典型的例子。万事利创办于1975年，是一家以丝绸制造为主业，服务业为支柱的大型集团企业，拥有中国丝绸行业第一个驰名商标和中国名牌产品，是中国丝绸行业的杰出代表和领跑者。可是，跟很多丝绸行业中的传统企业一样，在经历了20世纪八九十年代的跌宕起伏之后，万事利一度举步维艰。然而，比行业中多数企业幸运的是，万事利从20世纪90年代末风尚全球的中华文化(比如2001年上海APEC会议中各国元首身着唐装亮相的合影引起了新一轮的唐装热)中获取了创新的思维启迪，成功摆脱了"丝绸就是服装面料"的思想桎梏。在创始人女儿屠红燕和女婿李建华的主导下，万事利集团成立了丝绸礼品事业部，开始了"从丝绸面料制造到丝绸文化创造"的商业模式创新。通过对丝绸历史和文化价值的挖掘，借力北京奥运会等世界级盛会进行事件营销，成功地实现了这一商业模式创新。此外,着眼于丝绸的环保属性和艺术品属性,万事利已经开始着力打造这一商业模式下的延伸产业——丝绸装潢和丝绸艺术品。万事利的商业模式创新不仅实现了公司自身业务的全面升级,更为整个行业通过商业模式创新实现价值创造带来了全新的思考。这样类似的案例在现实中并不少见,比如浙江威力锻压机械有限公司的二代企业家董铭先生在接班后便于企业中成立了新的事业部——"威荣重工",力求对原有业务进行升级换代,用董铭自己的话讲,取名"威荣"就是要"为荣誉而战"。

(2)"培元"型全新业务探索

"培元"型创业主要是指二代企业家主导或两代企业家共同主导的,以探索和发展公司新的竞争优势为目的的公司创业活动。这类创业活动,更多地表现为一种"未雨绸缪"式的前瞻性业务投资或领域布局。三花股份在二代少帅张亚波的主导下,参股以色列Heliofocus(简称"HF")公司的蝶式太阳能项目就是此类创业活动的典型代表。HF公司成立于2007年10月9日,是以色列一家开发太阳能热利用技术的研发公司,拥有自己的专利技术。三花股份拥有其30%的股权,是其第二大股东,并获得该公司蝶式太阳能技术在中国市场的独家经销权和全球优先制造权。在外界看来,这是一项充满高度不确定性的战略性投资项目,而三花股份为什么会做出这样的决策?答案很简单,为公司未来的发展寻找新的增长点,或者说开拓新的利润增长空间。三花股份认为,该项目的投资实施将使公司在新能源、新产业领域实现重大突破。公司在创新发展现有制冷产业行业领先地位的基础上,通过进军新能源产业,掌握高科技精密制造技术,适时进入太阳能热发电行业,真正实现从"成本领先"向"技术领先"的战略转变。此项目的实施将会为公司在实现太阳能制冷、太阳能空调等方面的研究提供技术支持。对于为何在选择比较多个项目之后,最终选择此项目,张亚波在接受我们的采访中给出了简洁而又明确的回答,"因为这个项目跟我们一贯宣扬的'技术领先'理念契合"。

(3)"传承"驱动型新企业创造

与前面两种代际创业类型不同,"传承"驱动型新企业创造主要是在第二代的主导下实现的,同时它跟原有业务,甚至原有企业的关联度不高。此类创业活动,更多地是为了创业家族使命、梦想和价值观的延续。在很多第一代企业家的眼中,现有的公司及其业务就好比自己的第二个孩子,比如绍兴市力博集团有限公司的创始人骆业奎就曾语重心长地对儿子骆越峰讲,"儿子啊,你要帮我带好你这个小兄弟啊!你要是搞不好,我死不瞑目;你要是搞好了,爸爸感谢你!"用Gómez-Mejía等(2007)的社会情感财富框架来解读,就是创业者对企业拥有高度的情感依恋和承诺。对于这类企业,往往很难割舍掉原有的业务,因而创业活动大多数像前面两类那样,是在原有业务基础上的升级,或者在巩固原有业务的基础上去探索新业务。可是,在家族企业中有一种特殊的情况就是,子女对原有业务不感兴趣,而父母又希望家族的使命、梦想和核心价值观能够继续借助企业的载体得以延续。此时,全新的企业创造或者说"另起炉灶"就成了唯一的选择。然而,这一模式得以顺利实施的一个重要前提是,包括企业创始人在内的家族成员看重的是使命、梦想和核心价值观的延续,而不是企业或业务的存续。用方太厨具有限公司董事长茅理翔先生的话讲就是,“作为交棒人,我们企业家应该在思想上突破一个‘情结’,应该明确我们要传承的是一份事业、一种使命感,而不是一份财产或遗产,只有交棒人的大胆、开明,才可以避免宫闱闹剧重现;同时只有家人、创业元老、其他管理者和员工的积极参与和支持,才能够打造出我们家族企业的‘大唐盛世’。”①

在目前的理论研究和教科书中,创业通常被分成“创新型”和“生存型”两类,“传承”驱动型创业显然与这两类创业活动有着许多的不同,那么这能否成为一种新的创业形式?此外,对于家族跨代创业活动我们是否还可以从家族的参与程度和方式,两代人在创业过程中的角色分工等角度加以分析和概括?这些问题都留给大家自己去思考。

9.4.2 创业家族后代的创业意愿

既然代际创业对家族企业或事业的延续如此重要,并且任何代际创业活动的开展都离不开家族后代的参与,那么自然就会引申出这样一个问题:哪些创业家族的后代更有可能从事创业活动?

现实中,很多人会有这样一种惯性思维或者说是一种期许,认为创业者的后代天生就更适合创业,因为从基因角度看,“虎父无犬子”;从意愿角度看,“近朱者赤”;从资源角度看,殷实的家底是可遇而不可求的。的确有研究表明,出生在创业家族或从商家庭的人群中超过50%的人可能会在他们的人生中创立新的企业,并且会成功运营这些新创企业(Fairlie & Robb,2007)。根据胡润最新的一项调查数据显示,有七成的家族二代不愿意接班,但是这七成人中有超过一半愿意自己创业。可见,家族后代的创业意愿并不弱。那么,这50%的有创业意愿的家族后代有没有共同的特征或相似的经历?

最近开展的一项针对拥有家族企业背景的大学生的职业选择倾向的国际调查研究表明,自我效能感强、独立动机和创新动机高的创业者后代更有可能去创业,而不是简单的接班(Zellweger et al.,2011)。

(1) 创业效能感

自我效能感(self-efficacy)是指人们对自身能否利用所拥有的技能去成功执行某项任务的自信程度。大量来自不同情境的实证研究证明,自我效能感是促进人们做出行为选择的一个重要因素。在创业领域,多项研究都表明,自我效能感高的人更有可能会成为创业者(Boyd & Vozikis,1994;Barbosa et al.,2007;Zhao,et al.,2005)。Zellweger等(2011)对出生在从商家庭的学生的研究同样证明了这一点。

(2) 独立动机

除自我效能感以外,还有大量研究表明,个体动机也是解释个体职业选择意向的重要变量(Carter et al.,2003;Herron & Sapienza,1992;Kuratko et al.,1997)。如果一个人相信某一行为的结果(比如创办一个企业)能够满足自己的动机,那么他就更有可能对行为做出积极的评价,进而会采取相应的行动。在家族企业中,我们会发现很多创业者后代不愿接班的一个重要理由就是,想要摆脱父母的控制或者不想活在父母的“阴影”中,去获得

① 茅理翔.家业长青[M].杭州:浙江人民出版社,2008.

期望的自由。比如,有的创业者后代在接受访谈时表达了这样的压力感,“我们其实内心的压力也很大,如果做好了外界会认为这是应该的,因为我们基础好;如果做不好,就会被冠以败家子的罪名”。所以,Zellweger 等的这一点发现也不难理解。

(3) 创新动机

有关创业者职业动机的研究表明,创新动机是影响他们职业选择的一个重要因素(Carter et al.,2003)。Hmieleski 和 Corbett(2006)的研究报告表明,即兴创作和创新的倾向与创业意向高度相关。我们在访谈过程中的一些体验也很好地印证了这一点。有不少创业者子女表示,自己不愿接班是因为感觉到在企业里无法施展拳脚,很多自认为创新的想法都难以得到认可和实施,所以他们宁愿出来自己创业。由北京大学光华管理学院 2015 年 9 月发布的一项报告显示,愿意自主创业的家族企业二代的比例高达 69.3%,比如,富力地产联席董事长张力,开始培养儿子张量作为接班人,但张量并不只想在地产界发展。张量一心想靠自己的实力创业,多年前创办号称“全国首创房地产垂直搜索引擎”狙房网,其旗下的公关公司“普及中国”也为人所知。2012 年 3 月 23 日,张力旗下的“力量矿业”在香港上市,上市完成后,张量成为力量矿业的实际控制人。

9.4.3 打造创业型家族的策略

不管是通过企业内部的“固本”型业务转型升级、“培元”型全新业务探索,还是“传承”驱动型新企业创造,都需要家族后代具备较强的创业精神和创业意愿,具有必要的创业技能,同时还需要家族持续稳定的支持。那么,对于创业家族而言,究竟该如何去培养或激发后代的创业精神和意愿,同时又如何去帮助他们习得和锻炼相应的创业知识和技能,从而在真正意义上打造出具有创业导向的家族?与此同时,如何通过恰当的家族治理和管理,来为家族成员的持续创业提供稳定的支持?对于这些问题,目前没有人能够给出完备而确切的答案。在此,我们仅根据现有的研究成果,对与这些问题有关的一些观点做出简要梳理,供大家讨论时参考。

(1) 家族价值观灌输

行为是态度的结果,而态度又是价值观和信念的产物(Johns & Saks,1996)。研究表明,在一个人性格成形阶段(主要是出生到 15 岁之间的这个阶段)所灌输的价值观,往往会影响他人生后面阶段所做的选择。正如 Christensen 和 Raynor(2003)所表述的那样:

我们时常称赞,成功的创业者似乎拥有建立成长型企业的直觉。当他们应用直觉来选择可以达到预期结果的行为时,他们确实具备一些原则,这些原则给了他们做出正确判断的感觉。这些原则不是与生俱来的,而是他们从生命早期的一系列经历中和良师益友那里学到的。

在家族企业中,家族和企业的交叠,为企业领导者向下一代灌输家族的精神和自豪感以及家族的历史,提供了绝佳的机会。研究表明,成功的家族企业的机敏领导者都十分关心下一代的发展,他们会利用所有的机会向下一代灌输强烈的职业道德、高度的正直感和责任心,以及帮助下一代树立生活主人的意识(Uhlaner et al.,2012),向他们讲述自身创业时的传奇故事。对于这一点,我们从许多成功的创业家族都非常关注饭桌上的交流也可窥一斑。

当然，家族价值观的培育和灌输需要一个持续不断的过程。Cruz 等(2012)通过研究洪都拉斯 6 家家族企业集团的案例后发现，企业创始人的创业精神会成为公司的一种创业文化而代代相传，其中创业文化的传递需要家族中多代成员的长期互动，并通过公司创始人后代不断地识别和追求机会而得到延续。

(2) 积极的榜样塑造

持续的家族价值观灌输，可以帮助家族后代树立积极的创业态度。根据计划行为理论(Ajzen,1991)，要想产生真正的创业行为，创业家族后代还需要具备一定的创业自我效能感。根据社会认知理论，个体的自我效能感受到四方面因素的影响：过往成功经验、角色榜样和替代经验、社会说服，以及对个体生理状态的判断(Bandura,2005)。对很多没有亲身创业经历的创业家族后代来说，长辈的创业经历就是他们重要的学习资源，长辈在他们面前呈现出的工作和生活状态也将会在很大程度上影响他们对自我效能感的判断。正如有学者认为，从很小的时候开始，子女就会形成对他们父母工作不安全感的感知，这种感知会进一步影响他们自己的工作信念和态度。比如，一位创业者每天表现出来的都是紧张和焦虑，那么很难想象他的子女会以一种积极的心态去看待创业活动。相反，如果一位企业家每天都表现出一种积极向上的心态以及对创业过程带来的成就的满足感，那么他的子女将更加可能对自己的能力和未来充满信心(Neblett & Cortina,2006)，从而更有可能参与这一充满成就感的事业。香飘飘集团创始人蒋建琪的女儿蒋晓莹目前已经跟同学一起创立了自己的公司，她说父亲曾经跟她讲过的一句话让她印象深刻，并由此坚定了自己走创业这条路的决心。在某一年过年的时候，她和父亲到办公室贴年画。父亲站在办公室窗边和她说："其实，我每天最开心的事情，并不是看到财务处给我汇报有多少钱进账了，而是我站在办公室窗口看到工厂的货车把我们的奶茶运出去；然后我就想象着我们的奶茶到了全国各地的人手上，人们握着奶茶很开心的样子。我觉得这很棒！"正是父亲传达出的这种正面信息让女儿坚信了创业的意义和价值。

(3) 家族委员会定准绳

俗话说"血浓于水"，家族成员间的情感纽带可能是最为稳固的人际联系，可是观点、情感和利益的冲突还是在所难免。很多个体间的看似很小的冲突，在经过长时间的积累之后，可能会升级成为家庭恩怨。"豪门恩怨"、"豪门深似海"这些醒目的字眼时常见诸报端，最为典型的例子如"真功夫家族夫妻反目"、"新鸿基三兄弟斗狠"等，这也是诱致人们将家族企业跟"富不过三代"联系在一起的一个重要原因。要想"长治久安"，必须在制度设计层面根除这些潜在的内部隐患。在家族企业实践中，家族委员会或理事会被证明在处理家庭纷争、提供建议等方面发挥着显著的作用。研究表明，国外众多大型家族企业在将权力移交给下一代的过程中，都会着手组建这样的正式机构(Lansberg,1999)。作为家族治理机构，必须先弄清楚家庭委员会或理事会的运行规则。从根本上讲，它应该是不同家族的成员在平等基础上的互动制衡关系，它的主要职能应该是确立原则和规则，并以此来激励和约束所有的家族参与者。

除此之外，它还有另外一项非常重要的功能就是清晰地阐明家族的核心价值观。专家指出，家族理事会不仅可以帮助创业家族开发(explore)他们的使命、价值观、历史和故事，还可以通过反复灌输，让家族成员都认同这些价值观，进而提高他们对家族和企业的承诺(Jaffe,1990;Ward,1988)。从这个角度看，又跟上面讲到的第一点是密切联系的。谈到家族理事会或者委员会，之前受媒体关注最多的可能是香港李锦记集团，除了机构的设置及相应的家族事务的处理之外，让人们最为好奇的恐怕是该机构的最高指导原则——家族宪法，这是任何一个家族委员会成员都要遵守的规则。本质上来讲，它体现了家族企业有意识地将"自己人"的治理正规化的过程。李锦记第三代掌门人李文达与第四代的5位成员约法三章：不要晚结婚、不准离婚、不准有婚外情。尤其是后两条，是作为加入家族委员会"参政议政"的必要条件(李新春、何轩和陈文婷,2008)。

(4) 首席情感官缓冲突

如果说家族委员会或理事会的设立是试图从正式的制度设计层面来规避和处理家族成员之间的潜在冲突和矛盾的话，那么首席情感官(Chief Emotional Officer)的设置可能就是一种非正式的矛盾和冲突处理机制。研究表明，首席情感官有助于家族内部相互信任关系的建立(LaChapelle & Barnes,1998)。在实践中，首席情感官可能是家族成员，也可能是非家族成员；可以由男性成员来担任，也可以由女性成员来担任。比如，在Lambrecht和Lievens(2008)的研究中，最年长的首席情感官是一位93岁的阿姨，有的家族企业则聘请了外部咨询师。

在我们身边的一个典型案例是来自义乌的新光集团。20年来，新光集团一直是中国饰品行业的龙头企业，产品远销全球各地，目前总资产接近30亿美元，雇用员工超过5000名。新光集团的创始人和现任领导者是周晓光女士，可是她们整个家族的创业历史可以追溯到周晓光的母亲那一代。目前"新光家族"四世同居共财，保持着传统的中国家庭结构特征，且企业正处于代际传承中，有多位成员开展代际创业活动。为避免家族内部矛盾，保证创业精神在家族内部的延续，"新光家族"实行工作职能和家庭职能相分离，由首席情感官专门协调成员间的矛盾和冲突。目前，家族事务由周晓光的母亲黄仙兰全权打理。黄仙兰是家族中的第一位女性创业者，也是身为外婆的家族第一代，德高望重，因此在处理家庭日常问题上，具有相当强的号召力。同时，无微不至的照顾和及时的心理疏导，让家庭关系保持相对和谐的状态，大大降低了成员的后顾之忧。

本章小结

本章首先向读者展示了在商业世界中，家族以及家庭所扮演的巨大力量。而创业之火也需要家族"供氧"，家族可以为创业提供金融资本、人力资本、社会资本以及情感资本四种"燃料"。本章进一步分析了家族涉入对于家族企业公司创业的影响，这种影响可能使家族企业公司创业更沉寂，也可能更活跃，本章分析了两种情况及其产生的缘由。最后，本章分析了家族企业的代际创业情况，在最后一节的代际传承与创业家族中，提出代际创业"固本"型业务转型升级、"培元"型全新业务探索以及"传承"驱动型新企业创造的三种表现形式。

本章思考题

1. 无论在个体层面还是公司层面的创业活动中，家族力量都在其中扮演着重要的角色，但为何家族要素长期“游离”在主流的创业研究主题之外？

2. 家族在个体创业过程中能够发挥哪些推动或阻碍作用？什么样的管理策略可以“扬长避短”？

3. 家族参与究竟如何影响公司层面的创业活动？我们可以从表现形式、创业强度和创业绩效等不同维度做出怎样的解读？

4. 近年来有学者指出创业研究从单个公司层面转向企业/创业家族层面会带来很多新颖的见解，你觉得从家族层面会看到怎样的“风景”？

5. 创业者的后代在个体创业过程中会有哪些优势和劣势？

6. 创业者家族可以采取哪些策略来激发或培养后代的创业兴趣，并提升他们的创业技能？

案例分析

上阵父子兵：茅理翔家族的创业故事

2015年9月8日至10日，被誉为亚洲品牌“奥斯卡”的第10届亚洲品牌盛典在澳门威尼斯人度假村酒店盛大召开，备受关注的权威榜单“2015亚洲品牌500强”也随之隆重揭晓。宁波方太厨具有限公司(简称“方太”)凭借卓越的品牌影响力，再度摘得“亚洲品牌500强”荣誉称号，位列第270位，彰显了方太在高端厨电领域的行业领导力和市场号召力。在此之前，由世界品牌实验室(World Brand Lab)自2004年以来开评的“中国500价值品牌”中，方太蝉联“中国500最具价值品牌”行业品牌价值第一，稳居行业第一。另据中怡康的调查数据，2004年以来方太在高端油烟机、高端燃气灶、高端消毒柜等厨电主流产品中的销量持续领先业内其他品牌。对于这样一家以“高端、自主、创新”为定位的厨电企业，恐怕很少有人会将之与民营企业或家族企业联系在一起。

方太是茅理翔和儿子茅忠群共同创业的产物。在此之前，茅理翔先生是一位身经百战的草根民营企业家，经营飞翔集团，该集团的主打产品电子点火枪曾一度占据世界点火枪市场50%的份额。可是，后来由于行业内的无序竞争，企业的利润率急剧下降。1993—1994年，企业到了微利的边缘，以致危及企业的生存。或涅槃重生，或就此沉沦，这似乎成了茅理翔眼前的一道单项选择题。然而，对于第一代的草根企业家而言，他们虽然有阅历，有胆识，甚至也不乏综合能力，但前沿技术和知识的缺乏，似乎是他们谋变之路上难以逾越的一道屏障。自己无法换脑，知识嫁接就成了一种现实可行的选择。此时正值儿子茅忠群上海交通大学硕士毕业，于是“老茅”便自然而然地打起了“小茅”的主意。他向儿子表达了自己希望他回来帮自己一起谋求蜕变，共同进行二次创业的想法。茅忠群此时的第一选择是去美国读博士，其次是留校任教，可是在家族动之以情（为了说服儿子回来，茅太太还专门组织了一次家庭会议）和自身思之以理以后（后来茅忠群在接受采访时也表示，相对白手起家的同龄人，父亲之前的事业为自己的创业奠定了很好的基础），茅忠群思量再三还是回到了慈溪，这个他再熟悉不过的家乡。

回来之后，茅忠群并没有直接进入飞翔集团工作，而是先作为"旁观者"进行观察和思量。经过近两年的考察，他觉得飞翔当时的电子点火枪技术含量太低，企业内部的管理人情味色彩太重，于是便向父亲提出了三点要求，作为自己回来跟父亲一起创业的条件：放弃点火枪，研发新产品；飞翔"旧人"一个不用，打造全新团队；离开乡下老厂，到城里开发区筹建新厂。对此，茅理翔全盘应承下来。

"打虎亲兄弟，上阵父子兵"。1996 年，茅理翔父子二人走上了共同创业的历程。然而，新企业还未成立，父子俩便在产品的选择上产生了分歧。虽然二人对大方向一致认可——厨房电器，但父亲想做微波炉，儿子却要做吸油烟机。父亲的理由看上去很充分，当时国内吸油烟机企业已有 250 多家，市场已基本被瓜分完毕。同时，当地政府更鼓励微波炉这一"高新"项目，贷款也相对容易，对吸油烟机不怎么感兴趣。为了说服父亲，工科出身的茅忠群选择了让数据说话。他通过市场调查，得出一个结论——微波炉可有可无，而吸油烟机则是厨房必备品。经过调研还发现，国内吸油烟机产品虽多，但都为国外产品的"山寨货"，没有真正的原创产品设计。由于烹饪习惯的不同，"洋货"在中国水土不服，用户抱怨诸多。在充分的证据面前，茅理翔勇敢地向儿子认输，于是吸油烟机成了父子二人共同创业的主打产品。

一波还未平息，又生另一事端。在产品选择上刚刚达成共识的父子，在企业名称和产品品牌的确立上再次产生了分歧。父亲想沿用"飞翔"，儿子则想启用新名——"方太"。父子各持己见，僵持不下。一天晚饭，饭锅刚端上桌，吃了两口，茅理翔给儿子撂下一句话："'飞翔'这个名字不能动。"茅忠群饭也不吃，赌气走掉。茅理翔虽然心中认可产品和企业的新名，也认可儿子的理由——吸油烟机是厨房电器，厨房多由女人掌管，"方太"即"方便太太"，指向精准且更具亲和力；此外，"方太"是香港 ATV（亚洲电视）《方太美食》节目主持人的名字，她在电视上炒了二十年菜，广为人知。用"方太"，企业、产品、品牌完美统一，还有了很好的口碑传播基础。可是，由于内心对先前"飞翔"品牌的高度认可和不舍，让他一直"固执己见"。最后，茅太太出面，帮着儿子说服了丈夫，并代为向儿子转达了老茅的意见，"你爸爸同意了，你去做吧"。品牌一经确定，茅理翔亲赴香港三次与"方太"接洽，最终成功让她为方太厨具代言。1996 年初，方太宣告成立，茅理翔任董事长，茅忠群任总经理。几个月后，茅忠群带队研发的大圆弧形吸油烟机打入市场，一炮而红，连续在市场上刮起四股方太旋风，方太从 250 家油烟机厂的末位一跃成为第三名。基于产品的创新，"方太"这一听上去颇为友好贴心的品牌迅速得到了市场认可。

一仗过后，父亲对儿子刮目相看。虽心有不甘，但还是暗下决心要逐步退居二线，做好儿子的后盾，让儿子率领年轻的团队冲锋陷阵。此后，便有了茅理翔自己总结的"带三年、帮三年、看三年”的权杖过渡过程。在方太创立之初的头三年，茅理翔将产品研发权下放给儿子，之后三年将营销权下放，再之后将经营权和决策权等彻底下放。父子经过近十年的角色相互调整和过渡之后，在2005年前后方太已经完全由茅忠群掌管。在这十年中，方太不仅通过系列产品创新赢得市场认可，同时还通过大量引进职业经理人，持续开展内训，以及借助咨询公司外脑等措施，不断夯实企业内部管理的基础。有了坚实的内部管理和持续的产品创新支撑，方太在自己的第二个十年中持续引领着中国高端厨具行业的发展方向。如此一来，便有了我们开篇述及的方太今天的成就。

回溯方太过去的二十年，我们不禁会称赞茅忠群的平和与执着，更会为茅理翔作为一个父亲“勇于认输”和“敢于放手”的开明和睿智所叹服。然而，实际的过程远不是只言片语就可以描述清楚的。用茅理翔自己的话讲，他跟其他多数“戎马一生”的草根企业家一样，企业在他们眼中就是自己的另外一个孩子，怎么可能愿意轻易放手。然而，茅忠群和他领导的方太是幸运的，因为茅理翔在决定退居二线之后，很快便找到了人生的另外一件快事，并为之乐此不疲，那就是四处讲学，让满满的忙碌填补内心深处“大权旁落”之后的空虚和失落。如此一来，茅理翔不仅没有像很多一代企业家那样退而不休，继续插手和干扰企业事务，反而通过品牌的树立为方太的品牌价值提升做出了贡献(尽管我们无法准确地从方太的品牌价值中剥离出茅理翔个人的品牌价值，当然他自己估计也不愿去做这样的剥离，因为方太是他的另外一个“儿子”)。

茅理翔四处讲学虽然反响很好，但毕竟传播范围有限，并且随着年事的增高，很多时候他都觉得力不从心。同时，在演讲过程中，他通过与很多一代企业家交流发现，不是所有企业家都如自己这般幸运，能有这么一个优秀的接班人。在与企业家子女的交流过程中，他更是了解到，并非所有的一代企业家都可以开明、开放，退而不休是普遍现象。听来的这些父子两代间的不愉快经历，以及他在周边朋友圈里目睹的许多失败案例，将他内心深处那股浇不灭的创业热情再次点燃，他开始慢慢思考自己究竟能为像自己企业一样的这些家族企业做些什么。反复思量之后，他在2006年正式注册成立了宁波家业长青接班人专修学院，开启了自己人生的第三次创业旅程。用茅理翔自己的话讲，他不期求从这次创业过程中获得半分经济回报，自己只会投资，不求索取，将来时机成熟之后会将这次创业的成果奉献给社会。经过近十年的努力，他的愿望即将实现。2014年11月10日，茅理翔先生携家人向浙江大学教育基金会捐赠2000万元成立浙江大学管理学院企业家学院，并期望将之打造成为“兼具全球视野和本土智慧的家族企业教育专家”。在捐赠现场，茅理翔先生在致辞中说道：“今天我实质捐赠的不是钱，而是一颗为实现中国民企百年传承梦想的燃烧着的心。中国要更加强大，就必须造就一大批能够承担社会责任的百年老店。中国需要更多有责任的家族企业，才能实现中华民族的伟大复兴，而这就是我的梦想。”

资料来源：本章作者根据自己十多年来对方太的跟踪研究，以及协助茅理翔先生撰写出版的《家业长青》专著，独立撰写。其中的很多素材资料都是在跟茅理翔先生多年的联系互动过程中获得，有些具体细节则根据相关的新闻报道进行了丰富和拓展。

问题讨论：

1. 在茅理翔创业过程的不同阶段，家人分别给予了他什么样的帮助和支持？（对此问题的讨论需要拓展阅读茅理翔先生关于自己三次创业危机的论述，相关资料可以网上搜索，也可参照本章第二节给出的线索）

2. 茅理翔在处理同儿子共同创业过程中出现的矛盾时采取了怎样的策略？你如何评价这些策略？你能想到的其他可能策略还有哪些？

3. 在茅理翔父子创办方太之初，儿子提出不允许带进家族成员和父亲之前的元老，对此你怎么看？家族成员和之前的元老对新的创业项目会带来怎样的推动和阻碍作用？如果你站在茅理翔的位置，是否也会同意儿子的选择？

4. 茅理翔父子的共同创业经历被很多人视为国内家族企业创业精神延续和事业成功传承的典范，你觉得家族企业内部的创业活动还可以通过哪些形式开展？如何培养或激发下一代的创业精神？在这个过程中，家族成员和公司的其他利益相关者可以发挥怎样的作用？

本章精读文献

Aldrich, H E & Cliff, J E. The pervasive effects of family on entrepreneurship: Toward a family embeddedness perspective [J]. *Journal of Business Venturing*, 2003, 18(5): 573-596.

Chapter Article Summary(本章精读文献摘要)：

Families and businesses have often been treated as naturally separate institutions, whereas the authors of this article argue that they are inextricably intertwined. Long-term changes in family composition and in the roles and relations of family members have produced families in North America that are growing smaller and losing many of their previous role relationships. Such transformations in the institution of the family have implications for the emergence of new business opportunities, opportunity recognition, business start-up decisions, and the resource mobilization process. The authors suggest that entrepreneurship scholars would benefit from a family embeddedness perspective on new venture creation.

本章精读文献评述：

从1932年Berle和Means基于对大型公司的观察得出企业控制权已经越来越多地由创始人家族成员流向职业经理人的观点之后，家族因素便逐渐淡出了主流组织与管理研究的视阈，创业研究领域也不例外。可商业世界中的真实情况并非Berle和Means所描述的那样，大量的企业其实仍然掌握在创始人家族的成员手中，并受到他们的广泛影响。在许多新创立的企业中家族成员的广泛参与更是十分普遍。

本章推荐的这篇文献较早地认识到并强调指出了系统考虑家族与企业两个系统之间互动

的重要性，重新将我们的研究视线拉回到了客观的现实存在中。这篇文献的作者通过对美国第二次世界大战后家族(例如，妇女的工作比例、子女的教育、家族关系等)社会关系的一些变化，从家族对企业的嵌入视角，结合新创企业机会的识别开发过程，分析了家族系统的三方面特征对新企业创立过程的影响。首先是资源方面的影响，他们认为家族能够为新创企业提供诸如财务、人力、心理和信息等资本。其次是家族系统的文化特征，它能将价值观、家规、制度条例等带给新创企业，这涉及家族成员间的联系方式，家族成员对于工作包括金钱的态度等。最后是人口统计学方面的特征，诸如婚姻(结婚与离婚)、小孩的出生、抚养、家族成员的退休和死亡。这篇文献虽然是基于美国社会中的家族和商业世界来展开论述，但如果将这三方面特征迁移到中国的家族和商业世界，同样可以启发我们对现实商业世界的深入思考。家族能够给创业者或新创企业带来资源方面的帮助是再好理解不过的。可以说，在创业过程中家族往往是创业者最初始同时也是最可靠的“梦想赞助商”。针对中国创业者的一项调查显示，目前依然有近八成的创业者通过家族成员来融资，并且有相当一部分的创业者将自己的一些亲戚带到自己公司来部分地解决人力资源问题。此外，中国是一个重关系或强连带的国度，亲人和朋友往往还是创业者非常重要的信息来源。如此看来，基于资源视角的创业研究或创业教育，显然不能忽视家族这股重要的力量。当然，仅仅将创业者的家族作为一个背景来考察显然也是不够的。家族的价值观对于新企业创立过程的影响也不容小觑。许多创业家族的下一代正是由于长期耳濡目染于父辈/祖辈的创业历程和商海浮沉，被其中的“传奇”故事所打动，进而萌生了独立创业的意向。什么样的“富二代”更有可能和意愿成为“创二代”？这显然也是一个非常有趣的话题，不仅是一个家族的问题，而且也是一个社会性的问题。浙江大学家族企业研究所 2015 年与全国工商联开展的一项全国性的调查显示，愿意接班的创业家族后代不足四成。分析发现，一个非常有趣的结果是，许多子女不愿意做父母那些传统行当，反倒想自己去创业，建立自己的“新王国”。结合上面谈到的一点，我们不仅会产生这样的疑问，独生子女创业家族在什么样的情境下会选择让子女接班，又是什么因素促使他们支持子女去独立创业？换句话讲，究竟是看重家业的传承，还是创业精神的延续？这个话题在多子女的西方家族中或许没有那么有趣，因为两者可能并不冲突，相反可能是互补的，可在中国当下这个特定的历史时期，它却是一个非常有趣且又独特的议题，非常值得探讨。

本章推荐精读的这篇文章还点出了一个被创业研究者所忽视的重要的客观存在的家族力量要素。这对于我们全方位地认识和理解创业机会的发现/创造以及开发过程，具有十分积极的意义。从学术研究的角度看，创业机会的来源问题(创业机会到底是由创业者发现的，还是由创业者创造的)一直都是创业研究领域的一个重要议题，这篇论文还被国际著名管理学者 Alvarez 和 Barney 鉴定为创业机会创造论的开拓性文献之一。因此，无论你想了解家族创业现象还是创业机会的来源，这篇文献都值得一读。

本章作者介绍

窦军生，浙江大学管理学院副教授，主要从事家族企业传承和创业方面的研究和教学工作，主持和参与国家级科研项目 6 项，在《管理世界》、《自然辩证法通讯》、《科学学研究》、*Family Business Review*、*Business and Society*、*Asia-Pacific Journal of Management* 等国内外学术期刊上发表论文 20 多篇。

本章相关引用材料

[1] Ajzen, I. The theory of planned behavior [J]. *Organizational Behavior and Human Decision Processes*, 1991, 50(2): 179-211.

[2] Astrachan, J H, & Shanker, M C. Family businesses' contribution to the US economy: A closer look[J]. *Family Business Review*, 2003, 16(3): 211-219.

[3] Bandura, A. The evolution of social cognitive theory [M]. In: Smith, K G & Hitt, M A (Eds.). *Great Minds in Management*. Oxford: Oxford University Press, 2005: 9-35.

[4] Barbosa, S D, Gerhardt, M W & Kickul, J R. The role of cognitive style and risk preference on entrepreneurial self-efficacy and entrepreneurial intentions [J]. *Journal of Leadership & Organizational Studies*, 2007, 13(4): 86-104.

[5] Barney, J. Firm resources and sustained competitive advantage [J]. *Journal of Management*, 1991, 17(1): 99-120.

[6] Berle, A & Means, G. *The Modern Corporation & Private Property* [M]. New Jersey: Transaction Publishers, 1932.

[7] Block, J H. R&D investments in family and founder firms: An agency perspective [J]. *Journal of Business Venturing*, 2012, 27(2): 248-265.

[8] Boyd, N G & Vozikis, G S. The influence of self-efficacy on the development of entrepreneurial intentions and actions [J]. *Entrepreneurship Theory and Practice*, 1994, 18: 63-90.

[9] Carter, N M, Gartner, W B, Shaver, K G & Gatewood, E J. The career reasons of nascent entrepreneurs [J]. *Journal of Business Venturing*, 2003, 18(1): 13-39.

[10] Chrisman, J J & Patel, P C. Variations in R & D investments of family and nonfamily firms: Behavioral agency and myopic loss aversion perspectives [J]. *Academy of Management Journal*, 2012, 55(4): 976-997.

[11] Christensen, C M, Raynor M E. Why hard-nosed executives should care about management theory[J]. *Harvard Business Review*, 2003, 81(9): 66-75.

[12] Chua, J H, Chrisman, J J & Kellermanns, F et al. Family involvement and new venture debt financing[J]. *Journal of Business Venturing*, 2011, 26(4): 472-488.

[13] Cruz, A D, Hamilton, E & Jack, S L. Understanding entrepreneurial cultures in family businesses: A study of family entrepreneurial teams in Honduras [J]. *Journal of Family Business Strategy*, 2012, 3(3): 147-161.

[14] Cyert, R M & March, J G. *A Behavioral Theory of the Firm* [M]. Englewood Cliffs, NJ: Prentice Hall, 1963.

[15] Dalton, D R, Hitt, M A, Certo, S T & Dalton, C M. The fundamental agency problem and its mitigation: Independence, equity, and the market for corporate control [J]. *The Academy of Management Annals*, 2007, 1(1): 1-64.

[16] Davidsson, P & Honig, B. The role of social and human capital among nascent entrepreneurs [J]. *Journal of Business Venturing*, 2003, 18(3): 301-331.

[17] Dess, G G, Ireland, R D, Zahra, S A, Floyd, S W, Janney, J J & Lane, P J. Emerging issues in corporate entrepreneurship [J]. *Journal of Management*, 2003, 29(3): 351-378.

[18] Fairlie, R W & Robb, A M. Why are black-owned businesses less successful than white-owned businesses? The role of families, inheritances, and business human capital [J]. *Journal of Labor Economics*, 2007, 25(2): 289-323.

[19] Galbraith, J K. *The Industrial State* [M]. New York: Signet, 1967.

[20] Garcés-Galdeano, L, Larraza-Kintana, M, García-Olaverri, C & Makri, M. Entrepreneurial orientation in family firms: The moderating role of technological intensity and performance [J]. *International Entrepreneurship and Management Journal*, 2014, 12(1): 1-19.

[21] Gómez-Mejía, L R, Haynes, K T, Núñez-Nickel, M, Jacobson, K J & Moyano-Fuentes, J. Socioemotional wealth and business risks in family-controlled firms: Evidence from Spanish olive oil mills [J]. *Administrative Science Quarterly*, 2007, 52(1): 106-137.

[22] Herron, L & Sapienza, H J. The entrepreneur and the initiation of new venture launch activities [J]. *Entrepreneurship Theory and Practice*, 1992, 17(1): 49-55.

[23] Hmieleski, K M & Corbett, A C. Proclivity for improvisation as a predictor of entrepreneurial intentions[J]. *Journal of Small Business Management*,2006,44(1): 45-63.

[24] Hofstede, G H & Hofstede, G. 2001. *Culture's Consequences: Comparing Values, Behaviors, Institutions and Organizations across Nations* [M]. Los Angeles: Sage Publications, 2001.

[25] Jaffe, D T. *Working with the Ones You Love: Conflict Resolution & Problem Solving Strategies for a Successful Family Business* [M]. Berkeley: Conari Press, 1990.

[26] Johns, G & Saks, A. *Leadership Organizational Behaviour* [M]. New York: Harper Collins College Publishers, 1996.

[27] Kanter, R M. Work and family in the United States: A critical review and agenda for research and policy [J]. *Family Business Review*, 1989, 2(1): 77-114.

[28] Kuratko, D F, Hornsby, J S & Naffziger, D W. An examination of owner's goals in sustaining entrepreneurship [J]. *Journal of Small Business Management*, 1997, 35(1): 24.

[29] LaChapelle, K & Barnes, L B. The trust catalyst in family-owned businesses [J]. *Family Business Review*, 1998, 11(1): 1-17.

[30] Lambrecht, J, Lievens J. Pruning the family tree: An unexplored path to family business continuity and family harmony[J]. *Family Business Review*,2008,21(4): 295-313.

[31] Lansberg, I. *Succeeding Generations: Realizing the Dream of Families in Business* [M]. Boston: Harvard Business School Press, 1999.

[32] Lee, K S, Lim, G H & Lim, W S. Family business succession: Appropriation risk and choice of successor [J]. *Academy of Management Review*, 2003, 28(4): 657-666.

[33] Lumpkin, G, Brigham, K H & Moss, T W. Long-term orientation: Implications for the entrepreneurial orientation and performance of family businesses [J]. *Entrepreneurship and Regional Development*, 2010, 22(3-4): 241-264.

[34] Neblett, N G & Cortina, K S. Adolescents' thoughts about parents' jobs and their importance for adolescents' future orientation [J]. *Journal of Adolescence*, 2006, 29(5): 795-811.

[35] Nordqvist, M & Zellweger, T. Transgenerational entrepreneurship: Exploring growth and performance in family firms across generations [J]. *International Small Business Journal*, 2010, 29(6): 730-731.

[36] Ozgen, E & Baron, R A. Social sources of information in opportunity recognition: Effects of mentors, industry networks, and professional forums [J]. *Journal of Business Venturing*, 2007, 22(2): 174-192.

[37] Peteraf, M A. The cornerstones of competitive advantage: A resource-based view [J]. *Strategic Management Journal*, 1993, 14(3): 179-191.

[38] Saparito, P A, Chen, C C & Sapienza, H J. The role of relational trust in bank-small firm relationships [J]. *Academy of Management Journal*, 2004, 47(3): 400-410.

[39] Schulze, W S, Lubatkin, M H & Dino, R N. Altruism, agency, and the competitiveness of family firms [J]. *Managerial and Decision Economics*, 2002, 23(4-5): 247-259.

[40] Serrano, C C, Habbershon, T G, Nordqvist, M, Salvato, C & Zellweger, T. A conceptual model of transgenerational entrepreneurship in family-influenced firms [J]. *HEC Family Business, IFERA*,2006.

[41] Shanker, M C & Astrachan, J H. Myths and realities: Family businesses' contribution to the US economy—A framework for assessing family business statistics[J]. *Family Business Review*, 1996,9(2): 107-123.

[42] Simon, H A. *The Sciences of the Artificial* [M]. Cambridge: MIT Press, 1996.

[43] Uhlaner, L M, Kellermanns, F W, Eddleston, K A & Hoy, F. The entrepreneuring family: A new paradigm for family business research [J]. *Small Business Economics*, 2012, 38(1): 1-11.

[44] Uzzi, B. Embeddedness in the making of financial capital: How social relations and networks benefit firms seeking financing [J]. *American Sociological Review*, 1999, 64(4): 481-505.

[45] Ward, J L. The special role of strategic planning for family businesses [J]. *Family Business Review*, 1988, 1(2): 105-117.

[46] Wernerfelt, B. A resource-based view of the firm [J]. *Strategic Management Journal*, 1984, 5 (2): 171-180.

[47] Wiseman, R M & Gómez-Mejía, L R. A behavioral agency model of managerial risk taking [J]. *Academy of Management Review*, 1998, 23(1): 133-153.

[48] Zahra, S A. Goverance, ownership, and corporate entrepreneurship: The moderating impact of industry technological opportunities [J]. *Academy of Management Journal*, 1996, 39(6): 1713-1735.

[49] Zahra,S A. Entrepreneurial risk taking in family firms [J]. *Family Business Review*, 2005, 18 (1): 23-40.

[50] Zahra, S A. Organizational learning and entrepreneurship in family firms: Exploring the moderating effect of ownership and cohesion [J]. *Small Business Economics*, 2012, 38(1): 51-65.

[51] Zahra, S A & Covin, J G. Contextual influences on the corporate entrepreneurship-performance relationship: A longitudinal analysis [J]. *Journal of Business Venturing*, 1995, 10(1): 43-58.

[52] Zahra, S A & Garvis, D M. International corporate entrepreneurship and firm performance: The moderating effect of international environmental hostility [J]. *Journal of Business Venturing*, 2000, 15 (5): 469-492.

[53] Zahra, S A., Hayton, J C & Salvato, C. Entrepreneurship in family vs. non-family firms: A resource-based analysis of the effect of organizational culture [J]. *Entrepreneurship Theory and Practice*, 2004, 28(4): 363-381.

[54] Zahra, S A & Sharma, P. Family business research: A strategic reflection [J]. *Family Business Review*, 2004, 17(4): 331-346.

[55] Zellweger, T, Sieger, P & Halter, F. Should I stay or should I go? Career choice intentions of students with family business background [J]. *Journal of Business Venturing*, 2011, 26(5): 521-536.

[56] Zhao, H, Seibert, S E & Hills, G E. The mediating role of self-efficacy in the development of entrepreneurial intentions [J]. *Journal of Applied Psychology*, 2005, 90(6): 1265-1272.

[57] 李新春,何轩,陈文婷. 战略创业与家族企业创业精神的传承——基于百年老字号李锦记的案例研究[J]. 管理世界,2008(10): 127—140.

Chapter 10

第10章 国际创业[1]

学习目标

系统掌握国际创业兴起的主要内外部环境因素

理解国际创业的概念发展与类型特征

了解国际创业与国际商务的主要差别

系统了解国际创业的主要模式及其演变

深入理解国际创业影响企业绩效的若干机制

章节纲要

本章分四节来阐述与探讨国际创业。第一节介绍国际创业兴起的各种内外部因素；第二节介绍国际创业形成与发展的若干主导机制；第三节介绍以地理和业务为两维的国际创业模式及其演变；第四节介绍国际创业的绩效形成与分离机制。

开篇案例

雏鹰何以展翅远洋？

新创企业实施国际化战略的实例正在不断涌现，展现了一幅幅令人激动的故事画面：新创企业敢于挑战未来。我们先来看看两个发生在学生身边的真实故事。

A公司是一家在杭州成立的公司，主要生产和供应视力障碍辅助仪器和设备。就在创办一年后的2008年，公司毅然进入了国际市场，赢得了许多宝贵的发展机会。迄今为止，公司产品已经远销欧洲、美国、加拿大等60多个国家和地区，在全球已有三四十家全球代理商。公司生产的电子助视器产品通过了多项国际认证。

在成立初期，公司就非常重视研发，产品主要供应国内的残联机构。后来，公司业务不断扩大，自然拓展到了生产和销售环节。公司有远大的理想，据公司网站的资料介绍，公司把“全世界每一位障碍人士的需要都能得到满足”作为公司的愿景。和很多中国企业一样，公司通过参加上海、北京的一些

① 本章作者感谢国家自然科学基金委的资助(71272165,71572174)。

展会，结识了一些重要的国外代理商。这些代理商成为这家公司进入国际市场的一个重要机遇和契机。但是，仅有机会还是远远不够的，关键在于有效地利用好机会！

无论是在展会上还是在展会后，企业的创始人能够与这个潜在代理商进行有效的沟通，双方之间的互信不断增强。外商对这位青年人敢于国际创业的行动也大致赞同。事情远没有这么简单，进入国际市场是一件十分复杂的事情，对于尚在大学深造的博士生创业者来说更是挑战。当国外代理商来寻求合作时，几位创业者对海外市场是一无所知的，也都没有相应的业务、创业和国际经验。但是，难能可贵的是他们还是选择抓住国外市场的机会。

10.1 国际创业的兴起缘由

10.1.1 国际新创企业的定义

新创企业实施国际化发展的现象始于20世纪80年代。这种现象最早被国际著名管理咨询公司麦肯锡在澳大利亚发现。他们发现很多澳大利亚的新创企业在成长早期就开始了国际化经营，而且有些企业实现了成功。1994年，国际商务著名学者McDougall和Oviatt发表了《国际新创企业理论》一文，对国际新创企业（International New Ventures）进行了明确的定义。国际新创企业就是在成立之初就在超过一个国家进行产品销售和使用当地资源并以此来获得竞争能力的组织。这一标志性的论文使得企业界和理论界越来越关注国际新创企业在国际市场上所发挥的越来越重要的作用。

此后多年，包括经济合作组织（OECD）在内的一些组织在研究中进一步确认了新创企业国际化或国际创业这一现象。当然，相关研究也指出，这些新创企业在国际化运营的同时，大部分业务还是在国内市场，但这也无法否定已经有越来越多的新创企业进入国际市场谋求发展。

理解国际新创企业，需要从如下几个方面加以界定：第一，何谓"国际化"？从国际化运营的模式来看，国际新创企业可以是采用不同国际化模式的企业，如以进出口为主要模式的新创企业，以合资、合作等联盟模式进行国际化的新创企业，以对外直接投资进行国际化的新创企业。不管采取何种模式，作为国际新创企业，一个重要的特征就在于，在公司成立初期，就在超过一个国家进行国际化经营来获得竞争力。竞争力直接关系到公司的生存和成长等绩效，所以，这是判断国际新创企业的一个重要指标。

第二，何谓"新创"呢？根据企业的生命周期理论，企业从诞生到灭亡，一般可以分为初创期、成长期、成熟期以及蜕变期（Adizes，1979）。新创企业是处于初创阶段的企业。但是究竟成立多少年之内才算初创企业，学术界和实践界都没有统一的定论。现有研究认为，成立6年及6年之内的企业可以称之为新创企业，因为6年是企业生死的一道坎。但也有学者以8年、10年甚至16年的年限标准来界定新创企业。不管时间年限是否确切，但有一点是公认的，即国际新创企业是在成立之初就开始开展国际化业务的。有的企业则是天生国际化，也就是一旦成立企业，企业就已经是国际化了。

10.1.2 国际新创企业的特征

传统的国际商务研究主要关注规模较大的成熟企业，即跨国大公司，而很少关注规模较小的新创企业。根据世界著名国际商务管理学者彭维刚教授的分析框架，从国际运作的老练程度来看，国际新创企业还是新手；从企业规模来看，国际新创企业大多是小企业（见图 10-1）。

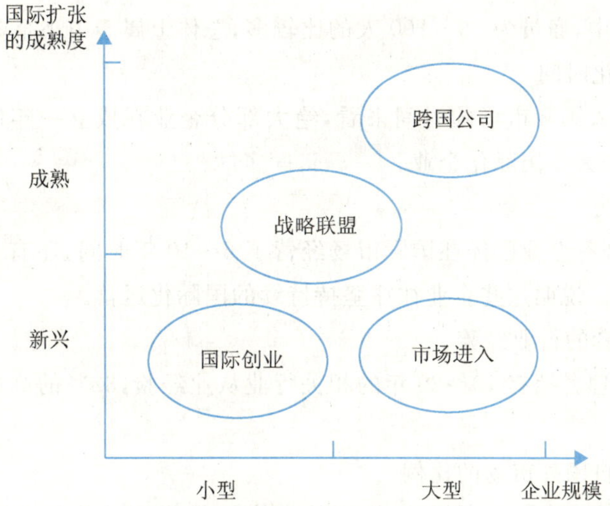

图 10-1 国际新创企业的类型

资料来源：Peng，2001

那么，国际新创企业具有哪些主要特征呢？它们是一种真正独特的企业吗？对此，学术界尚未完全达成一致。如果发现这些国际新创企业在一些关键特征上与传统企业并无差别，那就很难说国际新创企业是一种新型的企业。根据 McDougall 和 Oviatt（1996）等的研究成果，国际新创企业具有如下主要特征：

- 全球化的视角；
- 拥有广阔的国际网络；
- 拥有独特的知识、领先的技术；
- 公司产品和产品的延伸服务密切相关；
- 公司的各个部门在世界范围内紧密配合；
- 公司的管理者具备国际经验；
- 创新、积极和寻求风险，鼓励创新的组织文化；
- 具有领先于竞争对手识别和追求机会的能力；
- 具有突破企业本身资源限制的能力。

当然，国际新创企业也面临着一些明显的劣势：

- 年龄劣势，缺乏一定的经验和资源；

- 规模劣势，规模相对较小，资金资源、人力资源等都相对有限；
- 外来者劣势，需要面对国际市场在消费者、市场环境等方面的特殊性。

为了更加形象地把握国际新创企业的特征，借助世界银行对中国私营企业的调查数据，可以总结出国际新创企业的一些主要特征。

（1）行业特征

大部分存在于制造业，服务业和零售业所占的比例很小。制造业中又主要集中在纺织业、服装制造业和电子产品制造业。

（2）企业规模

国际新创企业中，雇员为20～100人的比较多，总体上属于中小企业。

（3）首次国际化时间

从企业首次进入国际市场的时间来看，绝大部分企业在成立一年以内就选择进入国际市场，可以被称作天生国际化企业。

（4）国际化经历

从结果来看，现有企业已经在国际市场经营了6～10年时间，还有1/3的企业国际化运行时间不到6年。说明这些企业往往坚持持续的国际化运营。

（5）高层管理者的行业经验

51%的高层管理者拥有10～20年的相关行业从业经验，32%的高层管理者行业经验在10年以下。

（6）销售额来自国外市场的比例

在248家企业中，只有12家企业的海外市场销售收入占总收入的比重小于或等于5%；大多数企业（70%）的海外市场销售收入占总收入的比重在25%以上；有39家企业的销售收入100%来自海外市场。

10.1.3 国际创业的驱动因素

从理论上看，为什么新创企业能够在生命周期的初期就实施国际化经营？这方面的研究成果已经十分丰富。学者们从不同的角度提出了不同的体系。如，Brush和Vanderwerf（1992）认为，制度、产业以及组织等是驱动新创企业国际化的关键因素。Zahra和George（2002）认为，新创企业的国际化行为是多个因素共同作用的结果，这些因素包括组织、企业所处的外部环境、企业的战略等。Rialp等（2005）在企业资源观和相关知识的基础上，指出了企业无形资源的管理是企业在特定环境中产生持续竞争优势的关键因素，以此解释了国际新创企业选择进入国际市场的原因。Zucchella等（2007）对新创企业国际化的动因做出了归纳和总结，认为主要存在四类因素影响着新创企业是否实施国际化经营：企业管理者的特征、企业所处的社会网络的特征、企业所处的区位，以及企业经营发展的战略。

Fletcher（2001）给出了一个总体的分析框架，认为新创企业国际化的驱动因素总体上可以分为内部因素和外部因素。其中，内部因素分为管理特征和组织特征两个方面，外部因素分为外部障碍和外部刺激两个方面。而且，内部因素与外部因素之间交互作用，共同影响新创企业的国际化决策和行为（见图10-2）。

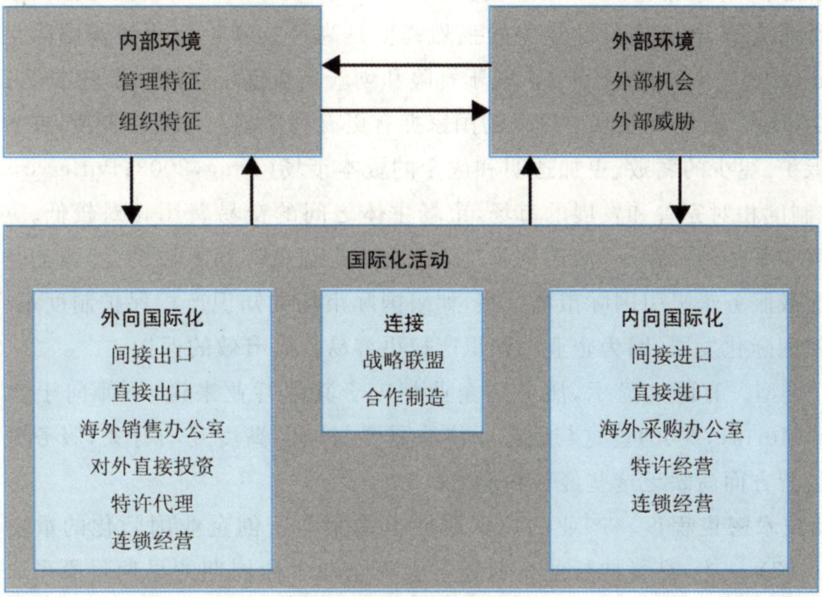

图 10-2 新创企业的国际化驱动因素

资料来源：Fletcher,2001

新创企业的国际化行为主要有两个方面：一是外向国际化行为，包括直接和间接出口、建立海外销售办公室、对外直接投资、海外特许代理、海外连锁经营等方式；二是内向国际化行为，包括进口、在海外设立采购办公室、获得国外的特许经营和连锁经营权等。

除此之外，外向国际化和内向国际化经营之间还存在着另外一种国际化行为方式，即联盟和合作。这种方式被越来越多地采用，因为它融合了外向国际化和内向国际化这两种主要方式的优点，在外部环境动态复杂的情况下具有明显的优势。

更为具体地说，驱动新创企业国际化的主要因素包括：

(1) 外部环境因素

➢ 基础设施条件。近年来通信、交通等基础设施越来越现代化，极大地便利了国际化经营，有助于新创企业在较低的外部成本下进行国际化经营。

➢ 全球经济一元化。尽管全球经济一体化进程还在进行之中，但这种趋势正在加快和加深，也在很大程度上减少了新创企业的国际化运营成本。

➢ 国内市场竞争强度。许多研究认为，国内市场的饱和程度是新创企业进行国际化经营的一个驱动因素(Karagozoglu & Lindell,1998)。很显然，如果母国的市场已经饱和或者市场竞争十分激烈，那么，新创企业在国内市场寻求的发展机会很少，选择国际化发展成为一种必然趋势。

➢ 国内市场的增长潜力。有案例研究显示，国内市场的有限增长是高新科技新企业快速国际化的主要原因(Coviello & Munro,1995)。市场竞争的激烈程度并不等于市场增长潜力。在一些国内市场，尽管现阶段的市场竞争很激烈，但也存在着快速增长的未来趋势。如果国内市场增长乏力，新创企业就会选择国际化发展。

➢ 国际竞争激烈程度。很有意思的是，一些研究发现，国际新创企业倾向于在市场竞争激烈的行业竞争，行业内国际竞争的强烈程度是高科技新创企业快速国际化的一个重要原因(Coviello & Munro,1995)。敢于冒险和创新是新创企业的一个基本特征。

➢ 制度环境。新创企业倾向进入的国家拥有更有利于创业的规章制度，或者对知识产权更好的保护、更少的腐败、更加透明和健全的资本市场(Peng,2003;Puffer & Peterson,2001)。在制度相对完善和发展的市场，市场主体之间的交易费用相对较低。可以预见，在市场制度完善的国际市场，新创企业的运营成本会更低。很重要的是，新创企业可能会以其新产品或服务来吸引国际市场顾客，如果国际市场的知识产权保护制度很完善，新创企业会选择国际化发展，因为企业的知识产权更容易得到有效的保护。

➢ 行业类型。有研究显示，服务型企业相较于其他行业来说，不倾向于参与国际化(Burgel & Murray,2000)。这与服务业往往需要与顾客高度互动有关，服务型新创企业在国际化经营方面尚缺乏这些经验和能力。

➢ 产业技术密集程度。产业的技术属性也是驱动新创企业国际化的重要因素。如Zahra 等(1997) 认为，高科技行业企业通常会在企业生命周期的早期阶段采取国际化经营方式;Jones 和 Coviello(2005)发现，快速的国际化在高科技企业中频繁出现，原因在于在技术密集产业中研发投入较大，新创企业需要去追寻更大的国际市场来获得与投入相当的回报，也就带来以更大的规模和更激进的方式进入国外市场的意愿。同时，高科技产品也是新创企业打开国际市场的重要方式。

➢ 地理位置。有研究发现，在城市商业中心的企业选择国际化经营的速度更快，国际化的水平更高 (Beamish et al. ,1999)。城市商业中心可以为新创企业提供更多有价值的国际化运营相关消息，也更加容易吸引优秀的人才加盟企业，使得企业更具国际化经营的能力。

(2) 企业家和高层管理者因素

➢ 国外工作经验。许多研究发现，尽管作为企业本身成立时间较短，尚无太多国际化经验，但是创业者和管理者的国际化经验往往是驱动新创企业国际化经营的一大因素。如有研究发现，企业管理者在国外工作生活的经历和经验对新创企业的国际化速度有促进作用(Oviatt & McDougall,1994;McDougall & Oviatt,1996)。大部分国际化的新创企业经理都有在国内的国外企业工作的经历。

➢ 国外教育经历。研究发现，管理者在国外所接受的教育与新企业国际化有正向的联系(Bloodgood et al. ,1996)。比起不进行国际化经营的新企业，国际新创企业的管理者大部分在国外接受过教育。

➢ 全球视野。有案例研究发现，企业管理者的国际化见识决定了新创企业进入国际市场的速度和成功率(Oviatt & McDougall,1994)。全球视野意味着新创企业把全球市场视作一种必然选择，而非一个痛苦的抉择过程。

(3) 企业资源

➢ 创业导向。很多研究表明，企业所具有的创业导向是企业做出早期国际化决策的重要决定因素(Jones & Coviello,2005;Knight & Cavusgil,2004;Oviatt & McDougall,1994;Zahra,2005)。国际新创企业的创业导向包括三个维度:先行性、创新性和风险承担性(Oviatt & McDougall,2005)。企业进入国际市场的时间和国际化的行为可以看作是企业创业导向的一个体现。许多研究认为创业导向可以使企业快速地发现国际市场机会并相应地提高自己的能力来获得成功,因为创业导向可以使企业发现和利用其他企业所忽视的市场机会。Zahra 等(2000)也认为,尽管新创企业由于新企业劣势将增大其失败的风险,但是早期进入国际市场可以给企业的增长创造机会。因为随着不断地适应外国的商业环境,新创企业可以从经验中学习,这将有可能提高企业的总体绩效。

➢ 知识。知识是国际新创企业最重要的无形资源,是企业在国际市场生存和获得竞争优势的关键来源。国际新创企业所需的知识包括市场知识、制度知识和国际化知识。知识影响企业进入国际市场的决策。就国际新创企业来说,知识是促成国际化的最主要的无形资产(Bloodgood et al.,1996)。

➢ 技术资源。技术作为一种特定的知识,往往是驱动新创企业早期国际化的重要因素。Bartlett 和 Ghoshal(1993)提出了技术知识对于企业早期国际化的重要性,因为技术知识会影响产品适应本地市场的能力和市场活力。新创企业往往通过不断推出技术密集型的新产品来吸引国际市场顾客,并取得较高的收益回报。

➢ 社会网络。国际新创企业处于企业生命周期的早期,资源匮乏,外部环境充满不确定性,所以必须通过其他方式来获得企业所需的资源,包括资金、设备等有形资源以及技术、人才等无形资源。国际化社会网络有助于企业家了解国际市场信息和技术信息等可供决策参考的信息。

10.1.4 基于动态能力的国际创业驱动机制

Weerawardena 等(2007)的基础动态能力理论提出了驱动国际创业的相关因素模型,如图 10-3 所示。

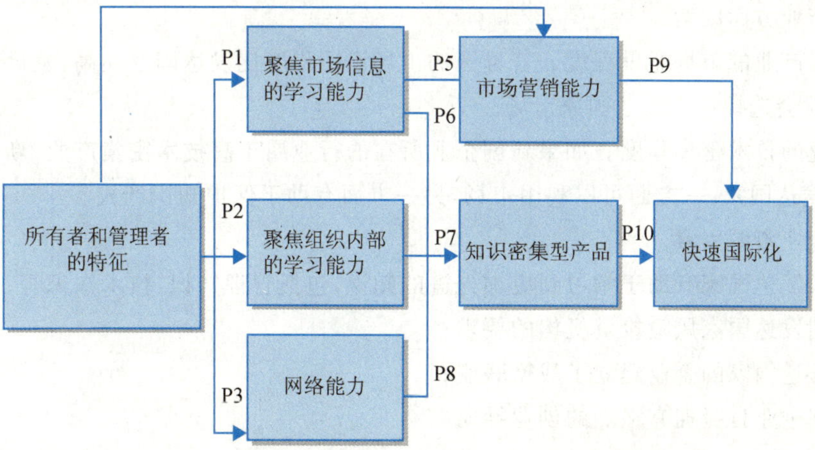

图 10-3 基于动态能力的国际创业驱动机制因素模型

资料来源:Weerawardena et al.,2007

该理论模型揭示了驱动新创企业国际化运作的相关因素。

(1) 企业所有者和管理者的特征影响新创企业的相关能力

对新创企业的相关能力能够形成影响的企业所有者和管理者的特征主要包括：

- 国际创业导向；
- 地理中心认知；
- 先前的国际经验；
- 学习导向。

企业所有者和管理者的特征会影响新创企业的下述能力：

- 聚焦市场信息的学习能力，包括获取、解析、忘记和整合市场信息的能力；
- 聚焦组织内部的学习能力，包括获取、解析、忘记和整合技术和非技术知识；
- 网络能力，包括获取知识和发展互补性资源；
- 市场营销能力，包括进入利基市场和全球化定位。

(2) 新创企业的相关能力促进开发知识密集型产品

- 技术知识密集型产品；
- 非技术知识密集型产品。

(3) 市场营销能力和知识密集型产品促进早期国际化

市场营销能力和知识密集型产品增强了国际新创企业的市场竞争能力，促进企业启动早期国际化行为，主要包括三个维度：

- 国际化的速度；
- 国际化的程度；
- 国际化的范围。

10.1.5 发展中国家新创企业进入发达国家的驱动因素

Yamakawa 等(2008)提出了一个理论分析框架，用以分析为什么发展中国家的新创企业会选择进入发达国家，主要有三方面的原因(见图 10-4)。

(1) 产业方面因素

- 母国产业的市场竞争程度。若母国的市场竞争程度比发达国家还高，发展中国家的新创企业就会选择进入发达国家市场。
- 行业的技术密集程度。如果新创企业所在的行业属于高技术密集产业，新创企业会选择进入发达国家，一方面可以利用市场，另一方面有助于保护知识产权。

(2) 企业资源因素

- 进入发达国家有助于学习到更加先进的知识，包括管理知识、技术知识等；
- 受到发达国家风险投资机构的要求；
- 与发达国家的企业建立了战略联盟；
- 新创企业自身拥有强烈的创业导向。

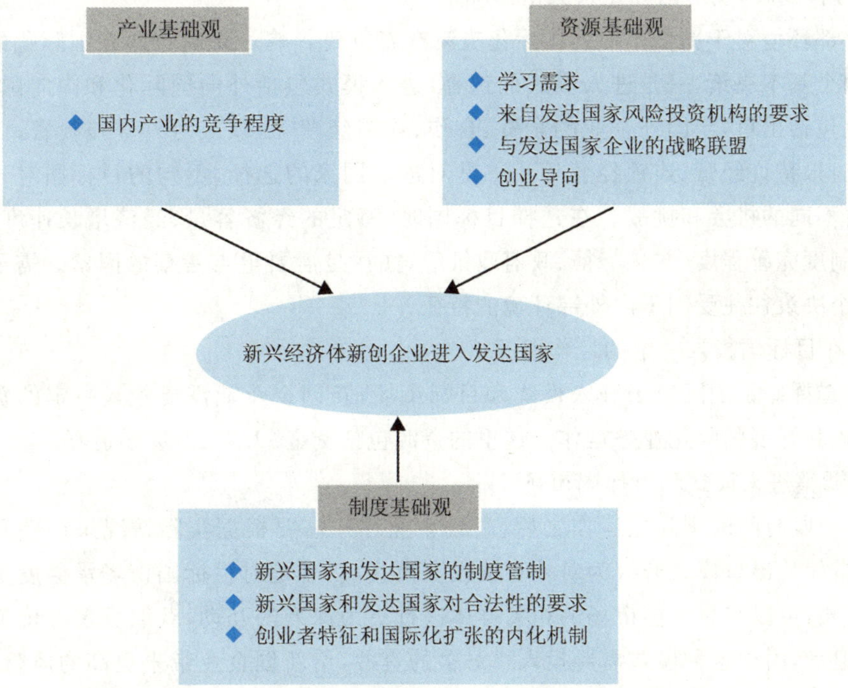

图 10-4 发展中国家的新创企业进入发达市场的原因

资料来源：Yamakawe et al. ,2008

(3) 外部制度因素

- 母国和东道国的相关管制政策；
- 在母国和东道国寻求建立合法性；
- 企业家的特质，如爱国热情、全球视野等。

10.2 国际创业的主要机制

10.2.1 国际创业的一般过程机制

新创企业进行国际化发展是一项创新性程度高的创业活动。理解其内在机制有助于实现成功的国际创业。Jones 和 Coviello 于 2005 年在《国际商务研究杂志》发表了一篇旨在揭示新创企业国际化过程机制的重要论文。根据该研究成果，新创企业国际化的内在过程机制包括如下环节。

(1) 对内外部环境的学习过程

由于新创企业可能对外部环境缺乏足够的了解，所以，在启动国际化运行前有一个复杂但很有必要的学习过程。这个学习过程不仅需要了解内外部环境的基本要素及其构成，更为重要的是，还需要了解内外部环境的变化情况。

(2) 内外部环境对国际化决策的影响

内外部环境对于新创企业的国际化决策有着重要影响。新创企业在国际化的运行过程中有两个基本决策,一是进入模式的选择,进入模式包括外向国际化和内向国际化,外向国际化包括出口,与国外企业的合资、合作、连锁经营等,以及对外直接投资;内向国际化包括进口、特许经营、连锁经营等。二是对进入国家的选择,不同的目标国对于新创企业意味着不同的机会和挑战。在选择目标国时,特定的经济容量、经济增长速度、市场竞争水平、制度完善程度、文化特征、政府政策等,往往是需要重点考察的因素。需要指出的是,这两个决策往往受制于内外部环境的特征。

(3) 在目标国投入一定的运作资源

一旦选择好了国际市场进入模式和目标市场,新创企业就需要投入一定的资源到目标国,以顺利开展国际化业务运作。这里的资源包括资金、人力、市场渠道等。

(4) 调整进入模式和目标国市场

经过一段时间的国际化运作之后,新创企业往往需要根据实际情况来调整和优化其进入模式,如从出口模式升级为对外直接投资模式,后者是对目标国市场承诺度更高的市场进入方式,可以与目标国市场的相关群体进行更为深入的互动,获取更多有价值的知识和信息,但是,由于这种模式需要投入相对多的资源,给新创企业带来更高的风险。同时,新创企业也可能需要调整目标国市场,适度地扩展到其他国家,以争取更大的发展空间。

(5) 实施创业型事件

随着不断拓展国际化业务运作,新创企业积累了更为丰富的国际化运作经验,但是,这些经验可能对企业的进一步国际化产生制约效果,因为经验往往会限制企业更大的创新性行为。所以,新创企业需要主动实施一些更具创新性和风险性的创业事件,激活企业的创业精神和能力,帮助企业在国际市场上实现持续发展。

10.2.2 国际创业的机会识别机制

机会识别是国际创业的重要前提,否则新创企业难以真正在国际市场进行业务活动。Muzychenko 和 Liesch 两位学者在 2015 年基于计划行为理论提出了国际新创企业的机会识别机制模型(见图 10-5)。根据该模型,国际市场机会的识别包括如下过程环节。

(1) 对待国际市场的态度

新创企业对待国际市场机会的态度直接影响到其后续的战略意图以及行为。这些态度主要涉及:

- 新创企业是否试图把自身发展为一家世界级的大企业。一般来说,如果新创企业有如此雄心壮志,就会产生强烈的国际化发展的愿望,并积极采取行动。否则,是否国际化对于新创企业而言并非重要的战略选择。
- 新创企业是否对跨文化运作业务持有热情。有些企业把跨文化运作业务视作一种很好的体验,是学习和提高自身的机会,但也有企业把跨文化业务运作视作一种风险较高的活动,尽可能规避由于文化差异带来的冲突和矛盾。所以,对跨文化业务运作的热情直接影响新创企业是否选择国际化运作。

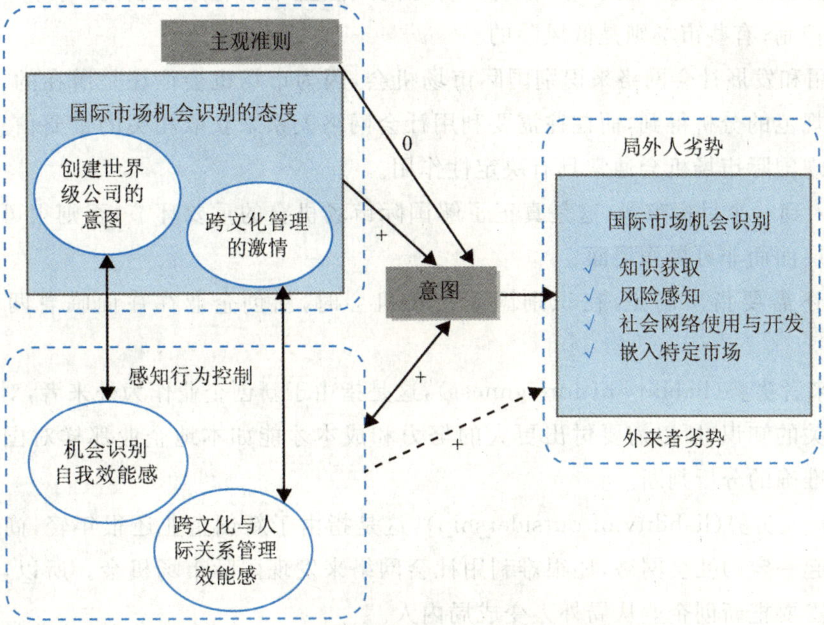

图 10-5 国际新创企业的机会识别机制模型

资料来源：Muzychenko & Liesch，2015

同时，新创企业对感知行为的控制能力也是影响其是否选择国际化发展的一个重要参考因素。这些感知行为控制主要涉及：

➢ 对国际市场机会识别的自我效能感会影响新创企业是否倾向于国际化运作。当新创企业的创业者感觉国际化运行中的市场机会识别是一项十分困难和超过自身能力的事件，一般会倾向于不选择进入国际市场。

➢ 对跨文化人际关系管理的自我效能感也会影响新创企业是否倾向于选择进入国际市场。当新创企业的创业者感觉到由于跨文化业务运作会给企业内部的人际关系带来冲突，造成不和谐，而自身又难以妥善处理这个问题，就不太会选择国际化运作。

（2）国际化运作的意图

新创企业选择进入国际市场的意图是多元化的，主要包括：

➢ 在更大的市场空间更好地实现企业自身的优势，如新产品和服务等；

➢ 在新的市场学习到更多的新知识，以帮助企业建立和更新相关的能力，如市场能力、技术能力和网络能力等；

➢ 在更加完善和发达的国际市场运作可以降低新创企业的非市场风险，如国家政治、政策不稳定带来的风险等；

➢ 离开母国不太公平的市场竞争环境。

（3）国际市场机会识别

识别国际市场机会主要包括如下环节：

➢ 获取国外市场的相关知识，因为只有了解国际市场状况才能从中发现市场机会。

➢ 评估国际市场的风险水平，有些市场是高风险且难以有效控制的；有些市场风险可能高但可控制；有些市场则是低风险的。

➢ 利用和发展社会网络来识别国际市场机会，因为市场机会往往是潜在的，并非可以通过科学规范的分析得到，而往往需要利用社会网络关系来获取相关的重要信息，这些信息对于发现国际市场机会通常具有决定性作用。

➢ 嵌入到一个目标市场，这是真正了解国际市场机会的重要环节，否则很可能还是停留在分析层面而非可操作层面。

这里还需要指出的是，在识别国际市场机会时，新创企业往往面临着两个方面的劣势：

➢ 外来者劣势(liability of foreignness)，这是指由于新创企业作为外来者，对于国际市场缺乏相关的知识，所以需要付出更大的努力和成本才能如本地企业那样对国际市场进行客观和准确的分析判断。

➢ 局外人劣势(liability of outsidership)，这是指由于新创企业还很年轻，尚未在国际市场构建起一定的社会网络，还很难利用社会网络来发现国际市场机会。所以，一个重要关键就是需要把新创企业从局外人变成局内人。

10.2.3 基于知识学习的国际创业机制

知识和学习被公认为是影响新创企业成功国际化运作的基本原因。Zahra 等(2000)提出了基于技术学习的国际新创企业成长机制，并得到了实证验证(见图 10-6)。根据该模型，国际化影响企业绩效有着内在机制，具体如下所述。

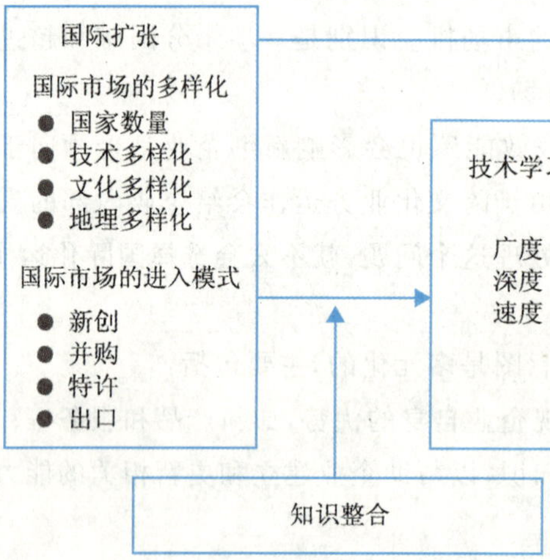

图 10-6 基于技术学习的国际新创企业成长机制

资料来源：Zahra et al.,2000

(1) 国际扩张促进新创企业的技术学习

新创企业的国际扩张主要表现在两个方面：

➢ 国际市场的多样化，包括进入国家的数量、不同国家之间的技术水平和文化差异以及不同国家之间的地理距离等；

➤ 国际市场的进入模式，包括在国外新建企业、并购企业、特许经营、出口交易等。

上述两个方面的国际市场扩张行为都会影响新创企业的技术学习，包括技术学习的广度、深度和速度，因为多样化可能会带来新知识，但新知识也会影响学习的深度和速度。

(2) 知识整合的调节作用

尽管进入多样化的国际市场和采用不同的市场进入模式给新创企业带来了学习新知识的机会，但新知识也给新创企业的消化、吸收带来了挑战。因此，整合知识的能力在很大程度上影响新创企业能否有效学习到新知识。

(3) 技术学习促进新创企业的绩效

技术学习的广度、深度和速度以不同的方式影响新创企业的绩效，包括利润水平和销售收入的增长。

10.2.4 基于能力构建的国际创业机制

能力是新创企业在国际市场成功运作的关键所在。对新创企业成功地国际化有重要影响的能力包括市场营销能力、技术创新能力、网络构建能力等。Zhou 等(2010)在《国际商务研究杂志》上发表了一篇有重要影响的研究论文，揭示了国际创业导向、能力构建与新创企业绩效之间的机制关系模型，如图 10-7 所示。

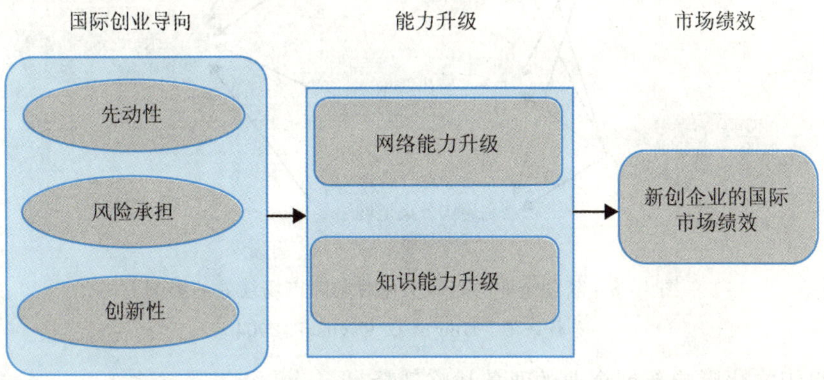

图 10-7 国际创业导向、能力构建与新创企业绩效之间的机制关系模型

资料来源：Zhou et al. ,2010

(1) 国际创业导向促进新创企业构建能力要素

国际创业导向包括三个方面：先动性，即即使目标和手段之间关系尚不明晰，企业也开始采取行动，通过在行动中逐步明确相关目标和手段等；风险承担，即国际创业意味着新创企业需要较高水平的风险；创新性，即新创企业的国际创业活动以创新性为特征。只有当这三个方面的水平都较高时，新创企业才会呈现出较高水平的国际创业导向。

较高水平的国际创业导向会促进新创企业积极学习相关知识，这些新知识有助于企业建立和更新相关能力，尤其是网络能力和知识能力。网络能力代表了新创企业在母国和东道国可以成功发展网络关系的能力，对于国际化发展至关重要；知识能力代表了新创企业对于国外市场的认知水平，为企业开展相关的业务活动提供最为基础的条件。

(2) 能力要素的成功构建促进新创企业的绩效水平

新创企业的能力得到升级后，就有更强的国际市场运作能力，这有助于新创企业在国际市场赢得较好的市场地位，从而获得理想的收益。

10.2.5 基于业务战略的国际创业机制

新创企业在国际市场采取什么样的战略措施会直接影响其在国际市场上的绩效表现。而新创企业采用特定的业务战略要受到企业内外部诸多因素的影响。作为《国际商务研究杂志》10 年最佳论文的获得者，Knight 和 Cavusgil (2004)认为，新创企业的组织文化直接影响企业的业务战略选择与实施，进而影响新创企业的国际市场绩效(见图10-8)。

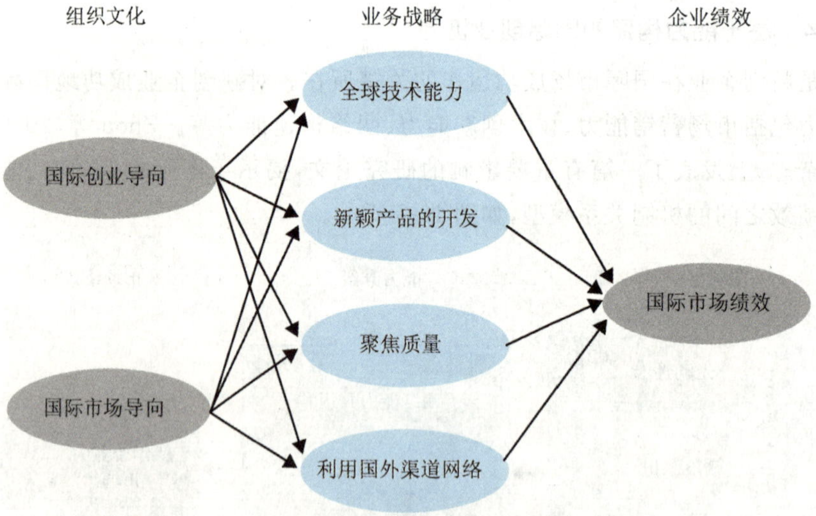

图 10-8 新创企业的组织文化对国际市场绩效的影响

资料来源：Knight & Cavusgil，2004

(1) 组织文化影响新创企业的业务战略选择

国际新创企业的组织文化主要包括国际创业导向和国际市场导向两个方面。国际创业导向表示新创企业敢于承担风险，积极采用创新性的理念和行动，而且行动不受目标等因素的限制，注重干中学。国际市场导向意味着新创企业强调顾客导向和竞争导向，企业的行为围绕满足客户的需求来展开，同时，强调对竞争对手的分析，并提出针对性的竞争措施。

国际创业导向和国际市场导向有助于新创企业选择如下业务战略：

- 全球技术能力，即注重采用全球先进的技术来推出产品和服务；
- 新颖产品的开发能力，即注重企业产品相对于竞争对手的新颖性，包括功能和服务等方面；

➢ 聚焦质量，即十分强调产品和服务的质量，不因质量问题导致顾客流失，以高质量来吸引顾客；

➢ 利用国外渠道网络，即注重充分开发和利用在国外市场的各种渠道网络，更有效地将产品面向市场。

(2) 业务战略选择与实施，提高新创企业的绩效

全球技术能力提升、新颖产品不断开发、聚焦质量，以及利用国外渠道网络等业务战略的成功实施，会增强公司在国际市场的差异化优势，最终以特色来赢得更多客户，实现更好的绩效水平。

10.3 国际创业的主要模式

国际新创企业存在着不同的类型。Oviatt 和 McDougall (2005)从地理范围和企业年龄两个方面界定了国际新创企业的基本类型特征(Ⅱ)，即企业年龄较小但业务活动已经涉及国际市场的企业(见图 10-9)。但这个分类标准尚未体现国际新创企业的类型多样性。学者们从不同角度对国际创业的模式进行了分类。

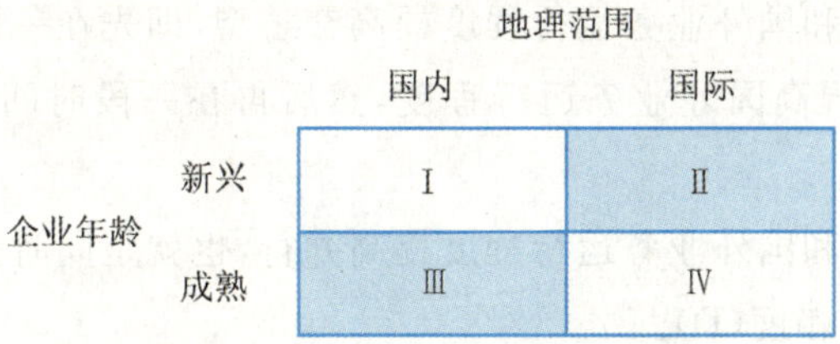

图 10-9 国际新创企业的不同类型

资料来源：Oviatt & McDougall，2005

10.3.1 基于地理范围和业务幅度的国际创业模式

Oviatt 和 McDougall (2005)从新创企业所进入的国家数量和所涉及的价值链活动特征两个维度，对国际新创企业的类型进行了以下区分：

➢ 进入少数几个国外市场，同时国际业务活动仅涉及价值链的少数环节，即出口或进口新创企业；

➢ 进入少数几个国外市场，同时国际业务活动涉及价值链的多个环节，如同时涉及生产、研发和销售等，即地理聚焦型国际新创企业；

➢ 进入多个国外市场，但国际业务活动仅涉及价值链的少数环节，即跨国贸易新创企业；

➢ 进入多个国外市场，同时国际业务活动涉及价值链的多个环节，如同时涉及生产、研发和销售等，即天生国际化企业。

根据这个标准，出口或进口新创企业属于国际化程度较低的国际新创企业，天生国际化企业则是国际化程度很高的国际新创企业。

10.3.2 基于地理扩张和业务运行的国际创业模式

新创企业的国际创业涉及两个主要活动：地理范围的扩张和国外业务运行程度的提高。地理范围扩张往往表现为新创企业进入更多样化的国际市场；国外业务运行程度的提高一般体现在新创企业的业务收入中，来自国外市场的收入比重有了更大的增加，其来源则是新创企业将更多的业务环节（如生产、研发、销售等）投入到国际市场。这两个方面的活动往往会给新创企业带来风险，所以，新创企业需要科学决策如何实现国际化扩张（见图10-10）。一般而言，新创企业有如下四种国际化扩张路径：

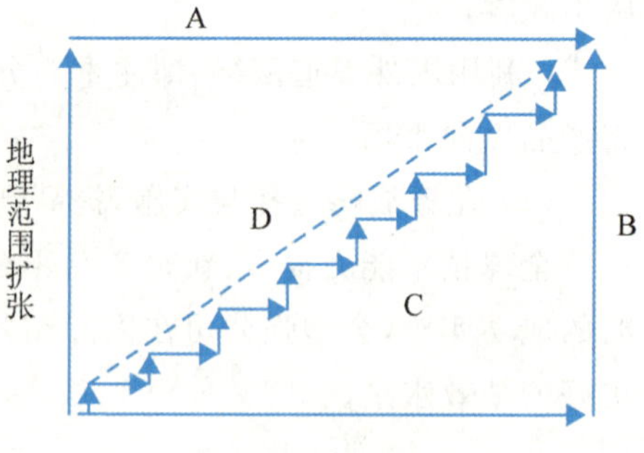

图10-10　新创企业的国际创业模式

资料来源：Hashai，2011

（1）先强调进军更多的国际市场，然后强调国外业务运行的程度（A）；

（2）先聚焦少数特定的国际市场，然后在这些特定的国际市场提高其国际化运行程度，即国外销售收入得到提高（B）；

（3）地理范围扩张和国外业务运行程度提高交替型，即先在一段时间强调地理范围扩张，再在一段时间强调提高国外业务运行程度，然后再在一段时间强调地理范围扩张，以此循环螺旋式扩张（C）；

（4）地理范围扩张和国外业务运行程度提高并行，也就是同时强调进入更多的国际市场和提高国外市场的依赖度（D）。

上述不同国际化扩张路径的选择，取决于新创企业内外部的条件、企业战略目标、竞争对手情况等多个因素。

10.4 国际创业的绩效影响

创业者最为关心的是国际创业是否能够帮助国际新创企业改进绩效。但是，现有研究的结论并不统一。有研究认为，国际化越早的企业其业绩往往就越好。如Autio等（2000）发现，开始国际化早、知识密集度高的企业，其增长速度也比较快。Zahra等（2000）从知识和学习基础观出发，发现国际多元化和高控制度进入模式的确提高了企业学习技术的积极性，企业内部创造的新技术知识对其业绩（净资产收益率和销售增长）产生积极的影响。McDougall和Oviatt（1996）研究发现，国际化程度与两年后的相对市场份额呈正相关，但国际销售比例和后续投资回报率没有明显的直接关系。因此，如何理解国际创业的绩效影响十分关键。

10.4.1 国际创业的绩效形成原理

国际创业会给国际新创企业带来好的绩效吗？答案是不确定的。但是，理解为什么国际新创企业可以获得一定的绩效更为关键。Lu 和 Beamish (2004)在世界顶尖的管理期刊上提出了一个基于成本和收益分析框架的模型，为了解国际创业的绩效形成原理提供了理论基础(见图 10-11)。

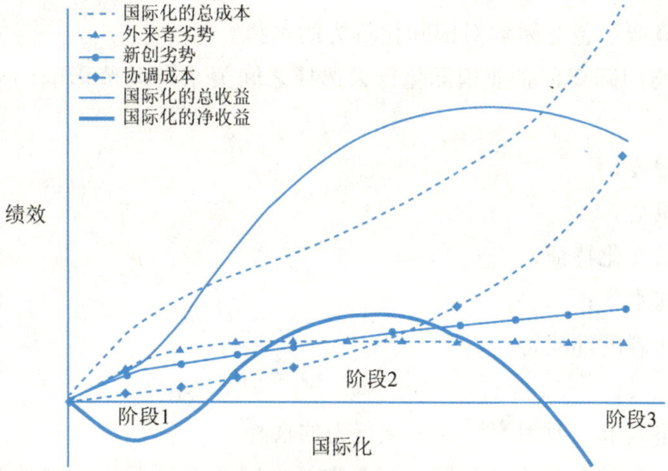

图 10-11 企业国际化与绩效：一个三阶段模型

资料来源：Lu & Beamish，2004

该理论模型的基本思想在于：第一，国际化活动同时涉及成本和收益两个方面的问题；第二，企业国际化带来的绩效是相关收益与成本的差额；第三，在企业国际化的不同阶段，国际化所涉及的成本和收益存在差别，因此，处于国际化不同阶段的企业的绩效表现不同。

(1) 企业国际化可以带来的收益

➢ 充分利用企业现有的资源和能力，尤其是无形资源，实现更高水平的规模经济性和范围经济性；

➢ 利用国际市场运作学习到新的知识，构建新的能力，进而提高市场竞争力。

(2) 企业国际化可能面临的成本或风险

➢ 由外来者劣势带来的高成本。由于企业作为外来者，需要花费更多的资源和成本才能了解国外市场，这相对于本地企业而言就是额外的成本支出。

➢ 由新创劣势带来的高成本。由于进入国外市场的往往是一家新创企业，需要花费更多资源和成本去构建外部合法性和赢得市场认可。

➢ 由协调跨国业务经营带来的高成本。由于进入国际市场尤其是多个差异大的国际市场给企业带来协同协调的问题，进而导致更高的运作成本。

10.4.2 国际创业的绩效形成机制

那么，国际新创企业的绩效是如何形成的？Zahra 和 George (2002)提出了一个经典的国际新创企业绩效形成机制模型。根据该模型，企业层面的因素影响国际新创企业的国际化行为，国际化行为进而影响企业的绩效表现。

(1) 企业因素影响国际新创企业的国际化行为

➢ 新创企业高管团队的构成特征会影响国际新创企业对国际化行为的态度和选择；

➢ 企业资源直接影响国际新创企业采用什么样的国际化行为；

➢ 企业年龄、区位、来源等因素会影响国际新创企业的国际化行为选择。

(2) 外部环境调节企业因素对国际化行为的选择

对企业因素与国际新创企业国际化行为选择之间关系有调节影响的外部环境因素主要包括：

➢ 市场竞争程度；

➢ 市场增长机会；

➢ 不同国家的文化特征；

➢ 行业的利润水平；

➢ 不同国家的制度环境特征；

➢ 业务活动规模性。

(3) 企业战略调节企业因素对国际化行为的选择

对企业因素与国际新创企业国际化行为选择之间关系有调节影响的企业战略因素主要包括：

➢ 企业的能力水平；

➢ 企业的差异化水平；

➢ 企业的总体战略；

➢ 企业的职能战略；

➢ 企业的进入战略。

(4) 企业国际化行为影响国际新创企业的绩效水平

国际新创企业的国际化行为主要体现在三个方面：

➢ 国际化程度，即国外销售收入占企业销售总收入的比重；

➢ 国际化速度，即企业从事国际化活动时的企业年龄，以及进入国际市场后以多快的速度开拓国际市场；

➢ 国际化范围，即企业进入国际市场的多样性程度。

这三个方面的国际化行为会以不同的方式影响国际新创企业的绩效表现。国际新创企业的绩效主要包括：

➢ 财务绩效，如销售收入及增长、利润水平等；

➢ 非财务绩效，如创新绩效、学习绩效等。

10.4.3 国际创业的绩效分离机制

由于企业绩效是多位概念，对于国际新创企业而言，生存和成长是两个最为重要的绩效指标。著名学者 Sapienza 等(2006)构建了早期国际化影响国际新创企业绩效的理论模型(见图 10-12)。该模型区分了企业生存和成长这两个不同的绩效指标，并认为早期国际化对两者有不同的影响。

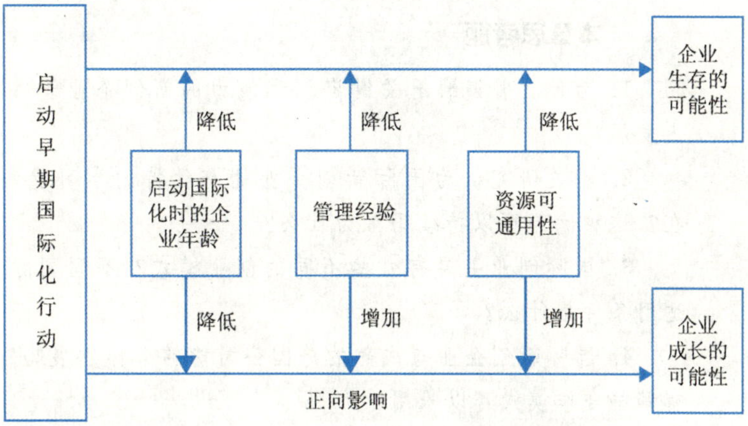

图 10-12 早期国际化影响新创企业绩效的理论模型

资料来源：Sapienza et al. ,2006

（1）早期国际化降低国际新创企业的生存可能性

总体上，由于国际新创企业自身资源能力有限，越早启动国际化发展，企业生存的可能性越低。而且，企业的相关管理经验越少，早期国际化新创企业就越难以生存；企业越缺乏可以使用的国际市场的通用性资源，早期国际化新创企业的生存可能性就越低。

（2）早期国际化增强国际新创企业的成长可能性

一旦早期国际化新创企业生存下来，其柔性优势塑造学习优势，进而有助于企业在国际市场快速发展。但是，如果企业第一次国际化时过于年轻，由于缺乏基本的吸收能力，无法有效学习，会降低企业的成长可能性。当国际新创企业拥有一定的管理经验，则会增强其成长能力。当企业拥有可以用于其他国际市场的相关通用资源，其成长能力就会得到进一步增强。

本章小结

本章首先系统介绍了国际创业兴起的各种内外部环境因素，包括宏观层面的经济一体化、交通与通信技术的发展，产业层面的竞争加剧与知识密集型程度的提高，企业层面的国际化能力提升以及企业家的国际经验与视野等。在此基础上介绍了国际创业的概念及其发展，国际创业的主要模式及其特征。随后介绍了国际创业的主要机制，包括一般过程机制、机会识别机制、基于知识学习的国际创业机制、基于能力构建的国际创业机制以及基于业务战略的国际创业机制。最后深入分析了国际创业影响国际新创企业绩效水平的主要机制，包括国际创业的绩效形成机制和国际创业的绩效分离机制。

本章思考题

1. 为什么普遍缺乏关键资源和能力的新创企业能够在国际市场上发展?

2. 相关研究认为国际新创企业拥有独特的学习优势,其原因何在? 这种优势可以持续吗? 为什么?

3. 国际创业主要有哪些不同的创业模式? 不同国际创业模式的适用条件是什么?

4. 国际新创企业与成熟的跨国公司能够合作发展吗? 如果可以,有哪些合作模式可以采用?

案例分析

国际新创企业如何取得国际市场?

位于浙江大学科技园的A公司,是中国最早和最领先的视力辅助器具企业,目前为国内最大的一家专业从事高科技视力辅助器具的研发、生产、制造、销售的企业。公司致力于为世界上每一位视力障碍人士提供最有帮助的辅助产品和服务。先集中精力做视力辅具,再逐步扩展到其他辅具领域,并力图打造老年人视力辅助市场的航空母舰。

该公司由浙江大学博士生在校就读期间创立。公司成立初期以研发为主,团队中一半以上的成员皆为研发人员,后来逐渐扩展到生产和销售领域。公司成立至今,研发新产品二十余种,拥有全部知识产权及十几项专利,如"用于高清画面手写段落识别、自动追踪放大的系统"、"文字裸眼三维化显示方法"、"一种短距多向超声波环境重构系统"、"一种全自动智能盲用阅读器"、"一种便携式电子助视器"等。2011年设立深圳研发生产中心,2012年成立北京分公司,2013年荣获"国家级高新技术企业"称号。

公司坚守"创新"理念,致力于视障人士高科技辅助器具产品的研发、生产、制造和系统方案设计,拥有全套自主知识产权和多项专利技术,和政府机构、科研院校、上下游厂商以及媒体有着广泛而深入的合作关系,并凭借强大的研发实力参与国家级大型科研项目和国家标准的制定。公司产品X一键式智能盲用阅读器,是国内第一款视力障碍人群使用的高科技阅读辅具,也是全球第一款中文阅读设备。公司产品成功应用于各级残联系统的康复工程建设及全国特殊教育系统,产品销售网络覆盖全国。公司主打产品X系列电子助视器是国内第一个并且连年保持销量第一的电子助视器品牌,列入各级政府的采购配发目录。电子助视器系列产品均通过美国联邦通信委员会FCC、欧盟CE、Rosh等国际机构认证,远销欧洲、北美、日本等70多个国家和地区。公司致力于视力障碍辅助器具的一站式服务和经营。从视力验配、方案设计到产品提供,售后服务已经形成了一条龙服务体系。公司有个梦想,希望世界上每一位视力障碍人士都能够得到最有帮助的辅助产品和服务。

A公司主要的产品和服务有电子助视器、智能盲用阅读器、光学助视器、低视力验配、各级客户的方案设计(低视力康复中心、无障碍阅览室、盲校教室)等。

创业者怎么会想到开发这类产品？这个机遇，来自于这位博士生在福利院和残疾人康复中心的一次参观走访。他前后去了两次就嗅到了商机：那里的残疾人所用的辅助设备一直依靠进口，不仅价格昂贵，而且使用效果并不理想，说明书全是英文，很多残疾人不大会用。带领参观的人士当时说："只要你们能生产出来，我们就来买。"回去后，他当即找了几位工科同学，开始研发自己的产品。前后花了一个月，便拿出了样机，产品有点像PSP，不仅可以替代福利院那些进口的产品，而且携带方便。很快，产品获得了市场的高度认可和评价。头一年，公司的产品全部被政府订单消化。

公司在成立之初主要在国内市场进行销售。作为集成电路专业的博士生，研发专供低视力人群使用的视觉辅助设备对他来说并不是桩难事。但是技术型的垄断注定会被后来者瓦解。不久，公司便出现了竞争对手，对手是做光学眼镜出身，一直跟国内各大医院有着固定的合作渠道，眼科医生可以帮着推介产品。这样，公司的国内市场份额就被逐渐瓜分。

公司乐意看到竞争对手的出现，觉得良性竞争会使这个行业越来越好。因为国内低视力辅助设备市场还远未成熟。在公司看来，对手产品卖得好，相当于对手在帮公司培育市场。公司也曾尝试通过代理商开拓国内市场，但效果并不好。代理商不大可能自己花钱，先宣传产品，然后再卖产品。这样做，投入太多，回报时间又很难估计。但是，公司自己去宣传产品又没有实力。尽管在公司的计划里，国内市场是肯定不能丢弃的。因为国家"十二五"规划中提出的"将建低视力门诊"给了公司信心。可是，这样的等待不知道会持续多久。靠什么支撑公司坐等国内市场的成熟？

创业者至今记得，公司的第一张国际订单是怎么来的。那是他们第一次参加展会。2005年，虽然亮相的是公司第一代电子助视器产品，但已引起国外最具实力厂商的高度重视，因为其价格低廉，功能却不亚于国外产品。双方交换了联系方式，希望公司在产品定型之后，能第一时间跟他们取得联系。几个月后，一张百万元的订单便来了。外商对于其研发出来的新产品，评价是"简直不敢想象"。

2008年，国际市场对助视产品的需求特别旺盛，公司以展会为契机，通过与一家加拿大企业的合作开启了国际化的历程。早期的合作模式是，公司只负责设计和生产，销售由代理商负责，双方以一年为一个周期签订合作协议，代理商能完成在协议中拟定的销售量和销售利润，双方继续合作，不能完成就更换代理商或者由公司自己开拓销售渠道。后来，公司发展出了一些更深层次的合作方式，代理商会提出所需产品的数量和要求，公司根据对方的要求进行生产；一些具备研发能力的代理商与公司进行技术合作，共同完成技术设计，然后在中国进行生产，最后由代理商在国外销售。

在国际化的发展过程中，公司坚持明确的战略导向。创业者看好市场的潜在需求，并且认为可以通过技术创新生产出比现有产品更好的产品，因此决定成为这个行业的先动者。事实上，公司创立初期也面临着巨大的风险，除了产品本身充满了未知以外，几个创业人员也缺乏相关的技术经验和管理经验。即使在市场份额稳定增长之后，公司还一直在寻找新的增长点，一方面每年推出三四款新助视产品，另一方面尝试将产品扩展到相关行业以寻找新的发展平台。创业者总担心市场上有一些潮流的东西没赶上，或者新的机会没有抓住。公司致力于自主研发和自主创新，创造能为顾客带来满意度更高的新产品。

公司坚持市场导向。公司有明确的目标客户，“戴着眼镜也能看，拿着放大镜也能看的，这类人肯定不是我的目标客户。我的目标客户就是戴着眼镜、拿着放大镜都看不见，但也想看的人”。公司还将这些目标客户根据需求进行市场细分(低视力患者、老年人和学生)，设计出不同的产品，来满足不同的消费者需求。公司还非常重视客户体验，认为用户体验决定了产品是否能够获得消费者的认可和欢迎。公司努力通过与顾客面对面的直接交流获得客户体验的相关信息，进而开发出不同功能的产品。

公司格外注重企业在技术上的研发能力，奉行自主设计，把技术看作是公司进一步发展的重要支撑，花很多的精力从国外的企业挖技术人才，建立技术团队，形成自己的研发实力。目前，公司拥有了由多位各前沿学科博士、硕士及资深工程师组成的强大研发团队，研发实力在视障辅具领域居国内领先水平，国际排名前列。公司成立至今申请专利多项。同时，公司与政府机构、科研院校、国内外上下游厂商有着广泛而深入的合作关系，并参与国家级大型科研项目和国家标准的制定。

公司很注重通过国际化学习来支持国际化经验的活动。在进入国外市场的过程中，公司对各个国家的市场需求情况进行了比较分析。创始团队利用近一年的时间考察欧洲、东南亚、日本、美国、加拿大等国家或地区的市场。同时，通过参加一些行业内的展会和学术会议，与同行企业和经销商进行交流，加深对行业的了解。比如，公司调查发现东南亚市场的需求比较低端，适合投放低价产品，与其中高端的产品定位不符，所以公司对东南亚市场的拓展很有限。而欧美国家经济发达，社会保障体系相对完善，消费者购买力较强，也更能接受中高端产品的价格，因此欧美市场一直是公司国际化进程中的主要着力点。代理商也是公司搜集国外顾客需求信息的一个重要渠道。“在跟代理商聊的时候，你更多地要引导他的话题，聊完之后你才能更多地从他那里拿到信息”。

公司的国外销售主要是通过当地的代理商，代理商往往成为公司与国外消费者之间的媒介。因此，公司在了解和选择代理商方面做出了很多努力。通过参加展会和朋友介绍，公司结识了很多国家和地区的代理商。对于每个潜在的代理商，公司都会搜集详细的资料进行全面的分析，细致到以前代理过哪些产品、现在正在代理哪些产品，还会通过电子邮件和电话与对方进行直接交流。经过多方面的深入了解后，最终选择合适的代理商进行合作。

公司对国外同行业的助视产品进行研究，了解每一个产品所应用的技术平台和技术手段，这种深入学习导致公司对国外产品的技术知识非常了解。公司与国外公司的合作也进一步提升了其学习先进技术的能力，比如与加拿大的代理商开展了深层次的技术合作，这使得公司掌握了更多的国外先进技术知识，从而继续维持自己在技术上的优势。2014 年，公司迈出了走向世界并且具有里程碑意义的重要一步。公司采用现金加部分股权的方式并购英国公司 Zoomax。

问题讨论：

1. 请阐述文章中视力辅助企业的国际化进程。

2. 这家视力辅助企业国际化的主要模式是什么？

本章精读文献

Zahra，S A. A theory of international new ventures：A decade of research [J]. *Journal of International Business Studies*，2005，36(1)：20-28.

Chapter Article Summary(本章精读文献摘要)：

The publication of"Toward a theory of international new ventures" (Oviatt & McDougall，1994) identified and defined international new ventures (INVs) and attracted worldwide attention to the growing role of young firms in the global marketplace. The article raised interesting and important questions about the validity of existing theory and laid an important theoretical foundation for INV research. In this paper，Zahra reviews Oviatt and McDougall's original propositions，highlights their important theoretical contributions，and also points out the major debates that persist about the nature and role of INVs，the source of their competitive advantages，and the key issues to be explored in future research.

One of Oviatt and McDougall's key insights was that the importance for INVs to internationalize their operations is to gain access to various resources without actually owning them rather than owning these resources. They pointed out the potential advantages INVs have compared to their established competitors in learning about markets and competition. They also identified four types of INVs：Export/important start-ups，multinational trader，geographically focused start-ups，and global start-ups，by using two dimensions (coordination of value chain activities and the number of countries involved).

However，some important theoretical questions remain. First，it is difficult to define the exact starting time of a new venture's existence because some ventures go through a long period of gestation before they are officially launched. Thus，it is hard to say that age plays a key role in creating the advantages associated with internationalization. Second，some researchers have contested the assumption that older companies are unable to learn and adapt because these firms often have resources and skills that would allow them to invest heavily in learning. In contrast，INVs often lack absorptive capacity. How do inexperienced and resource-poor INVs develop this capacity? Another shortcoming is the assumption that these experiences make managers more aware of the challenges associated with conducting businesses on a global scale. Thus，there is a need to better understand the role of managerial cognition in the definition of INVs' identity，strategy，and organizational cultures. Third，they have overlooked the role of the institutional environment and economic geography in building and sustaining INVs' competitive advantage. Fourth, less attention has been devoted to the four INV types. For example, we know little about whether different types of INV use different ways to build and use their absorptive capacity, and how often and in what ways the four INVs change their strategic direction. Finally, one important question that has still been left unanswered is what happens to INVs once they go abroad.

本章精读文献评述：

自从 Oviatt 和 McDougall 在国际商务顶尖学术期刊《国际商务研究》发表“国际新创企业理论”一文以来，新创企业早期国际化的现象引起了全球性关注，包括实业界、学术界和政府部门。此后，国际新创企业问题成为一个热点的研究议题。这种研究具有很强的学科交叉性，尤其是国际商务与创业管理两个学科领域的交叉融合。这个研究为后续研究奠定了较好的基础，开启了国际创业研究。但是，这个研究也还存在一些不足和问题。在这篇文章发表 10 年后，世界著名创业研究学者 Zahra 对该文章进行了评述，不仅总结了其重要的学术贡献，也指出了未来需要重点关注和研究的议题。

Zahra 提出了几个未来研究的重要议题，其洞察力对于中国新创企业的国际创业实践具有重要启示。第一，新创企业国际化发展的动因是什么？通常认为，宏观经济与制度环境、产业竞争、企业自身的资源能力，是促使新创企业国际创业的主要原因。但需要指出的是，创业者和管理者的认知和视野对于是否启动国际创业具有关键性作用，因为创业者和管理者对于国际市场往往具有不同的认知，尤其是对于机会和威胁的判断。有些创业者和管理者已经具有很强的全球化视野，新创企业开展国际化发展实属自然。第二，新创企业何以能够在国际市场成功运营？现有理论认为，相较于成熟企业，新创企业具有独特的学习优势。但是，吸收能力是决定学习效果的重要因素。往往缺乏足够资源和能力的新创企业何以在国际市场能够成功学习？这就涉及另外一个重要的理论问题，即网络理论。尽管新创企业缺乏资源和能力，但是外部网络往往可以成为其克服资源短缺的有效途径。因此，新创企业如何在国内外市场建立其有效的网络，成为新创企业成功学习和国际创业的关键因素。第三，新创企业拥有四种不同类型，在国际市场卷入程度上差异很大。那么，这些不同类型的国际新创企业会随着时间推移趋于同化吗？显然，目前的学术研究尚未给出系统的回答。但这个问题很重要，因为国际新创企业往往需要采用差异化竞争战略才能立足国际市场，创业者和管理者需要决策在何种情况下采用何种类型的国际新创企业。这个问题对于中国的国际创业实践尤为重要，因为来自发展中国家的新创企业在发达国家市场往往承受着严重的来源国劣势。第四，国际新创企业何以保持持续竞争优势？现有理论尚未深入回答：新创企业一旦进入国际市场后其绩效如何？针对这个问题，已经有不少研究结论，但结论至今尚未统一。Zahra 认为，进入国际市场后，企业做什么对于企业绩效十分关键。按照这样的思路，中国新创企业要想在国际市场实现理想的绩效，科学设计和有效执行战略就显得十分重要。这篇文献极富思想性，不仅对于学术研究贡献很大，对于中国国际创业实践也颇具指导意义。

本章作者介绍

邬爱其，浙江大学管理学院教授，博士生导师，密歇根大学和墨尔本大学访问学者，主要从事国际创业与战略管理的研究与教学工作，在 *Journal of World Business*、*International Business Review*、*Management and Organization Review*、《管理世界》等国内外学术期刊上发表论文多篇。

本章相关引用材料

[1] Adizes, I. Organizational passages—diagnosing and treating lifecycle problems of organizations [J]. *Organizational Dynamics*, 1979, 8(1): 3-25.

[2] Autio, E & Almeida, J G. Effects of age at entry, knowledge intensity, and imitability on international growth [J]. *Academy of Management Journal*, 2000, 43(5): 909-924.

[3] Bartlett, C A & Ghoshal, S. Managing across borders: New strategic requirements [J]. *Organization of Transnational Corporations*, 1993(6): 309-325.

[4] Beamish, P W, Karavis, L, Goerzen, A & Lane, C. The relationship between organizational structure and export performance [J]. *Management International Review*, 1999, 39(1): 37-54.

[5] Bloodgood, J M, Sapienza, H J & Almeida, J G. The internationalization of new high-potential U. S. ventures: Antecedents and outcomes [J]. *Entrepreneurship Theory and Practice*, 1996, 20(4): 61-77.

[6] Brush, C G & Vanderwerf, P A. A comparison of methods and sources for obtaining estimates of new venture performance [J]. *Journal of Business Venturing*, 1992, 7(2): 157-170.

[7] Burgel, O & Murray, G C. The international market entry choices of start-up companies in high-technology industries [J]. *Journal of International Marketing*, 2000, 8(2): 33-62.

[8] Coviello, N E & Munro, H J. Growing the entrepreneurial firm: Networking for international market development [J]. *European Journal of Marketing*, 1995, 29(7): 49-61.

[9] Fletcher, R. A holistic approach to internationalization [J]. *International Business Review*, 2001, 10(1): 25-49.

[10] Hashai, N. Sequencing the expansion of geographic scope and foreign operations by "Born Global" firms [J]. *Journal of International Business Studies*, 2011, 42(8): 995-1015.

[11] Jones, M V & Coviello, N E. Internationalization: Conceptualizing an entrepreneurial process of behavior in time [J]. *Journal of International Business Studies*, 2005, 36(3): 284-303.

[12] Karagozoglu, N & Lindell, M. Internationalization of small and medium-sized technology-based firms: An exploratory study [J]. *Journal of Small Business Management*, 1998, 36(1): 44-59.

[13] Knight, G A & Cavusgil, S T. Innovation, organizational capabilities, and the born-global firm [J]. *Journal of International Business Studies*, 2004, 35(2): 124-141.

[14] Lu, J W & Beamish, P W. International diversification and firm performance: The s-curve hypothesis [J]. *Academy of Management Journal*, 2004, 47(4): 598-609.

[15] McDougall, P P & Oviatt, B M. New venture internationalization, strategic change, and performance: A follow-up study [J]. *Journal of Business Venturing*, 1996, 11(1): 23-40.

[16] McDougall, P P & Oviatt, B M. International entrepreneurship: The intersection of two research paths [J]. *Academy of Management Journal*, 2000, 43(5): 902-906.

[17] Murray, K B. A test of services marketing theory: Consumer information acquisition activities [J]. *Journal of Marketing*, 1991. 55(1): 10-25.

[18] Muzychenko, O & Liesch, P. International opportunity identification in the internationalisation of the firm [J]. *Journal of World Business*, 2015, 50(4): 704-717.

[19] Oviatt, B M & McDougall, P P. Toward a theory of international new ventures [J]. *Journal of International Business Studies*, 1994, 25(1): 45-64.

[20] Oviatt, B M & McDougall, P P. The internationalization of entrepreneurship [J]. *Journal of International Business Studies*, 2005, 36(1): 2-8.

[21] Peng, M W. The resource-based view and international business [J]. *Journal of Management*, 2001, 27(6): 803-829.

[22] Peng, M W. Institutional transitions and strategic choices [J]. *Academy of Management Review*, 2003, 28(2): 275-296.

[23] Puffer, S M & Peterson, O C. Navigating the hostile maze: A framework for Russian entrepreneurship [J]. *Academy of Management Executive*, 2001, 15(4): 24-36.

[24] Rialp, A, Rialp, J, Urbano, D & Vaillant, Y. The born-global phenomenon: A comparative case study research [J]. *Journal of International Entrepreneurship*, 2005, 3(2): 133-171.

[25] Sapienza, H J & Zahra, S A. A capabilities perspective on the effects of early internationalization on firm survival and growth [J]. *Academy of Management Review*, 2005, 31(4): 914-933.

[26] Weerawardena, J, Mort, G S, Liesch, P W & Knight, G. Conceptualizing accelerated internationalization in the born global firm: A dynamic capabilities perspective [J]. *Journal of World Business*, 2007, 42(3): 294-306.

[27] Yamakawa, Y, Peng, M W & Deeds, D L. What drives new ventures to internationalize from emerging to developed economies? [J]. *Entrepreneurship Theory and Practice*, 2008, 32(1): 59-82.

[28] Zahra, S A. A theory of international new ventures: A decade of research [J]. *Journal of International Business Studies*, 2005, 36(1): 20-28.

[29] Zahra, S A & George, G. Absorptive capacity: A review, re-conceptualization and extension [A]. *Academy of Management Review*, 2002, 27(2): 185-203.

[30] Zahra, S A, Ireland, R D & Hitt, M A. International expansion by new venture firms: International diversity, mode of market entry, technological learning, and performance [J]. *Academy of Management Journal*, 2000, 43(5): 925-950.

[31] Zahra, S A, Neubaum, D & Huse, M. The effect of the environment on export performance among telecommunications new ventures [J]. *Entrepreneurship Theory and Practice*, 1997, 22(Fall): 25-46.

[32] Zhou, L, Barnes, B & Lu, Y. Entrepreneurial proclivity, capability upgrading and performance advantage of newness among international new ventures [J]. *Journal of International Business Studies*, 2010, 41(5): 882-905.

[33] Zucchella, A, Palamara, G & Denicolai, S. The drivers of the early internationalization of the firm [J]. *Journal of World Business*, 2007, 42(3): 268-280.

Chapter 11

第11章 战略创业

学习目标

了解战略创业与创新的内涵

了解战略创业的视角、机制

体会战略企业家的重要性

深入理解如何实现组织内部创新

深入理解如何通过外部资源实现创新

深入理解如何通过战略创业创造价值

章节纲要

本章主要分五节来阐述与探讨战略创业。第一节介绍创新与企业家精神，以及战略企业家的特征；第二节介绍战略创业的内涵与视角，以及战略创业的四阶段机制和投入—过程—产出机制；第三节介绍内部创业的内涵和影响因素以及内部创业的实施；第四节介绍基于外部的战略创业，包括合作与收购；第五节介绍企业如何通过战略创业创造价值。

开篇案例

艰难的扩张之路

引 言

1998 年 3 月的一天，刘总再也无法忍受每月只发 300 元工资的公司待遇，毅然决然放弃国有大型集团的管理职务，加盟 HT 货代公司，并大胆承包了该公司的济南空运部，迈出了艰难创业的第一步。2002 年 11 月正式成立了青岛 YAD 国际物流有限公司，2003 年 12 月成立了济南 YAD 国际物流有限公司，2004 年并购山东 LY 报关行，2005 年拓展海运部，2006 年正式组建了自己的集装箱车队，2007 年北京 YAD 国际货运代理有限公司成立，公司在六年内不断地实现了惊险的跳跃和扩张。2008 年，公司采取内部创业的模式，为优秀员工提供创业的初始资金和机会，公司相继成立了保税物流公司、济宁子公司、泰安子公司、烟台子公司。YAD 的每一步都充满了艰辛和不易，公司十年的发展都在诉说一段艰难扩张的故事。

公司的发展及现状

YAD国际物流集团创立于1998年，总注册资本1200万元，是外经贸部（现为商务部）审批的一级国际货运代理企业。公司目前提供一站式的报关、报检、货物的航空、航海和汽车的国际和国内运输、保税仓储、普通仓储、装卸、保险以及外贸咨询等业务的服务，总部设在泉城济南。集团公司现有人员近300人，下辖10个子公司，是目前山东市场上规模最大、实力最强的国际物流企业之一。公司自成立以来，始终以客户第一、信誉至上为宗旨，经过十年的发展，成为山东省规模最大、业务范围最广、网络最强的综合性国际物流公司之一。

惊险的第一步：辍学、辞职、承包到创建公司

1994年，刘总从山东师范大学地理系毕业，放弃了攻读研究生的机会，进入了国有大型集团，开始在酒店干服务生，一个月工资180元，这样的工作持续了大约三个月的时间；1994年，集团公司成立了货运部，刘总开始在空运部做起了学徒和小兵。公司看中刘总办事勤快、踏实，先后派他开荒北京办事处、济南海运部和青岛办事处。1998年初，刘总又被派往新成立的龙宇报关行担任报关部副主任，和一帮所谓的“老人”只做报关，每天吃喝、吹牛、打麻将混日子。但在当年的年终总结大会上，刘总被公司的财务状况和经营数据猛然惊醒：我的青春就要这样度过吗？于是次日早上，刘总在楼下做完广播体操，与当时同在一家公司的好友张总表示：“我不想再在这里混日子了，我准备去寻找新的出路。”

1998年3月，刘总因不满公司每月只发300元工资，致其生活困窘，再加上长期执行员工先垫款项不能报销的制度，愤而离职。辞职后，刘总一门心思想创业，他将自己的想法与好友张总沟通了很多次，但当他们考察了目前的国际物流和货代公司市场后，沮丧地发现没有资金和资源，他们很难在这个市场上创业和立足。在经过了长时间的考察和思考后，刘总将目光锁定了HT货代公司，应聘了该公司的青岛公司副总一职，4月又开始负责该公司济南子公司的空运部。在刘总的努力和朋友们的大力支持下，刘总的业务范围越来越广，业务也越来越多。在这个过程中，刘总与张总结成了“莫逆之交”，并准备一同创业。刘总在HT货代的这段日子为后来的创业和发展奠定了重要的专业知识基础和资源准备。

但是就在刘总的业务稍有起色的时候，1998年9月，刘总原来任职的国有大型集团起诉他离职，要求赔偿。经历了暴风骤雨的半年，在充分的证据面前，最后案子以原单位的败诉终结。刘总有一个小本子，每个月初，他会记录在发放他和张总的工资之后，本月留存多少元的发展基金。这就是公司最早创业的原始积累。

1999年5月，刘总和张总终于做出了一个大胆的、期盼已久的决定，他们承包了HM报关行，开始了走向独立的篇章。2002年11月，成立了青岛YAD国际物流有限公司，这是公司创业初期的里程碑式的事件，标志着YAD正式诞生。

公司的元老潘东、高强和李云龙承担了公司创业的组建工作，三个人在寒冷的地下室以及潮湿的宿舍开始起步，经历了生活最艰难的考验。

稳扎稳打的第二步：并购和合作快速发展公司

2002年8月，YAD第一次尝试做外贸业务。从我国台湾地区进口负离子碱性水设备，这单生意让公司赔了几万元。9月发生的某服务对象滑雪手套官司事件，差一点把这个刚要腾飞的小企业扼杀在摇篮里。这也是公司成立以来打的第一场官司，持续了半年多，公司账户也被查封，其间度日如年。最终YAD虽然胜诉，但依然以十几万的亏损才涉险渡过难关。

虽然经历了创业初期的种种困难和障碍，截至2002年年底，青岛YAD物流从2人发展到15人，一年做了1500多个标箱，当年实现盈利，基本在青岛港口站稳了脚跟。12月，青岛YAD济南子公司成立，大批量的业务开始陆续从HM报关行向济南YAD转移。

2004年8月，刘总兼并了山东LY报关行，取得了报关权和一级货代资质，领到了货代发票。9月底，济南总部搬家至开发区，这又是公司发展过程中的一个里程碑式的事件，标志着公司的彻底独立。这一举措在当时还没有确定济南新市府东迁，大部分客户尚在市区办公的情况下，显得颇具眼光。同时，公司不仅大幅度改善了办公环境，统一了制服，还完善了员工的社保体系。同年10月，公司正式建立了YAD网站，树立了科技引领物流的核心竞争力。同月份开始，公司以盖家沟物流中心为据点尝试陆运业务。公司以济南—黄岛为主线，建立全省的物流配送网络，购买监管车和普通货运车辆。

2005年是公司遇到困难最多的一年，年底盘点一共发生了36起事故。年初，车队把服务对象的硅钢片给摔了；2月，大宗出口货物在深圳发生甩货，如果货物晚到就要缴纳欧盟的大额纺织品反倾销税；4月下旬，服务对象的发电设备缉私事件罚款数百万元，损失10万余元；6月，服务对象价值100万元的关税单在交接中丢失；10月，新买的中央空调被公司送货司机撞坏了；11月，服务对象进口的电信设备在外包装完好的情况全部损坏，损失在600万元以上；12月，FOB进口设备大批破损，估计损失在2000万元左右。那一年，所有的人都说刘总和张总这哥俩今年是死定了，但哥两个还是咬牙坚持了下来。

2005年9月，刘总和张总到广州参加会议，正式加入了国际网络。张总代表YAD发言，正式把YAD介绍给了全世界的货代企业，算是YAD走向世界的第一步。11月，在刘总数次进京的努力下，济南公司终于取得了报检权。当时济南局一共批了三家，只有YAD一家是民营企业。12月，YAD和太古、日本ANA签订了航材保税物流进出业务的合作协议。2006年3月29日，在公司元老老潘的努力下，青岛YAD终于取得了报关资质。至此，YAD集团就同时拥有了LY和YAD两个报关权。

创新的第三步：控制产权结构，鼓励内部创业

2007年之后，公司的业务开始有声有色地发展起来，各业务单元都进入了稳定、快速的发展阶段。公司大量地补充了新鲜的人力资源队伍，在服务客户的范围上也实现了空前的扩张。5月，公司在青岛流亭机场建立了业务办公室，增加了预录入系统，这使青岛公司也能自己办理转关报关业务了，大大改善了公司在青岛机场的工作环境，提高了工作效率。但这还无法满足公司快速扩张的要求，于是刘总和张总集合公司的所有管理层进行讨论，希望商讨出一套符合公司目前发展现状的行之有效的发展模式。讨论的结果是：公司培育和鼓励内部优秀员工的创业热情和行为，最大限度地为这部分创业员工提供资金支持、资源分配和管理指导，由公司总部和创业员工共同出资、共注股份的形式，成立新的子公司，由创业员工出任新公司的总经理，全权代理新公司的一切经营决策。但有一点限制，YAD总公司必须保证持有新公司50%以上的股份，创业员工可以不断注资扩大自己的股份，但只能无限接近50%。

公司这一新政的出台，成就了YAD集团旗下的多个子公司的诞生。2007年9月，北京YAD国际货运代理有限公司成立，这是YAD空运的窗口公司，意义重大。该子公司由公司内三名优秀员工组建，从无到有，现在北京公司已经发展到10多个人，业务量也从最开始的数十票到几百票。大家凭借辛勤的汗水和无私的奉献才有了今天的成绩。10月，济南公司在十六里河海关租赁了办公室，成立了市区报关外联组，负责海运报关和市内取单。这使得公司在济南又增加了一个新的办公地点，成为接触海关的前沿阵地。

2008年5月，YAD青岛公司取得海关A类报关管理资质。8月，济南公司在原来出口加工区部门的基础上又成立了济南YAD保税物流公司，由公司内部的优秀员工王强和高帅组建。9月，济宁子公司成立，该子公司由优秀员工李想组建。李想干得非常辛苦，春节都没有回家，大冬天在场站经常验一整天的货。但是“只要功夫深，铁杵磨成针”，济宁公司在短短的一两年内就迅速成长起来，而且还拿下了济宁地区几个非常重要的大客户。

2008年10月下旬开始席卷全球的金融危机导致公司前途一片渺茫，上海和青岛大批量的货代企业纷纷关门歇业，国际物流行业到了最危险的时刻。YAD国际物流集团该如何应对这场突如其来的风波？事实证明，接下来的一年，公司面临着更大的挑战和问题。

2009年1月，公司车队的司机拉着服务对象的设备误撞铁路桥造成铁路线中断十几个小时被索赔100万元。当时连人带货都被警察扣了，事后验货，还好货物损坏不是很严重。同月，公司租赁的拉框架的大件车司机在调头时把刚刚进口的设备核心部件撞坏了。刘总带着员工爬到4米多高的设备上面和保险公司的人一起验货，还好最后和平解决。2月，开始和DS公司合作空运业务，全年做了170票业务，完成上百吨货物的运输。DS公司做市场的力度和速度太大，这使得公司面临巨大的市场压力。10月，服务对象的设备被撞案，公司被索赔100多万元。12月，服务对象的138万元增值税发票超过三个月没有及时退回，导致客户无法抵扣，虽然该事件最终得以解决，但也给公司造成了好几万元的亏损。12月，青岛YAD获得全国优秀报关企业称号，而且全年YAD平均每个月的报关量都已经排在了关区前20名。在大家的共同努力下YAD渡过了2009年的难关，并在逆境中实现了新的增长。

2010年1月，烟台子公司成立，该子公司由优秀员工李田、韩晓组建。这也使公司在全省乃至全国范围内的版图更丰富了。公司2011年年会的主题是："翅膀——一起飞翔"，刘总和张总在年会总结中，与公司全体同仁分享了YAD国际物流集团最有价值的内在财富，即公司快速扩张和发展的三大原因：第一，公司拥有大量的在各个岗位上各司其职的人才；第二，公司的管理者视制度为根本和保障，在公司的发展和扩张过程中不断完善公司的制度；第三，公司建立了内容丰富、操作性和指导性极强的网站，并在网站上定期更新流程、案例、方法、岗位职责、意见建议、例会纪要、质量控制以及各种实用的工具，等等，这些都来自于员工的智慧和经验，也充分体现了人才的价值。

尾　声

2009年，YAD经青岛海关推荐，在中国海关总署第一次全国范围的年度评比中荣获"全国百强优秀报关企业"的称号；2010年，YAD被海关总署认证为中国首批"AA类代理报关企业"。公司年报关票量在3万票以上，差错率在千分之一以下。

刘总从最初放弃攻读研究生，开始艰难的创业之路，到最后创业成功，过程中无不饱含着艰辛和风险，这一过程有三大亮点：第一，借力创业，借壳筹资，在一穷二白的基础上借力HT货代，实现公司的初建。第二，克服困难，稳中求进，采取并购、业务拓展等方式实现公司横向和纵向的一体化。第三，跳出传统，创新型扩张，走出家族企业和私营企业传承发展、故步自封的怪圈，大胆鼓励企业内部优秀员工进行内部创业，创办新公司，实现公司的快速扩张，充分挖掘人力资源的价值。在环境与企业不断变化的今天，YAD是如何在复杂的内外部环境中寻求适合的扩张模式的呢？

资料来源：中国管理案例共享中心，http://cmcc.dlemba.com，案例原作者任荣。

在21世纪新技术变革和全球化的经济环境下，公司面临着更激烈的竞争和更大的挑战，如复杂多变的环境、缩短的产品生命周期、不断模糊的产业边界和既有规则的破裂、全球范围内的激烈竞争等，所有的这一切都充满了不确定性，从而造成了公司短暂而不可持续的竞争优势的现状。但是，值得关注的是，在这些不确定性中也蕴含着丰富的机会，因而公司通过从战略高度来发现和搜寻潜在机会，实现创新并维持竞争优势便显得格外重要。那么，战略创业的本质是什么？战略创业的机制是什么？如何通过战略创业实现创新、创造价值？这些将是本章讨论的核心内容。

11.1 创新与企业家精神

11.1.1 从创新到创业

管理学家彼得·德鲁克指出:"无论是在现有公司、公共服务机构还是在由个人创立的新公司,创新都是创业能力的一个特殊功能,同时创新也是创业者借以产生创造财富的新资源或赋予现有资源扩大财务能力的方法。"因而,无论是新创企业还是成熟企业,创业能力及其引发的创新都有着重要的作用。进一步地说,21世纪更加动荡、快速变化的环境使成熟企业面临更大的挑战:核心竞争力难以长期维持,这意味着在成熟公司中创新成为最重要的目标,是所有活动的组成部分。

熊彼特的创新理论认为,创新是指企业对生产要素的新的组合,包括五种类型:引入一种新的产品或提供一种产品的新质量;采用一种新的生产方法;开辟一个新的市场;获得一种原料或半成品的新的供给来源;采取一种新的企业组织方式。具体而言,熊彼特认为公司致力于三种类型的创新行为:发明、创新和模仿。发明是指创造或者发展新产品或新流程的行为,创新是使发明成为商业化产品的过程,模仿则是接受一项创新的行为,使产品或流程标准化。创新的开始建立在发明之上,进而通过商业化推广和应用,形成优势,获得回报。有研究结果表明,在全球行业中,竞争中的公司在创新上投资越多,其取得的回报也就越多。因而,创新成为公司开拓市场、应对竞争、保持优势的关键点。

如上所述,企业中创新行为的产生建立在新机会的发掘之上,新机会的发掘依赖企业中利用企业家精神进行的创业活动。彼得·德鲁克继承并发扬了熊彼特的观点,提出企业家精神中最主要的是创新,进而把企业家的领导能力与管理等同起来,认为"企业管理的核心内容是企业家在经济上的冒险行为,企业就是企业家工作的组织"。企业家进行创新活动,目的在于获取潜在的经济利润或者争取带来盈利的机会,从而不断创造和保持企业的竞争优势。在大型企业中的创新是公司创业的结果,这是企业在战略高度运用创业精神发掘机会,创造并维持优势的行为。

11.1.2 企业家精神

企业家(entrepreneur)的概念由法国经济学家理查德·坎蒂隆在18世纪30年代首次提出,原义是指"冒险事业的经营者或组织者"。现代企业中的企业家是指一些个体,他们独立行动,或者作为组织的一部分,创造了新的风险公司或者研发新产品,并且敢于把这种创新推入市场(杜安等,2014)。企业家可以是独立的个人或者是组织中任何层级上服务的人,关键判断的因素在于是否具备企业家精神。

企业家精神是指企业家特殊技能(包括精神和技巧)的集合,是企业家组织建立和经营管理企业的综合才能的表述方式,它是一种重要而特殊的无形生产要素。现代企业管理理论普遍认为,创新是企业家精神的灵魂,冒险是企业家精神的天性,学习是企业家精神的关键。熊彼特关于企业家是从事“创造性破坏”的创新者的观点，突显了企业家精神中创新的本质，理查德·坎蒂隆和奈特认为企业家应该具备承担风险的魄力，彼得·圣吉在《第五项修炼》一书中指出，从企业家到整个企业必须是持续学习、全员学习、团队学习和终身学习。

企业家精神是企业发展和持续的原动力，促进企业不断发现新机会，推动着企业的成功。埃森哲管理咨询公司在全球 26 个国家和地区与几十万名企业家交谈的数据显示，79%的企业领导认为，企业家精神对于企业的成功非常重要。全球最大的科技顾问公司 Accenture 的研究报告指出，在全球高级主管心目中，企业家精神是组织健康长寿的基因和要穴。联想和海尔依靠“敢为人先”成就卓越，日本企业重视学习新知识走上崛起之路，美国企业迎接风险、勇于创新引领全球。

11.1.3 战略创业家

大多数企业中的单个或者多个高级管理者通常被认为是企业的董事长或者首席执行官，但是他们并不全部被认定为创业家或是战略创业家。在一个企业中创业家或者战略创业家可以是首席执行官，但是首席执行官并不一定是创业家或者战略创业家(菲利普，2014)。战略创业家与首席执行官在企业中的角色存在不同，对于企业发展的影响作用也存在差异(见表 11-1)。

表 11-1 战略创业家和首席执行官的对比

	战略企业家	首席执行官
发展观念	着眼于长期发展与长期绩效，关注不断创造和维持企业竞争优势	关注任职期间的短期绩效
协调配合	从内到外的大范围协调，创建、获取、管理、维护资源体系	企业内部协调，建立管理构架，保证企业工作有效协调、执行
权力基础	往往不仅拥有经营企业的权力，同时对企业具有自主权，有权力去发展和经营公司	通常是被雇用的，通过职位本身获得权力，其影响力来自于他们所掌握的资源、组织体系与领导能力等方面
变革倾向	热衷于不断革新，发掘新机会，打破常规，进行彻底的变革	变革程度较弱

资料来源：根据菲利普(2014)等资料整理

如上分析，企业中的战略创业家有着长远的战略眼光、敏锐的机会意识和推动变革的能力。在动荡变化、竞争加剧的环境下，战略创业家具有多重角色：执行官、有远见的领导者、企业发展的管理者、开辟新事业的推动者、战略变革的发起者等。数据显示，一次创业成功以后，随着企业内外部环境的变化，在企业缺少战略创业家的情况下，大量的企业面临崩溃破产的境遇。据不完全统计，美国 62%的企业存活不到 5 年，只有 2%的企业能够存活 50 年以上，10%的企业存活 20 年以上；日本和欧洲企业的平均寿命约为 12.5 年；在

1990—2000年间,50%的大企业脱离了世界500强,产生了大家熟悉的"全球企业的流星现象"。因此,战略创业家对于企业的可持续发展有着极大的贡献和作用。

11.2 战略创业

11.2.1 战略创业的内涵

战略管理和创业都是企业关于价值创生和财富创造的重要途径。创业学在于解释企业如何通过识别在市场上可利用的机会进而创造价值和财富,关注于机会发掘和不断革新;而战略管理在于解释公司如何通过形成竞争优势来创造价值和财富,主要指沿着机会开发的路径创造和保持一种或多种竞争优势。然而,在全球化进程下,在动荡加快、竞争加剧的背景下,仅仅关注战略管理或创业学中的一个方面而排除另一个方面会增加企业管理失效甚至失败的可能性,处于生命周期任意时点的企业都需要考虑创业与守业活动在企业内部的动态平衡。

战略创业是企业从战略管理的视角来考虑组织的创业过程,其核心在于帮助企业发掘潜在的机会,实现创新和价值创造。具体而言,战略创业既包括开发现有优势的战略行为,同时又涵盖了那些探索新机会以维持个人或组织未来创造价值能力的创业行为。Kyrgidou和Petridou(2011)将促进战略创业的因素概念化为两个维度:能力探索(competence exploration)和能力开发(competence exploitation)。Mathews(2010)沿袭了拉赫曼非均衡模型的分析基础,认为战略创业是创业者重新组合组织资源、活动和惯例时所做出的选择,创业者构建和捕捉资源互补性,通过重构组织活动和惯例创造学习能力和动态能力,并以此形成新的竞争优势。表11-2列举了战略创业的不同观点。

表11-2 战略创业的不同观点

作 者	定 义
R D Ireland	战略创业通过把创业与战略管理整合在一起,来设计和实施创业战略以创造财富;是一种从战略视角实施的创业,目的在于促使企业努力开发今天的竞争优势,同时探索创新,为构建明天的竞争优势奠定基础
Dr F Lash	当企业家较少关注与短期生存有关的问题,而更多地关心发展战略、成功、市场导向等问题时,就是在进行战略创业
M Sanders	战略创业是采取/激励创业行为来实现战略目标的
Pre Davidson	战略创业就是按照既定目标,通过规划和系统化方式来实施新的经济行动,可以从不同的层面来研究
S Krabel	战略创业融合了创业和战略管理的观点,是指企业管理者既要进行创业思考又要关注战略目标
M Wright	战略创业包括识别和开发机会以及主动创造和保持竞争优势

续表

作者	定义
B W Amo	战略创业是企业愿景的表征，旨在使企业适应环境变化，它表述的和承诺的创业战略能够引导企业员工为实现组织目标进行创新
S Heblich	战略创业是一种经营企业的方式，它意味着企业在机会出现时能够及时利用和开发，即使机会很少，企业家也能凭借自己的高度警觉性来发现它们
O Falck	熊彼特学派认为有三种企业家：狭义的创业者、内创业者和公司创业者；战略创业是指这三种企业家在自己所处的特殊环境下运用战略洞见来发现和开发利用机会
S Sarasvathy	战略创业是指管理者在环境变化的过程中利用资源来提升企业绩效，它涉及两个主题：重要的企划和突发的创新精神

资料来源：包建华等，2010

总之，战略创业管理使得企业能够同时解决面临的双重挑战：一方面利用现有竞争优势，另一方面寻求新机会，从而为企业未来延续优势地位、创造价值和财富打下基础。

11.2.2 战略创业的视角

在战略创业的研究中，学者们提供了不同的视角：Eisenhardt 等（2000）从过程观出发把战略创业看作是即兴创作、互相适应、市场匹配、再生、试验和适时调整六个重要过程的组合；Ireland 等（2001）从创业与战略交融的角度研究认为，战略创业包括创新、网络化、国际化、组织学习、成长、高管团队与治理六个方面；Hitt 等（2001）在此基础上指出了战略创业主要涉及的四个方面，即外部网络、资源与组织学习、创新以及国际化；Luke（2005）进一步区分了战略创业的六个基本要素（识别机会、创新、承担风险、柔性、愿景和成长）与六个支持要素（战略、文化、品牌、卓越运营、成本效益和知识传播与运用）。

当企业根据自身条件，考虑开展战略创业时，可以从创业视角和战略视角进行全面考虑。不同的视角有着不同的侧重点，也需要根据企业自身所处的生命周期阶段、环境、内部组织等因素进行考虑，从而形成适合自身的战略创业规划。

（1）创业视角下的战略创业

创业视角关注创业过程中的各种因素与战略创业的关系，强调企业在执行战略的过程中，应该融入不断创业的精神，通过不断创新形成自身的竞争优势。Ireland 等（2009）总结并整合了公司创业战略的关键因素，并且为公司创业战略构建了一个新的概念模型（见图 11-1）。这个模型包括：①公司创业战略的基础，是指公司员工个人的创业认知和影响他们创业行为的外部环境条件；②公司创业战略的构成要素，是指公司高管提出的创业战略愿景、支持创业进程和行为的组织架构、体现在员工创业行为中的创业过程共享模式；③公司创业战略的结果，是指由创业行为产生的组织结果，包括竞争力的提升和战略的重新定位。

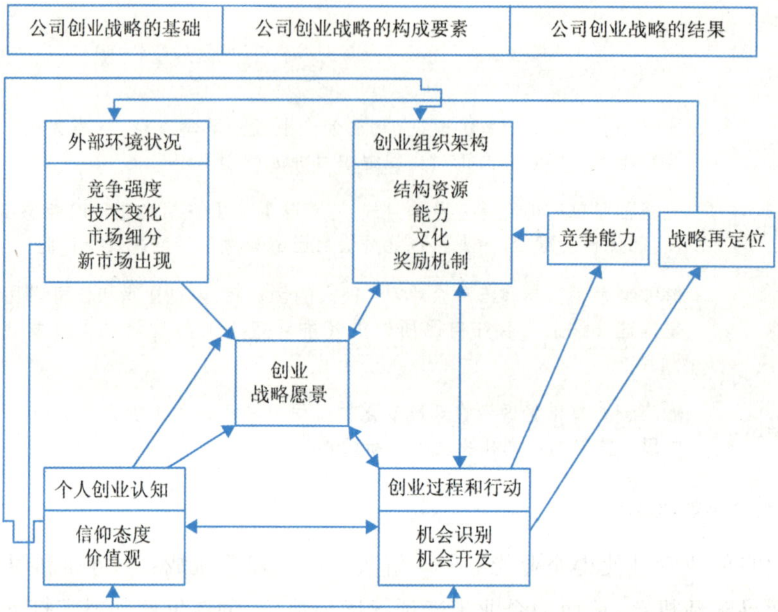

图 11-1　企业创业战略整合模型

资料来源：Ireland et al.，2009

(2) 战略视角下的战略创业

战略视角下主要关注战略创业绩效和战略创业中的企业成长问题，强调企业在不断创业的过程中，应当注意与战略目标的一致和匹配，从而实现良好的绩效，维持竞争优势。Steffens 等(2009)综合运用有关盈利和能力提升关系的企业理论，构建了一个新的企业发展动态模型，为新创企业指出了不同的发展路径，并告诫新创企业不要过度追求成长，而应该慎重地分析如何同时实现成长和盈利(见图 11-2)。Wliklund 和 Shepherd(2008)发现资源互补

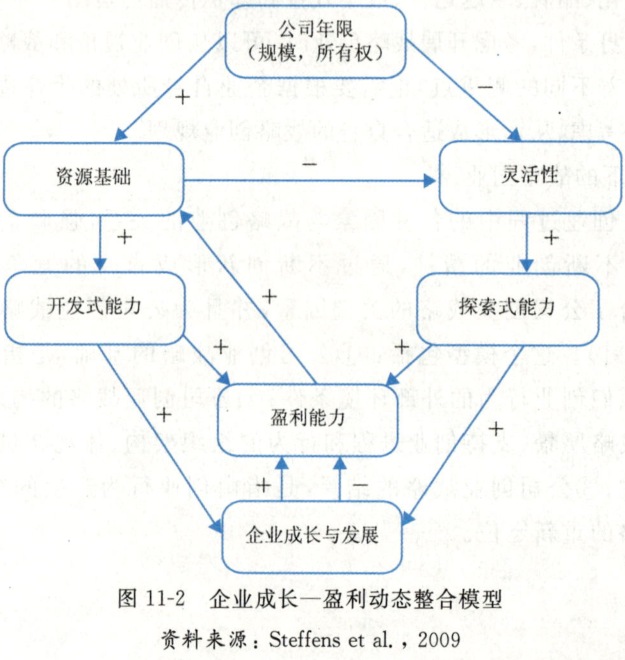

图 11-2　企业成长—盈利动态整合模型

资料来源：Steffens et al.，2009

能够提高企业联盟和并购的潜在价值，但取决于企业发现和实施生产性资源组合的能力。只有预先做好资源组合的准备工作，企业才能抓住机会，通过结盟和并购来创造收益。Meuleman 等(2009)从战略创业的视角考虑了杠杆收购问题，指出了代理理论和战略创业理论之间的互补性，表明不同类型的杠杆收购的绩效有着不同的结果。

11.2.3 战略创业的机制——四阶段机制、投入—过程—产出机制

(1) 战略创业的四阶段机制

Ireland 等(2003)将战略创业的价值创生机制概念化为包含创业活动和战略活动的四个阶段。其中，创业活动是指拥有创业心智、创业文化与创业领导力。战略活动包含战略性地管理资源以及应用创造力和开发创新，并以此形成竞争优势，进而为实施战略创业理念的组织创造财富。创业心智被定义为"未来成功的战略家所需的在高度不确定性条件下迅速感知、执行和调动资源的能力"(McGrath & MacMillan, 2000)，并且被细化为拥有创业警觉性、采用实物期权逻辑以及具有创业框架。与创业心智密切相关并相互作用的是创业文化和创业领导力。创业文化是指一种支持创业倾向与行为的一系列共享的价值观，这些信念能够形成企业的结构安排并带来其成员所倡导的行动规范(Dess & Picken, 1999)。创业领导力被具体描述为培育创业能力、保护现有商业模式的创新、挑战主导逻辑、重新审视基本假设以及连接创业学与战略管理。这些操作层面的策略和理念直接作用于企业战略性地管理资源的活动，将包括金融资本、人力资本和社会资本在内的战略性关键资源构筑为资源组合，打包资源束，形成能力，并开发利用能力，从而应用创造力和创新精神，通过突破式或渐进式创新，构建竞争优势，最终完成财富和价值创造。

(2) 战略创业的投入—过程—产出机制

Hitt 等(2011)基于 2003 年的初始模型，开发出了一个多层次的投入—过程—产出模型。该模型涵盖了环境、组织和个人层面的资源，将其纳入动态的并发的机会寻求和优势寻求行为过程中，并指出这些行为的发生能够为个人、组织和社会创造福利。这个模型包含三个维度：资源或要素投入、资源整合过程和产出变量，被称为投入—过程—产出模型。在输入的资源要素中，环境要素包含环境的动态性和宽松性。由于静态环境的复杂性是有限的，动态环境通常会带来复杂性和不确定性，并因此创造了大量机会。此外，由于环境宽松性也会提升企业资源获取的效率和结果，有利于战略创业活动的成功开展。组织与个体层面的资源分别对应着创业文化与创业领导力以及创业心智。而资源的整合过程在本质上就是战略性地管理，包括金融、人力和社会资本在内的关键性战略资源。通过构建打包和利用能力，完成价值创造和匹配(王侃、朱桂龙，2012)。

11.3 基于内部的战略创业

11.3.1 内部创业的内涵

在成熟的企业当中，大部分的创新来自于企业的研发活动，通过研发获得专利能够有

效地保护企业的创新成果，获取竞争优势。通过研发来寻求内部创新的企业必须明白，这些创新的根本载体是组织中每一个具备“天资和点子”的人才。因而在21世纪的竞争格局中，能够整合企业内部的人才资源，发挥其创新、创业精神，为满足企业的战略发展目标而服务将是未来企业获得和保持竞争优势的关键因素。

内部创业可以被看作是从研发开始，创业单元通过创业活动，通过增加产量、销售量或者提高产品质量和利润等手段来推动企业的成长。企业内部创业的本质主要是自治、创新、冒险、预见性和竞争性进攻。企业应是两种资本所有者共有的，推动企业成长和利润率增加的动因是人力资本和非人力资本的组合，因为创业者不是一种能够被生产出来的人力资本，而是符合某种概率分布的、稀缺程度很高的生产要素。企业内部创业的本质说明，这种组合不仅可以满足员工的创业欲望，同时也能激发企业内部的活力，改善企业内部的分配机制，实现创业者和企业双赢的目标（见图11-3）。

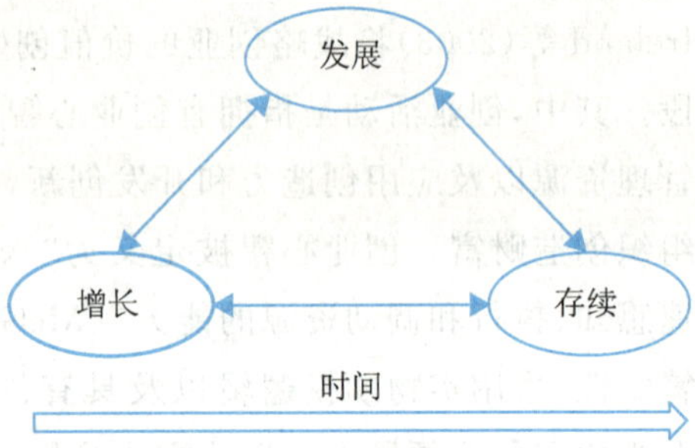

图11-3　企业成长存续、发展与增长之间的相互关系

资料来源：孙继平，2005

11.3.2　内部创业的影响因素

企业内部创业的过程充满了风险，在很多层面都具有不确定性和模糊性，只有不断发掘问题并掌握关键要素，才能顺利实现企业内部创业的过程，取得最终的成功和竞争优势。通过企业内部创业的观测点，我们认为以下因素对于企业内部创业存在着重要的影响：

（1）组织结构。内部创业组织和其他组织结构的本质不同（行政管理、战略制定和参与者导向等不同），组织结构并不能支持长期的企业内部创业进程。例如，当内部创业组织很小，企业规模庞大、效率低下时，它们之间的配合并不容易。因为企业的决策过程太慢而且不够灵活，不足以适应变化多端的市场需要。

（2）文化冲突。文化冲突同样会影响企业内部创业组织和企业其他组织之间的合作，最严重的问题来自于企业内部的抵触或惯性。企业内部创业可能会与现存的行业争夺资源，从而引起现有势力对创新的抵触。

（3）企业管理者。企业内部创业被认为是有高度创造性和革新性的，但是在工作中大多没有决策的自由，完全按照管理者的意图行事。这种冲突所带来的结果是很明显的：创造性和战略革新需要给内部创业更多的自由，但是高级管理层想要管制公司的财务和内部创业者的工作，限制了内部创业者的创造性和自由。

（4）参与者。内部创业参与者在企业尽可能长时间工作同样很重要。内部创业是一个学习的过程，如果在内部创业时就离开公司，参与者的创新经验就会遗失。成功的创业者比未成功的创业者有更多的商业经验，这些经验对于创业的成功和发展有着重要的推动作用。

11.3.3 实施内部创业

实施内部创业的核心问题是企业行为与内部创业活动是如何合作的。引用 Ginsberg 和 Hay(1994)的结构,这些系统可以被定位为两个范围:整合—分离,内部—外部(见图 11-4)。从中我们可以看到,企业内部创业是一个不确定的、动态的和复杂多变的体系。按照有效市场假说,如果企业家不能战胜市场,就要与市场共舞,但是创业活动离不开创业体系,只有了解并控制创业体系中各种参数的走向,才能在与市场共舞的同时战胜市场,从而实现企业内部创业成功的理想。为了找到目标,企业可能会将重点放在寻求整合—分离的战略上。分析了整合与分离的优缺点,我们可以发现整合有一些优点,但更需要分离来为创业活动提供合适的环境。

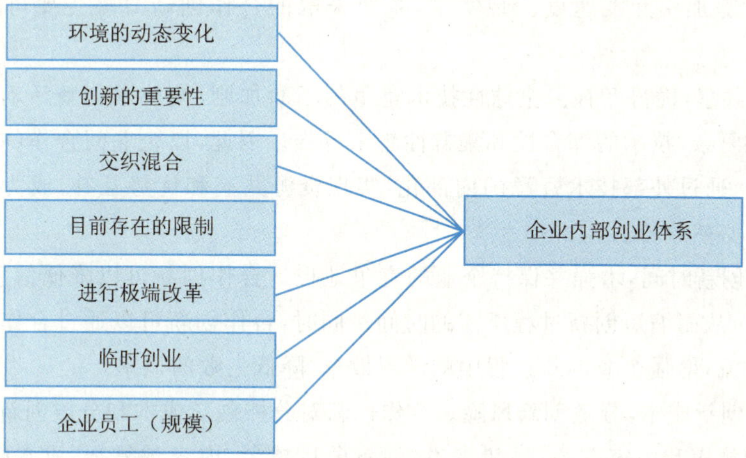

图 11-4 企业内部创业体系

资料来源:Ginsberg & Hay,1994

11.4 基于外部的战略创业

无论是新成立的企业还是成熟的企业,缺少资源的广度和深度(如人力资本和社会资本)都是抑制和阻碍其发展的重要因素,从而影响其获得和维持竞争优势。因而,企业除了在内部创业过程中实现创新,也必须要开放使用外部资源来帮助创新。合作与收购是现代企业获取外部资源的主要方式,通过合作与收购企业可以获得如下优势(杜安等,2014):①获得新的商业机会信息并且知道如何利用这些机会;②获得互补性资源从而促进未来进一步的创新活动。因此,众多成熟企业采取合作战略或者收购战略(例如中国华为公司与韩国 LG 公司合作研发 5G 技术、中国吉利汽车收购福特汽车旗下的沃尔沃汽车公司)来进行再创业过程,实现创新的目的。

11.4.1 合作创新战略

在21世纪的竞争格局下，随着网络经济的兴起，企业的经营环境呈现出网络化、动态化、信息化和智能化的发展趋势，企业之间的竞争也逐渐演变为合作网络之间的竞争。根据经济合作与发展组织(OECD)专家的估算，在美国、日本和欧洲，外部创新资源占据重要地位的跨国公司已经从1992年占比不到20%上升到了2002年占比80%以上(Assis，2003)。有研究发现，企业可以通过合作创新来提高创新绩效，从而增强自己的竞争优势。

合作创新战略通常以合作伙伴的共同利益为基础，以资源共享或优势互补为前提，合作各方在技术创新的全过程或某些环节共同投入、共同参与、共享成果和共担风险，可发挥各方优势加快开发速度。现实中，企业采取的合作创新战略主要可以形成以下优势：

(1) 资源共享，优势互补。全球性技术竞争的不断加剧，使技术创新活动中面对的技术问题越来越复杂，技术的综合性和集群性越来越强。因此，以企业间合作的方式进行重大的技术创新，通过外部技术资源的内部化，实现资源共享和优势互补，成为新形势下企业技术创新的必然趋势。

(2) 缩短创新时间，增强并保持企业的竞争地位。合作创新可以降低信息费用，优化创新资源组合，从而缩短创新过程所需的时间。同时，合作创新可以通过合作各方技术经验和教训的交流，增强企业创新过程中的学习效率，降低失败的概率。

(3) 降低创新成本，分散创新风险。合作创新对分摊创新成本和分散创新风险的作用与合作创新的规模和内容有关，一般来说，创新项目越大，内容越复杂，成本越高，风险越大，合作创新分散风险的作用也就越显著。

11.4.2 通过收购获得创新

企业有时候通过收购其他企业，能够从被收购方获得所需要的创新能力，这是企业进行收购的最重要原因之一。很多大型医药、科技公司进行收购，大部分是为了实现快速成长、占领市场份额。然而，在以新技术为核心的医药和科技行业中，收购的另外一个主要目的在于获得收购企业的创新能力和资源(例如被收购企业的专利、核心研发人员等)，从而提高企业的绩效和维持竞争优势。在对美国企业并购市场的研究中发现，目标公司的股东一般能从并购中获得20%～30%的股票溢价。

但是，值得注意的是，收购并不是产生和管理创新的一种毫无风险的方法，收购也可能为企业的创新带来负面影响。首先，企业通过收购的创新能力可能会替代内部产生创新的能力，从而将创新的角色转变为应用创新、跟随创新的角色。Makri等(2010)的研究显示，参与收购的企业向市场提供了更少的新产品，清晰反映了收购使企业丧失了最初的战略控制，抑制了内部产生创新的能力。其次，企业收购后如何实现有效的整合普遍面临着困难。通过收购，企业获取了新的资源和能力，然而重新配置这些资源和能力面临着困难：危机管理、过渡期的权利配置、边界管理等。因而，企业希望通过收购获取创新能力时，应当注意以下几点：

(1) 从增强企业核心竞争力这一战略为出发点选择是否并购目标企业；

(2) 全面搜索和分析目标企业信息并进行评估；

(3) 并购后从生产经营、管理制度、企业文化、人员配置等全方面考虑整合；

(4) 全面分析并购活动中的资金财务风险。

11.5 通过战略创业创造价值

由于规模较小，小型的较年轻的创业公司能够更为迅速和灵活地识别机会，因而有人认为这些企业也会更具有创新性。大型的成熟企业拥有充足资源和能力，并且由于已经建立了常规和经验性知识库，使得它们更容易开发机会，并实现市场化过程。因而，新创立的年轻企业善于从战略性创业的角度寻找机会，而已经成立的成熟企业一般善于从自身的优势处寻找机会。

为了在动荡加快、竞争加剧的21世纪经济格局中进行有效竞争，创造价值，企业不仅需要识别和开发机会，同时要在达到和维持自身竞争优势的情况下仍然保持这种创业精神。因此，对于大多数企业来说，投入战略管理行为以利用现有优势的资源和投入创业行为以开发机会获得未来竞争优势的资源之间必须合理分配。

战略创业要求企业在机会寻求的创业行为和优势寻求的战略管理行为之间取得一种相对平衡。为了实现这种平衡，企业需要具有探索式创新和开发式创新的双向能力，企业利用这种双向能力支持一种合适的、并发的、始终如一的机会寻求和优势寻求行为。

战略创业框架如图11-5所示。

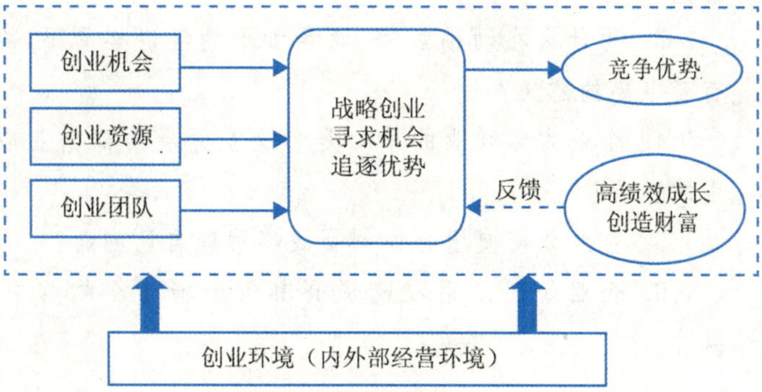

图11-5 战略创业框架

资料来源：董保宝、向阳，2012

本章小结

战略创业是企业从战略角度来进行创业活动，同时参与寻找机会、开发机会和建立竞争优势的活动，服务于企业的战略目标，从而维持竞争优势和创造价值。战略创业可以从创业视角和战略视角进行分析。战略创业的核心在于帮助企业发掘潜在的机会，实现创新和价值创造。企业可以通过三种方法产生和管理创新：企业内部创业、合作创新战略和收购。企业内部创新主要是自发式战略行为，通过构建组织内部的企业家精神实现；合作创新战略和收购是通过获得外部资源和能力实现创新。实施内部创业的核心问题是企业行为与内部创业活动是如何合作的。企业内部创业是一个不确定的、动态的和复杂多变的体系，通过建立企业内部创业体系从整合—分离、内部—外部实现内部创业活动。合作与收购是现代企业获取外部资源的主要方式，通过合作与收购企业可以：①获得新的商业机会信息并且知道如何利用这些机会；②获得互补性资源从而促进未来进一步的创新活动。通过收购可以直接获得（例如专利），或者可以从中学习到创新的能力（例如研发体系、研发人员），从而丰富了企业内部的创新过程。

无论是新创企业还是成熟企业，战略创业的实践都对企业识别机会、开发机会的能力大有裨益，从而促进企业的创新能力，实现价值创造，影响企业未来长期的发展和绩效。

本章思考题

1. 什么是战略创业？战略创业的内涵和本质是什么？

2. 什么是企业家精神？企业家精神与战略创业之间的联系是什么？

3. 为什么在动荡加快、竞争加剧的经济格局下，战略创业的实施有着重要的意义？

4. 企业内部创业的核心是什么？开展内部创业应该注意哪些因素的影响？

5. 企业如何使用合作创新战略帮助自己创新？

6. 企业如何使用收购提高其创新能力？收购中需要注意哪些风险？

案例分析

企业永恒不变的基因——长安汽车的科技创新之路

2012 年 4 月 23 日，北京国际车展上德国奔驰汽车公司的总裁蔡澈，带着高管团队，来到长安汽车展台。蔡澈围着长安亮相的五款新品，仔细地观察并体验。他走到刚刚上市的自主品牌——逸动面前，时而坐到里面感受一下空间、触摸一下内饰，时而打开引擎盖、后备厢，时而看看旁边的技术参数与配置，足足"检查"了半个多小时。离开之前，蔡澈随手拿出一张白纸，正当大家都以为他要记录什么时，他却走到了长安即将上市的中高端轿车"睿骋"之前，把那张白纸平整地放到车辆的天窗上，然后打开车门，又用力关上，只见那张白纸纹丝不动，蔡澈对着旁边的工作人员跷起了大拇指。

长安汽车工程技术人员解释，蔡澈是用这种方式检查车辆的密封性，围观的人们才恍然大悟。刚刚发生的一切也震惊了同行和媒体，他们纷纷表示："在历届车展中少有产品像睿骋这样有如此好的密封性，长安在某种程度上代表了中国自主品牌汽车的最高技术水平。"北京国际车展发生的这一幕，令无数长安人为之欢欣鼓舞，也令尹家绪，这位将长安汽车带上辉煌顶峰的领导者激动不已。在自主品牌不敌合资品牌，合资车大行其道的当下，长安汽车自主品牌为何能崭露头角，受到跨国巨头的重视？面对欧系、美系、韩系等合资品牌市场份额不断攀升，自主品牌市场份额逐年下滑的局面，2014 年长安汽车又为何能"一枝独秀"，成就逆势增长，成为唯一跻身汽车销量前十的自主品牌呢？

长安汽车的前世今生

重庆长安汽车股份有限公司(简称"长安汽车")隶属于中国兵器装备集团公司。1862 年，长安汽车的前身上海洋炮局由李鸿章创办，是中国近代工业的先驱。1937 年抗日战争期间，辗转迁移到重庆，为抗日战争供应枪炮弹药。1949 年新中国成立后，作为重要的军工企业，始终坚持军品自主研发，为国防现代化做出贡献。1957 年，首次进入汽车制造业，仿制外国吉普车，自主生产出了我国第一辆军用吉普车样车——"长江牌"46 型吉普车。1983 年，响应国家发展需要，实现"军转民"进入民用汽车领域，成为中国最大的"军转民"企业。

在发展的初始阶段，我国汽车行业的整体条件相对稚嫩，研发投入强度与科技人员研发水平都比较低、产业规模与市场规模比较小、贸易开放程度不高，自主创新风险太大。因此，长安汽车决定走一条简单模仿发达国家技术的发展道路。在国家政策的支持下，长安汽车公司与日本铃木公司签订了技贸合作协议，正式引进日本铃木公司的微型汽车和发动机关键技术。1993 年，在"以市场换技术，以市场换资金"的政策背景下，长安汽车公司与日本铃木公司合资建立了长安铃木汽车有限公司，引进奥拓微型车，开发具备 20 世纪 90 年代初期国际先进水平的新一代微车和轿车项目。

事实上，中国汽车产业早在 1983 年就诞生了第一家中外合资企业——北京吉普。此后，1985 年，上海汽车工业集团与德国大众合资。进入 20 世纪 90 年代，汽车合资突飞猛进，汽车巨头接踵而至，相继在中国市场寻找自己的合作伙伴。2014 年，我国已形成了以上汽、一汽、东风为代表的国有合资品牌汽车企业，以长安、一汽奔腾、上汽荣威、上汽名爵为代表的国有汽车集团旗下的自主品牌，以及以奇瑞、吉利、比亚迪、长城为代表的民营自主品牌汽车企业。

2014年，我国主要有长安、奇瑞、吉利、比亚迪和长城五大自主品牌。2010—2014年，长安汽车自主品牌销量逐年增长，2014年达到71.03万辆，位列五大自主品牌之首（见图11-6和图11-7）。截至2014年年底，长安自主品牌汽车累计销量已突破1000万辆，旗下明星车型逸动系列、CS系列、悦翔系列、奔奔系列市场占有率均位居中国品牌细分市场首位。2014年，五大自主品牌中长城、吉利、比亚迪销量均出现不同幅度下跌，奇瑞汽车出现小幅度增长，而长安汽车销量较2013年增长了37.79%。

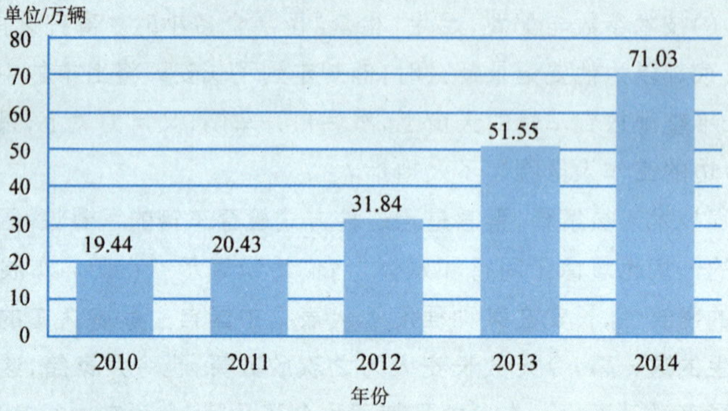

图11-6　2011—2014年长安汽车自主乘用车份额

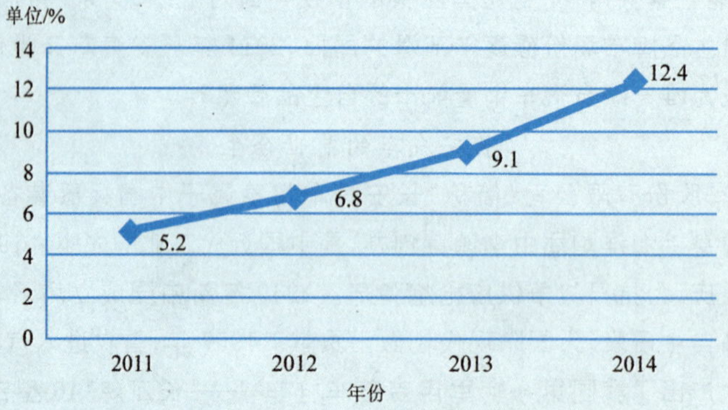

图11-7　2011—2014年长安汽车自主乘用车份额

2014年，我国整车合资企业有53家，占全国车企数量的77.8%，占据中国汽车市场70%左右的份额，包括美系、日系、韩系、欧系。在众多合资品牌中，有三个车系市场占有率逐年上升，2010—2014年，欧系市场份额从2010年的20.8%升至2014年的29.3%，美系从2010年的11.2%升至2014年的14.8%，韩系从2010年的9.2%升至2014年的10.4%，自主品牌市场占有率呈现逐年下滑态势，分别为33.8%、

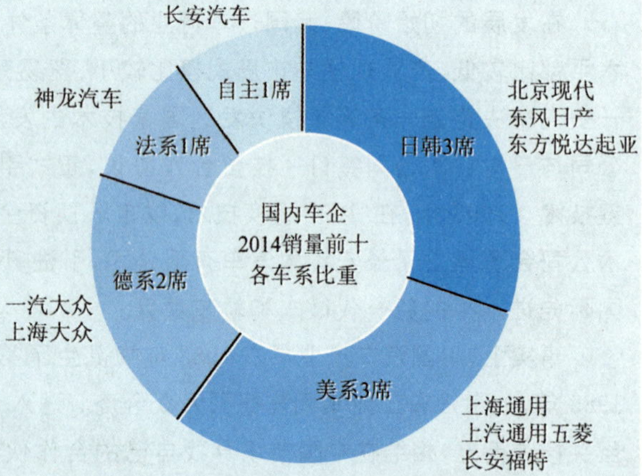

图11-8　2014年各车系销量比重

31.3%、30.8%、29.9%和26.5%。然而，2014年，长安汽车成为唯一跻身销量前十的自主品牌，市场份额为8%(见图11-8)。一切看起来都是那么顺利，那么理想，可是辉煌的背后，长安汽车的发展并非一帆风顺。它的背后经历了哪些挫折与痛苦，做出了哪些艰难的抉择？我们将时光倒退。

光鲜下的窘迫，未来路在何方？

(1)半壁河山，雄居霸主

20世纪90年代末，我国微车市场形成了长安汽车、柳州五菱、江西昌河、哈飞汽车、天津汽车"春秋五霸"的格局。1983—1999年，中国共造出340万辆微车(含轿车)，长安汽车占24%。1999年，长安汽车的微车销量为16.82万辆，位列五大主要微型汽车企业之首(见图11-9)，市场占有率为29%(见图11-10)。长安汽车推出的"长安之星"更是国内微型车市场品种最多、技术含量最高的车型，在行业内连续多年保持单车销量第一的成绩。

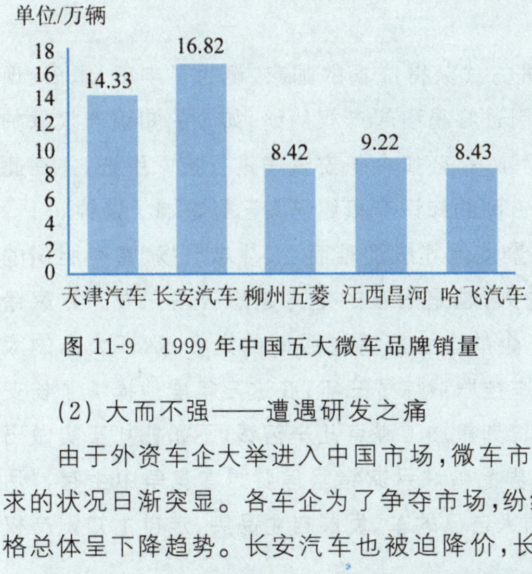

图11-9 1999年中国五大微车品牌销量

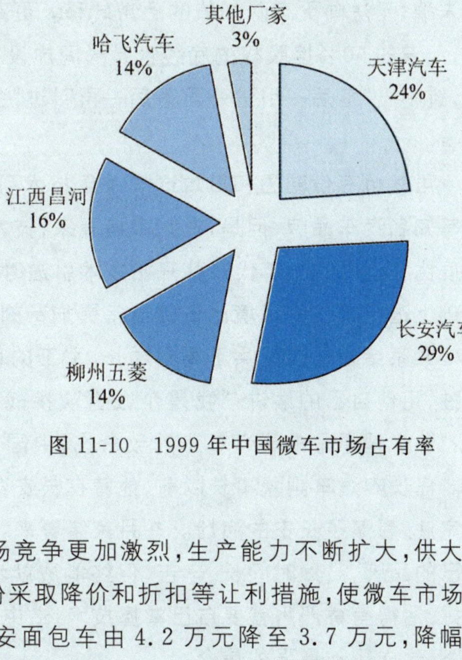

图11-10 1999年中国微车市场占有率

(2)大而不强——遭遇研发之痛

由于外资车企大举进入中国市场，微车市场竞争更加激烈，生产能力不断扩大，供大于求的状况日渐突显。各车企为了争夺市场，纷纷采取降价和折扣等让利措施，使微车市场价格总体呈下降趋势。长安汽车也被迫降价，长安面包车由4.2万元降至3.7万元，降幅为11.9%。为占领市场，各品牌致力于加快推出新车型，增强企业竞争力。长安汽车看到了市场上发生的一切，倍感压力，多次向铃木公司要求提供新产品，日方要求长安支付车型技术转让费和零部件技术转让费，这笔费用分摊到每辆车上，使造车成本提高，长安汽车的利润空间受到挤压。

此外，长安汽车合资的初衷是以市场换取资金和技术，通过合资，日方得到了中国的市场，但在车型、发动机、变速箱等核心技术领域，日方始终对长安设防，中方技术工程师无法接触到核心技术。由于掌握核心技术，日方还掌控着经营决策权，如生产线、制造工艺、技术转让费、设计费、供应商体系选择、营销渠道、产品海外出口等产业链的核心环节，攫取高额利润，长安方虽持有50%的股份，但没有控制权。相比较持股分成获得的利润，日方更青睐通过提高变速箱、电控系统等关键零部件的价格来转移和获取合资企业的利润，并且控制长安方的上游技术,通过技术转让费、技术提成费和设备采购费,大规模抽回投资。名义上中日双方按照合资股比例进行利益分配,实质上日方所获利润可达 70%,长安方赚取的仅为"加工利润",利润空间受到严重挤压。

这一切无疑刺痛了刚任长安汽车副董事长、总经理——尹家绪的神经,多年来的合资合作,让尹家绪清醒地认识到:让日方真正支持我们掌握核心技术、发展自主品牌无异于"与虎谋皮",像国内多数车企一样躺在"合资的温床上"是得不到核心技术的。作为发达国家安身立命之所、巨额利润之源,汽车业,包括其上下游产业的核心技术,是绝无可能用金钱、股权、市场简单换来的。

(3) 另谋出路

尹家绪认为,汽车产业不是一般的制造业,而是支撑国民经济转型升级的战略性产业。如果企业只是靠单纯的技术引进、合作,不掌握核心技术,只能位于产业链的下游、生产工序的末端,无法向更高附加值的上游转移。更重要的是,企业也就放弃了发展的主导权和话语权,所谓的 50%控股权的底线也是形同虚设,面临空心化的危险境地,沦为外国产品的加工厂,跳不出"落后—引进—再落后—再引进"的怪圈,巴西、墨西哥等部分拉美国家便是前车之鉴。

虽然也有像韩国和日本这样采用技术引进方式获得成功的国家,诞生了丰田、本田、现代等知名汽车品牌,但是,在尹家绪看来,技术引进容易引起产权纠纷,如今的知识产权保护力度比 20 世纪 60 年代日韩开始技术引进时要强,那么如今长安汽车进行技术引进,并在此基础上进行模仿的环境比日韩当年更加苛刻,吉利的知识产权纠纷案已经敲响了警钟。

尹家绪曾任西南兵工局副局长,军工的背景使他养成迎难而上、斗志昂扬、富有胆识的个性,用他自己的话讲:"我是个很喜欢挑战的人,越是困难的地方越想去闯一闯。"尹家绪说:"缺少理想是中国汽车业的致命伤,中国车企的企业家考虑眼前的太多,胸怀大志的太少。"任长安汽车副董事长以前,他曾在长安汽车挂职锻炼了三年,在这三年里他摸清了长安的家底,看清了长安的病灶。在尹家绪看来:"与其靠加工赚点儿辛苦钱,不如扎扎实实做出自己的品牌,虽然时间长、辛苦,但终能成就世界品牌。"尹家绪坚信要想在竞争中生存,"活得好、活得有尊严",就要自己掌握技术,造中国人自己的车,发展自主品牌,走自主知识产权之路,这成了他最强的信念。

1996 年国家发布了《"九五"全国技术创新纲要》、1999 年全国技术创新大会发布了《关于加强技术创新,发展高科技,实现产业化的决定》,尤其是国家汽车产业发展政策鼓励企业自主研发,重点支持国内汽车市场占有率基本达到 10%以上的大型汽车企业集团。1999 年年底,在尹家绪的主持下,长安汽车提出了 21 世纪可持续发展的新思路——自主创新,并将"以我为主,自主创新"正式写进企业长期发展规划,致力于打造中国最强大且持续领先的核心研发能力。此外,在尹家绪的带领下,长安汽车制订了"337"发展规划,第一步是从 2002—2005 年,夯实基础阶段,主要目标是形成生产能力 50 万辆以上的规模;第二步是从 2005—2010 年,重点是规模发展,形成年产百万辆以上汽车的生产能力;第三步是从 2010—2020 年,进入国际化阶段,在这 10 年内,产能将达到 200 万辆以上。

问题重重，创新资源何来？

长安汽车确定了"以我为主，自主创新"的科技发展方向，尹家绪开始头疼了。对于自主创新来说，长安汽车的创新技术基础还很薄弱，高素质、技术精湛的科技人力还很匮乏，科研开发体系未能形成有机整体，运行机制和科研管理也缺乏活力。自主创新这条路走起来是何等的艰难曲折，如何将自主研发的知识掌握在自己手里？研发资金从哪来？技术从哪来？高科技人才哪来？尹家绪陷入了困惑中。

作为一家在洋务运动中诞生的军工企业，"师夷长技以制夷"的思想与生俱来，尹家绪决定依靠、借助别人的力量来发展自己，坚持"五借战略"。

(1) 借合资反哺自主

在尹家绪看来自主创新最先要解决的是研发资金的问题。长安汽车多年来依靠与日方的合资合作来赚取利润，这也是长安主要的利润来源。因此，1999年，尹家绪决定依靠合资的利润来"反哺"自主创新之路。此外，推进长安汽车自主业务的快速发展，贡献利润，用于自主创新。

长安汽车每年将销售收入的5%投入到自主研发中，高于国际通行的3%，在自主品牌中属于一线水平。"十五"期间，长安汽车累计将38亿元投入到自主研发中，"十一五"期间累计投入超过120亿元，"十二五"期间投入200亿元(见图11-11)，为长安汽车自主创新道路提供了坚实保障。在国家五部委的联合评估中，长安汽车自主创新能力位列中国汽车行业第一。

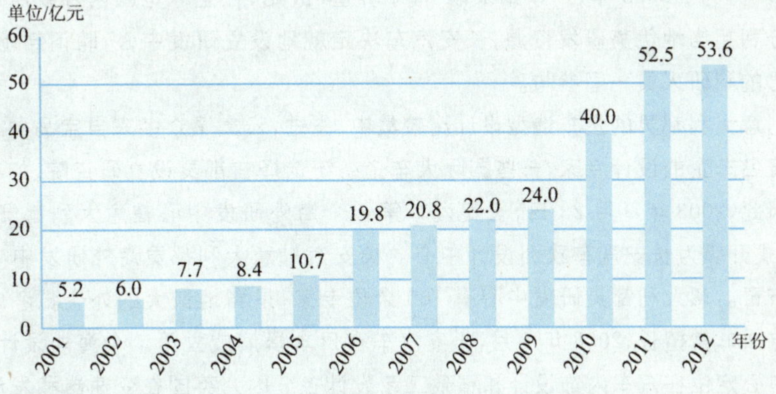

图11-11　2001—2012年长安汽车科技投入

(2) 借船出海

自主创新最重要的是解决技术来源问题。通过多年合资合作，长安汽车并没有获得真正的核心技术，国内其他车企也缺乏自主创新的成功经验以供参考，自主创新应如何迈出第一步？时任长安汽车工程研究院院长的朱华荣告诉尹家绪："在欧洲可以找到答案。"于是，尹家绪决定采用"借船出海"的战略，以项目为载体，采取中外联合开发解决核心技术的来源问题，将大批研发工程师放在国际舞台上进行实践和锻炼。

1999年，尹家绪召开了历史上首次产品规划会。因为缺乏造车经验，尹家绪决定从最熟悉的微车领域出发，开发下一代微车——CM8。长安汽车派研发人员到欧洲，与意大利IDEA

公司、德国 EDAG 公司、FEV 公司、奥地利 AVL 公司等专业性汽车工程技术公司进行联合开发，长安方重在学习。对于 CM8 的研发，长安技术人员的贡献度为 20%，属于国际上从 S1 到 S6 共六个开发级别中的 S2 级，相比于以往简单地对汽车外形部分改造的 S1 级别的开发水平已经进了一步。长安 CM8 是长安汽车开发出的第一款拥有自主知识产权的多功能汽车，它是长安工程技术人员第一次真正接触国际汽车开发的先进水平，该车一上市便得到了国内外市场的充分认可。

此后，长安汽车决定联合研发第二款车——CV9 陆风风尚，其间长安方通过实践操作，不断增加自身技术人员参与工作量的比重，承担了 50%的开发工作。CV9 陆风风尚是长安与世界开发水平接轨的产物。对于第三款车型 CV6 和第四款 CV7 的研发，长安方承担了 50%以上的工作量，实现了"以我为主"的目的。

到 2003 年，长安汽车逐步具备了四大能力，即：联合设计与部分自主设计的能力；对现有车型进行重大改进与改型的能力；零部件改进设计能力。2003 年，长安汽车集团实现销售收入 340 亿元，利润6.3亿元，利税总额 30.5 亿元，长安汽车的品牌价值达 106.97 亿元，汽车产销量位列中国微车行业第一，中国汽车行业第四，国内市场占有率达 10.96%。

(3) 借水养鱼

①"五国九地"研发体系

长安汽车的研发能力已经达到了 S5 级，但不安于现状的尹家绪开始将注意力集中到汽车系统中最为核心的部位——底盘、发动机、车身造型研发能力的培养上，决定向汽车研发最高级别 S6 努力。2003 年，尹家绪采取"借水养鱼"战略，在全球范围内寻找所需的优势资源。为充分利用当地优势研发资源，长安汽车决定就地设立研发中心，聘请当地研发专家，派长安自己的科研人员一同参与。

考虑到意大利都灵的汽车造型设计比较集中、先进，云集了众多来自宝马、福特、劳斯莱斯等国际著名车企的设计专家，一些国际大车企纷纷选择在都灵设立研究院，如丰田、本田、奔驰等。因此，2003 年 9 月 23 日，长安汽车第一个海外研发中心在意大利都灵成立，2005 年 5 月，正式升级为长安汽车欧洲设计中心。长安汽车意大利都灵海外研发中心主攻整车造型与总布置。意大利都灵研发中心有 100 余位专家，是当地最大的外企。考虑到日本在精致工艺方面非常擅长，2008 年 4 月，长安汽车在日本横滨成立第二个海外设计中心，日本横滨设计中心定位在汽车内饰设计和精致工艺设计上。因为英国在变速器和发动机的研发方面工艺基础深厚，2010 年 6 月 28 日，长安汽车在英国诺丁汉科技园区成立第三个海外设计中心，主要解决汽车动力系统、传动系统和变速系统的研发。考虑到美国的汽车底盘制造技术处行业领先水平，且底特律拥有非常丰富的资源，2011 年 1 月 18 日，长安汽车第四个海外设计中心在美国底特律成立，由美国底特律研发中心负责汽车底盘问题。这些海外研发设计中心所从事的研究均是该国所擅长的。

在国内，2003 年建立长安汽车工程研究院，2005 年 3 月，该研究院搬迁到重庆市渝北区新办公大楼，它是长安汽车自主研发的核心机构。2004 年，建立上海分院。2010 年 4 月 17 日，长安汽车在北京、哈尔滨和江西的汽车研究院成立。长安汽车构建起覆盖亚欧美三大洲的"五国九地、各有侧重"的研发体系。

这个庞大的研发体系应如何进行有效管理，成为摆在尹家绪面前的一个棘手问题。尹家绪决定在长安汽车与国外研发机构间搭建起一个专线，将所有的资料与数据都通过专线进行传递，实现24小时不间断研发。长安汽车国内的研究院下班后把数据存储好，利用时差，由海外研发中心继续跟进。至此，长安汽车建立起了"五国九地，各有侧重"的24小时全球化的产品研发体系。

②"两条腿"走得稳

"借水养鱼"战略还体现在与国外车企的合资合作上。考虑到合资企业往往拥有上百年的历史，在市场上有着无可比拟的口碑，且科技实力雄厚。因此，长安决定"自主创新"与"合资合作"并举，对标国际一流，找出自身的差距。除与日本铃木公司(1993年)进行合资合作外，长安汽车还先后携手福特(2001)、马自达(2007)、法国标致雪铁龙集团(2011)等跨国企业建立了合资企业。尹家绪风趣地说："既然是与狼共舞，就要学会与狼相处，与狼共舞，以养大自己。"长安汽车的"自主创新"与"合资合作"一方面抓自主开发，培养"以我为主，自主开发"的能力，建立自主品牌；另一方面与合资方合作，学习他们的开发思路与经验，站在巨人的肩膀上，实现在合作中发展、在合作中保持自我、在合作中不断提高的目标，不断扩大市场、扩大合作范围，坚持学习、共存、并行三大理念。

(4) 借梯上楼

自2010年，长安汽车一直受到"低质低价"形象的困扰，加之，由于环境污染问题严重，多个城市限购、限行，合资品牌新车的推出数量不断加大，推出速度也不断加快，加之合资品牌汽车价格不断下探等因素，长安汽车夹缝求生，汽车销量前十名中始终难觅长安汽车的名字。外资品牌汽车的市场占有率则逐年上升，然而，尽管长安汽车销量逐年递增，但2010—2013年，市场份额始终维持在4.5%左右，难以逾越。

面对困境，长安汽车应如何与外资企业抗衡？2013年，长安汽车决定重点突破，加强汽车关键技术的研发力度，与供应链上下游企业、高校、科研院所合作，进攻中端化产品，突破不利局面，走提质增效的精品发展之路。

①与供应链合作

由于环保和节能的需要，汽车轻量化已经成为世界汽车发展的潮流。实验证明，汽车整备质量每减少100千克，百公里油耗可降低0.3～0.6升。因此，长安汽车决定在汽车轻量化领域加大研发力度，加强与供应链企业的合作创新，借用供应商系统专业设计能力，提高汽车性能。

2013年11月28日，长安汽车与宝钢集团共同组建了汽车用钢联合实验室，旨在紧盯世界汽车用钢发展趋势，发挥双方优势，在汽车用钢方面实现先期同步开发以及新材料、新技术的快速运用，在汽车轻量化领域实现重大突破。

此外，面对价格高昂的进口零部件，长安汽车决定整合全球零部件资源，与高水平的国际零部件供应商合作，使整车与零部件开发同步进行，将其培养成符合长安汽车品质、成本、交货期要求的供应商，保证了新车型项目的高水平设计。

②坚持"产学研"合作

NVH(噪声、振动与声振粗糙度)是衡量汽车制造质量的一个综合性指标，是汽车用户的最直接感受，也是国际汽车业各大整车制造企业和零部件企业关注的问题之一。统计资料显示，整车约有1/3的故障问题和车辆的NVH问题有关。因此，各大车企近20%的研发费用消耗在解决车辆的NVH问题上。长安汽车也瞄准NVH问题，进行重点突破。经调研，长安汽车发现很多高校及科研院所拥有大量的、可以与长安优势互补的资源，帮助长安汽车解决NVH问题。长安汽车选择与同济大学、上海交通大学、清华大学等高校建立联盟关系，重点突破NVH问题。此外，长安汽车与吉林大学、湖南大学、重庆大学、北京理工大学、中国汽车研究院、中国汽车技术中心等高校、院所建立了联盟关系，成立了8所"政产学研汽车工程研究中心"，就尺寸工程等领域进行合作研发，提高汽车的品质。

睿骋是一个标志性事件，它代表我国自主品牌研发的最高水平，是长安汽车首款自主品牌中高级轿车，它的高端配置定价在16万元左右。在上市短短一年半时间里，睿骋累计销量近两万辆，超过了同期上市的其他车型，未来仍有很大的上升空间。

(5) 借脑明智

"以我为主，自主创新"需要杰出的研发人才和强大的研发团队作为支撑。除将大批研发人员放到国际舞台进行学习与锻炼外，2004年，尹家绪组织人员对我国现有汽车研发的人才数量与进行自主创新的需要进行调研，发现两者存在着明显的落差。在欧美发达国家，汽车行业从业人员中技术人才约占30%，中国则不足8%，我国发展自主品牌的技术人才约需10万人，目前仅2万余人，缺口达80%。为了解决科技创新人才的缺乏问题，尹家绪采取"借脑明智"战略，坚持"放眼全球，为我所用"的人才观。

2006年，长安汽车从底特律聘请时任福特公司碰撞安全领域的高级研究员赵会，主持汽车碰撞安全领域的研发工作。长安汽车投资1.5亿元建成碰撞试验室，并为赵会配备研发团队。在赵会的带领下，长安汽车的碰撞安全技术已达国际领先水平。此外，自2004年起，长安汽车还高薪引进来自欧洲、美国、日本等国家和地区的国际高水平人才，弥补自主开发能力相对薄弱的环节。目前，长安汽车有近10个国籍的研发人员在重庆总院工作，加盟的外国专家超过180人，多数来自福特、通用、宝马、丰田、菲亚特等国际巨头。

相比研发专家，在长安看来，普通员工也有着无限的研发潜力，更加擅长解决生产制造环节出现的问题。为充分调动全体员工的力量，长安汽车开展"合理化建议"活动，让全体员工参与到企业的建设中来。员工在解决A101转向器装配困难、B301车门密封胶条下方卡扣装配困难、A101背门字标与玻璃黏结不良导致淋雨线脱落等项目上贡献了自己的力量，节创价值19亿元。长安汽车每年都设置200多万元的专项奖励，对合理化建议进行奖励，已累计奖金金额达近2000万元，奖励汽车72辆。

2014年，长安汽车拥有7000余人的庞大研发队伍。其中，全球高级专家500余人，国际一流专家130余人，2人获评重庆市"两江学者"，2人获"中华技能大奖"，13人获"全国技术能手"称号，2人受聘兵装集团"首席科技专家"，4人受聘兵装集团"科技带头人"，2人受聘兵装集团"技能大师"，5人受聘兵装集团"技能带头人"，5人受聘兵装集团"特聘专家"，先后12人入选国家"千人计划"。

长安汽车自主创新能力培养过程如图 11-12 所示。

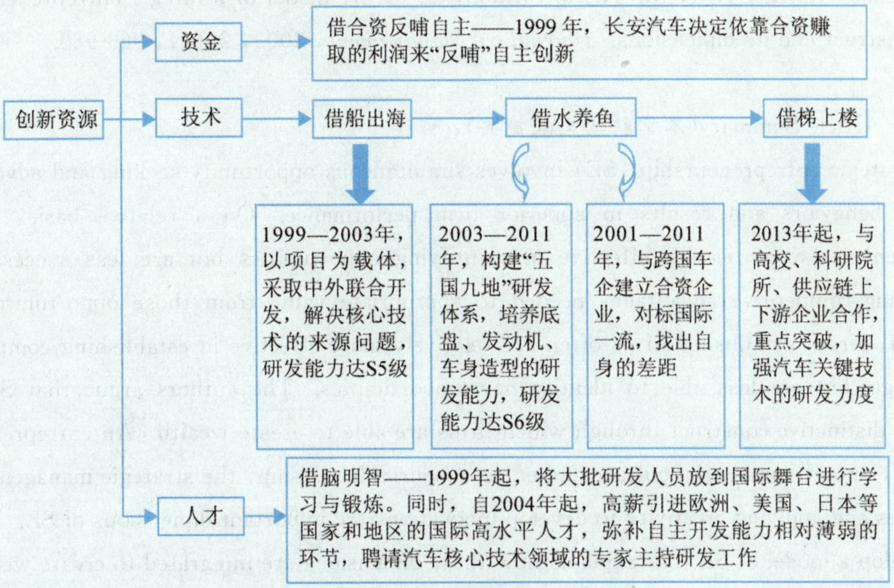

图 11-12　长安汽车自主创新能力培养过程

尚未成功仍需努力

2015 年 3 月 20 日，长安汽车旗下的 2015 款新奔奔推出了三款限量版车型——赛道精灵、自由骑士、逐风侠。长安汽车负责人称：“这是长安为未来汽车私人订制趋势的试水，2015 年年底，奔奔还推出了个性化订制版，消费者可根据自身需求，订制适合自己的原装配置，消费者只需缴纳少量订金，就能通过长安的 App、官方网店和 4S 店订购个性车辆，车型制造好时，市民再去指定的 4S 店付款提车。”该负责人还透露：“未来不仅是奔奔，每一款长安汽车都将有 1728 种全方位的订制方式，全系车型将会有上万种不同订制模式以满足用户个性化的需求。长安汽车“私人订制”的举措，未来会给顾客消费带来哪些新的体验？是否会受到消费者的欢迎？又将给长安汽车带来哪些新的发展？让我们期待吧。

资料来源：张慧颖，邢彦，郭焱. 企业永恒不变的基因——长安汽车的科技创新之路. 中国管理案例共享中心，http://cmcc.dlemba.com.

问题讨论：

1. 长安汽车为了实现创新，开发和构建了哪些战略创新资源？

2. 长安汽车在创新实现过程中，在内部和外部实施了怎样的战略？

3. 如果你是长安汽车的管理者，你会如何突破缺乏创新这一困境？你认为企业战略当中应该融入哪些元素以促进创新？

本章精读文献

Ireland, R. D., Hitt, M. A. & Sirmon, D. G. A model of strategic entrepreneurship: The construct and its dimensions. *Journal of Management*, 2003, 29(6), 963-989.

Chapter Article Summary(本章精读文献摘要):

Strategic entrepreneurship (SE) involves simultaneous opportunity-seeking and advantage-seeking behaviors and results in superior firm performance. On a relative basis, small, entrepreneurial ventures are effective in identifying opportunities but are less successful in developing competitive advantages needed to appropriate value from those opportunities. In contrast, large, established firms often are relatively more effective in establishing competitive advantages but are less able to identify new opportunities. The authors argue that SE is a unique, distinctive construct through which firms are able to create wealth. An entrepreneurial mindset, an entrepreneurial culture and entrepreneurial leadership, the strategic management of resources and applying creativity to develop innovations are important dimensions of SE. Herein we develop a model of SE that explains how these dimensions are integrated to create wealth.

本章精读文献评述:

本章的精读文献是战略创业领域最为经典的基础文献,战略研究与创业研究领域的顶尖学者Ireland、Hitt和Sirmon在这篇文献中对战略创业思想进行了系统性、综合性的阐述。Ireland等学者的这篇文献指出一个相对的现象:小型的、新创的公司在识别机会方面更为高效,但是在发展竞争优势方面相对劣势;大型的、成熟的公司在建立竞争优势方面更为有效,但是识别新机会的能力相对较弱。因而,他们整合了战略管理和创业研究领域,形成了战略创业的理论框架。

本篇文献中的战略创业模型显示,战略创业的最终目的是通过运用创造力和发展创新来实现竞争优势和价值创造,创业思(entrepreneurial mindset)、创业文化和创业领导力组成了战略创业的重要内容,通过战略性地管理资源成为实现战略创业目标的重要方式。从这篇文献中,我们可以清楚地看出,Ireland等学者通过整合战略管理与创业研究的视角,从战略高度更为全面地关注创新创业现象,从新创的和成熟的公司综合的角度同时考虑,明确了战略创业的本质。文献通过理论推导的方式全面论证了战略创业模型。首先,Ireland等指出创业思维是成功从事战略创业所必需的,创业思维既是个体的也是集体性的,它既影响着个体创业者也影响着已经成立的组织中的管理者和员工创造性地思考和行动。文献提出创业思维包含识别创业机会、创业警示性、实物期权逻辑以及创业框架四个部分。在广义上,创业机会存在是由于信息不对称造成的,因而通过识别创业机会才能实现相关资源现有价值到潜在的未来价值的转变。创业管理学者Kirzner在其1997年发表的文章中认为,创业警觉性是一种"卓越的洞察力的显现",一个企业家的创业警觉性可以敏锐感知追求的创业机会,以及刺激一个公司创业文化和创业领导力的形成。创业框架贯穿整个战略创业计划,同时应该包含对于利用创业机会适当时机的把握。这些综合起来形成了战略创业体系性的创业思维,对于促进整个创业教育知识的系统性有着重要的意义，同时也可以帮助创业实践者对自身的创业行动进行反思。接着，文献讨论了创业文化和创业领导力在战略创业中的影响。并引用创业管理学者的文献，认为文化影响认知框架，影响组织成员如何看待问题，以及如何看待他们公司的竞争格局。Ireland 等进一步指出一个有效的创业文化特点是形成有利于企业战略性地管理资源的氛围。当然，创业领导力对于战略创业的重要性也是不言而喻的，在这篇文献中也进行了相应的阐述。进一步地，文献运用资源基础观的视角，提出战略性地管理资源与战略创业的成果有着密切的联系。研究中普遍认可资源是获取成功的基础和必备要素，Ireland 等认为战略创业中财务资本、人力资本和社会资本是需要战略性地统筹管理的对象。不同于普通的资源管理，这篇文献中的战略性地管理资源包含了三个步骤：构建资源组合、整合资源和利用能力。

Ireland 等的这篇文献为我们建立了系统的战略创业模型，利用理论阐述的方式全面论证了这个模型。就创业教育和教学而言，首先丰富和完善了创业教育的知识系统性。从 Ireland 等的观点来看，创业思维是创新创业的重要影响因素，国内创业教育主要是对于创业过程中技巧和方法的培养，对于创业思维、创业心理等重视程度不够。进一步地，这篇文献对于小型、初创公司和大型、成熟公司的综合考虑也提醒国内的创业教育学者要扩展对于创业教育认识的视角，关注学生创新和创业精神的培育，不仅仅是在创立新企业的过程中展现能力，同时也可以在自身就业过程中培育和实现创业。总之，Ireland 等几位学者的这篇研究文献更充分地从理论上支撑了创业教育，丰富了创业教育的知识和视角，应该是我国创业教育者必读的文献之一。

本章作者介绍

周小虎，南京理工大学教授，企业管理系主任，博士生导师。南京理工大学创业教育学院副院长；中国企业管理研究会副理事长、常务理事；中国社会网络与社会资本专业委员会常务理事；江苏省企业发展与管理工程协会常务理事、学术委员会主任。

本章相关引用材料

[1] Assis, J A B. External linkages and technological innovation: (Some) topical issues [J]. *International Journal of Entrepreneurship and Innovation Management*, 2003, 3(1-2): 151-175.

[2] Dess, G G & Picken, J C. Beyond productivity: how leading companies achieve superior performance by leveraging their human capital [J]. *Personnel Psychology*, 1999, 53(2): 481-484.

[3] Dess, G G & Picken, J C. Creating competitive (dis) advantage: Learning from Food Lion's freefall [J]. *Academy of Management Executive*, 1999, 13(3): 97-111.

[4] Eisenhardt, K M, Brown, S L & Neck, H M. Competing on the entrepreneurial edge[A]. Meyer G D, Heppard, K A. *Entrepreneurship as Strategy*[C]. California: Sage Publications, 2000. 49-62.

[5] Ginsberg, A & Hay, M. Confronting the challenges of corporate entrepreneurship: Guidelines for venture managers [J]. *European Management Journal*, 1994, 12(4): 382-389.

[6] Hitt, M A, Ireland, R D & Camp, S M. Guest editor's introduction to the special issue: strategic

entrepreneurial strategies for wealth creation[J]. *Strategic Management Journal*,2001(22): 479-491.

[7] Hitt, M A, Ireland, R D, Sirmon, D G, et al. Strategic entrepreneurship: Creating value for individuals, organizations, and society [J]. *The Academy of Management Perspectives*, 2011, 25(2): 57-75.

[8] Ireland, R D, Hitt, M A & Camp, S M, et al. Integrating entrepreneurship actions and strategic management actions to create firm wealth[J]. *Academy of Management Executive*, 2001,15(1): 49-63

[9] Ireland, R D, Hitt, M A, Sirmon, D G. A Model of strategic entrepreneurship: The Construct and its Dimensions[J]. *Journal of Management*, 2003, 29(6): 963-989.

[10] Ireland, R D & Webb, J W. Strategic entrepreneurship: Creating competitive advantage through streams of innovation [J]. *Business Horizons*, 2007, 50(1): 49-59.

[11] Ireland, R D, Covin, J G & Kuratko, D F. Conceptualizing corporate entrepreneurship strategy [J]. *Entrepreneurship Theory and Practice*,2009, 33(1): 19-46.

[12] Kirzner, I M. Entrepreneurial discovery and the competitive market process: An Austrian approach [J]. *Journal of Economic Literature*, 1997, 35(1): 60-85.

[13] Kuratko, D F & Audretsch, D B. Strategic entrepreneurship: Exploring different perspectives of an emerging concept [J]. *Entrepreneurship Theory and Practice*,2009, 33(1): 1-17.

[14] Kyrgidou, L P & Petridou, E. The effect of competence exploration and competence exploitation on strategic entrepreneurship [J]. *Technology Analysis & Strategic Management*,2011, 23(6): 697-713.

[15] Luke, B. Uncovering strategic entrepreneurship: An examination of theory and practice[D]. Thesis submitted to Auckl and University of Technology in Partial Fulfillment of a Master of Business Degree,2005.

[16] Mathews, J A. Lachmannian insights into strategic entrepreneurship : Resources, activities and routines in a disequillibrium world [J]. *Organization Studies*, 2010,31(2).

[17] Makri, M, Hitt, M A & Lane P J. Complementary technologies, knowledge relatedness, and invention outcomes in high technology mergers and acquisitions [J]. *Strategic Management Journal*,2010, 31(6): 602-628.

[18] McGrath, R. G. & MacMillan, I. *The Entrepreneurial Mindset*[M]. Boston, MA: Harvard Business School Press, 2000.

[19] Meuleman, M, Amess, K, Wright, M, et al. Agency, strategic entrepreneurship, and the performance of private equity-backed buyouts [J]. *Entrepreneurship Theory and Practice*,2009, 33(1): 213-239.

[20] Sarasvathy, S D, Dew, N, Read, S, et al. Empirical investigations of effectual logic: Implications for strategic entrepreneurship [C]. Entrepreneurship Theory and Practice Conference on Strategic Entrepreneurship, 2007.

[21] Schindehutte, M & Morris, M H. Advancing strategic entrepreneurship research: The role of complexity science in shifting the paradigm [J]. *Entrepreneurship Theory and Practice*, 2009, 33(1): 241-276.

[22] Steffens, P, Davidsson, P & Fitzsimmons, J. Performance configurations over time: Implications for growth-and profit-oriented strategies [J]. *Entrepreneurship Theory and Practice*, 2009, 33(1): 125-148.

[23] Wiklund, J & Shepherd, D A. The effectiveness of alliances and acquisitions: The role of resource combination activities[J]. *Entrepreneurship Theory & Practice*, 2008, 33(1): 193-212.

[24] [美]R 杜安·爱尔兰,罗伯特·E 霍斯基森,迈克尔·A 希特. 战略管理——竞争与全球化(概念)[M]. 10 版. 赵宏霞,张利强,等,译. 北京:机械工业出版社,2014.

[25] 包建华,方世建,罗亮.战略创业研究演进与前沿探析[J].外国经济与管理,2010(8):1—9.

[26] 董保宝,向阳.战略创业研究脉络梳理与模型构建[J].外国经济与管理,2012(7):25—34.

[27] [英]菲利普·A.威克姆.战略创业学:理论、案例与中国实践[M].任荣伟,张武保,译.大连:东北财经大学出版社,2014:220—222.

[28] 任荣伟.内部创业战略[M].北京:清华大学出版社,2014.

[29] 苏晓华,郑晨,李新春.经典创业理论模型比较分析与演进脉络梳理[J].外国经济与管理,2012(11):19—26.

[30] 孙继平.企业内部创业研究[D].吉林:吉林大学,2005.

[31] 王侃,朱桂龙.战略创业的本质与机制[J].学习与探索,2012(5):91—93.

[32] 杨桂菊,刘善海.从 OEM 到 OBM:战略创业视角的代工企业转型升级——基于比亚迪的探索性案例研究[J].科学学研究,2013(2):240—249.

[33] 袁界平,吴忠.创业新概念:战略视角下的创业行为[J].经济体制改革,2006(6):60—63.

Chapter 12

第12章 精益创业

学习目标

系统掌握精益创业方法论

了解精益创业的时代背景以及与传统创业模式的联系和区别

了解精益创业的内涵与特征、主要框架以及实施步骤等

章节纲要

本章主要分四节来阐述与探讨近年来国际上日益流行的精益创业方法。第一节介绍传统的新产品导入模式以及精益创业思维的提出；第二节介绍精益创业的基本框架、五项原则及其适用范围；第三节介绍最小可行产品(MVP)的概念、适用范围及其验证方法；第四节介绍精益创业画布的优点、基本框架和制作步骤。

开篇案例

曾经市值80亿美元的Webvan为什么破产？

Webvan创办于1996年，是一家概念非常超前的生鲜果蔬公司，线上交易，线下运输，有自己的仓储、分销系统，配送的是新鲜的杂货。成立两个月之后，风险投资(VC)跟进，1997年VC投入第一笔钱，经过两年的研发，第一个仓储系统全面上线，一个月之后，开始接受第一笔订单，真正跟用户第一次亲密接触。

Webvan的仓储系统于1999年建成，位于美国加州旧金山市，仓储系统的建设包含了非常复杂的算法，即使放在现在，某些方面也很先进。仓储系统投入4000万美元，其中仅仅是各种线路就花费了500万美元。

同样在1999年，Webvan签订了一份10亿美元的合约，把仓储系统在全美复制。签约之后一个月，即1999年8月首次公开募股(IPO)，这家公司备受追捧，在最高点时市值达到了85亿美元。但是这家公司最终的命运是在运行了两年之后，也就是2001年7月，即宣告破产。

如果把它的订单数和消耗的资金做一个对比，可以发现，Webvan每接受一笔订单，消耗的资金是130美元。不仅如此，这家公司的破产不仅把自己带入深渊，最重要的是把整个产业带入了深渊。因为这家公司的惨败，导致很长一段时间所有的VC都不敢踏入这个行业，直到2011年才又有VC开始进入。这就是

为什么美国生鲜行业 O2O 在 20 年前就开始了，现在却落后于中国。

这家公司在没有达到盈利平衡点之前，就已经覆盖到 33 个城市，这就是公司破产的一个重要原因。这个例子引发了美国 VC 界对这种传统"火箭发射式"创业思维的反思。

长期以来，"火箭发射式"创业思维在硅谷一直是主流。我们来想象火箭发射的场景，按下发射按钮之后会有什么后果？

第一种结果是发射成功，这是大家都希望看到的；

第二种结果是惨败，火箭在空中爆炸；

第三种结果是无声无息。

事实上，火箭发射后只有很小比例是无声无息的。但在商业实践中，却有70％以上的"发射"属于第三种情况。

也就是说，按下按钮，市场没有任何回应。对于创业，这是最大的浪费。因为即使只有负面的回应，你还可以从中获取一些经验教训。

"火箭发射式"创业思维存在着一个巨大的缺陷：在整个创业过程中，缺乏持续的反馈、试错和验证，而把所有的赌注都集中在最后按下按钮的那一刻。但是在创业过程中，如果等到按下按钮的那一刻，一切可能都太迟了。

这是一个"火箭发射式"创业思维的极端案例。创始人路易斯·鲍德斯(Louis Borders)在美国服务行业是一个传奇人物。鲍德斯在创办 Webvan 的时候，有投资人问他："在你的愿景中，Webvan 是否会成为一个 10 亿美元的公司？"

鲍德斯回答："我从来就没有考虑过这是一个 10 亿美元的公司，要么就赚 100 亿美元，要么就一分不剩。"

2001 年 7 月，Webvan 正式进入破产程序。在这之前的两周，鲍德斯以 6 美分一股的价格清掉了 4500 万股，从中只拿回了大概 270 万美元。这真是一个惨痛的案例。

然而，这次失败之后，鲍德斯并没有从中吸取教训。当时有一名记者采访他："在 Webvan 这种灾难性的失败之后，你认为有什么经验教训值得吸取？"

鲍德斯回答说："我不认为我们做错了什么，做公司就像发射火箭一样。发射之前，你需要把可能想到、可能遇到的每一件事都想清楚，你不可能在火箭升空的过程中再去给它添加燃料。"鲍德斯是非常典型的"火箭发射式"的思维模式。

在 Webvan 失败之后，他再次创业，创办了美国最大的连锁书店鲍德斯书店(Borders)，前几年也破产了，因为亚马逊。在鲍德斯书店破产之后，他又创办了第三家公司，同样以失败告终。

从鲍德斯失败的案例中，我们可以看到他的创业思维存在误区，而不仅仅是现象层面的操作失误。

“火箭发射式”创业思维的基本假设在于，所有的变量是可度量的，未来是可以预测的，因此商业模式、用户痛点和解决方案都具有极高的确定性。

与之对应，精益创业的基本假设在于，基本参数很难度量，未来不可预测，用户痛点和解决方案具有极高的不确定性，需要不断迭代并不断积累认知，从而去逼近真实的用户痛点和有效的解决方案。

“火箭发射式”创业和精益创业，不只是方法论或具体做法上的区别，关键是基本思维上存在很大的区别。

精益创业事实上不是关于假设或者计划的一门科学，而是关于如何在创业过程中用科学试错的方式来积累认知，如何提出假设并用科学试错的方法来验证假设的方法。这是精益创业的核心。

资料来源：节选改编自龚焱．精益创业方法论：新创企业的成长模式．北京：机械工业出版社，2015.

12.1 从传统创业思维到精益创业思维

12.1.1 传统的新产品导入模式

在20世纪，每一个针对市场开发新产品的企业都会使用某种形式的产品管理模式（见图12-1）。这种以产品为中心的开发模式出现于20世纪初，它所描述的开发流程见证了整个制造业的发展史。

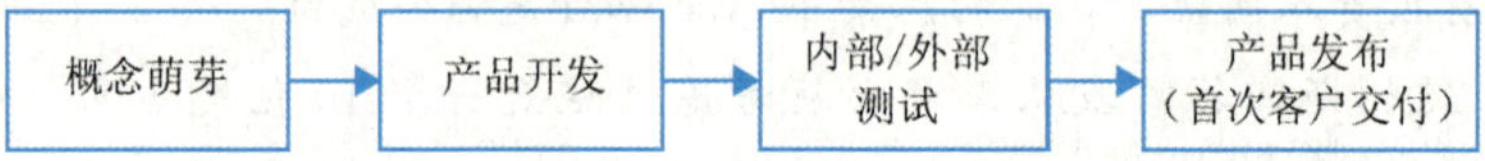

图12-1　传统产品导入模式

资料来源：史蒂夫·布兰克，2014

但是企业在应用这一模式时往往忽略了一个重要前提，即新产品导入模式适用于那些已明确客户群体、产品特征、市场范围和竞争对手的成熟企业。

在传统的计划执行模式里，首先通过商业计划产生基本的产品概念，然后导入资源，组建团队，进行产品开发，以及内部/外部的测试，最终产品得以发布，投放市场，首次发货。

这种传统的计划执行模式的根本缺陷在于所有的认知都来得太晚。尽管在拟订商业计划的时候会用一些用户调研的手段，但对象都不是真正的用户，用户一直到最后环节才会真正地参与进来。换句话说，直到产品已经开发完毕，进入测试阶段，团队才真正开始学习和认知的过程。所以尽管计划执行模式看起来非常完美，但它往往正是新创公司走向死亡的原因。因为创业过程中最关键的不是某个产品或服务，而是在于是否具有正确的认知，用户的反馈过程是否从一开始就结合在创业过程中。

在传统的产品导入模式中，有两个隐含的假设，即用户痛点高度确定、解决方案也高度确定。而在精益创业的框架里，这两个假设根本就不存在。再完美的商业计划也经不起和客户的第一次亲密接触（龚焱，2015）。

（1）概念萌芽阶段

第一个阶段是概念萌芽阶段。在该阶段，企业创始人往往会抓住灵光一现的奇思妙想，有时甚至会把它们写在一张餐巾纸上，然后将其转变成一组核心理念，以此作为实施商业计划的大纲。

接下来，他们要明确围绕产品出现的几个问题。例如，我的产品或服务理念是什么？产品特征和价值是什么？该产品能否开发？是否需要进一步的技术研究？客户群体有哪些？怎样才能发现这些群体？统计市场研究和客户评论能够推动问题评估和商业规划吗？

这个阶段还可以奠定有关产品交付的一些基本假设条件，其中包括对竞争差异、销售渠道和成本问题的讨论。绘制初次定位表可以更好地向风险投资资本家或企业高层介绍公司情况及其带来的利益。此时的商业规划应说明市场规模、竞争优势，并应进行财务分析，同时在附录中提供详细的收支预测表。

Webvan 很好地做到了上述工作。这家公司于 1996 年 12 月成立，不但制订了诱人的商业计划，而且创始人拥有深厚的管理背景。1997 年，Webvan 从硅谷知名风险投资家手中筹集到了 1000 万美元的启动资金，在随后不到两年的时间里，公司在 IPO 前共获得了 3.93亿美元的私募投资。

（2）产品开发阶段

第二个阶段是产品开发阶段。随着公司各职能部门的建立，相关的开发活动被分配到各个团队来实施。营销部门负责确定商业计划中描述的市场规模，开始定位产品最初的客户。与此同时，工程部门正忙着明确特征和开发产品。产品开发通常会扩展为“瀑布式”的几个相互关联的步骤，每一个步骤都强调最小化以确定产品特征组的开发风险。瀑布式开发流程（见图12-2）一旦启动就永无回头之路，产品即使出了问题也不可能再进行修改。通常情况下，这一流程会持续不断地进行 18～24 个月，甚至更久，中间即使出现任何有利于企业的变化或新创意，该流程也不会中断。

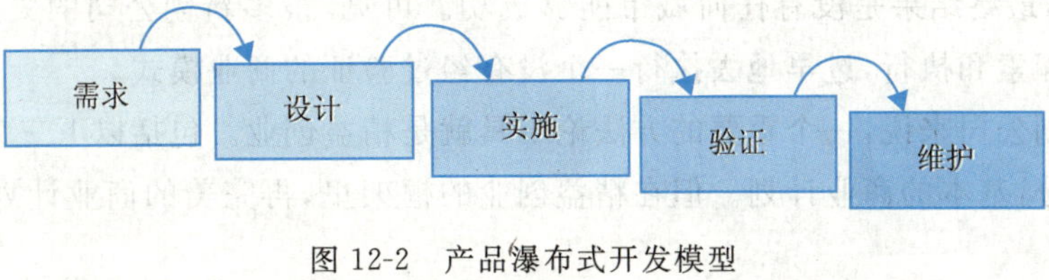

图 12-2 产品瀑布式开发模型

(3) 内部/外部测试阶段

第三个阶段是内部测试和外部测试阶段。工程部门继续按照传统的瀑布式模型开发产品,以首次客户交付日期为目标安排开发进度。进入外部测试阶段,和少数外部用户一起测试产品,确保产品满足既定的设计目标。营销部门负责开发完整的营销沟通方案,建立企业网站,为销售人员提供各种支持材料,开展演示活动。公关部门负责调整定位,联系知名媒体和博客,开展品牌塑造活动。

(4) 产品发布和首次客户交付阶段

产品投入运营后,建立销售渠道和支持营销活动需要大量资金。如果企业不具备早期资产变现能力,势必要筹集更多的资金来支持运营。首席执行官会检查产品发布活动以及销售和营销团队的发展规模,再次向投资者募集资金。

Webvan公司于1999年6月推出了第一个地区级网店(仅在外部测试1个月之后),然后在两个月后申请IPO。在IPO当日,公司募集到4亿美元投资,市值达到85亿美元,甚至超过了美国三大杂货零售连锁品牌的市值总和。但谁也没想到的是,这份辉煌竟会如此短命。

12.1.2 精益创业思维的提出

在对以往传统创业思维和"火箭发射式"创业思维反思的基础上,近年来,硅谷开始兴起一股精益创业的热潮。精益创业(lean startup)的概念由硅谷创业家埃里克·莱斯(Eric Rise)于2012年在其著作《精益创业》一书中提出。但其核心思想受到了史蒂夫·布兰克(Steve Blank)的《四步创业法》中"客户开发"方式的很大影响,后者也为精益创业提供了很多精彩指点和案例。史蒂夫·布兰克是一位连续创业者,他先后创办了8家公司,有4家公司上市。他在近年来开始推动精益创业运动,现在也在斯坦福大学和加利福尼亚大学伯克利分校任教。

精益创业的核心思想是,先在市场中投入一个极简的原型产品,然后通过不断的学习和有价值的客户反馈,对产品进行快速迭代优化,以期适应市场。其理念可以追溯到软件行业的敏捷开发管理。精益创业可以理解为敏捷开发模式的一种延续。

新创公司与大公司两者的真正区别在于商业模式是否已知,大公司已经有被验证了的商业模式,而新创企业没有。大公司更多的是在运营和执行层面执行已知或已经确认的商业模式,而新创公司则是探索未知的商业模式。新创公司肯定不是大公司的缩微版。

新创公司之所以失败,是因为它们混淆了探索与执行。

Webvan在它的商业模式根本没有得到确认之前,就匆忙地想把这个模式复制到其他20多个城市,最终结果是没有任何城市能够成功。可见,很多新创公司的失败,根本原因在于混淆了探索和执行,过早地去执行一个没有经过验证的商业模式。

对于新创公司来说,一个重要的方法论工具就是精益创业。包括以下三大部分:

第一部分,基本的商业计划。但在精益创业的框架里,再完美的商业计划也只是前提和假设。

第二部分,客户开发。也就是说,把客户开发和产品开发同步进行,甚至把客户开发放在产品开发之前,这是和传统的火箭发射式封闭开发(先产品开发,再后续导入客户)模式完全相反的一个模式。客户开发是整个精益创业的重心，而非产品开发。在精益创业的框架里，客户居核心地位，产品根据客户的需求来开发。

第三部分，精益研发。在开发以及服务的过程中，用精益研发的方式来高速迭代、科学试错。即用商业计划建立前提和假设，从一开始就把客户导入创业过程中，用高速迭代、科学试错的方式来迭代并获取认知。

12.2 精益创业的基本框架

12.2.1 精益创业的理念

一般来说，新创企业会经历四个阶段，第一、第二个阶段是探索商业模式；第三个阶段是放大商业模式，也就是说，在这个点上，商业模式基本确立；第四个阶段是进入正常的运营状态。

第一个阶段是发散式的探索，不确定性极高。你可能会尝试多个方向，快速转向，不停试错。第二个阶段是聚焦式的探索，已经初步确立了方向，有可能在两三个路径中选择商业模式。第三个阶段是商业模式确立，进入放大阶段。第四个阶段是商业模式的正常执行。

传统商学院的 MBA 教育，80％集中在第三、第四个阶段，第一、第二个阶段几乎是一片空白。所以精益创业的重大意义，在于对整个传统商学院创业教育的补充。

在第一、第二个阶段的现金流是负的。对企业来说，在这两个阶段中，如何快速地迭代、如何在现金流燃尽之前最终确立商业模式，是新创公司能够存活的一个关键点。在硅谷创业实践中，这个点被称为 sweet spot，意即“甜点”。此时，新创公司终于确立了商业模式；CEO 终于可以去向董事会汇报：“我们已经找到了未来的路径”；而投资人终于可以确认这个公司能够值一点钱，有一点价值了。

精益创业聚焦于前两个阶段，也就是说如何从 0 走到 1。商业模式的放大是在第三个阶段，即如何从 1 到 100，而最后一个阶段——如何从 100 到 110，则是传统商学院所覆盖的内容。

史蒂夫·布兰克提出基于精益创业理念的“四步创业法”，该方法共分两大阶段四个步骤，如图 12-3 所示。

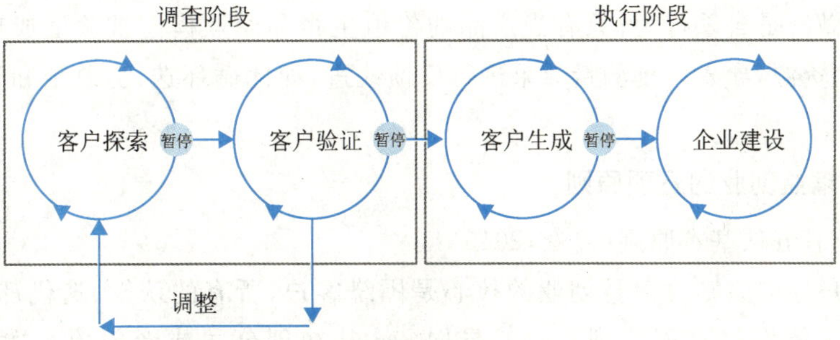

图 12-3 “四步创业法”

资料来源：史蒂夫·布兰克，2013

第一阶段：创业调查阶段。该阶段主要是验证产品的价值主张(value proposition)和商业模型是否成立，不需要成立公司。客户探索和客户验证是精益创业的起点，通过这种方法探索客户痛点，并定义客户痛点和解决方案。

第一步，客户探索(customer discovery)。进行客户市场细分，寻找天使客户，通过和客户访谈，确定产品方向。

定义基本假设：客户痛点假设和解决方案假设。

停止推销，开始倾听：在探索阶段，倾听的技巧非常关键，观察、倾听客户，与客户访谈，不能急于推销解决方案，在很长一段时间内应该对推出自己的解决方案保持克制。

不断探索，积累认知：不断探索和迭代，把认知逼近真实痛点。

第二步，客户验证(customer validation)。开发最小可行产品(minimum viable product，MVP)，验证假设，如果不成功，轴转到第一步。

验证基本假设：客户痛点假设和解决方案假设。

验证商业模式：是否可重复、可规模化。

寻找早期支持者：与天使客户之间进行大量的互动，如果没有客户就轴转到调查阶段。

商业模型得到验证的标志：成单，MVP有人买单。

轴转(pivot)是客户开发的核心反馈机制，通过循环往复，不断获取和更新对产品和市场的认知，免除危机。轴转的关键在于快速、敏捷地把握时机。

很多初创企业的失败不是因为商业模式或者产品有问题，而是因为等不到最终完成商业模式验证的那一天。所以轴转的过程必须敏捷和快速，速度越快，对现金流的需求越小。

第二阶段：创业执行阶段。该阶段包括客户生成和企业建设两个步骤。这部分是传统商学院教育的重点内容。

第三步，客户生成(customer creation)。投入营销资源，开拓客户渠道。

第四步，企业建设(company building)。成立公司，建立组织架构。

精益产品的迭代过程应用于创业执行阶段：强化产品的价值主张，树立竞争门槛，拓展客户。

当产品的价值主张和商业模型尚未得到验证的时候，切忌投入营销资源，强行拉动用户增长，这种做法是自杀行为；只有当产品的价值主张和商业模型被验证成功以后，才能逐渐导入营销资源，导入一批测量效果进行反馈改进，如此循环迭代，总结和积累“经证实的认知”。

12.2.2 精益创业的五项原则

精益创业有五项基本原则(龚焱，2015)：

第一，客户导向原则。精益创业的核心是围绕客户，所有的认知、迭代都是围绕客户而展开的；而火箭发射式创业则是自我导向——从初创公司或者创始人本身导入创业过程。

第二，行动原则。行先于知，而不是用知来引导行，从计划导向转为行动导向。

第三，试错原则。从完美预测转向科学试错。本章后面要提到的 MVP 就是试错过程中非常重要的一个工具。

第四，聚焦原则。初创企业最好首先聚焦在最关键的天使客户上。

第五，迭代原则。从火箭发射式创业中的完美计划、完美执行，转换到精益创业的高速迭代。迭代和速度都是非常关键的。

精益创业从行动开始，是行动导向而非计划导向的，它用科学试错的方式来获取认知，由行而知，完成学习的第一循环。同时，将所收获的认知转向行动，由知而行，完成学习的第二循环。再不断地重复这个过程，最终形成认知的不断更迭与行动的不断调整。这是精益创业在思维上的一个基本模式。

12.2.3 精益创业的适用范围

精益创业来源于互联网行业，它是软件开发的一种新模式。但其背后的"客户验证"思想在大量非 IT 领域得到了应用。例如，美剧往往都会先拍摄一部几十分钟的先导片，交代主要的人物关系、矛盾冲突、故事背景，然后邀请几十位观众参加小规模的试映会，再根据观众的反馈来决定剧情要做哪些修改，是否需要调整演员，以及决定是否投拍。在每一季结束时，制作方又会根据收视率和观众意见，决策是砍掉该剧还是订购新一季内容。这种周拍季播的模式，把所有的决策权交给观众，让制作方的投资以及失败成本降到了最低，是一种典型的精益创业方式(埃里克·莱斯，2012)。

整体而言，精益创业适合客户需求变化快，但开发难度不高的领域，比如软件、电影电视、金融服务等领域。在国内，大众点评网等就采用这种小步试错的方式进行开发，一些传统企业如中信银行信用卡中心利用精益创业方式进行信用卡产品及客户服务的创新。

由于精益创业需要经常进行客户验证，因此对于一些客户验证成本较高，或者技术实现难度较大的工作并不适合。比如大型赛事，其服务客户是全体运动员，想要获得他们的频繁反馈是比较困难的。又比如航天工程，客户需求是比较明确、清晰的，主要难点在于飞行器的技术实现和对接控制。

12.3 最小可行产品(MVP)

12.3.1 最小可行产品的定义

精益创业最核心的思想是"最小可行产品"。什么是"最小可行产品"？简单地说，就是一个产品雏形。将它推向市场后，根据客户反馈来改进。例如，在建筑行业，建一座房子之前，必先搭一个模型，这就是"最小可行产品"。

在市场不确定的情况下，通过设计实验来快速检验你的产品或方向是否可行。如果你的假设得到了验证，再投入资源大规模进入市场；如果没有通过，那这就是一次快速试错，应尽快调整方向。

大部分初创企业都不是按照原有计划发展的。虽然那些最终成功的企业经历了很多失败，但是它们不停地从客户那里学习，以适应并改进自己初始的想法。

汽车行业更典型，各厂商时不时推出概念车，先看看客户的反馈。

在把“最小可行产品”推向市场的过程中，如何测试客户的反应呢？要注意以下三点：

（1）尽快地将产品或概念传递给客户以获取人们的反馈；

（2）需要了解你的目标客户在哪里，以便有效地传递信息；

（3）传递的信息应该是真实不加修饰的。

小案例

Dropbox用MVP顾客验证案例

扫二维码看Dropbox创始人演示视频

现在很多人都有不止一台电脑，这就需要解决一个“同步”的问题。Dropbox是一个提供同步本地文件的网络存储在线应用，支持在多台电脑、多种操作系统中自动同步，并可当作大容量的网络硬盘使用。但Dropbox创始团队最初拿着这一创业点子去找风险投资时，遭到了风险投资的拒绝。

当时团队还拿不出一个成形的产品，风险投资根本没有耐心听取团队的创意阐述。Dropbox团队灵机一动，做了一个三分钟的动画视频，将产品的功能特点以动画的形式演示出来，然后将视频放到网上。结果，一天之内有数万人给予了反馈，表示对这个产品充满期待。

当产品尚处概念阶段时，Dropbox创始团队就将概念与潜在客户进行了分享。在之后的运营中，团队也不断根据客户的反馈来改进产品。如今，Dropbox已成为同类产品中的翘楚。

有一些产品，在经历了最初大而全的产品设计失败后，又回归到最小可行产品，从而取得市场成功。比如，团购网站Groupon。虽然团购网站最风光的日子已经过去，但当年Groupon的出现，的确带起了一股团购风潮。这个网站最初名为The Point，是一个大而全的网站，创始人试图将各种具有相似想法和需求的人汇聚到一起，然后凭借群体的力量，让事情进展得更顺利。

无论你喜欢养猫养狗、喜欢旅行，或者有购买某个产品的需求，都可以在这个网站上找到同类。但是，直到创始人将网站改为聚焦于“团购”的Groupon，经营才开始走入正轨。①

MVP的定义透露了两个关键点：第一，它并不针对所有用户，而只是针对天使用户；第二，它并非一个庞大、复杂的功能组合，而只是一个最小、最基本的功能组合。

---

① 资料来源：http：//www.managershare.com/post/171702.

《精益创业》的作者埃里克·莱斯反复强调以下两个观点：

第一，MVP只针对早期的天使用户，这群人对产品有更高的容忍度，能够看到产品的未来，愿意互动，一起改进产品。

第二，在产品功能上，建议把你想象中的产品砍成两半，再砍成两半，才可能达到真正的最小功能组合。可见，MVP在用户和产品上都选择了最小的切入点。

以美国最大的鞋类电商网站Zappos为例（见图12-4），它需要验证这样一个基本假设：在传统的消费习惯中，消费者买鞋需要在鞋店里试穿，那么有没有人愿意通过网购的方式来买鞋子？

创始人在设计MVP时，并没有去买一堆鞋子或者建立库存，而是直接在一个鞋店里拍下照片，将这些照片放到自己的网站上。如果有人在网站上买了某款鞋子，他就直接到鞋店里按原价把这款鞋子买下来再寄给顾客。

图12-4 Zappos官方网站页面

虽然在这个过程中，每卖一双鞋子，他都会损失一点钱，但是这点钱和验证基本假设相比，实在微不足道。因此，Zappos的创始人用非常小的代价，就验证了"用户是否愿意在网上买鞋子"这个假设。

微信1.0版也是一个非常经典的MVP。当时微信针对传统运营商短信费用很贵，且短信群发不容易这一痛点，推出只有免费短信和短信群发功能的1.0版。在第二版中，微信才加入了照片分享功能。之后，微信才逐渐加入摇一摇、语音、录音，以及其他一些功能。

我们回溯历史，会发现改革开放其实也是一个伟大的 MVP，如此规模宏大的改革开放事实上就是从深圳的一个小岛蛇口开始的。在蛇口这里进行了用户探索和验证，继而放大商业模式，最终进行商业模式的执行。

用 MVP 验证两个关键点的过程可以分为以下三步：

第一步：设计 MVP，即针对天使用户设计一个最小的产品集合。

第二步：将 MVP 投入使用，进行测度与数据收集，并将数据和预设的指标进行比较。

第三步：用最快的速度获取认知，放弃一切无助于认知的功能。

对此，埃里克·莱斯提出了精益创业开发—测量—认知反馈循环概念(见图 12-5)，在循环中把总时间缩至最短。

在用 MVP 验证基本假设的过程中，关键点之一就是速度，用最快的速度获取认知，同时放弃一切无助于认知的功能。换句话说，MVP 要求在用户上聚焦于天使用户，在产品功能上也聚焦于最小级别的产品功能，这是 MVP 的核心(龚焱，2015)。

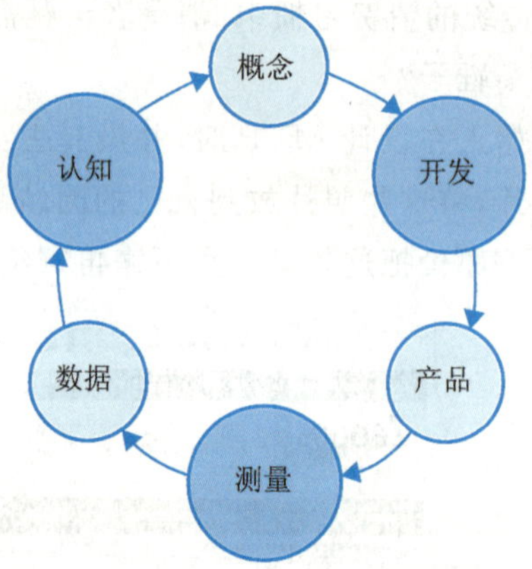

图 12-5 精益创业开发—测量—认知反馈循环

资料来源：埃里克·莱斯，2012

12.3.2 如何验证最小可行产品

验证最小可行产品(MVP)的 15 种方法[①]如下所述。

(1) 用户访谈

在创业过程中，没有严格的定理，只有各种不同的意见和假设。而验证各种观点是否正确的重要途径就是与真实的用户进行沟通，向用户解释你的产品能解决他们的什么需求，然后询问他们对于产品不同部分的重要性是如何排序的，最后根据收集到的信息再对产品进行调整。

需要注意的是，用户访谈应该着眼于发现问题和解决问题，而不是向受访者推销产品。

(2) 登录页

登录页是访客或潜在用户了解产品的门户，是介绍产品特性的一次营销机会，也是在实战中验证 MVP 的绝佳时刻，你可以借此了解产品到底能不能达到市场的预期。

很多网站的登录页都只是要求用户填写 email，但是实际上登录页还可以有更多的拓展，例如增加一个单独的页面来显示价目表，向访客展示可选的价格套餐。用户的点击不仅显示了他们对产品的兴趣，还展现了什么样的定价策略更能获得市场的认可。

① 资料来源：http://36kr.com/p/217020.html.

为了达到期望的效果，登录页需要在合适的时机给消费者展现合适的内容。同时，为了准确了解用户的行为，开发者也应该充分利用 Google Analytics、KISSmetrics 或 CrazyEgg 等工具统计分析用户的行为。

(3) A/B 测试

当你不确定如何才能有效地提升注册率和转化率时，可以尝试 A/B 测试。开发两版页面，然后将这两个页面以随机的方式同时推送给所有浏览用户，再通过 Optimizely、Unbounce 或 Google Analytics 等分析工具，了解用户对于不同版本的反馈(见图 12-6)。

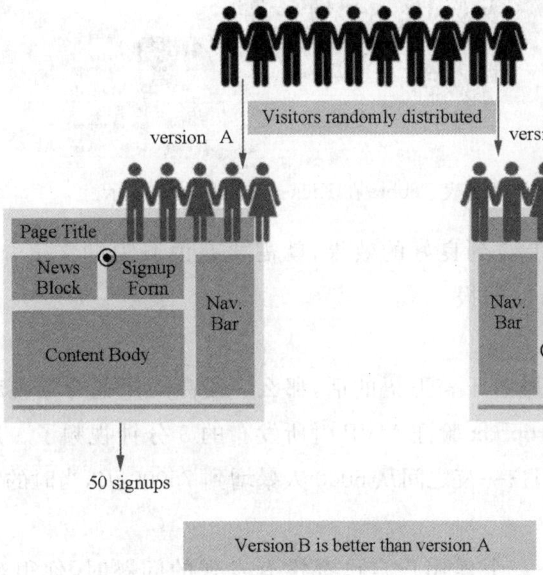

图 12-6 A/B 测试示意

(4) 投放广告

这一点可能和传统的观点相悖，但实际上，投放广告是验证市场对于产品反应的有效方法。你可以通过 Google 等平台将广告投放给特定的人群，看看访客对于你的早期产品有何反馈，看看到底哪些功能最吸引他们。你可以通过网站监测工具收集点击率、转化率等数据，并与 A/B 测试结合起来。

但是请注意，搜索广告位的竞争非常激烈，所以，为 MVP 投放广告的主要目的在于验证市场对产品的态度，不要一味地追求曝光量，用户对于产品真实的反馈才是无价的。

(5) 众筹

Kickstarter 和 Indiegogo 等众筹网站为创业者测试 MVP 提供了很好的平台。创业者可以发起众筹，然后根据人们的支持率判断人们对于产品的态度。此外，众筹还可以帮助创业者接触到一群对你的产品十分有兴趣的早期用户，他们的口口相传以及持续的意见反馈对于产品的成功至关重要。

Kickstarter 上已经有了许多成功范例，比如电子纸手表 Pebble 和游戏主机提供商 Ouya。它们在产品开发出来之前就筹得了上百万美元，并且取得了巨大的反响(见图 12-7)。

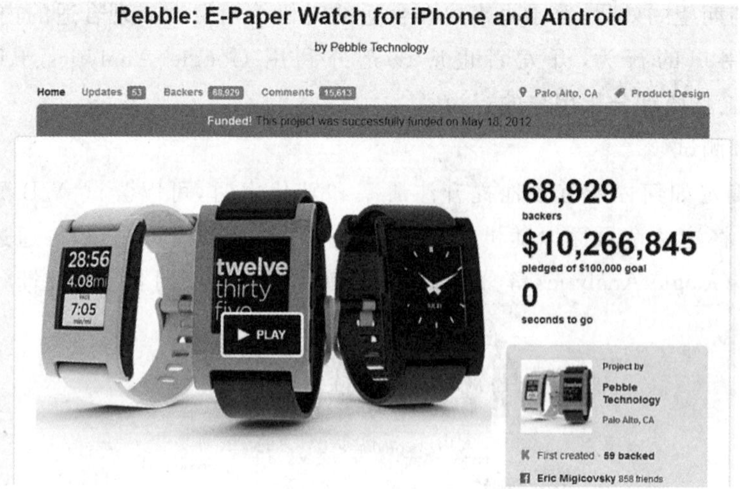

图 12-7　电子纸手表 Pebble 在 Kickstarter 网站众筹示意

当然，如果想在众筹网站上收到良好的效果，就需要有说服力的文字介绍、高质量的产品介绍视频以及充满诱惑力的回报。

(6) 产品介绍视频

如果说一张好的产品图片胜过千言万语的话，那么一段高质量的介绍视频的价值则不可估量。最著名的例子就是 Dropbox 验证 MVP 时所发布的 3 分钟视频了。这段视频介绍了 Dropbox 的各项功能，注册用户一夜之间从 5000 人暴增到 75000 人，当时的 Dropbox 甚至连实际的产品都还没有。

当你开发的产品解决的是一个连用户自己都没有发现的问题时，你很难接触到目标消费群体。Dropbox 的介绍视频起到了良好的效果，假如 Dropbox 在介绍时只是说“无缝的文件同步软件”，绝对不可能达到同样的效果。视频让潜在消费者充分了解到这款产品将如何帮到他们，最终触发消费者付费的意愿。

(7) 碎片化的 MVP

所谓碎片化的 MVP，是指利用现成的工具和服务来做产品的功能演示，而不要完全由自己开发。

在团购网站 Groupon 的创建早期，创始人使用了 Wordpress、Apple Mail 和 AppleScript 等工具，将网站收到的订单手动生成 PDF 后再发给用户。自己花时间和金钱搭建各种基础设施，远不如利用现成的服务和平台，通过这种方式，开发者可以更高效地利用有限的资源。

(8) 软件即服务(SaaS)、平台即服务(PaaS)

SaaS(Software as a Service)，软件即服务；PaaS(Platform as a Service)，平台即服务。在产品开发的初期，可以利用 AWS、Heroku、MongoDB、Facebook Connect、Chargify、Mixpanel、Mailchimp、Google Forms、LiveChat、WordPress、Drupal 等软件和平台(见图 12-8)加快开发过程，尽快将你的 MVP 推向市场。

图 12-8 产品开发初期部分可利用的软件和平台

设计和开发框架也能够有效地节约时间和金钱，可选择的范围很大，比如 Twitter Bootstrap、ZURB Foundation、Ruby on Rails、Django、Bootstrap. js、Node. js 等。这些框架或目录提供了大量文档，能够帮助你迅速搭建起 MVP，推向市场。

此外，很多开发者所面临的浏览器兼容性、移动端界面设计、代码优化等问题也能够轻松解决。你需要做的，就是集中注意力开发产品。

(9) 博客

通过博客可以很容易地在目标群体中验证自己的想法，通过双向的交流可以在 MVP 的开发过程中及时收集用户的反馈意见。

此外，博客也可以作为产品的早期原型。例如，《精益创业》的作者埃里克・莱斯就是先在博客上与读者有了一定的交流，后来才开始写作。通过博客可以了解受众的观点，并刺激他们将来买书的欲望。

(10) 虚构的 MVP

在产品的早期，除了制作视频和搭建代码框架之外，你还可以利用虚构的 MVP，在产品开发出来之前人工模拟真实的产品或服务，让消费者感觉他们在体验真实的产品，但是实际上产品背后的工作都是手工完成的。

鞋类电商 Zappos 刚刚起步时，创始人 Nick Swinmurn 把本地商店鞋子的照片放在网站上，来衡量人们在线购买鞋子的需求。当有人下单时，他再去把鞋买回来。

这种方法虽然规模很小，但是让你能够在产品设计的关键阶段跟消费者保持良好的交流，了解消费者使用网站时的一手信息，更快捷地发现和解决现实交易中消费者遇到的问题。对于消费者来说，只要产品够好，谁在乎背后是怎么运作的。Zappos 最终非常成功，在 2009 年以 12 亿美元的价格被亚马逊收购。

(11) 贵宾式 MVP

贵宾式 MVP 和虚构的 MVP 类似，只不过它不是虚构一种产品，而是向特定的用户提供高度定制化的产品。

服装租赁服务商 Rent the Runway 在测试其商业模式时，为在校女大学生提供面对面服务，让每个人在租裙子之前能够试穿。Rent the Runway 通过这种方式收集到大量顾客的真实反馈以及付费的意愿（见图 12-9）。

图 12-9 Rent the Runway 网站页面

（12）数码原型

实物模型、线框等可以展示产品的功能，模拟实际的使用情况。它们既可以是低保真度的框架，也可以是展示实际的用户体验截图（见图 12-10）。

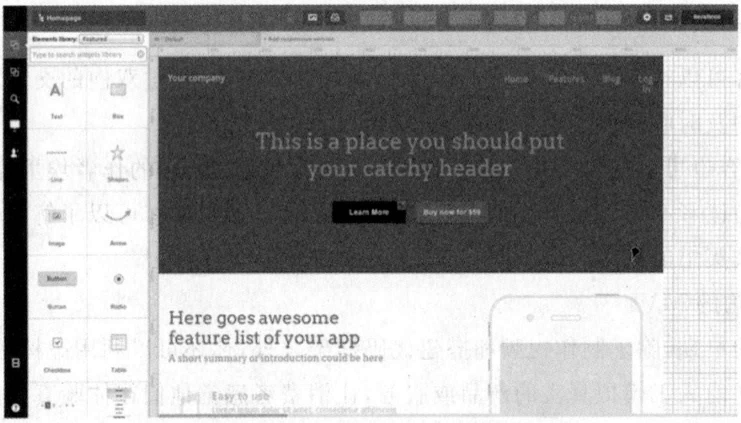

图 12-10 数码原型示意

（13）纸质原型

纸质原型与数码原型类似，既可以是剪切画，也可以是在纸上手绘的框架，用来展示用户使用产品的体验（见图 12-11）。

图 12-11 纸质原型示意

纸质原型的优势在于，不论是产品经理还是设计师，抑或是投资者、最终用户都可以利用。而且不需要太多的解释，因为它给你的就是实际产品的缩影。

对于手机、椅子等实体产品的开发来说，这种方法是非常有价值的。

(14) 单一功能的 MVP

在做最小可行产品时，专注某个单一功能会更加节约开发的时间和精力，避免用户的注意力被分散，让他们关注到产品的主要功能。

Foursquare 在上线之初只是为了让用户可以在社交媒体上签到。他们的第一版 App 也仅有这一个简单的功能。Buffer 最初的功能就是定时发 Twitter，且每个用户只能绑定一个 Twitter 账号。

这种限制帮你缩小了早期用户的范围，让你关注更重要的问题，比如测试产品是否适应市场等，而不要担心乱七八糟的事情(见图 12-12)。

图 12-12 Foursquare 用户界面

(15) 预售页面

预售与众筹类似,能帮你找到潜在客户,甚至在你的产品开发出来之前就吸引他们购买。

比如说Oculus Rift的这款VR设备,开发者在投产之前就发布了预售页面(见图12-13)。很多在Kickstarter上众筹的项目也是以预售的形式进行的。通过预售,你可以了解到人们对产品的需求到底有多大,进而考虑是否还要继续展开项目。

预售所面临的挑战在于能否如约发货。没有人喜欢虚无缥缈的东西,消费者给了你信念上和资金上的支持,你必须对他们负责,不能辜负了他们。

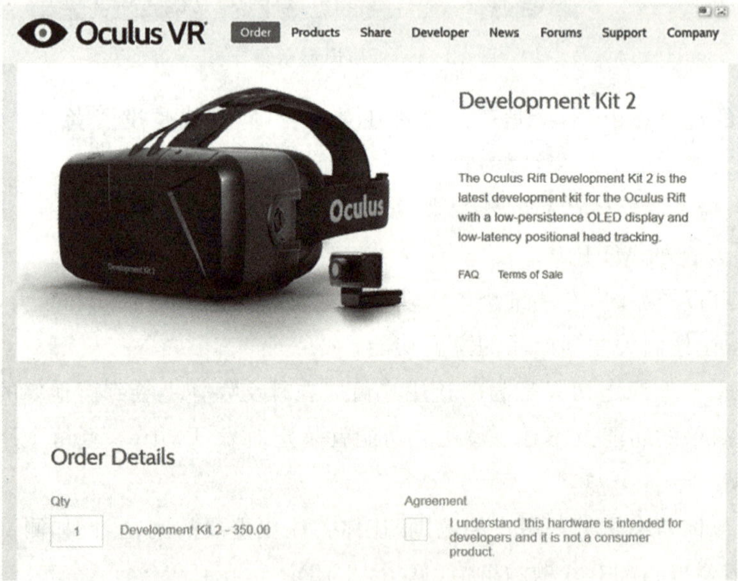

图12-13 Oculus VR设备预售页面示意

小案例

今夜酒店特价

今夜酒店特价平台的创始人任鑫,在他们准备上马这个项目的初期,他们更多参考了国外同类产品的模式,重点面向商旅人士,在一个城市寻找几家深度合作的酒店,建立线上支付体系,采用预付费的模式。结果,一段时间下来,经营状况非常惨淡,每天的订单量掰着手指头就能数过来。一开始他们觉得方向没错,应该是执行出了问题。直到半年后,他们终于清醒过来,其实是最初的假设有问题。但是大半年的时间已经浪费了。

当任鑫后来反思这一段创业经历的时候,他得出一个结论:创业公司尽全公司之力做了一款产品,最后却没人使用,这才是真正的浪费。

如果一开始他不着急投入大量人力、物力，深入线下与大量的酒店谈合作，而是把艺龙、同城、淘宝等线上房源数据签过来，集中在一个页面上，哪怕自己掏腰包对每间房优惠100元，就可以做一个很好的实验，测试用户是否需要这样的服务；如果需要，哪种模式更符合消费者的使用习惯。这样可能一两个月的时间就能掌握有效信息，而且成本极低。

资料来源：91运营. 创业需要MVP. http://www.91yunying.com/124.html.

大众点评网

大众点评网的创始人张涛花了3天时间做出了大众点评网最早的一个网页。以前他羞于给别人看这张图，因为太丑陋了。但是后来，他觉得这张最简陋的网页就是MVP。当时他没有跟任何一家餐馆签协议，而是将旅游手册里的1000多家餐馆信息录进网站系统。他就想验证一件事：网民在一家餐馆吃完饭，是否愿意进行点评？这个认知的获得是大众点评网商业模式最重要的起点。

当然，那时候他们还是无意识地做MVP，现在他们已经主动选择这样的产品策略。举个例子，大众点评网想切入餐馆订位服务，市场上有很多解决方案，比如电话预订。在经过一番研究之后，他们想到一种声讯电话模式。简单地说，就是用户在手机上提交预订请求，然后用技术把文本转为语音，之后通过声讯电话服务商把用户的要求发送给相应的餐馆，餐馆可以简单地通过按"1"或者"2"来选择是否接受预订，最后大众点评网把预订结果以短信形式通知用户。

这个解决方案听起来很漂亮，但是，开发这套系统至少需要3个月时间，而且他们也不确定用户是否愿意通过这种方式来预订餐位。MVP的概念再次帮了张涛的忙，他做了一个极为"性感"的试验：一开始根本不用语音转化技术和声讯电话业务，而是后台有两位客服人员人工地接收信息，致电餐馆，回复用户，换句话说，只是"假装"成声讯电话的样子。最后验证这个需求和解决方案是可行的，他们才投入大量资源来开发系统。目前，这个服务已经成功地在上海铺开，下一步会进入北京。

资料来源：91运营. 创业需要MVP. http://www.91yunying.com/124.html.

12.4 精益创业画布

精益画布是《精益创业实战》的作者Ash Maurya(2013)根据亚历山大·奥斯特瓦德的"商业模式画布"方法改良而来的。精益创业画布更适合作为创业初期团队梳理思路的工具。

12.4.1 精益创业画布的优点与基本框架

精益创业画布的基本框架如图12-14所示。具体来说，其优点如下所述。

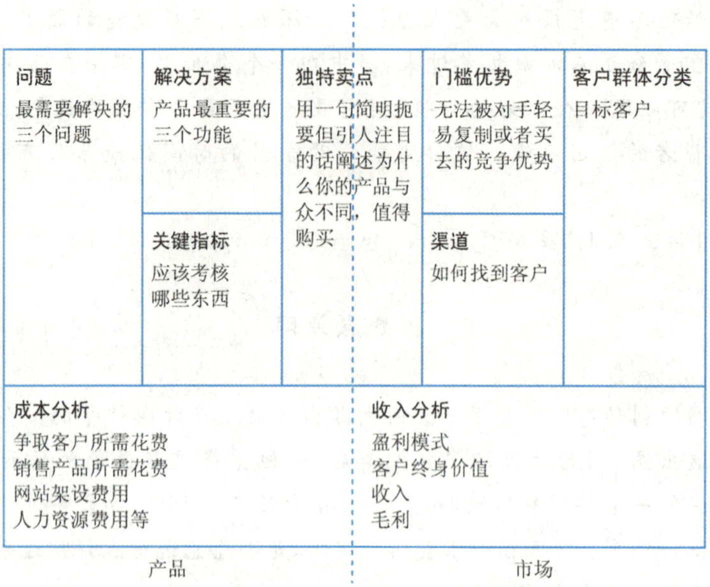

图 12-14　精益创业画布框架

资料来源：Ash Maurya,2013

(1) 制作迅速

与写商业计划书需要几周甚至几个月的时间相比,你只需要一个下午就能在精益创业画布上大致描述出多种不同的商业模式。

(2) 内容紧凑

精益创业画布提醒你尽量做到简明扼要。你可以假想自己和投资人同乘一架电梯,而你只有 30 秒的时间来抓住投资人的注意力。或者假想客户点击进你的主页,你只有 8 秒钟的时间来抓住他们的注意力。

(3) 方便携带

把商业模式放在一页纸上便于和他人进行分享和讨论,这意味着它的曝光率将会更高,能够得到不断的修改,从而日趋完善。

硅谷孵化器 500 Startups 的创始人戴夫・麦克卢尔曾经参加过数百场创业者推介会。在这些推介会上,他总会反复提醒创业者,他们用来谈论解决方案的时间太多,而介绍商业模式中其他元素的时间却少得可怜。客户并不关心你的解决方案是什么,他们只关心自己存在的问题。

创业者们总是喜欢探寻解决方案。不过,如果根本没人关心你的问题,你又何苦浪费时间精力去寻找解决方案呢？所以说,你的任务并不只是提供最佳解决方案,而是形成一套完整的商业模式,并保证模式中的所有元素都能够相互配合。

把商业模式看成产品能够提高效率。这不但可以让你的商业模式变得完整,而且还让你可以使用那些久经考验的产品开发方法来打造公司。

从更高的层面来看,你会发现这些基本法则实际上无非是“分而治之”,只不过是把这种思想用在了创业这件事上而已。

精益画布将商业模式分割成九个相互独立的部分。

12.4.2 精益创业画布的制作步骤

精益创业画布建议的制作顺序如图 12-15 所示。

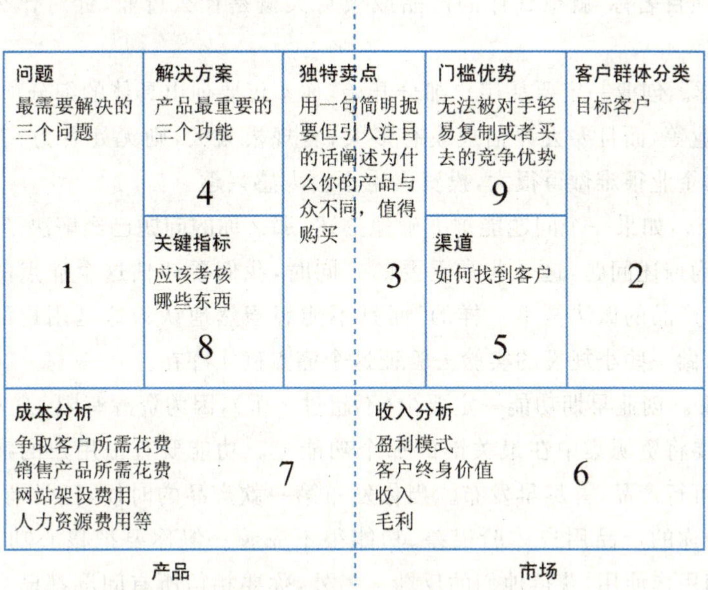

图 12-15 精益创业画布制作顺序

资料来源：Ash Maurya，2013

在 Ash Maurya(2013)精益创业画布的基础上，我国精一天使公社结合中国创业实践进一步优化和完善了精益创业画布，如图 12-16 所示。

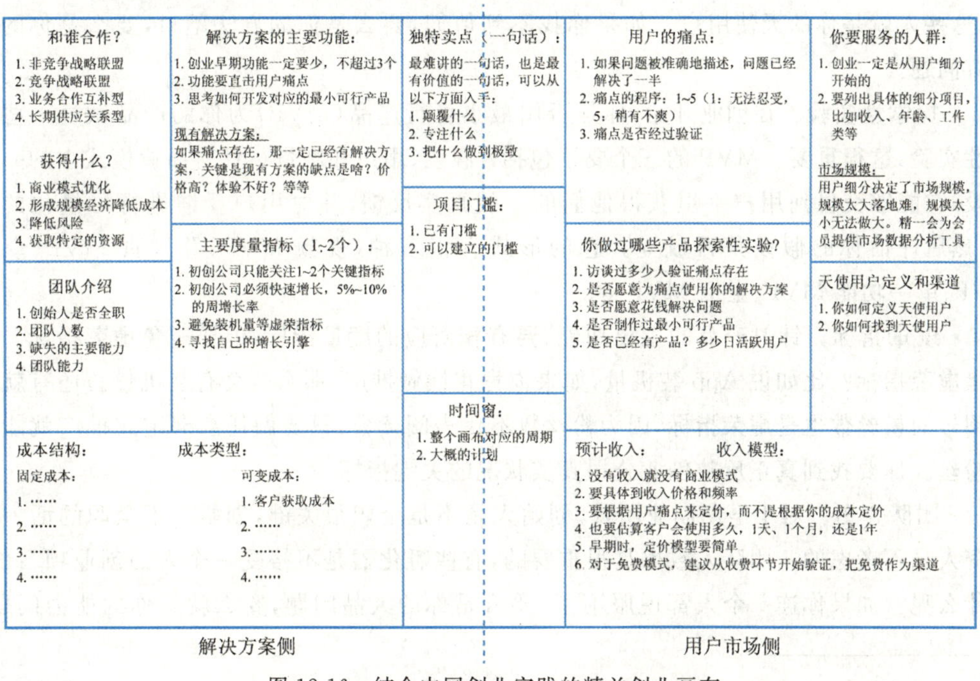

图 12-16 结合中国创业实践的精益创业画布

资料来源：精一天使公社. http：//www.leanone.cn

精益创业画布模块分解[①]：

➢ 项目名称。为你的产品或项目起一个比较简洁又容易记住的名字，这个很重要。要能让人一看到项目名称，就想到你的产品或项目大概是什么行业，针对什么用户，产品形态是什么样的。

➢ 服务人群。创业一定要从用户细分开始，你不仅要列出具体的细分项目，比如收入、年龄、工作、行业等，而且要去评估规模有多大，若规模太大，则无处着力；若太小，则定位太窄，以后你的企业很难做得很大，投资人也不会太感兴趣。

➢ 用户痛点。如果一个问题能被准确地描述，那么你的问题已经解决了一半。所以能发现问题并准确描述问题，这是非常重要的。同时，我们要评估这个痛点的程度，不同级别的痛点，你对产品的做法是不一样的，而且不能想当然地认为这是用户的痛点，一定要去和用户交流，做一些小规模的实验去验证这个痛点确实存在。

➢ 解决方案。创业早期功能一定要少(不超过 3 个)，因为资源有限，人力有限，能力有限，钱也有限，要将资源集中在最关键的那个功能上。功能要直击用户的痛点，而且要思考对应的最小可行产品，并尽早发布。当你发布第一款产品的时候，正常情况你应该感到不好意思，因为你的产品用户体验很差、功能很不完善。但你要把核心功能尽早发布出来，让你的早期用户使用，获得他们的反馈。另外，你要相信所有问题都已有了解决方案，你要看看你的解决方案跟现有解决方案的区别：是比它更便宜，获取用户更容易，还是比它体验更好？

➢ 天使用户定义和渠道。如果你的创业方向是对的，那么你一定能找到一批用户，他们在你的产品还不完善的时候，就愿意花时间跟你探讨你的产品，甚至花钱购买你的产品，这些人就是你的天使用户。如果你找不到他们，要么是你的方法不对，要么是你的创意有问题。

➢ 探索性实验。在创业开始，你是否用最小可行产品(MVP)为你的产品做过一些探索性实验，这很重要。MVP 的三个要素包括：假设、用户和度量。针对商业模式中的一个假设，它能够交付到用户手里获得他们的一线真实反馈，并对用户反馈进行可量化的度量，然后评估你的假设是否成立。它的形式有很多种，视频 MVP、登录页 MVP、众筹 MVP、单一功能 MVP、虚拟 MVP 等。

➢ 度量指标。针对产品的主要功能，要有相对应的度量指标，但要避免虚荣指标。什么是虚荣指标？比如说 App 装机量，如果你肯花钱做推广，那么就会有装机量。还有就是订阅号的粉丝数也是虚荣指标，因为粉丝数不代表阅读数，只要做任意绑定式推广就能获得粉丝。你要找到真正反映创业公司真实状况的关键指标。

➢ 团队介绍。对于早期创业团队，创始人是不是全职很关键，创始人不全职的话一般投资人是不考虑的。团队人数也是很重要的，有些孵化器是不接受一个人的创业项目的。为什么呢？如果你连一个人都说服不了，要么是你的人品问题，要么就是你的能力问题。

---

① 资料来源：精一学社. http://www.zhoujingen.cn/blog/5888.html.

创始人要具备能把人才吸引到身边的能力。一般团队人数越多，估值也会越高。

➢ 项目门槛。项目门槛分为两类：一类是先天门槛，就是指团队先天具备而别人不具备的资源；另一类是后天建立的门槛，就是指在产品开发、成长中建立的资源，它可以弥补你先天的不足。比如，你有的独特资源、实验室某项专利等，这些都是先天门槛，像你的社交产品的黏性、你培养的某种使用习惯等，都是后天建立的门槛。

➢ 和谁合作。合作者的类型是你需要考虑清楚的，如非竞争战略联盟、竞争战略联盟、业务合作互补型、长期供应关系型等，每一种合作的方式和策略都是不一样的。尤其对于初创企业而言，去看投资者的资源之前一定要清楚自己需要什么，再去衡量投资人的资源对你有什么价值。

➢ 时间窗。每一个计划都有时间窗，尤其是对早期项目，这个画布的计划不要超过 12 个月，最好在 6 个月。

➢ 成本结构。只有有了时间窗，成本结构和预计收入才会有的放矢。成本结构包括两个部分：固定成本和可变成本。比如你做一个网站，研发人员的成本就相当于固定成本，你有 10 个用户和 20 个用户，你的研发成本不会有明显变化，但你的服务器和带宽成本跟用户量就有很大关系，这就是可变成本。

➢ 预计收入。我们提倡每个创业项目开始的时候都要思考盈利模式，要在合适的时机去验证你的盈利模式。

➢ 独特卖点(一句话)。这个是最短，却是最难说的一句话。这句话就是所谓"电梯演讲"的一句话，你在电梯中遇到一个投资人，你有 30 秒时间来说明你的项目，也就是你的独特卖点来引起他的兴趣，这样你才有机会与他进一步交流。

扫二维码看精益创业画布视频讲解

本章小结

本章首先系统介绍了精益创业方法论兴起的时代背景，并比较了其与传统创业模式的联系和区别；在此基础上介绍了精益创业的基本框架、五项基本原则、适用范围等；随后介绍了如何利用最小可行产品(MVP)进行用户验证；最后介绍了精益创业画布这一实用的精益创业分析工具，并对精益创业画布的模块进行了介绍。

本章思考题

1. 为什么近年来精益创业方法论开始引起重视和流行起来？它和传统创业思维与模式有哪些区别和联系？

2. 精益创业的基本框架和过程是怎样的？

3. 精益创业有哪些基本原则？

4. 最小可行产品(MVP)有什么作用？如何去验证？

5. 精益创业画布怎么用？

案例分析

精益创业画布案例——CloudFire 项目

《精益创业实战》的作者 Ash Maurya 以 CloudFire 创业项目为例，介绍了如何制作精益创业画布。

背景：在 CloudFire 之前，我曾经推出过一个名为 BoxCloud 的文件共享程序。我们为这个程序设计了一套私有的 peer-to-web（简称 p2web）框架，简化了共享大型文件的流程。BoxCloud 的独特卖点在于它让人可以直接分享自己电脑上的文件和文件夹，而无须上传。其他人则可以直接从浏览器中访问这些文件和文件夹，无须安装任何客户端软件。

BoxCloud 针对的主要是商业用户，使用者有平面设计师、律师、会计以及小企业主等。我希望能挖掘 p2web 框架在多媒体共享（比如共享照片、视频和音乐）等方面的潜力，这就是做 CloudFire 的初衷。

非常粗略的分类：任何希望能共享海量多媒体内容的人。

较细分的潜在客户：摄像师、摄影师、多媒体消费者（我自己就是）、家长。

我刚开始的时候希望能先主攻多媒体消费者这个群体（我把自己作为一个典型的消费者），但我最近刚刚升级做了父亲，发现家长在分享照片和视频（特别是视频）的时候确实会碰到麻烦，所以我决定先为这个客户群体设计商业模式。

1. 问题和客户群体

在小孩出生之后，我们拍照和摄像（尤其是摄像）的频率猛增。我们本来就睡眠不足，而现在的媒体共享解决方案又太花费时间，而且有时候非常难用。家人（尤其是老一辈）和朋友对照片和视频等媒体的需求非常高，而且他们通常会希望尽快看到这些东西。

2. 独特卖点

在研究了各种替代解决方案之后，我决定把速度作为独特卖点中的“独到之处”，并把“无须上传”作为产品的宣传定位关键词。

随后，经过了几次客户访谈后，我的独特卖点就起了很大的变化。

3. 解决方案

根据我的问题列表，我简短地列出了在最小可行产品中需要有的最重要的几个功能（见图 12-17）。

4. 渠道

我打算先找几个内联式渠道（即我的朋友和托儿所其他孩子的家长）来做访谈，然后列几个潜在的扩张渠道以备随后使用。

5. 收入和成本分析

现有备选方案的定价情况如下：Flickr pro 和 SmugMug 的价位在每年 24～39 美元；苹果的 MobileMe 的价格是每年 99 美元（除了照片和视频分享外还包括很多其他服务）。在研究了这些数据之后，我决定把产品初始价格定为每年 49 美元。

<table>
<tr>
<td rowspan="2">问题
共享大量的照片、视频非常耗时
父母们没有自由时间
这些多媒体内容亲戚朋友很需要
<u>现存的备用解决方案：</u>
Flickr Pro、SmugMug、Apple MobileMe和Facebook</td>
<td>解决方案
随时分享，无须上传
整合iPhoto和文件夹
更好的通知系统</td>
<td rowspan="2">独特卖点
以最快的速度分享照片和视频
<u>简短宣言：</u>
无须上传即可轻松分享照片和视频</td>
<td>门槛优势
社区</td>
<td rowspan="2">客户群体分类
父母（创建人）
家人和朋友（浏览人）
<u>早期接纳者：</u>
家有婴幼儿的父母</td>
</tr>
<tr>
<td>关键指标
获取：注册
激活：创建第一个相册
留客：共享相册或者视频
口碑：邀请朋友和家人来使用
收入：在试用之后付费</td>
<td>渠道
朋友
托儿所
生日聚会
AdWords
Facebook
口口相传</td>
</tr>
<tr>
<td colspan="3">成本分析
服务器成本：Heroku平台（目前免费）
人力成本：40小时/周×65美元/小时×4周/月
≈1万美元/月</td>
<td colspan="2">收入分析
30天免费试用，之后每年49美元</td>
</tr>
<tr>
<td colspan="5">收支平衡点：
2000个客户</td>
</tr>
</table>

图 12-17 精益创业画布案例示意——CloudFire 项目

资料来源：Ash Maurya，2013

这些公司的收入中还包括传统打印（以及其他类似的商品），不过我并不确定现在有多少人还愿意购买实体打印照片，所以不知道这条路是否可行（这个假设还需要进一步验证）。更重要的是，打印服务属于附属收入，要从中获利，则客户必须先认可我们的独特卖点。所以说，我并没有把打印服务放到最小可行产品和初始画布里。

6. 关键指标

我把用户的行为和每一种指标都联系在了一起。

7. 门槛优势

CloudFire 是用私有的 p2web 框架来写的，这在早期能给我们一定的优势。不过，任何可能被山寨的东西都会被山寨。所以，我决定把我的门槛优势定位为别人难以复制的东西。这里，我把它设定为社区。在此基础上，形成了最终的精益创业画布。

问题讨论：

1. 对于 CloudFire 项目的精益创业画布内容，你觉得还有哪些方面可以进一步改进和完善？

2. 请参照 CloudFire 项目的精益创业画布，选择你所熟悉的本地一家创业企业，画出精益创业画布并与其他同学讨论。

本章精读文献

Blank, S. Why the lean start-up changes everything [J]. *Harvard Business Review*, 2013, 38(5): 63-72.

Chapter Article Summary(本章精读文献摘要):

In the past few years, a new methodology for launching companies, called "the lean start-up", has begun to replace the old regimen. Traditionally, a venture's founders would write a business plan, complete with a five-year forecast, use it to raise money, and then go into "stealth mode" to develop their offerings, all without getting much feedback from the people they intended to sell to. Lean start-ups, in contrast, begin by searching for a business model. They test, revise, and discard hypotheses, continually gathering customer feedback and rapidly iterating on and reengineering their products. This strategy greatly reduces the chances that start-ups will spend a lot of time and money launching products that no one actually will pay for. Blank, a consulting associate professor at Stanford, is one of the architects of the lean start-up movement and has seen this approach help businesses get off the ground quickly and successfully. He believes that if it's widely adopted, it would reduce the incidence of start-up failure. In combination with other trends, such as open source software and the democratization of venture financing, it could ignite a new, more entrepreneurial economy. There are numerous indicators that the approach is catching on: Business schools and universities are incorporating lean start-up principles into their curricula. Even more interesting, large companies like GE are applying them to internal innovation initiatives.

本章精读文献评述:

创新性创业不仅追求高增长,创新要素,同样是一种高风险的创业活动。大部分成功的创业者不仅敢于在风险的风口浪尖游泳,而且是不被风险所淹没的勇士。有效控制与管理风险是很多成功的创业者的共同特征。在实际的创业中,无论是科技初创公司、小微企业,还是大企业内部的创业项目,莫不如此。随着创业研究的不断深入,近来有越来越多的创业者与创业公司应用"精益创业",这种模式注重实验而非精心计划,聆听用户反馈而非相信直觉,采用迭代设计而非"事先进行详细设计"的传统开发方式。创业实践证明,这种模式极大地降低了创业风险。

本章推荐的这篇精读文章是世界著名精益创业理论与实践者史蒂夫·布兰克的研究论文,在这篇文章中,史蒂夫·布兰克具体介绍了精益创业的技巧及其进化方式。所有这些有关精益创业的内容,对于学习创业管理的学生与老师来说都是非常重要的。在创业领域,史蒂夫·布兰克是最早提出客户发展概念的硅谷企业家与创业者,他的创业理论曾经影响了一大批硅谷创业者,掀起硅谷精益创业的浪潮。受他影响的学生包括 Eric Rise(《精益创业》的作者)以及 Ash Maurya(《精益创业实战》的作者)等。这篇精读文章的核心论点之一是:初创公司并非大企业的微缩版。初创公司与大企业最根本的不同在于,大企业执行商业模式,初创公司寻找商业模式。这篇精读文章的核心论点之二是：与传统模式相比，精益创业模式能帮助企业更快、更便宜地推出客户真正需要的产品。精益创业模式也能降低初创企业的风险。这篇精度文献对于我国的大众创业与万众创新，对于我国的广大创业者来说是具有重要意义与启发作用的。精益创业有它的独特性，创业者采用精益创业的思路，先做出最小可行产品(MVP)，再进行小步快跑、快速迭代，这样可以少走很多弯路，大幅降低创新创业成本。在21世纪，无论是初创公司、小公司、大公司还是政府部门，都会不断感到颠覆式变革的压力，而精益创业模式能帮助它们正面迎接这种压力，快速创新，并彻底改变其对商业的已有认知。

本章作者介绍

郑刚，浙江大学管理学院创新创业与战略学系副教授，博士生导师，浙江大学硅谷创业实验室主任，美国斯坦福大学访问学者。主要从事技术与创新管理、科技创业等领域的研究与教学工作。

本章相关引用材料

[1] [美]Ash Maurya. 精益创业实战(第2版)[M]. 张玳，译. 北京：人民邮电出版社，2013.
[2] [美]埃里克·莱斯. 精益创业[M]. 吴彤，译. 北京：中信出版社，2012.
[3] 龚焱. 精益创业方法论：新创企业的成长模式[M]. 北京：机械工业出版社，2015.
[4] 精一天使公社. http：// www. leanone. cn.
[5] 精益营销：如何设计你的最小可行性产品. http：//www. managershare. com/post/171702.
[6] [美]史蒂夫·布兰克. 创业者手册[M]. 北京：机械工业出版社，2014.
[7] [美]史蒂夫·布兰克. 精益创业改变一切[J]. 哈佛商业评论，2013(5).
[8] http：//36kr. com/p/217020. html.

Chapter 13

第13章 金融创业

学习目标

了解互联网技术对金融创业的催化作用

了解互联网金融创业的基本概念

深入理解互联网金融创业的主要类型(如 P2P 网络贷款、众筹、第三方支付等)

掌握互联网金融创业存在的主要风险

章节纲要

本章主要分三节来阐述与探讨金融创业。第一节介绍了金融创业与互联网的关系、互联网金融的定义、中国互联网金融的发展阶段、互联网金融的特点;第二节总结了互联网金融创业的类型,包括 P2P 网络贷款、众筹、第三方支付等;第三节分析了互联网金融存在的主要风险,具体有信用风险、道德风险、技术风险和流动性风险。

开篇案例

陆金所的 P2P 实践

"陆金所"全称为上海陆家嘴国际金融资产交易市场股份有限公司,为平安集团旗下成员,是目前中国最大的网络投融资平台之一。陆金所于 2011 年 9 月在上海注册成立,注册资本金 8.37 亿元,总部设在国际金融中心上海陆家嘴。陆金所旗下的网络投融资平台在 2012 年 3 月正式上线运营。截至 2014 年 12 月末,注册用户约 500 万。2014 年 5 月,陆金所被美国最大的 P2P 研究机构评为中国领先并具有重要国际影响力的金融资产交易信息服务平台,其 P2P 线上交易服务已经位列全球三甲。陆金所的网络投融资平台即是 P2P 网络贷款平台,这是一种主要的互联网金融业态形式。互联网技术的快速发展怎么样为金融创业提供机会?基于互联网的金融创业有哪些主要形式?互联网金融创业面临哪些风险?这些内容将在本章展开讨论。

案例来源:陆金所介绍. http://www.lu.com;陆金所:聪明投资者的网络投融资平台. 新闻晨报, http://news.163.com/14/1226/01/AEBTR0E800014Q4P.html,2014-12-26.

13.1 金融创业概述

13.1.1 金融创业与互联网

金融创业是指发生在金融领域的创业活动。创业活动离不开机会，识别机会是创业者启动创业活动并创造价值的前提。现代信息和通信技术的发展、传统金融与社会需求间的巨大缺口、宽松的互联网跨界监管环境，催生了中国互联网金融庞大的市场，为创业者带来机会（李继尊，2015）。

以互联网、云计算和大数据为主的现代信息和通信技术快速发展，为基于互联网的金融创业提供了技术支撑。商业银行是一个国家金融体系的基础，其业务范围涵盖了经济领域的大部分范围，一般而言，其他金融机构都是在商业银行平台的基础上发展起来的。在我国，由于严苛的银行牌照行政审批制度和国有商业银行的巨大体量，商业银行的主导性地位尤其突出（徐二明、谢广营，2016）。因此，长期以来，金融抑制导致金融创业微乎其微。而互联网作为具有泛在性、通用性和开放性的基础设施，它与金融相融合，产生了有别于传统金融的互联网金融。互联网金融具有传统金融难以比拟的优势，拓展了金融服务的渠道、降低了金融服务的成本、提高了金融服务的覆盖面。

以银行为主的传统金融服务与社会融资及其他金融服务需求间存在巨大缺口，互联网金融凭借其特有的普惠性以及低门槛、小品种、个性化的金融服务，有效弥补了传统金融服务的不足。从融资角度来看，大企业、国有企业无论是向银行贷款，还是发行股票与债券融资，都比较容易；而数量占比更大的中小微企业所能获取的金融产品和服务十分短缺。从投资视角来看，家庭资金的投资选择不多，股票与债券的市场规模有限，银行储蓄存款成了不得已的选择。从金融服务覆盖面来看，偏远地区，尤其是广大农村的金融服务种类单一，大多只有简单的存取款服务。巨大的潜在市场为互联网金融创业提供了客观的创业机会。从市场份额来看，互联网金融并不是替代传统金融，而是能够更好地服务于现有金融体系无力覆盖的客户和市场。一方面，银行等传统金融机构由于成本、风险等因素不愿意为中低端客户提供服务，而互联网金融主要依靠这部分客户发展壮大，这大大降低了互联网金融创业的准入门槛；另一方面，互联网金融打破了传统金融的高度垄断和高门槛，同时依靠互联网技术的不断发展，促进了金融行业的发展。

宽松的监管为金融创业提供了土壤。世界各国均面临如何有效监管互联网的难题。互联网金融普遍跨界经营，监管难度更大。目前，中国只对出现较早、规模较大的第三方支付业务实行牌照管理。除此之外，对于 P2P 网络借贷、网络小额贷款、众筹融资等业务，既没有准入门槛，也没有资本金要求。对于余额宝等网络理财产品，监管标准和要求也低于证券基金公司、银行发行的理财产品。无资本要求、无标准、无监管，这些降低了互联网金融创业的门槛，使创业者更容易进入互联网金融领域进行创业活动，并迅速成长为金融领域的新生力量。

随着互联网金融的快速发展，传统金融机构、互联网巨头企业也纷纷进入互联网金融领域，导致该领域内的竞争日益加剧，未来在互联网金融领域创业将愈发困难。尽管如此，互联网金融的广阔市场，仍然能够承载万众创业者的梦想。

本章所指的金融创业重点关注第三方支付、P2P 网贷、众筹等基于互联网技术与运用的创新型金融创业形态，也被称为互联网金融。

13.1.2 互联网金融的定义

一般认为，谢平和邹传伟(2012)在国内最先公开提出了“互联网金融”(internet finance)这一概念，他们认为互联网金融是一个谱系概念，涵盖从传统银行、证券、保险、交易所等金融中介和市场到瓦尔拉斯一般均衡对应的无金融中介和市场情形之间的所有金融交易与组织形式。目前，业界和学界对互联网金融特别是其内涵与本质的认知和理解存在较大争论(王达，2014)。中国人民银行发布的《中国金融稳定报告(2014)》认为，互联网金融是互联网与金融的结合，是借助互联网与移动通信技术实现资金融通、支付和信息中介功能的新兴金融模式。广义的互联网金融既包括作为非金融机构的互联网企业从事的金融业务，也包括金融机构通过互联网开展的业务。狭义的互联网金融仅指互联网企业开展的、基于互联网技术的金融业务。从本质上讲，互联网金融是利用大数据、云计算、社交网络和搜索引擎等互联网技术实现资金融通的一种新兴金融服务模式。

互联网技术在金融领域的大规模应用最早始于美国是不争的事实，但由于其并未在美国形成独立的金融业态，所以在美国一般并不直接使用“互联网金融”这一专有名词。20 世纪 90 年代初，美国涌现出电子金融(E-finance)、电子银行(E-banking)、网络银行(online banking)等多种称谓。与飞速发展的 P2P 网贷和众筹实践相比，受数据可得性、认识时滞以及成果发表周期等因素的影响，目前美国对 P2P 网贷和众筹模式的研究仍然以描述性的案例研究(Ahlers et al.，2012；Renton，2012)为主。Herbst(2001)认为，电子金融大体上包含两类：一是通过使用个人电脑上网的方式补充或替代传统的面对面或通过邮寄、电话、传真等方式完成的金融交易；二是互联网的普及对传统金融中介、货币、税收以及隐私政策产生的革命性变革的新交易方式。Allen 等(2001)认为，电子金融是指基于电子通信与计算技术的金融服务与金融市场。而 Anguelov 等(2004)则将包括网络金融在内的所有与电子信息技术相关的金融服务全部纳入了电子金融的范畴。在 2001—2002 年，美联储纽约分行、巴塞尔委员会、世界银行以及国际货币基金组织先后召开了数轮关于电子金融发展的研讨会，学者们从不同方面深入探讨了互联网技术与传统金融行业的融合问题。

美国互联网金融的发展在 2007 年前后出现了较为明显的变化：以 Prosper & Lending Club 公司为代表的 P2P 网络贷款(P2P lending)模式开始兴起。这种点对点的网络直接融资模式几乎在真正意义上实现了去金融中介化，并表现出了旺盛的生命力。2009 年 4 月，Kickstarter 网站在纽约的正式上线标志着互联网金融的新形式——众筹(crowdfunding)融资模式的兴起。这一融资模式主要通过网络平台面对公众募集小额资金，让有创造力的创业者有可能获得创业所需的资金。2012 年 4 月，美国通过的《初创企业促进法》(JOBS 法案)为中小企业通过众筹方式融资扫清了法律障碍。目前，众筹融资和 P2P 网贷共同成为美国互联网金融发展的最新进展。

13.1.3 中国互联网金融的发展阶段

一方面，互联网金融打破传统金融机构的高门槛，较传统金融机构有着低成本、高效率及覆盖广的优势；另一方面，互联网金融也属于金融范畴，应该建立相应的监管制度。2014 年政府工作报告首次将互联网金融纳入其中，2015 年颁布的《关于促进互联网金融健康发展的指导意见》，这些都为互联网金融企业的合理监管及快速发展提供了政策环境和指导意见。

截至 2015 年年底，中国互联网金融已经发展至 10 万亿元的规模。由 2005 年发展至今，中国互联网金融经历了三个主要阶段：

第一阶段：2005 年以前。互联网与金融的结合主要体现在互联网为金融机构提供技术支持，帮助金融机构将业务延伸至网上，还没有形成真正的互联网金融业态。

第二阶段：2005—2012 年。此阶段也称为网络贷款的萌芽期，第三方支付逐渐成长，互联网与金融的结合由技术领域深入到金融领域。

第三阶段：2013 年至今。2013 年被称为互联网金融元年，互联网金融开始迅猛发展，P2P 网络贷款平台快速发展，众筹融资平台开始起步。

中国互联网金融的发展主要是由监管套利造成的。互联网金融公司没有资本的要求，也不需要接受央行的监管，这是本质原因；但从技术角度来说，互联网金融虽然具有自身优势，但仍要考虑风险管理及合理监管的问题。

13.1.4 互联网金融的创新

互联网金融是基于互联网技术的金融业务，其本质仍属于金融范畴，没有改变金融风险隐蔽性、传染性、广泛性和突发性的特点。但与传统金融相比，其创新之处在于信息处理与去中介化：

(1) 信息多维采集和深度运用。大数据使得互联网金融可以采集、使用更多数据，云计算成为互联网金融采用的新的信息处理方式。

(2) 去中介化。在互联网金融模式下，资金供求信息在网上发布，供求双方在匹配成功后直接交易，在无须传统金融中介参与的情况下高效解决资金融通问题。

13.1.5 互联网金融的特点

(1) 成本低

在互联网金融模式下，资金供求双方可以通过网络平台自行完成信息甄别、匹配、定价和交易，无传统中介、无交易成本、无垄断利润。一方面，金融机构可以避免开设营业网点的资金投入和运营成本；另一方面，消费者可以在开放透明的平台上快速找到适合自己的金融产品，削弱了信息不对称程度，更省时、省力。

(2) 效率高

互联网金融业务主要由计算机处理，操作流程完全标准化，客户不需要排队等候，业务处理速度更快，用户体验更好。

(3) 覆盖广

在互联网金融模式下，客户能够突破时间和地域的约束，在互联网上寻找需要的金融资源，金融服务更直接，客户基础更广泛。此外，互联网金融的客户以小微企业为主，覆盖了部分传统金融业的服务盲区，有利于提升资源配置效率，促进实体经济发展。

(4) 发展快

依托于大数据和电子商务的发展，互联网金融得到了快速增长。

(5) 管理弱

一是风控弱。互联网金融还没有接入人民银行征信系统，也不存在信用信息共享机制，不具备类似银行的风控、合规和清收机制，容易发生各类风险问题。

二是监管弱。互联网金融在中国处于起步阶段，还没有监管和法律约束，缺乏准入门槛和行业规范，整个行业面临诸多政策和法律风险。

(6) 风险大

一是信用风险大。现阶段中国信用体系尚不完善，互联网金融的相关法律还有待配套，互联网金融违约成本较低，容易诱发恶意骗贷、卷款跑路等风险问题。

二是网络安全风险大。多层面的网络安全威胁和安全风险也在不断增加，网络病毒、DoS/DDoS 攻击等构成的威胁和损失越来越大，网络攻击行为向着分布化、规模化、复杂化等趋势发展，仅仅依靠防火墙、入侵检测、防病毒、访问控制等单一的网络安全防护技术已不能满足网络安全的需求，迫切需要新的技术，及时发现网络中的异常事件，实时掌握网络安全状况。

13.2 互联网金融创业的类型

基于互联网的金融创业可以分成四个方面：第一是传统金融业务的互联网化，主要指互联网银行、互联网证券和互联网保险；第二是基于互联网平台开展金融业务，包括互联网基金销售、互联网资产管理公司、互联网小额贷款、互联网消费信贷等；第三是全新的互联网金融模式，主要包括 P2P 网贷、众筹等；第四是互联网金融信息服务，其本身不是金融业务，但其提供信息。本节重点分析 P2P 网络贷款、众筹、第三方支付三种规模较大的互联网金融创业活动。

13.2.1 P2P 网络贷款

在我国，P2P 网络贷款和互联网小额贷款均被称为互联网贷款。互联网贷款是线下信用贷款公司及担保公司利用互联网传播快、效率高的特点，由线下向线上发展而形成的产物。P2P 网络贷款是英文“peer to peer”的缩写，即个人对个人(或点对点)贷款，它最早起源于英国，后发展至美国等其他国家。在我国最早起源于 2007 年，其典型的模式是：网络信贷公司提供平台与信息，由借贷双方自由竞价，撮合成交。相比于网络小额贷款，P2P 网络贷款更具有创新性与灵活性。本部分内容重点介绍 P2P 网络贷款。

P2P 网络贷款的主要特点是网络提供平台，为投资方和融资方提供信息交互、撮合、资信评估等中介服务，个体和个体之间通过互联网平台实现直接的借贷。这种在个体网络借贷平台上发生的直接借贷行为属于民间借贷范畴，是民间借贷＋互联网的产物，属于合法化民间借贷。P2P网络贷款利用互联网充分发挥了民间借贷灵活与高效率的特点，能够为小额资金需求提供高效、便捷的融资渠道。

小案例

中国实践：P2P红岭创投遭骗贷 自行垫付1亿坏账

2014年8月28日，红岭创投董事长周世平在官网论坛上发布一则名为“利空来了，慢慢消化吧”的帖子，主动爆出平台亿元坏账的消息。

广州纸业多家纸张贸易商出事，其中最为知名的是广州市金山联纸业有限公司倒闭，老板跑路，广州纸业事件波及甚广，红岭创投作为为其提供借款的P2P平台也牵涉其中。周世平表示：此次纸业跑路事件涉及红岭创投的借款本金总额1亿元，因为案情复杂，已经在广州经侦报案，同时在深圳福田法院立案，因为抵押物处理需要很长时间，全部到期借款将由红岭创投提前垫付。

此前，红岭创投与平安银行签订了金融服务合作协议。红岭创投称，用户资金将专户专款专用，保障资金与交易安全。

案例来源：徐妍. 老牌P2P红岭创投遇风控问题 遭骗贷自行垫付一亿坏账. 理财周报，http://finance.ifeng.com/a/20140828/13020408_0.shtml，2014-8-28.

随着我国金融市场的开放发展与互联网创业浪潮的高涨，P2P网贷迎来爆发式增长。根据网贷之家发布的《2015年P2P网贷行业年报简报》，截至2015年12月底，网贷行业运营平台达到了2595家，相比2014年年底增长了1020家，绝对增量超过2014年，再创历史新高。由于监管细则征求意见稿已经落地，预计2016年网贷行业运营平台不会大幅度增长。各年网贷运营平台数量增长情况见图13-1。

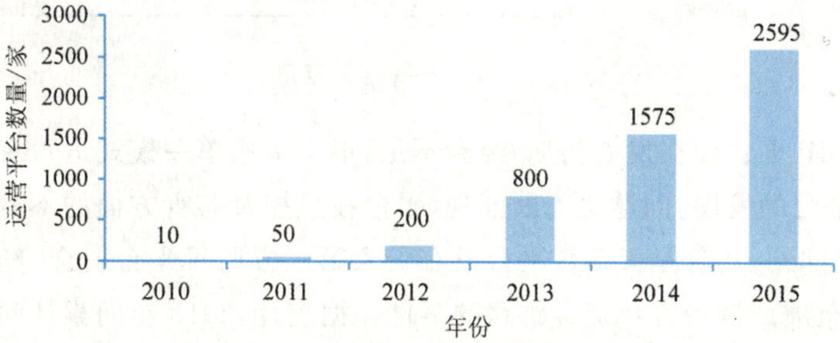

图13-1 网贷运营平台数量增长情况

资料来源：2015年P2P网贷行业年报简报. http://www.wdzj.com/news/baogao/25555.html

根据P2P贷款流程，P2P贷款主要有四种模式，即传统模式、债权转让、担保模式和平台模式，具体见图13-2。

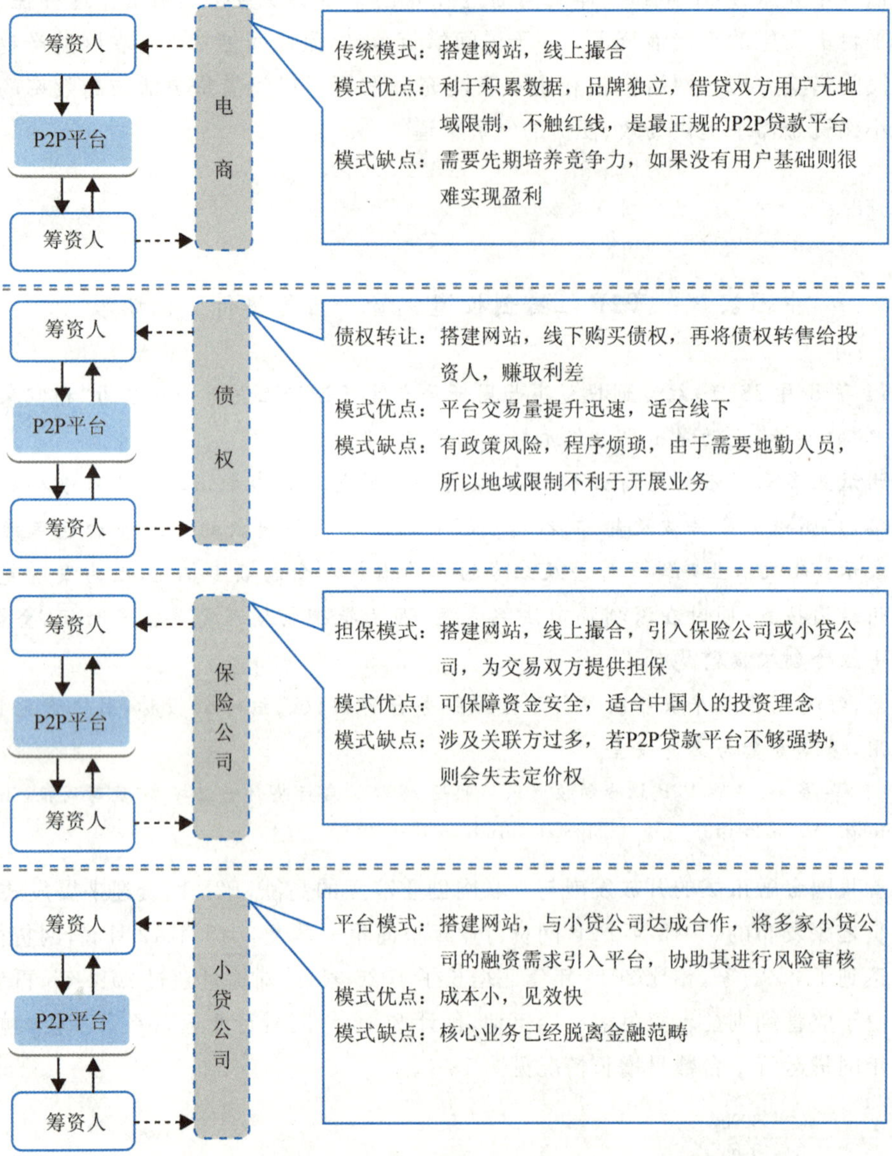

图 13-2　P2P 贷款的四种模式

由于我国 P2P 平台处在发展初期，经验不足，很少采用单一模式运营。

随着 P2P 平台的发展，问题也不断涌现，平台在风控及监管方面的不专业性及随意性是其面临的主要问题，尤其是大多数平台没有引入第三方监管平台资金，经常发生平台挪用客户资金，甚至破产携带客户资金跑路的事件。据统计，2015 年间累计问题平台数量达 866 家，其中 276 家已停运或者跑路。随着《关于促进互联网金融健康发展的指导意见》的出台，P2P 网络贷款公司的发展将朝着更为有序、监管更为合理的方向发展。

13.2.2　众筹

根据世界银行的定义，众筹是指企业或者其他组织通过网络向大众以投资或者捐赠的方式筹集资金。

众筹最初是通过家人及亲友的网络关系以获得优秀商业项目的融资，在创业早期阶段，其以捐赠为主，后逐渐向获得高成长性项目的股权发展。众筹主要基于互联网展开，通过大众的智慧来判断项目是否能获得资金，同时通过网络即时获得商业项目的反馈。这不仅提高了企业的融资能力和营销能力，同时也提高了企业的盈利能力。众筹的快速发展主要得益于信息技术的快速发展，信息技术提供了优秀项目面向数百万大众的平台，另外，互联网的发展拉近了原本联系不紧密的大众。众筹的运营模式见图 13-3。

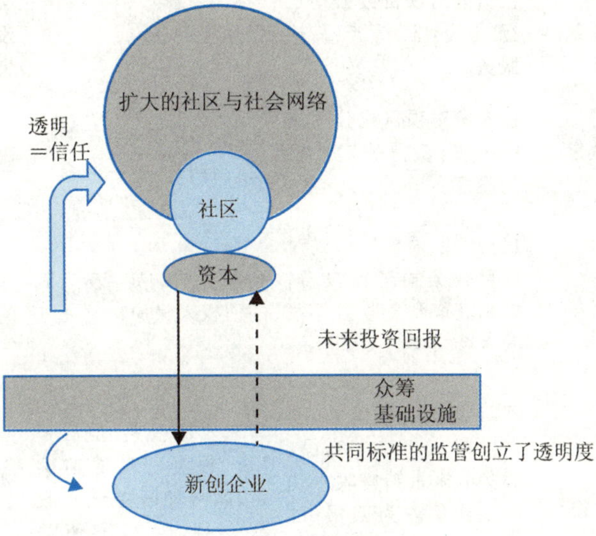

图 13-3　众筹的运营模式

资料来源：世界银行：发展中国家众筹发展潜力报告

众筹起源于 2008 年的美国。当时的美国正经历金融危机，企业 IPO 数量大幅减少，银行不愿意借款给小企业，众筹正是在这一背景下产生的。众筹缓解了创业企业融资难的问题，在 2012 年美国颁布 JOBS 法案后，其合法性得到确立，众筹迎来了快速发展。

根据世界银行报告的分类，众筹的类型主要有捐赠众筹、回报众筹、股权众筹、债权众筹和收益权众筹等。

捐赠众筹(donation-based crowdfunding)即投资者对项目或公司进行无偿捐赠，大众作为投资人，与其说在进行一项投资行为，不如说在进行一项带有赠与性质的公益行为。回报众筹(reward-based crowdfunding)即投资者对项目或公司进行投资，获得产品或服务。股权众筹(equity-based crowdfunding)即投资者对项目或公司进行投资，获得一定比例的股权。股权众筹是风险投资的一个补充，属于通过网络进行的较早期的私募股权投资。股权众筹在我国发展缓慢，其主要原因是相关法律不完善，股权众筹由于需要发行股份融资，易被认定为非法集资。债权众筹(debt-based crowdfunding)即 P2P 网贷，它在我国迅速发展，其主要原因是我国具有发达的民间借贷市场，该市场转型向网络发展后，形成庞大的债权众筹市场。收益权众筹(royalty-based crowdfunding)是指项目发起人将某一商品、服务的未来销售收入的一定比例作为回报，以吸引众多投资者参与的一种资金筹集方式。表 13-1 罗列了各种众筹方式的特点与优缺点。

表 13-1　各种众筹方式的特点与优缺点

众筹类型	商业模式	特　点	优　点	缺　点
捐赠	捐赠众筹	投资者对项目或公司进行无偿捐赠	没有风险	捐赠者不要求回报；难以募集大量资本
	回报众筹	投资者对项目或公司进行投资，获得产品或服务	低风险	回报低；产品或服务若没有吸引力，则很难募集到资本
投资	股权众筹	投资者对项目或公司进行投资，获得一定比例的股权	能够分享企业未来收益；高回报	高风险；法律不完善
	债权众筹	投资者以债权的形式对项目或公司进行投资，未来获取利息收益并收回本金	利率提前约定；破产时的债权人保护	可能排在其他有限求偿人之后；由于初创企业的高风险，其实失败率并不比股权性投资低
	收益权众筹	不常见的众筹模式，项目发起人将某一商品、服务的未来销售收入的一定比例作为回报，以吸引众多投资者参与的一种资金筹集方式	潜在收益很大，但回报率已根据利率提前确定，风险和收益低于股权众筹，但高于债券众筹	风险与股权投资相当，但收益比其低

资料来源：世界银行：发展中国家众筹发展潜力报告

根据世界银行的预测，至 2025 年，全球众筹规模将达到 3000 亿美元，发展中国家将达到 960 亿美元规模，其中有 500 亿美元在中国。具体见图 13-4。

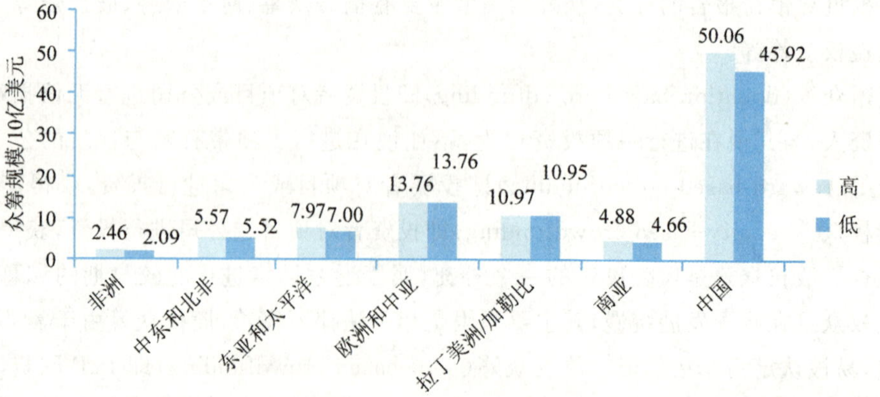

图 13-4　世界银行对发展中国家众筹规模预测(至 2025 年)

资料来源：世界银行：发展中国家众筹发展潜力报告

小案例

美国实践：美国众筹鼻祖 Kickstarter

Kickstarter 于 2009 年 4 月在美国纽约成立，是一个专为具有创意方案企业筹资的众筹网站平台。Kickstarter 网站致力于支持和激励创新性、创造性、创意性的活动。通过网络平台面对公众募集小额资金，让有创造力的人有可能获得他们所需要的资金，帮助他们实现梦想。Kickstarter 提供了“有创意、有想法，但缺乏资金”与“有资金，也愿意捐款支持好创意”的平台。Kickstarter 相信，一个好的创意，透过适当的沟通，是可以快速地广为流传的；同时，集结众人的力量来集结资金与精神上的鼓励，可以让你更实际也更有勇气地实践自己的好点子。

网站的华裔创始人 Perry Chen 是一名期货交易员，他热爱艺术，开办了一家画廊，因此时常会参与或主办一些音乐会。2002 年，在因为资金问题被迫取消了一场筹划中的在新奥尔良爵士音乐节上举办的音乐会后，他酝酿建立起一个募集资金的网站。Perry Chen 回忆说：“一直以来，钱就是创意事业面临的一个壁垒。我们脑海里常会忽然浮现出一些不错的创意，想看到它们能有机会实现。但除非有个富爸爸，否则你不太有机会真的去做到这点。”

案例来源：海艳娟．众筹之父：每个项目都是一个好故事．环球人物，2014(5). http://paper.people.com.cn/hqrw/html/2014-02/26/content_1399013.htm；众筹平台，还是预购平台，这是一个问题．http://www.tuicool.com/articles/Zn6Nfi，2013-2-20.

中国实践：众筹网“爱情保险”

2013 年“双 11”光棍节，长安责任保险公司牵手众筹网共同推出的“爱情保险”自 11 月 11 日 0 时正式发售。“爱情保险”是一款浪漫又超值的理财产品，购买时每份 520 元，5 年后拿着与你指定的 Ta 的结婚证，就可以领取 999 元的爱情津贴，收益翻番。“爱情保险”项目筹资额超过 600 万元，创最高筹资记录。

案例来源：众筹网发售“爱情保险”．南方日报，http://tech.sina.com.cn/i/2013-11-15/09068916655.shtml，2013-11-15.

13.2.3 第三方支付

互联网支付是指通过计算机、手机等设备，依托互联网发起支付指令、转移货币资金的服务。第三方支付，是指具备一定实力和信誉保障的第三方独立机构和国内外各大银行签约，提供的交易支持平台。在通过第三方支付平台的交易中，买方选购商品后，使用第三方平台提供的账户进行货款支付，由第三方通知卖家货款到达、可进行发货；买方检验物品后，就可以通知第三方付款给卖家，此时第三方再将款项转至卖家账户。第三方担当中介保管及监督的职能，并不承担什么风险。所以，确切地说，这是一种支付托管行为，通过支付托管实现支付保证。

在支付交易流程中，第三方支付模式使商家看不到客户的信用卡信息，同时又避免了信用卡信息在网络上多次公开传输而导致信用卡信息被窃。以 B2C 为例，图 13-5 展示了第三方支付的流程。

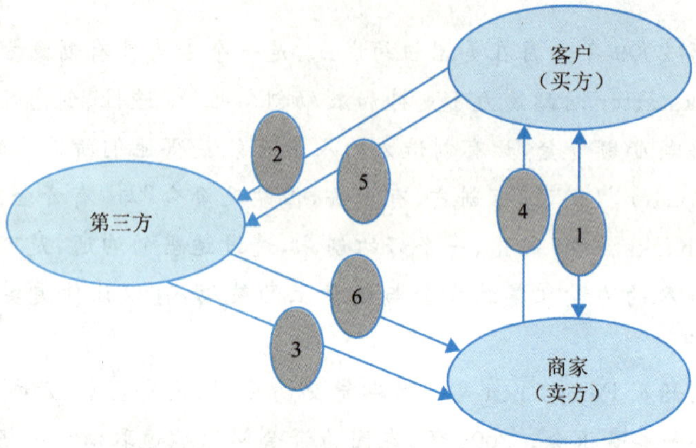

图 13-5　第三方支付的流程

第一步，客户在电子商务网站上选购商品，最后决定购买；

第二步，客户选择利用第三方作为交易中介，客户用信用卡将货款划到第三方账户；

第三步，第三方支付平台将客户已经付款的消息通知商家，并要求商家在规定时间内发货；

第四步，商家收到通知后按照订单发货；

第五步，客户收到货物并验证后通知第三方；

第六步，第三方将其账户上的货款划入商家账户中，交易完成。

第三方支付的盈利模式如图 13-6 所示。第三方支付属于金融服务，通过收取佣金获取收益。但从整体来看，第三方支付的盈利模式远远超过佣金收益，包括服务收益、沉淀资金利息、交易行为信用记录、广告收入等。

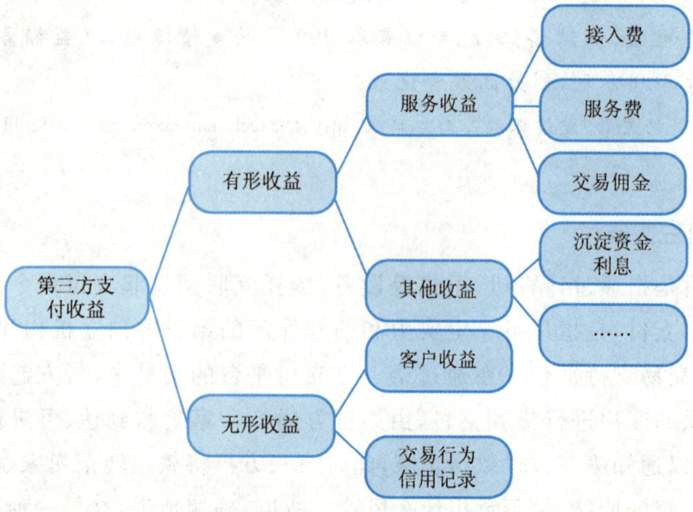

图 13-6　第三方支付的盈利模式

2015 年中国第三方支付的规模已经超过 10 万亿元，随着移动互联网的普及，未来第三方支付将向移动支付发展，移动支付方式为互联网金融创业者提供了广阔舞台。图 13-7展示了 2016—2018 年中国第三方互联网在线支付市场交易规模预测，预计 2018 年在线支付交易规模将达到 335105 亿元，但增长率将逐年下降。图 13-8 为 2016—2018 年中国第三方移动支付市场交易规模预测，预计 2018 年移动支付市场交易规模将达到 521148 亿元，但增长率也会逐年下降。

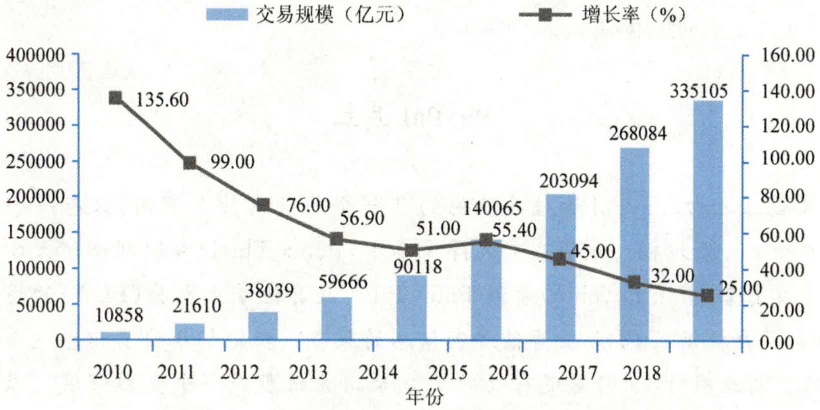

图 13-7　2016—2018 年中国第三方互联网在线支付市场交易规模预测

资料来源：http：//www. zhifujie. com/article-8610-1. html

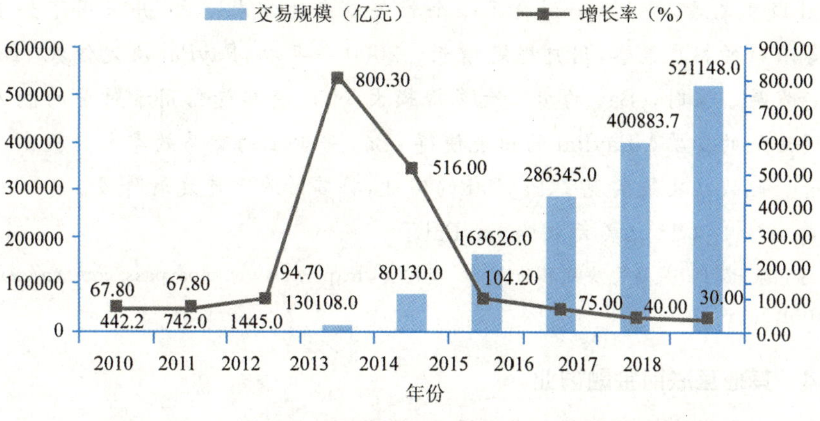

图 13-8　2016—2018 年中国第三方移动支付市场交易规模预测

资料来源：http：//www. zhifujie. com/article-8610-1. html

小案例

Apple Pay 入华

在发布近两年、历经各种周折之后，苹果公司的 Apple Pay 移动支付服务终于在 2016 年 2 月 18 日来到了中国内地。目前，Apple Pay 的功能是把你的银行卡虚拟化、数字化，它与支付宝和微信支付有一定的区别。用户的钱不经过苹果公司，而是直接从银行卡进入商户，刷完之后，用户就不会再用到 Apple Pay。Apple Pay 进入中国，最大的受益者是中国银联以及各大银行。对于银联来说，这么多年受到支付宝和微信支付的前后夹击，银联闪付在移动支付领域的市场份额逐年递减，几乎被边缘化，而与 Apple Pay 的合作，正是银联借机夺回移动支付市场份额的最好机会。

资料来源：Apple Pay 入华. 21 世纪经济报道，http：//finance. sina. com. cn/roll/2016-02-17/doc-ifxpmypf3149636. shtml，2016-2-17；Apple Pay 今日入华. 第一财经日报(上海)，http：//money. 163. com/16/0218/00/BG2LR68100253B0H. html，2016-2-18

PayPal 成立

1999 年创立之初，PayPal 和硅谷其他的新创企业没有什么不同，只有一个简单的想法和少量的资金。斯坦福大学毕业生彼得・泰尔(Peter Thiel)和伊利诺伊大学香槟分校的麦克斯・莱夫金(Max Levchin)看到 Palm Pilot 及其他掌上电脑(PDA)的用户不断增长，就想为其用户提供在 PDA 上存储加密信息的服务。但他们很快意识到这个想法的商业价值有限。与此同时，他们发现有效的用户至用户付费是一个空白领域。以前的方式就是写支票，但清算时间长，而且还可能跳票。他们就创立了 Confinity，允许人们用 PDA 互转小笔费用，其后很快转移到互联网平台，使得所有网络用户都可以互转费用。

PayPal 成立之后，因为正好满足了一个长久以来的需求空白，并采用了如 10 美元新用户奖励等有效的推广策略，用户稳定增长。2000 年年初，PayPal 决定依托 eBay 现有生态系统进行发展。当时，eBay 的卖家大多规模太小，没有接受信用卡付费的能力，交易只能依靠缓慢无效的支票。PayPal 的出现使得 eBay 平台上的交易效率大为提高，成为众多用户的首选。此战略决策实现了 PayPal 的突破，将其带入飞速发展阶段。

2002 年，eBay 以 15 亿美元收购 PayPal。

资料来源：纵 PayPal 发展史决战移动支付. 新财富，http：//www. mpaypass. com. cn/news/201405/19085200. html，2014-5-19.

13.2.4 其他互联网金融创业

(1) 传统金融机构的互联网金融创业

随着互联网技术的发展普及，云技术、大数据技术的发展应用，越来越多的传统金融业务在互联网开展，形成线下向线上的发展态势。金融机构采用信息技术，对传统运营流程进行改造或重构，形成经营、管理全面电子化的银行、证券和保险等金融机构，在线上实现银行理财产品、基金、信托、保险等金融产品的销售。

(2) 基于大数据技术的金融门户

互联网金融门户是指利用互联网进行金融产品的销售以及为金融产品销售提供第三方服务的平台。它的核心就是“搜索比价”的模式，即采用金融产品垂直比价的方式，将各家金融机构的产品放在平台上，用户通过对比挑选合适的金融产品。

互联网金融门户多元化创新发展，初步形成了提供高端理财投资服务和理财产品的第三方理财机构。这是目前进行互联网金融创业，弥补高端理财创新空缺的创业蓝海。

小案例

东方财富 2015 年业绩大增 1017%

东方财富网(股票代码：300059)是中国财经证券门户网站之一，深圳证券交易所创业板上市公司，产品于 2004 年 3 月上线，东方财富网持续位居中国财经类网站第一位。东方财富于 2016 年 2 月 29 日早间披露业绩快报，公司 2015 年实现营业总收入 2930599408.31 元，同比增长 378.85%；归属于上市公司股东的净利润 1852148778.49 元，同比增长 1017.61%。

公告称，报告期内，公司互联网金融电子商务平台基金投资者规模和基金销售规模同比大幅增长，金融电子商务服务业务收入同比实现大幅增长；报告期内，公司金融数据服务业务收入同比实现大幅增长，互联网广告服务业务收入同比实现一定增长；报告期内，同比新增西藏同信证券股份有限公司 2015 年 12 月证券服务业务相关收入。综合以上主要业务收入变动的影响，报告期内，公司营业总收入同比实现大幅增长。

资料来源：东方财富 2015 年业绩大增 1017%. http://finance.ifeng.com/a/20160229/14240515_0.shtml,2016-2-29.

13.3 互联网金融存在的主要风险

互联网金融本质上仍属于金融，具有金融风险隐蔽性、传染性、广泛性和突发性的特点；同时，互联网金融具有互联网覆盖广、高效率、虚拟性的特点，使得互联网金融可能存在风险的危害性远大于传统金融。

互联网金融所面临的风险主要有信用风险、道德风险、技术风险和流动性风险。

(1) 信用风险

由于缺乏完善、成熟的征信体系，互联网金融公司无法通过征信系统了解借款人的资信情况，并进行有效的风险控制与贷后管理。在撮合交易时，互联网金融公司主要依据借款人提供的身份证明、财产证明、熟人评价等信息来评价借款人的信用，平台没有能力做到与银行一样进行详尽的调查，更有甚者，平台不进行任何实质性的审查就向借款人放出贷款，这都大大降低了资金的安全性。

信息不对称问题使得互联网金融公司承受较大的资金风险，这也成为信用风险的主要成因。蓄意造假严重的原因主要在于：线上造假成本低廉，诈骗技术更新快；社会个人征信体系的不完善也助长了造假行为的泛滥。互联网金融公司往往缺乏大型金融机构的信息审查及风险控制能力，对借款人的资信情况不能做到充分审核，无法识别投资标的真伪，容易遇到蓄意造假、骗贷等欺诈行为。

互联网金融公司的核心竞争力是风险管控能力。随着越来越多的造假、欺诈行为的发生，互联网金融公司应加强自身风控能力建设，建立反欺诈系统，同时，互联网金融机构也应该与专业评级机构合作，对贷款申请人实行更严格的审查机制。

随着大数据在互联网金融领域的应用，互联网金融平台可以根据借款人以往的交易记录、个人信用记录等金融交易历史数据，结合大数据模型分析，综合给予每一位借款人一个信用评分，以此作为借款人信用评级的依据，来决定是否向借款人发放贷款。

(2) 道德风险

在互联网金融平台方面，尤其是 P2P 网络贷款平台，由于资金监管不到位，出现了资金沉淀在平台公司形成资金池，平台公司携款跑路的现象；甚至出现了平台公司借用互联网平台进行非法集资的现象，平台公司并没有实际融资项目，或者伙同借款公司，以高息非法吸引公众投资，资金却进了平台公司的口袋；类似的诈骗手段比比皆是。互联网金融平台出现的问题大致包括以下几类：

第一，诈骗平台。由于互联网金融缺乏完善有效的监管体系，准入门槛低，不少以诈骗为目的的公司成立互联网金融平台，伪造、虚构借款人资料，以高息为诱饵，通过虚假宣传吸引公众投资，在吸收大量公众投资后携款跑路。类似的诈骗平台的特点是上线时间短，在吸收大量存款后即关闭平台，携款逃跑。

第二，自融平台。此类互联网金融公司的投资项目一般为关联企业的，又或者平台公司通过伪造借款人资料，将募集资金挪为己用。此类平台成立的目的即是为了母公司或者平台负责人进行融资，一旦关联公司运营出现问题，资金链断裂，平台公司就会发生无法还本付息的情况。

第三，庞氏骗局。互联网金融公司以高息为诱饵，大量吸收公众存款。此类公司经常以借新还旧的方式，制造赚钱的假象，以不断吸收公众投资，一旦平台没有持续的资金来源，资金链断裂在所难免。

对于互联网 P2P 平台频频发生的跑路事件，央行出台了《关于促进互联网金融健康发展的指导意见》，并于 2016 年年初牵头成立了中国互联网金融协会，加强对互联网公司的监管。

对于互联网金融企业的监管将主要集中在互联网信息安全、客户资金第三方存管制度、信息披露、风险披露及合格投资者制度等方面。

《关于促进互联网金融健康发展的指导意见》指出："加强互联网金融监管，是促进互联网金融健康发展的内在要求。同时，互联网金融是新生事物和新兴业态，要制定适度宽松的监管政策，为互联网金融创新留有余地和空间。"通过鼓励创新和加强监管相互支撑，促进互联网金融健康发展。

(3) 技术风险

互联网的技术风险主要体现在信息是否安全方面。在传统金融业务中，电脑技术风险只会带来局部的影响和损失，而在互联网金融业务中，技术风险可能导致整个金融系统出现系统性风险。互联网云技术带来数据爆炸式的增长，海量数据集中存储能够方便数据的分析和处理，但若安全管理不当，则易造成信息的泄露、丢失和损坏。互联网金融公司容易受到病毒及黑客的入侵，造成客户资料及资金的不安全。

互联网金融公司应加强自身网络建设、数据安全建设水平，以防御互联网无处不在的外部攻击。

（4）流动性风险

2009年银监会印发的《商业银行流动性风险管理指引》中将流动性风险定义为：流动性风险是指商业银行虽然有清偿能力，但无法及时获得充足资金或无法以合理成本及时获得充足资金以应对资产增长或支付到期债务的风险。

流动性风险主要是由资产和负债的差额及期限的不匹配所引起的。

应当注意，如果互联网金融公司只是作为融资平台，其自身是不会有流动性风险的。但是如果互联网金融涉及民间融资，比如，P2P平台对平台上进行的交易做了担保，那么平台本身就会面临流动性风险。

小案例

中国实践：互联网金融“基本法”

《关于促进互联网金融健康发展的指导意见》是由央行会同有关部委牵头、起草、制定的互联网金融行业“基本法”，2015年7月18日对外发布。其主要内容包括：

（1）鼓励创新，支持互联网金融稳步发展。积极鼓励互联网金融平台、产品和服务创新，激发市场活力；鼓励从业机构相互合作，实现优势互补；拓宽从业机构融资渠道，改善融资环境；坚持简政放权，提供优质服务；落实和完善有关财税政策；推动信用基础设施建设，培育互联网金融配套服务体系。

（2）分类指导，明确互联网金融监管责任。加强互联网金融监管，是促进互联网金融健康发展的内在要求。同时，互联网金融是新生事物和新兴业态，要制定适度宽松的监管政策，为互联网金融创新留有余地和空间。

（3）健全制度，规范互联网金融市场秩序。发展互联网金融要以市场为导向，遵循服务实体经济、服从宏观调控和维护金融稳定的总体目标，切实保障消费者合法权益，维护公平竞争的市场秩序。要细化管理制度，为互联网金融健康发展营造良好环境。

资料来源：互联网金融基本法颁布：鼓励金融创新　明确监管职责. http://www.yinhang.com/a_2015_0718_366202.html,2015-7-18.

互联网金融协会成立

2016年1月29日，由央行牵头成立的中国互联网金融协会在北京召开首次全体拟发展会员培训会。以银行、证券、保险、基金等传统金融机构为主，涵盖第三方支付、网络借贷平台、第三方信息服务等互联网金融公司，共计410家单位和机构，参加了该会议。其中，半数左右为银行，其他包括证券、保险、基金、信托、支付、网络借贷平台等。据悉，参会的网络借贷公司约40家，不到总企业数的10%。

资料来源：中国互联网金融协会成立. 人民日报(海外版)，http：//news. xinhuanet. com/politics/2016-03/26/c_128835085. htm，2016-3-26.

"e租宝"事件

"e租宝"是"钰诚系"下属的金易融(北京)网络科技有限公司运营的网络平台。"钰诚系"是指钰诚集团下属的一系列互联网金融平台类公司。2014年2月，钰诚集团收购了这家公司，并对其运营的网络平台进行改造。2014年7月，钰诚集团将改造后的平台命名为"e租宝"，打着"网络金融"的旗号上线运营。

2015年年底，多地公安部门和金融监管部门发现"e租宝"经营存在异常，随即展开调查。公安机关发现，至2015年12月5日，"钰诚系"可支配流动资金持续紧张，资金链随时面临断裂危险；同时，钰诚集团已开始转移资金、销毁证据，数名高管有潜逃迹象。为了避免投资人蒙受更大损失，2015年12月8日，公安部指挥各地公安机关统一行动，对丁宁等"钰诚系"主要高管实施抓捕。

"钰诚系"的分支机构遍布全国，涉及投资人众多，且公司财务管理混乱，经营交易数据量庞大，仅需要清查的存储公司相关数据的服务器就有200余台。为了毁灭证据，犯罪嫌疑人将1200余册证据材料装入80余个编织袋，埋藏在安徽省合肥市郊外某处6米深的地下，专案组动用两台挖掘机，历时20余个小时才将其挖出。

"e租宝"对外宣称，其经营模式是由集团下属的融资租赁公司与项目公司签订协议，然后在"e租宝"平台上以债权转让的形式发标融资；融到资金后，项目公司向租赁公司支付租金，租赁公司则向投资人支付收益和本金。

在正常情况下，融资租赁公司赚取项目利差，而平台赚取中介费；然而，"e租宝"从一开始就是一场"空手套白狼"的骗局，其所谓的融资租赁项目根本名不副实。在警方已查证的207家承租公司中，只有1家与钰诚租赁发生了真实的业务。

从2014年7月"e租宝"上线至2015年12月被查封，"钰诚系"相关犯罪嫌疑人以高额利息为诱饵，虚构融资租赁项目，持续采用借新还旧、自我担保等方式大量非法吸收公众资金，累计交易发生额超过700亿元。警方初步查明，"e租宝"实际吸收资金500余亿元，涉及投资人约90万名。

资料来源：中国特大金融诈骗案：钰诚集团"e租宝"庞大骗局始末. http：//www. southmoney. com/shidian/201602/496754. htm，2016-2-7.

本章小结

本章主要阐述了金融创业。现代信息和通信技术的发展、传统金融与社会需求间的巨大缺口,以及宽松的互联网跨界监管环境,逐步突破传统银行的垄断局面,催生了中国互联网金融庞大的市场,为创业者带来机会。与传统金融相比,其创新之处在于信息处理与去中介化。

P2P 网络贷款是英文“peer to peer”的缩写,即个人对个人(或点对点)贷款,P2P 网络贷款平台的主要特点是网络提供平台,为投资方和融资方提供信息交互、撮合、资信评估等中介服务,个体和个体之间通过互联网平台实现直接的借贷。

根据世界银行的定义,众筹是指企业或者其他组织通过网络向大众以投资或者捐赠的方式筹集资金,主要分为捐赠众筹、回报众筹、股权众筹及债权众筹等。

第三方支付是由具备一定实力和信誉保障的第三方独立机构提供的交易支持平台。第三方支付属于金融服务,通过收取佣金获取收益。但从整体来看,第三方支付的盈利模式远远超过佣金收益。

互联网金融所面临的风险主要有信用风险、道德风险、技术风险和流动性风险。

本章思考题

1. 互联网如何构建金融创业机会?
2. 互联网金融的创新之处是什么? 主要特点是什么?
3. 什么是 P2P 网络贷款?
4. 什么是众筹? 每种类型的众筹的优缺点是什么?
5. 第三方支付属于金融服务,如何理解第三方支付的盈利模式?

案例分析

互联网巨头 BAT 积极布局互联网金融

以 BAT(百度、阿里巴巴、腾讯)为代表的互联网公司结合自身优势,积极布局互联网金融。一方面,互联网公司自身具有海量数据和庞大的用户数,为进入互联网金融奠定了扎实的基础,互联网公司非常善于运用云计算及大数据技术,将有助于更好地筛选、服务客户;另一方面,互联网巨头都体态庞大,且都握有巨额现金,它们在互联网金融方面的布局,往往不会在单一领域从零开始,更多的是建造一个互联网金融生态圈,全方位地进行布局,又往往以参股并购原有的互联网金融公司或者与传统金融公司合作的形式发展。

三家互联网巨头除了具有巨量客户、巨额现金的共同点,同时又具有各自的鲜明特征。百度以搜索见长,具有领先的海量数据分析能力;阿里巴巴以淘宝网及支付宝最为出名,支付宝作为领先的第三方支付工具为阿里巴巴进入互联网金融打下了非常良好的基础;腾讯的即时通信软件 QQ 及微信拥有中国最大规模的活跃客户数,庞大的客户群为腾讯进入互联网金融领域奠定了基础。

三大互联网公司进入互联网金融创业的最大优势在于它们原有的庞大客户群，同时它们在互联网金融的发展又可以增加各自原有客户的黏性。三大巨头公司的互联网金融创业都集中在依托原有平台，进入互联网基金、证券、保险等互联网金融销售领域；同时各自都建立起基于各自优势的第三方支付系统；互联网巨头在互联网金融领域最引人注目的布局即是各自都组建了互联网银行。

百度在互联网金融领域的布局

百度是全球最大的中文搜索引擎、最大的中文网站。百度拥有海量的互联网数据，基于其强大的云计算能力及领先的大数据技术，实现数据挖掘与处理。随着互联网金融的快速发展，百度结合自身资源优势，布局互联网金融领域，在互联网支付、理财、消费金融等领域快速崛起。

在互联网贷款领域：百度成立百度小贷公司，致力于服务小微企业获得贷款支持，且在个人消费贷款领域，百度成立百度有钱，为个人消费者服务。

在互联网银行领域：2015 年 11 月 18 日，百度与中信集团旗下中信银行发起设立百信银行。这是中国首家由互联网公司与传统银行深度合作、强强联合发起的直销银行。百信银行的设立在中国银行业发展过程中具有标志性意义，开创了“互联网＋金融”的全新模式。

在互联网保险领域：2015 年 11 月 26 日，百度、安联保险和高瓴资本共同发起成立互联网保险公司——百安保险。

阿里巴巴在互联网金融领域的布局

阿里巴巴集团创立于 1999 年，是全球最大的电子商务在线交易平台公司之一，其业务包括 B2B 贸易、网上零售、购物搜索引擎、第三方支付和云计算服务。阿里巴巴集团旗下最为人熟知的业务就是淘宝网以及支付宝业务。

阿里巴巴以蚂蚁金融服务集团（简称“蚂蚁金服”）作为其进入互联网金融领域的平台。阿里巴巴旗下的蚂蚁金服于 2014 年 10 月 16 日正式成立，专注于服务小微企业与普通消费者，是阿里巴巴集团互联网金融的重要一环。蚂蚁金服旗下的业务包括支付宝、支付宝钱包、余额宝、招财宝、蚂蚁小贷和网商银行等。

在第三方支付领域：蚂蚁金服旗下的支付宝目前是中国最大的第三方在线支付平台，支付宝主要提供支付及理财服务，包括网络担保交易、网络支付、转账、信用卡还款、手机充值、水电煤缴费、个人理财等互联网金融服务。

在互联网基金销售领域：余额宝是支付宝打造的余额增值服务。用户把钱转入余额宝即购买了由天弘基金提供的余额宝货币基金，可获得收益。截至 2013 年 11 月 14 日，天弘增利宝货币基金（余额宝）的规模突破 1000 亿元，用户数近 3000 万。天弘增利宝成为国内基金史上首只规模突破千亿关口的基金。

在互联网保险领域：众安在线财产保险股份有限公司是国内首家互联网保险公司，它由蚂蚁金服、腾讯、中国平安等国内知名企业，基于保障和促进整个互联网生态发展的初衷发起设立。

在互联网证券领域：2015 年 11 月 4 日，蚂蚁金服方面宣布将入股德邦证券，与德邦证券已达成资本层面合作，这一合作正在等待监管部门批准。

在互联网银行领域：2015年6月25日，作为国内首批试点的5家民营银行之一，蚂蚁金服旗下的浙江网商银行正式开业。

腾讯在互联网金融领域的布局

腾讯集团旗下的QQ及微信是国内最大的网络社交平台。

在第三方支付领域：财付通是腾讯集团旗下中国领先的第三方支付平台，一直致力于为互联网用户和企业提供安全、便捷、专业的在线支付服务。财付通经历10年的发展，演化成如今的微信支付，其最令人印象深刻的营销，是创造出了过年抢红包的盛况。

在互联网证券领域：腾讯大手笔投资富途证券。富途证券是一家注册于中国香港的互联网券商，它通过互联网的方式为港股、美股和A股投资交易服务。在两年多的时间里，其用户数已经超过30万，累计交易额超过1000亿港元，单月成交额超过200亿港元。

在互联网银行领域：2014年12月12日，中国银监会表示，国内互联网巨头腾讯公司旗下的民营银行——深圳前海微众银行已正式获准开业，这是中国首家互联网银行。与传统银行迥异，深圳前海微众银行自我定位于"连接者"，即一端对接互联网企业，一端对接金融机构，共同服务小微企业和普罗大众。目前，深圳前海微众银行主要有消费金融、财富管理和平台金融三大业务线。

在互联网保险领域：2013年9月，腾讯就与阿里巴巴、平安保险联合成立了首家互联网保险公司——众安在线财产保险股份有限公司（简称"众安保险"）。众安保险是国内首家互联网保险公司。

资料来源：王蕾.一文读懂BAT、京东、万达、平安等8大巨头在互联网金融行业的布局.清华金融评论，http://trust.jrj.com.cn/2016/02/18080520571970.shtml，2016-2-18.

问题讨论：

1. 请讨论BAT的互联网金融业务的布局有何异同？
2. 在互联网巨头BAT的碾压下，国内互联网金融还有哪些创业机会？
3. 国外科技巨头公司（例如谷歌、亚马逊、Facebook和苹果等），是怎样布局金融领域的？

本章精读文献

De Clercq, D, Fried, V H., Lehtonen, O and Sapienza, H. J. An entrepreneur's guide to the venture vapital galaxy [J]. *Academy of Management Perspectives*, 2006, 20(3): 90-112.

Chapter Article Summary（本章精读文献摘要）：

This article provides a foundation for an understanding of the dynamics of venture capital from the entrepreneur's point of view. An important aspect of understanding venture capital involves the different sources of risk capital for the entrepreneur, i. e., (classic) venture capitalists (VCs), business angels, and corporate venture capitalists. Furthermore, whatever source of risk capital entrepreneurs choose, they have to take into account the different phases of the investment cycle, i. e. , the pre-investment, post-investment, and exit phases. The authors discuss some of the key issues of which entrepreneurs need to be aware when dealing with venture capitalists during each of these three investment phases. Furthermore, they provide hands-on advice to help entrepreneurs maximize the value of their relationship with VCs throughout the investment cycle, and they point to trouble spots which can endanger value creation. For instance, in the pre-investment phase, the challenges of finding an (adequate) investor, obtaining the right amount of money, and structuring a fair deal are paramount for entrepreneurs. During the post-investment phase, entrepreneurs must attend to managing the relationship with the VC via the creation of effective communication, mutual trust, and the establishment of objectivity and consideration towards the other party. For the exit phase, they discuss the importance of establishing a timely and harmonious exit for the VC. They begin with a brief comparison of venture capitalists in classic venture capital firms with business angels and corporate venture capitalists. The focus of the article, however, is on classic venture capital.

本章精读文献评述:

本章精读文献讨论了创业者与风险投资人的相处之道。百森商学院丹·伊森博格(Dan Isenberg)教授在《创业生态系统到底是什么?》一文谈到,无论在波士顿、还是约翰内斯堡,调查结果都显示创业者最苦恼事情的都是"融资难"。融资之"难"不仅指创业企业获得融资很难,还包括创业者与投资者,尤其是与股权投资者难以和谐相处,双方各尽其能、各取所需。本章这篇精读文献阐述了创业者如何最大化与三类股权投资者关系的价值,并实现共赢。除了自有资金和非正规融资渠道外,创业者主要有三类潜在投资者,分别是(传统)风险投资、天使投资人、公司风险投资。文章作者明确提出,创业者最大化与以上三类股权投资者关系价值的根本在于深刻理解在投资前、投资后和退出三个阶段三类股权投资者不同的诉求与担心。例如,天使投资人一般都是创业老手或大企业的退休高管,是本行业的"老司机",因此往往希望深度介入投资企业的决策和运营,目的是利用行业人脉和行业专长发挥余热;风险投资人往往也希望深度介入创业企业,但目的却是激励创业者以实现投资企业价值持续增值,甚至在企业严重偏离轨道之际取"创业者"而代之;而公司风险投资在投资过程中更关注母公司的战略利益能否得到保证,至于创业企业自身价值增值并不是其最重要的考量因素。这篇文章的表 3 列示了在投资各个阶段,三类投资者最关心的一系列问题,为创业者管理在各阶段与投资者的关系提供了"菜单"。此外,这篇经典文献还提供了创业者在投资前、投资后与退出阶段管理与投资者关系的共性建议,例如投资前,创业者的最大挑战是找到"正确"的投资者、获得充足融资、构建公平交易;投资后,创业者必须学会与投资人高效沟通、相互信任、客观评价、换位思考;而在退出阶段,要为投资人提供及时、和谐的退出机制。这些建议极"接地气",提醒创业者关注各类风险投资人在不同投资阶段的最大诉求。风险投资既不是"活雷锋",也不是"吸血鬼",只有深刻理解风险投资人的动态诉求才能够实现投资人、创业者的共赢。这篇经典文献另一个启发是提醒创业者三类股权投资人各有所长、存在互补空间,如何在企业不同成长阶段用三者所长、形成"互补效应"也是创业者在融资阶段需要考虑的问题。另外,文章提醒股权投资人在投资后会有多个角色,体现在战略、融资、人脉、教练、声誉、戒律等诸多方面。股权投资人的这些额外角色对创业者和企业而言是增值服务，换言之，选好投资人、管理好与投资人的关系，创业者赢得的不仅仅是钱。

这篇经典文献发表于2006年。10年过去了，全球和中国的创业环境均发生了很多根本性变化，但这篇文章的观点和建议仍然非常宝贵、非常奏效。创业者和股权投资人是一个健康创业市场的两个关键主体，虽然双方“联姻”是一个注定要以“离婚”收场的故事，但是这个故事未必一定是悲剧。这篇文献提供了双方换位思考的战略和手段，让双方好聚好散，并且共同成长，是每一位创业者常读常新的经典文献，特别值得推荐。

本章精读文献评述人：于晓宇，上海大学管理学院教授、博士生导师；*Academy of Management Perspectives* 编委。

本章作者介绍

李远勤，上海大学管理学院副教授，上海交通大学安泰经济管理学院管理学博士，美国华盛顿大学福斯特商学院访问学者，主要研究领域是风险投资、公司治理与创业融资，主持多项国家自然科学基金与省部级项目。

本章相关引用材料

[1] Ahlers, GKC, Douglas, C, Christina, G & Denis S. Signaling in equity crowdfunding [J]. *Social Science Electronic Publishing*, 2012, 39(4): 955-980.

[2] Allen, H, Hawkins, J & Sato, S. Electronic trading and its implications for financial systems [R]. BIS Papers No. 7, 2001.

[3] Anguelov, C E, Hilgert, M A & Hogarth, J M. U.S. consumers and electronic banking: 1995—2003 [R]. Federal Reserve Bulletin, 2004.

[4] Herbst, A F. E-finance: Promises kept, promises unfulfilled, and implications for policy and research [J]. *Global Finance Journal*, 2001,12(2): 205-215.

[5] Renton, P. Crowdfunding, Crowdinvesting and P2P Lending [EB/OL]. Lend Academy, 2012-06-21. http://www.lendacademy.com/crowdfunding-crowdinvesting-and-p2p-lending/.

[6] World Bank. Crowdfunding's potential for the developing world [R]. Washington, DC, 2013.

[7] 李继尊. 关于互联网金融的思考[J]. 管理世界,2015(7): 1—7.

[8] 王达. 美国互联网金融的发展及中美互联网金融的比较——基于网络经济学视角的研究与思考[J]. 国际金融研究,2014(12): 47—57.

[9] 网贷天眼. 2015年P2P网贷行业年报简报[R]. 2015.

[10] 谢平,邹传伟. 互联网金融模式研究[J]. 金融研究,2012(12): 11—22.

[11] 徐二明,谢广营. 传统金融到互联网金融的制度变迁: 相对价格与路径依赖[J]. 经济与管理研究,2016,37(3): 38—45.

[12] 中国人民银行. 中国金融稳定报告(2014)[R]. 2014.

Chapter 14

第14章 社会创业

学习目标

理解社会创业的核心内涵

掌握社会创业与商业创业、慈善组织之间的差异

了解社会创业者的特质

了解社会创业机会的来源以及影响社会创业者机会发现的个体因素

章节纲要

本章主要分三节来阐述与探讨社会创业。第一节介绍社会创业的定义、社会创业的核心内涵、社会企业与商业企业和慈善组织的区别以及社会创业的主要目标；第二节介绍社会创业者的定义和特质；第三节介绍社会创业的机会来源、影响社会创业者机会发现的个体因素。

开篇案例

免费午餐发起人邓飞联合商人做社会企业

“今晚，我们再一次为爱冲锋！干掉一万罐红糖！”

1月8日晚，邓飞同时在微信、微博吹响了集结号。在云南省的边陲城市镇康，邓飞和他的团队正忙着卖红糖。前一天，他在当地参与了砍收甘蔗。经过榨汁、过滤、煮汁……很快，古法酿制的e农品牌红糖就进入销售状态。不到半小时，他们顺利地卖出4000多罐。当晚，销售10000罐红糖的目标顺利实现。

（一）

“我们现在建立了一个模型，带着几百名网友到乡村去，一起在互联网上传播、展示优质农产品，再通过微博微信卖掉，这拨人就是‘核武器’，持续裂变，所以我们可以一夜之间卖掉一万罐红糖。”在接受《中国慈善家》杂志记者采访的过程中，邓飞总是会把话题绕回包括红糖在内的农产品销售上。

他说，他在进行战略转型，从帮助孩子到帮助孩子的父母。

2011年起，邓飞先后发起“免费午餐”、“大病医保”等公益项目，探索解决困厄乡村儿童的系列难题。虽然，上述公益项目几乎包揽了中国所有公益奖项，唤起了大众对于乡村儿童的关注，但是每天近20万元的投入让他压力不小。正如

经济学家许小年对他说的："你不能只是这边伸手要钱，那边送钱。要自己造血，也要让乡村自我造血。"

为解决贫困乡村的自我造血问题，邓飞联合他就读的中欧国际工商学院，与200多名校友一起发起了社会企业"e农计划"，共同出资成立非公募基金会，由基金会投资若干商业公司运作乡村的优质资源，所产生的盈利返回基金会用于其他公益项目。"我这次联合了很多工商界人士，因为商业的事还是得由企业家来做。他们有严密的组织、有商业运作的经验和大量的资源，还是主流消费人群。没有他们，我不敢动乡村经济发展的主意"。

"e农计划"的主要对象是边远封闭的贫困县。这些贫困县拥有城市居民期望的洁净水、空气、食材和优美环境，在发达的互联网和物流的帮助下，原生态农产品成为重要卖点。同时，以推动经济发展的方式吸引人力和其他资源回流——"帮农产出村，让爸爸回家"，邓飞希望从根本上解决中国城市化制度抽空乡村人财物的问题。

(二)

"e农计划"最早的受益者是云南大山中一个名叫四宏的孩子，他身患先天性心脏病，在11岁时体重仅相当于5岁儿童，而家中只有爷爷和一棵核桃树可以依靠。2013年，大病医保团队救助了四宏，同时，通过"e农计划"销售出去的核桃所得也让祖孙有了稳定的生活。

邓飞认为，"e农计划"的核心并不是中欧校友的资源，而是这些情感共鸣。"我最大的优势是那些信任我们、曾经跟我们一起帮助过孩子的100多万捐赠人和志愿者，他们对孩子、对家庭有更强烈的情感共鸣。我的朋友告诉我不要丢了最重要的东西，那些用几块钱支持我的人才是根本。"

因此，与"免费午餐"等靠捐款为继的公益项目不同，"e农计划"倡导"购买就是做公益，消费也能帮孩子"的理念，孩子家庭收入增加了，孩子的困境就可以缓解，从而逐渐实现公益资金募集的可持续化。

(三)

在未来几年，作为"e农计划"理事长的邓飞将更专注做一件事——想方设法扩大农产品销售，千方百计帮农民创收。媒体、公益出身的他模仿起了淘宝卖家爆款，依托电商平台及其产生的大数据分析，每个月集中力量主打一款贴牌"e农春天"的农产品。"我们只能够去打这种突袭，我们不能打阵地战，创新才能活下去。"

要突袭，就要轻快灵活。出于节约成本和专业分工的考虑，邓飞将物流、设计甚至客服等流程全部外包，将有限的资源全部集中到品牌建设和品控环节。他说，"免费午餐"的生命线是信息透明，"e农计划"的生命线是食品安全。所有进入e农销售平台的农产品除了要提交合法的质检报告外，还需经过"e农计划"委托的第三方检测机构检测。"虽然山里的人穷得都没有钱买农药，但做大了，就可能有变化，检测要做到前面去。”

在邓飞的设想中，“e农计划”将来会形成一个生态圈，不仅有旅游、食品、养老院，还可以推动传统文化项目发展。公益组织也将被邀请驻村，培训农民如何决策开会、选举带头人，形成一套模式后再复制推广，最终完成战略包抄——乡村再造。

当记者问及这个设想是否超出了他的能力范围时，邓飞说他只是个“播种的人”，而不是“火车头”。“e农计划”的理事会下设多个专业委员会，投资、运营都由专业人士负责，所有的设想和运作都围绕提升乡村经济展开，而他就是一心一意先把销售做扎实。“我不着急，先抓住切口。我千方百计地把销售问题解决了，就会引导生产，生产上来后整个乡村的组织形态、结构全部要发生改变。我们再一次对中国乡村再造牵一次‘牛鼻子’。”为了保证全力以赴，邓飞甚至提前完成了对“免费午餐”等公益项目的“去邓飞化”民主改造。他退出管委会，建立志愿者自治与分权制衡，以便抽出身来推动“e农计划”。

邓飞说，“e农计划”是他迄今为止最艰难的一次尝试，是正面挑战中国社会最深层复杂的问题。

他能赢吗？他说，他不知道，但他在做一件他认为有价值的事。“帮农产出村，让爸爸回家，支持中国乡村自我造血，有尊严地可持续发展。”这个来自湖南乡村的男子说他“愿意为之而战”。

资料来源：章伟升. 邓飞卖红糖. 中国慈善家，2015(2).

早在18世纪，亚当·斯密在《道德情操论》中便提出，市场经济的繁荣并不会伴随着社会公益的增长。资本逐利的贪婪本性会令大多数企业者过于关注自身的经济利益，忽视甚至损害他人的利益。基于此，亚当·斯密提出，社会应该强调道德价值标准，唤起大众的同情心，让人们能够站在其他人的角度看问题，也能站在一个公正的旁观者角度看问题。诺贝尔经济学奖得主米尔顿·弗里德曼曾非常形象地评论：《国富论》阐述了什么是“利己”，《道德情操论》则说明了“利他”才是问心无愧的“利己”。

近几十年，世人过分追逐经济的发展，给社会的持续发展留下了很多“后遗症”：世界经济危机、环境污染、气候变暖、贫富分化等，以往，作为共同利益最大的提供者和守护者，政府通过法律、行政、教育等多种方式限制个人过度的资本追逐，以此维护社会成员的共同利益。然而，越来越多的现象证明，仅仅依赖于政府有限的能力与资源，经济高速发展所伴随的贫富分化、环境污染等问题是难以有效解决的。在社会福利体系不完善的发展中国家，上述问题就显得更加严峻。这意味着现有的体制、机制已经不能够满足所有人日益加剧的社会需求，社会迫切需要创新的模式来填补市场的漏洞，这些为社会创业的发展创造了机会。

14.1 社会创业概述

14.1.1 社会创业的定义

社会创业可以溯源到18世纪的"博爱事业"(philanthropic business)。从那时起,社会创业便与"慈善机构"、"非营利部门"、"自愿组织"这些名词联系在一起。在这一阶段,社会创业定义强调社会利益,所有为了实现社会目标而不是私人利益而创立的实体都属于社会创业(Shaw & Carter 2007)。例如,Leadbetter(1997)提出,社会创业是利用创业的行为为社会目标服务。这些服务并不是以利润为目标,而是为了服务于特定的弱势群体。Shaw(2004)提出,社会创业是社区、志愿者、公共组织以及私人企业为了整个社会工作,而不仅仅为了经济利润。世纪之交时,恰逢创业研究兴起,从创业的角度研究社会创业逐渐成为主流。社会创业定义中除了解决社会问题之外,越来越多强调发展和传递创新等因素。例如,Mair 和 Marti (2006)指出,社会创业是利用创新的方式整合资源实现社会价值目标的过程,通过探索和利用创业机会来促进社会变革和满足社会需求。表14-1列举了1997年以来一些主流学者对社会创业的定义。

表14-1 社会创业的定义

来源	定义
Leadbetter (1997)	社会创业是指利用创业的行为为社会目标服务,这些服务并不是为利润目标,而是把这些目标服务于特定的弱势群体
Mort et al. (2002)	社会创业是一个多维的构念,通过表现善良的创业行为达到社会使命的目的,具有识别社会价值和创造创业机会的能力,其关键决策特征是创新性、先动性和风险承担性
Shaw (2004)	社会创业是社区、志愿者、公共组织以及私人企业为整个社会工作,而不仅仅为了经济利润
Mair & Marti (2006)	利用创新的方式整合资源实现社会价值目标的过程,通过探索和利用创业机会来促进社会变革和满足社会需求
Austin et al. (2006)	社会创业是社会目标下的创新活动
Zahra et al. (2009)	社会创业包括一系列的活动与过程来发现、定义、利用机会去增加社会财富,可以创立新的实体,也可以在现有的组织中实行新的创新模式

14.1.2 社会创业的核心内涵

时至今日,虽然社会创业的定义依然存在不少争议,但概括起来主要有以下三点核心内涵:

(1) 社会性(sociality)。社会创业关注的是自由市场体系和政府没有解决的社会问题以及没有满足的社会需要。社会创业的本质是为了创造社会价值,社会价值是社会创业的根基。就社会创业的本质而言,它需要为社会提供可持续的收益,发展一个更好、更均衡的社会，还要照顾和顾及国家、社区中的弱势群体。社会创业可能会促进社会一些大的或小的变革，因此其必须要有显著的社会目标和社会愿景，而经济价值只是社会价值的副产品。

（2）创新性（innovation）。创新性是创业者必须具备的显著特征和运营方式，也是社会创业的重要特征之一，社会创业必须应用具有创新性和持续性的方式去使整个社会获益。现有社会福利系统的不完善是社会创业机会的重要来源之一，资源和情境性的限制成为政府和社会创业者实现社会收益的障碍。这就要求社会创业者能够创造出创新的方式，调动想法、能力、资源和社会安排，改善或者弥补现有社会福利系统的不足。

（3）市场机会导向性（market opportunity orientated）。社会创业需要借助而非抵制市场的力量。虽然社会创业不以经济利益为目的，但是社会创业依然以社会绩效为导向，同样需要重视事业机会的发现。机会识别、发现与开发过程通常被认为是商业创业过程中非常核心的要素，社会创业也不例外。Mort 等（2002）指出，识别社会价值和创造创业机会是社会创业的关键维度。社会机会起始于发现一些未被解决的社会问题，通过机会的评估与开发找到解决问题的新方法。当社会创业者把目前所存在的社会需求和满足这些需求的方法有机结合的时候，他们就可能发现创业机会。

14.1.3 社会企业与商业企业和慈善组织的区别

不同于商业企业，社会创业并非单纯为经济收益而存在的。社会创业着重于创造社会收益，同时也不完全忽视经济收益。随着时代的发展，社会创业不仅仅是单纯的慈善事业，而是一种多元混合综合体。如今，大多数的社会企业介于纯慈善与纯商业之间，能够实现部分自给自足，而不再是全面依靠捐赠。Dees（1998）因此提出了“社会企业光谱”的概念，从动机、方法和目标以及主要利益相关者的角度，分析了社会企业与传统慈善组织及纯商业组织的区别（见表 14-2）。

表 14-2 Dees 的社会企业光谱

		选择的连续体 ←→		
		纯慈善性质	混合性质	纯商业性质
动机		诉诸善意	混合动机	诉诸自我利益
方式		愿景驱动	愿景与市场驱动	市场驱动
目标		创造社会价值	创造社会和经济价值	创造经济价值
主要利益相关者	受益人	免费获得	补助金方式、全额支付以及免费	按市场价格付费
	资本	捐款与补助	低于市场价格的资本或捐款与市场价格资本形成的混合资本	市场价格的资本
	劳动力	志愿者	低于市场行情的工资或同时有志愿者与全薪酬的员工	按市场行情付薪
	供应者	捐赠物品	特殊折扣、物品捐赠以及全价供货	完全按市场价格收费

Alter(2007)绘制了一幅更为详细的可持续性发展的光谱图,如图 14-1 所示。传统非营利组织与传统的纯营利企业在社会变革环境下,尽管初始的目标有所差异,但是为了实现可持续性的发展战略,两种组织形式最终还是向中间状态"社会企业"或"社会负责型"企业靠拢。此外,一家承担社会责任的企业不应混同于社会企业。社会责任往往是公司为了获取合法性而承担的,是一种"附加责任"。但是社会企业从事道德商业活动是出于一种内心的责任,而不是一种附加责任。

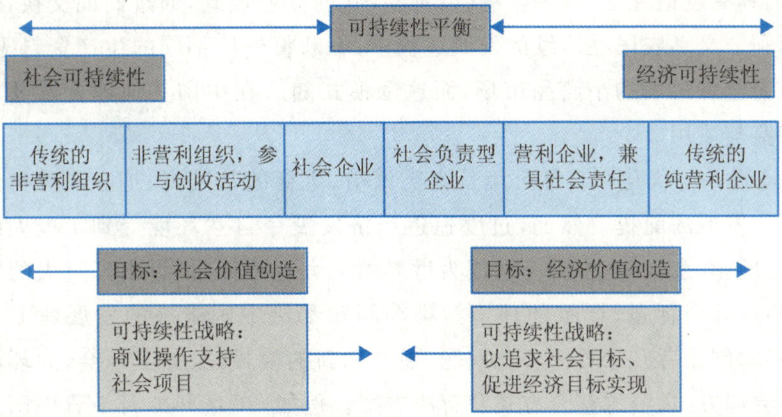

图 14-1 Alter 的可持续性发展光谱

此外,Austin 等(2006)在美国《创业理论与实践》(*Entrepreneurship Theory and Practice*)杂志撰文阐述了社会创业与商业创业四个维度上的区别,分别是市场失灵、使命、资源调动以及绩效测度,具体如下:

➢ 市场失灵:市场失灵能给社会创业和商业创业产生出不同的机会,社会创业更多的是去弥补原本公共产品的不足。

➢ 使命:社会创业提供更多的公共产品是为了社会价值的增加,促进社会进步。社会创业者的企业管理和个人创业动机与商业创业者是不同的。

➢ 资源的调动:社会创业的一些员工并不拿薪酬,而且社会创业获得的利润和财务资本也不像商业创业那样,而是继续投入社会企业中。

➢ 绩效的测度:社会创业的绩效并不像商业创业一样容易测度,它更看重社会的影响,因此其测度更加具有不可量化性、多重因果性、时效性和主观感知的差异性。

14.1.4 社会创业的主要目标

当今世界面临着贫富分化,环境污染等社会难题的挑战。从创业角度而言,推动社会创业的发展成为解决上述问题的重要模式之一。越来越多的证据表明,社会创业能够在以下三个方面为我们的社会提供帮助:

(1) 减少贫困。虽然在过去 30 多年我国通过改革开放政策在减少贫困方面取得了举世瞩目的成就,但全国农村仍有近 1 亿贫困人口,贫困地区基础设施建设和社会文化事业发展仍严重滞后。对于部分已解决温饱问题的群众而言,因病、因灾返贫问题也很突出。

过去的研究往往聚焦于通过宏观经济、社会发展来研究减少贫困的方法，而现在，通过创业的方式尤其是社会创业的方式来减少贫困也正在成为研究热点。学术上，在 2015 年《亚太管理杂志》(*Asia Pacific Journal of Management*)曾重点论述过创业对减少贫困的重要贡献；实践上，有孟加拉格莱珉银行、浙江义乌的创业减少贫困模式。以浙江义乌为例，在早期贫穷的情境下，义乌地区资源缺乏，农民一般没有机会迁移到资源丰富的地方去发展。根据斯晓夫等(2015)的研究表明，当地的脱贫模式并非以往的简单买卖盈利模式，而是采用具有创造性的“鸡毛换糖、以物易物”的商业模式，通过商品交换，改善生产环境并获取薄利。义乌农民在后续的发展过程中，不断将外地不同的生产资料等带入义乌，义乌由此成为全球最大的小商品市场，而这个模式随后在中国其他地方以及目前很多非洲国家被借鉴与采用。

(2) 环境保护与优化。自然环境是人类繁衍、生存的基础，保护和改善自然环境是人类维护生存和发展的前提。然而，过度追逐经济发展令自然环境受到了极大的破坏。以中国为例，短短 30 余年间，中国一跃成为世界第二大经济体，但付出了过大的资源环境代价，如过高的资源消耗量、严重的环境污染等问题都给中国未来的发展埋下了隐患。如今，越来越多的创业者开始关注环境问题，通过创新的模式，服务于社会，为环境保护和优化提供新的治理方式、资源整合方式和解决方案。例如，2004 年 6 月 5 日中国近百位企业家发起的荒漠化防治民间组织——阿拉善 SEE 生态协会，致力于阿拉善地区的荒漠化治理和生态保护，正在打造社会、企业家和生态治理的社会创业新模式。

(3) 社会的可持续发展。社会的可持续发展有助于经济结构日趋合理与优化，资源消耗越来越少，对生态环境的破坏越来越小，知识含量和非物质化程度越来越高，总体效益越来越好。可持续发展的实现，依赖于经济发展与生态发展的有机融合和均衡(栗战书，2011)。在主流经济学和环境经济学基础上，社会创业为实现社会可持续性发展提供了一个新视角。环境经济学认为环境的退化是由于市场失灵所致，而市场的失灵正是创业机会的重要来源。因此，Dean 和 McMullen(2007)认为，创业者如果能够抓住机会，全面审视整个系统，依靠系统的创新和变革，创业就能够实现在全球社会经济系统中解决环境问题。因此，社会创业弥补了以往经济创业在环境等方面可能存在的不足，有助于实现社会的可持续发展。

小案例

孟加拉格莱珉银行

被称为“穷人银行”的孟加拉格莱珉银行，其创始人是穆罕默德·尤努斯(Muhammad Yunus)博士。1976 年，尤努斯博士尝试发放小额贷款给穷人，让他们有资金从事生产劳动，改善生活状况。1983 年，经国会通过，孟加拉国政府特许尤努斯博士创建格莱珉银行，在农村全面开展小额信贷业务。至今，小额信贷的成功模式已经在全球 100 多个国家和地区得到推广,数百万贫困人口成功脱贫。

孟加拉格莱珉银行成功的关键要素在于信任。尤努斯博士认为:“人也许有贪婪的特质,但这个社会和媒体很少发现和强调人们的另一部分特质:我们不断实践帮助人,人们的善良特质便会显露。所以,格莱珉模式在全世界都可以成功,包括在美国及欧洲,我们的试验都很成功。”这固然是无抵押小额贷款的成功,但更是人性的成功,或者说,它使我们相信:穷人也是有信用的。当然,仅仅消除道德风险是不够的,格莱珉银行还不能高枕无忧。尤努斯控制风险的办法是坚持小额,并且在时间上分梯次还款:①贷款期1年;②每周分期付款;③从贷款一周后开始偿付;④利息是10%;⑤每周偿付数额是总贷款额的2%,共计50周;⑥每1000塔卡贷款,每周付2塔卡的利息。此外,管理人员经常上门服务,贷款人要加入一个5人小组,目的是增加借款人的还贷信心,树立所有穷人都值得信任的理念。更为重要且意义深远的是,格莱珉银行通过这种特殊的机制,极大地调动起借贷者自我管理的积极性与创造力。这些本来完全没有金融知识的贫穷村民,通过小组彼此联结起来,并在小组会议上进行公开的民主讨论,他们自然地对管理自身的事务承担起越来越大的责任。他们往往比银行职员更能提出创新性的方式来解决问题,因为这与他们自身命运的改变密切相关,他们有强烈的内在动力去寻找新的途径而使自己和其他成员尽快脱离贫困。

目前,格莱珉银行的贷款中63%来自借款者本身的存款。格莱珉银行能够自力更生,不需要寻找外来的资金。格莱珉银行累计借款给639万名借款人,其中96%是女性,在她们的努力之下,58%的借款人及其家庭已经成功脱离了贫穷线。尤努斯深有感触地说:“我意识到,如果给予机会,人类是多么富有活力与创造力。”

尤努斯与格莱珉银行的信贷哲学正在颠覆那些传统的信贷教条。传统的商业银行总是想象每个借款人都打算赖账,于是他们用繁密的法律条款来限制客户,保证自己不受损失。尤努斯却有相反的哲学。“从第一天起我们就清楚,在我们的体系中不会有司法强制的余地,我们从来不会用法律来解决我们的偿付问题,不会让律师或任何外人卷进来。”“格莱珉银行的基本假设是,每一个借款者都是诚实的。我们确信,建立银行的基础应该是对人类的信任,而不是毫无意义的纸上合同。”格莱珉的胜败,取决于人际关系的力量。

尤努斯以自己始终如一的行动,以自己的经济学知识,以自己对贫困者的深刻理解与同情,创造了一个不同凡响的格莱珉世界,使成千上万的穷人摆脱了贫困,看到了改变生活、改变命运的希望。

资料来源:节选改编自曹张伟.“穷人银行”的秘密.经济,2006(10):70—72.

14.2 社会创业者概述

14.2.1 社会创业者的定义

社会利益与每个人的日常生活都息息相关。当看到贫困、环境污染、不良社区时,有同情心的个人,无论是政府公务员、教师、NGO(非政府组织)成员、教会成员、商人等,在社会责任感的驱动下，都有可能伸出援手，共同解决上述问题。而当他们真正着手去实现和经营社会企业时，他们便成为"社会创业者"（social entrepreneur）。南非前总统曼德拉曾经如此形容社会创业者："这些社会创业者的故事将鼓舞和激励许多人——那些寻求创建一个更好世界的人。"表 14-3 列举了一些学者对社会创业者的描述。

表 14-3　社会创业者的定义

来　源	定　义
Thompson et al.（2000）	社会创业者是那些能够意识到某些活动是国家福利体系不能满足的人，这些社会创业者能够运用有限的资源来改变现状
Drayton（2002）	社会创业者是重要（社会）变革促进者，核心价值是识别、处理和解决社会问题
Harding（2004）	社会创业者受社会目标的鼓动进而实行新的社会活动或创业
Martin & Osberg（2007）	社会创业者与创业者有一致性，机会识别、使命和物质回报都是他们的动机驱动，但是，社会创业者对于获取的财务价值看得更轻，他们倾向于把财务价值更多地回报社会
陈劲、王皓白（2007）	社会创业者是那些具有正确的价值观，能够将伟大而具有前瞻性的愿景与现实问题相结合的创业者，他们对目标群体负有高度的责任感，并在社会、经济和政治环境下持续通过社会创业来创造社会价值
赵丽缦等（2014）	社会创业者是指那些采用一定的组织模式以解决复杂、持续的社会问题，进而对所在社区或者整个社会做出多种重要贡献的企业家

基于针对的社会问题的大小，社会创业者可以细分为三种类型，分别称作社会修理工（social bricoleur）、社会建构者（social constructionist）以及社会工程师（social engineer）。具体如表 14-4 所示。

表 14-4　Zahra 等对社会创业者的分类

社会创业者	定　义
社会修理工	社会创业者发现和处理小规模的当地社会需求
社会建构者	发现市场失灵和其他一些创业机会，通过改革和创新现有的社会系统来处理这些问题
社会工程师	识别现存社会结构系统的社会问题，通过革命性的社会变革去处理这些问题

资料来源：Zahra, et al.,2009

总的来说，社会创业者是那些致力于解决社会问题的人们，他们用商业的眼光看待社会问题，发现机会以寻找突破口。他们所得的盈余用于帮扶弱势群体，促进社区发展以及社会企业本身的投资。社会创业者往往能够：

- 持有一种信念去创造并维护社会价值而不是个人价值；
- 发现并不懈追求服务于这种使命的机会；
- 不断地学习、调整和创新以推动社会企业不断地持续发展；
- 采取相应的行动以突破现有资源、情境的限制；
- 对全体的利益相关者具有高度的责任意识。

进入21世纪后，我国社会企业的发展越来越被谈及，2004年后随着《基金会管理条例》的颁布实施，在一些机构的推动下，国内的社会创业发展逐步兴起。创办一家非营利组织或社会企业正如当年"下海"热潮一样，吸引着越来越多的社会精英、企业家和有理想的青年人参与，他们通过创建新组织、提供新的产品和服务解决社会问题，给社会进化带来活力和动能。这些在创建组织过程中承担风险、进行运作和组织的人，或是在已经成型的组织中负责运营和决策的领导人，或是知名学府毕业的公共管理领域的专家学者，他们的存在超越了单纯的个人利益和私欲，他们是社会进步的建设者。

小案例

从"多背一千克"到"一千克盒子"——安猪先生的公益创业

2004年，安猪提出"多背一千克"活动，将公益与旅游结合在一起。他提倡，驴友旅行时可以多背一千克文具等物品，带到乡村小学去。为此，他建立了多背一千克的网站——www.1kg.com，让驴友在旅行中发现需要帮助的乡村学校并收集他们的需求。安猪意识到，乡村学校在发展中遇到的主要问题是老师缺乏教学技能且教学任务繁重。乡村的学校里，一名老师往往要兼职教授多门课程，体育课、美术课等更是缺乏专业老师，往往是由其他专业课的老师代为教授。为了让老师们能轻松开展教学活动，"一千克盒子"应运而生。

"一千克盒子"包含了教学材料和使用指南。安猪和他的团队从淘宝买来纸盒，自己动手把教学工具一样样地摆放到盒子里。另外，他们通过发放盒子给部分学校试用的方式进一步了解服务对象的需求，通过不断地收集反馈信息并加以改善。安猪和他的团队相继开发出了一系列的主题教育盒子，如"了解零食盒子"、"道路安全盒子"、"打击乐DIY盒子"、"洗手盒子"、"吵架盒子"等。这些盒子建立以学生为中心的学习模式，使老师的角色从知识的权威变成学习的引导者。例如，"了解零食盒子"，通过引导学生收集零食外包装和分辨包装上的信息，让他们知道哪些零食是对身体有害的，哪些是比较健康的，从而制订计划，健康地吃零食。

公益创新无止境。除了开发"一千克盒子"，安猪也帮老师们建立交流的平台，让他们能够通过网络等方式与志同道合的人更好地沟通，让他们从身边改变教育状况。

资料来源：http：//stu.dahuawang.com/？p=27284.

14.2.2 社会创业者的特质

社会创业者与商业创业者的核心差异不在于性格或者能力，而在于创业的使命。社会创业者同样具有警觉性、外向性、成功的渴望、风险承担倾向等特质。不同之处在于，虽然如今的社会创业者同样以商业的眼光看待社会问题，用商业的规则去解决社会问题，他们重视社会价值多于追求最大的企业盈利。美国作者伯恩斯坦在其所著的畅销书《如何改变世界：社会企业家和新思想的威力》中对此有着生动、形象的描述：商业创业者的目的在于建立世界上最大的“跑鞋公司”，而社会创业者的梦想是为世界上所有的孩子接种牛痘疫苗。虽然这些梦想可能存在夸大，但是不可否认，社会创业者在他们从事的事业与活动中，绝大部分属于利他而非利己的行为(Dacin et al.，2011；Roberts & Woods，2005)。

那么，究竟是什么样的因素会促发个体进行社会创业而非追求自身利益最大化的商业创业？早在18世纪，亚当·斯密便指出同情心①是“利他”的基础。有同情心的创业者，容易与受害者形成情绪连接，进而激发创业者的综合的思考与分析，找寻一种有效的方式去帮助受害者乃至整个社会(Miller 等，2012)。如图14-2所示阐述了同情心与社会创业的关系。

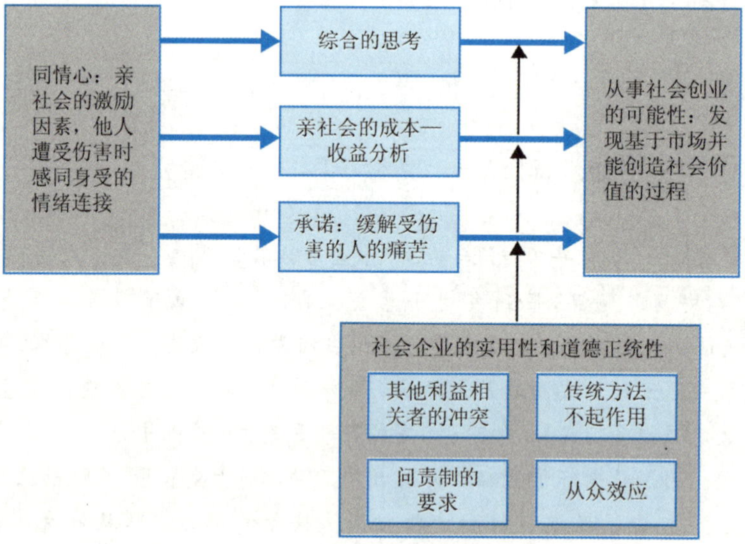

图14-2 同情心如何激励社会创业

资料来源：Miller et al.，2012

小案例

马云在APEC峰会上的演讲

我记得当年第一次被邀请参加达沃斯会议，我非常震惊，因为在中国我听说全球化是非常好的事情，当我到达达沃斯的时候，我看到人们在抗议在扔石头，在反对全球化。我问，发生什么了？全球化在这里有什么不同的含义吗？我很困惑。

① 在亚当·斯密1759年出版的《道德情操论》中，他使用的单词是sympathy，汉译“同情心”。

我相信,20年过去了,全球化确实提升了全球经济,但是它更多地帮助了大公司,帮助了发达国家。发展中国家没有从全球化中足够受益,我们如何帮助发展中国家,如何帮助小人物,如何帮助中小企业?如果我们不帮助,那灾难会到来吗?我们该如何帮助人们从全球化中获益?

人们问我为什么选择“阿里巴巴”这个奇怪的名字,因为阿里巴巴的首字母是A,在所有排名中排第一。我们有一个理想,就像童话故事里一样,“阿里巴巴,芝麻开门”,阿里巴巴帮助人们打开大门,获得财富,帮助中小企业获得财富。在互联网上有很多财富,我们要努力让大家能够以互联网作为工具,来创造传播和获取这些财富。

就像我一直说的,自由贸易是让人们互相理解的最好工具,贸易是让人们跨平台交流的最好事物。贸易不是关于交换货品,贸易是有关文化、激情、创新和创造。

无论你在哪个国家,无论你的国家多大多小,贸易是一种自由,贸易不应该被用来成为对抗其他国家的工具。我们应该建设一个新的EWTO,或者说WTO 2.0的世界。

20年过去了,WTO时代为大企业服务,未来20年,EWTO时代应该帮助小人物们。如果我们不能改变,那将会成为所有人的灾难。

小企业是最具有创新力的公司,因为15年前,当我们有了用互联网帮助中国小企业的想法时,所有人说不行,不可能。我们说,我们的工作应该是让不可能变成可能。

WTO是国家或地区之间的协定,我认为真正的协定应该是企业之间的协定,企业达成一致,政府跟进。因为如果协定不是在企业之间达成的,那么一旦政府讨厌对方,企业将无路可走。这就是我们等了多哈会谈的结果那么多年,当我是个小孩时,我听说WTO,到今天我还是在等待结果。

现在让我们一起找个解决方案,我还没有起好合适的名字,也许是WTO 2.0,也许是EWTO。让我们一起达成一些东西,是能够真正帮到小人物的。想象一下,菲律宾人能够在网上买阿根廷和非洲的商品,而非洲的中小企业可以向全世界销售它们的产品。我去过一些小国家,他们有很好的旅游商品,但是当地人不买,在互联网上却有很大的市场,跨国贸易就是这样一件美好的事情。

如果各个国家觉得这是一个好事,那么我建议,如果小企业跨国销售,每年少于100万美元,那么政府应该给予贸易免税待遇。我们会给予各种各样的帮助,保证小人物能跨国贸易和买卖,我们会建立支付和物流的基础设施。

今天我看到国家政府间的谈判这么复杂,那让我们现在从网上开始做。在2015年,阿里巴巴在中国交易额将达到5000亿美元,和沃尔玛一样大。这只是在中国,如果我们只是专注于获得政府资源,那么这一切都不会发生。

最后我想说,人类正在进入新的世界。我们是这个世纪以来最幸运的人,第一次科技革命发生在英国,花了50年,头20年技术变革,之后30年技术进一步实践推广。第二次技术革命发生在美国,是能源革命,头20年技术革命,后面30年是实践和推广。现在互联网来了,我们刚刚过了头20年,未来30年,是我们如何把这个科技推向实践,实践于每个人的生活当中。每一个技术革命都要花大概50年。

第一次技术革命，我们诞生了一种组织叫工厂，发生了第一次世界大战。第二次技术革命，我们诞生了一种组织叫公司，发生了第二次世界大战。所以今天很多人担心互联网上有很多问题，不必担心，我们应该用互联网进行第三次世界大战，对抗的对象是贫穷，是疾病，是气候变化。

第一次科技革命释放了体能，第二次科技革命超越了距离障碍，这次科技革命是对大脑的释放，这会改变很多，世界会改变很多，也会有很多女性领袖，我们必须建立一个世界，这个世界更加的透明，更加的广泛包容，更加关心别人，更多赋能别人，我对未来非常乐观，我相信年轻人，相信他们，赋能他们，因为我们正在进入创新性的新世界。

我的商业哲学是，今天很残酷，明天更残酷，后天会很美好，但绝大多数人都死在明天晚上。你要努力，你要与别人合作，要永远抱有希望，不仅仅要在电影院里看不可能的任务，要在现实生活中让不可能成为可能。

资料来源：2015 年马云在 APEC 峰会上的演讲节选。

除去同情心外，社会创业者被认为还应该包含以下六大特质（伯恩斯坦，2006）：

➢ 乐于自我纠正。首先，任何一个创业项目都是一个不断试错和修正的过程。敢于说“这是行不通的”或“我们的设想是错的”既需要有冷静的头脑，也需要谦卑和勇气。其次，随着组织的不断成长壮大，社会创业者往往容易出现乐观和盲目的情绪。只有乐于自我纠正的社会创业者，才能够实现不断发展和进步。

➢ 乐于分享荣誉。社会创业者与人分享的荣誉越多，就有越多的人愿意帮助他们。当社会创业者不在乎荣誉将归于谁时，他能获得的成就是没有限度的。对于社会创业者来说，乐于分享荣誉是通向胜利的必由之路。

➢ 乐于自我突破。社会创业者可以通过改变现存组织的方向来造成变革。社会创业者面临的现实和理想之间的较大差距，使得他们必须能够自我突破，超越他们领域的正统观念去看待事物，从而能够发现解决社会问题的方法和手段，并能去试验和推广新的想法。

➢ 乐于超越边界。社会创业者能摆脱那些主导概念的控制，也有以新的方式去组合资源的自由。面对一些整体系统性问题，社会创业者能超越边界，将不同领域、有各种各样经验与技能的人召集在一起，创建可行的解决方法。

➢ 乐于默默无闻地工作。许多社会创业者花费几十年的时间，坚持不懈地去实践他们的理想，他们以一组或一对一的方式去影响他人。一个人必须具有非常纯粹的动机，才能长久地甘于寂寞，去实践一种理想。社会创业者必须是那些能花费时间去寻找地点和机会，以期对重大进程产生影响的人。

➢ 强大的道德推动力。与商业上的企业家相比，道德准则是社会创业的基石。在讨论社会创业者时如果不考虑其动机的道德性质是没有意义的。社会创业者的经历不是来自于利润，而是来自于“建立一个私人王朝的欲望，在竞争的角斗中征服的意志和进行创造的欢乐”。道德的推动力可以鼓励他们，帮助他们做需要做的事情，从而使社会不断发展。

在上述六个特质中，创业者的道德品质被认为是一名社会创业者的必要品质，也是其他一切品质的基石，即使一名创业者具备超强的创新性、整合资源能力，倘若其动机不纯、不正，没有强烈的社会使命感和责任感，其所有成就对社会而言是微不足道的。

阅读材料

影响社会创业成功的因素

在 Leadbeater 所著的《社会企业家的崛起》一书中，他认为成功的社会创业者通常也是一些有领导力、善于讲故事、深谙人事管理、有远见、能把握机会且善于建立同盟的人。

(1) 领导力

社会创业者所具备的一个非常突出的能力就是领导力。他们非常善于给他们的企业设定一个使命，并调动人们为这一使命而努力。使命感对于所有的非营利组织来说都是至关重要的，因为这为他们明确了活动的目的。对许多企业而言，财务或商业指标，如股价、收益率或者是市场份额等为他们提供了目标和方向，但在非营利组织中，指导目标是由其使命感所决定的。

使命就像一面旗帜，使所有的员工、客户、支持者即使在组织的物质基础和提供的服务都刚刚起步时也能团结在一起。建立使命感包括几个步骤：这一使命必须是与一个用户群体尚未得到满足的需求相关；它不能太抽象或者模糊；它应该是有挑战性和有需求的。成功的社会创业者们通常都是雄心勃勃，通过设定一个远大的使命带给企业革新的力量，实现比他们原本的设想更宏伟的目标。这种做法就和一些成功的商业领袖一样：他们为企业设定很高的目标，例如在生产力和产品质量上追求飞跃性的改进，以此来激励员工大胆设想。为了获得支持，使命必须是相当连贯、清晰的，但同时也需要有足够的灵活性，以允许其得到进一步的发展。社会企业组织需要靠它的成长来激发人们的热情和支持，以保证其不断地向前发展，所以，社会创业者在善于"建立使命"的同时，还必须要善于"管理使命"。

(2) 会讲故事的人

社会创业者必须要善于向人们传达他们的使命。成功的社会创业者都是一些很会讲故事的人。这种善于讲故事的能力使他们与职业经理人和政客有着明显的区别。当你让职业经理人描述一下他们的企业时，他们很可能是给你分析企业的市场份额和生产流程；如果你去问政客们的政治主张，他们将告诉你一大堆抽象的价值观、具体的政策措施以及尖锐的言论观点；而社会创业者呢，他们最可能告诉你的是一个有关于一个人如何通过参与某个项目而改变了一生的故事。

社会创业者通过故事和寓言来传递他们的价值观和动力源泉，这让他们显得与众不同且更具说服力。这也同时鼓励了其他工作人员和用户在思考问题时要富有想象力，而不是按部就班地或抽象分析式地思考问题。

(3) 深谙人事管理

社会企业都是精英云集的地方，因为除此以外他们通常没有其他的资源。社会创业者认识到，他们的员工、支持者和用户所掌握的知识和想法是组织最重要的资源。社会创业者必须能和员工进行很好的沟通，尤其是那些在项目早期阶段加盟的、带领整个项目向前发展的核心员工。同时，他们也要善于和客户及其他服务对象进行交流。社会创业者是与人和机会打交道，而不是写计划或者流程。

(4) 远见卓识，把握机遇

社会创业者都很有远见，他们会以富有教益的语言来描述他们的目标。但是他们绝不会让自己深受计划和战略的束缚，而是切合实际，把握机遇。当机会来临的时候，他们会努力把握，而不会拘泥于原来的计划。社会创业者们不会感情用事，尤其是对待他们的用户。他们会务实地看待用户所面临的各种问题的本质。他们把用户看作是能动的、有需求的人群，而不是依赖他人、被动接受社会福利服务的人群。

(5) 建立同盟

社会创业者都善于建立同盟。这些组织通常都很弱小，仅靠自身的资源无法生存。他们必须依靠一个更为广泛的支持网络才能发展壮大，因此，社会创业者只有精于建立其支持网络才能获得成功。成功的社会创业者都善于建立合作网络。他们在社交上都有足够的自信。只要是他们认为有助于项目开展的人，他们都会主动与之交谈，并尽一切努力说服对方。社会创业者不拘泥于某种意识形态，因为他们不能被某种政治立场所束缚，不然就会丧失一些潜在的支持者。对于他们正在努力解决的各种问题，社会创业者不会接受简单的一面之词。他们解决问题的方式已经超越了传统意义上的左与右、市场与国家的区分。

他们关心他人、充满热情、道德高尚。社会创业者承认在他们所努力寻求解决的社会问题中，有很多是由于经济动荡和全球化竞争所导致的，但这并没有使他们反对商业化。相反，他们认为依照商业部门的标准来评定自身的服务是非常重要的。这种在意识形态上的灵活性和思维上的敏捷性加强了他们的创新能力。

14.3 社会创业机会：来源与发现

14.3.1 社会创业的机会来源

社会创业机会来源于市场失灵。市场的失灵意味着市场已经无法有效地分配商品和劳务，这为商业创业和社会创业创造了条件(Austin 等，2006)。社会创业者通过引入新的方法，将商业活动和社会目标有机结合，弥补现有公共产品的不足，提供公共服务并产生经济和社会的双重价值。具体而言，市场失灵可以分为以下五种基本类型(Dean & McMullen，2007)：公共产品的非竞争性和非排他性、外部性、垄断力量、不适当的政府介入以及信息不对称。

(1) 公共产品的非竞争性和非排他性

市场失灵的一个重要诱因是公共产品。公共产品具有两个重要的属性：非竞争性和非排他性。非竞争性是指消费者对于某一个产品的消费并不会影响其他人的消费。这意味着市场不存在竞争，是一个无效率的行为。非排他性是指任何一个消费者都可以免费获得公共产品。对于消费者而言，过量消费并无任何代价，因此，"免费搭便车"现象极容易出现。由此，公共物品既不可能通过大规模收费来收回成本和维护费用，又非常可能导致供应不足，市场失灵在公共物品的供应上极其容易出现。

(2) 外部性

人们在生产消费过程中所产生的副产品，例如环境污染、资源浪费等外部负效应都会成为困扰和威胁人们生存安全和生活质量的重要因素。政府在治理污染等方面投入了大量的财政支持和补助，然而这对于全球范围内的污染治理、资源回收事业来说只是杯水车薪，需要有自发的社会力量来关注和解决这一问题。外部性的存在，说明资源的配置不合理，经济的行动者存在偏离。而该问题的解决单靠社会慈善、社会呼吁是不够的，这时社会创业的出现是解决痼疾的源头之水，如"绿色浙江"等社会组织，试图为社会资源的再利用、环境污染问题的尝试解决提供新的思路。

(3) 垄断力量

市场中垄断行为的出现也会导致市场失灵，市场失灵是由于市场机制自身存在缺陷，使得纯粹的市场机制无法实现对资源的有效配置，这时社会需求不能通过正常的市场购买来满足，这为社会创业机会的发掘提供了契机。社会创业者试图在垄断无法满足的社会需求与其自身的技术能力之间寻求一个平衡，利用创新的模式解决供应不足的问题。

(4) 不适当的政府介入

不适当的政府介入往往发生在环境保护和可持续发展方面，政府可能为了地方经济发展，不顾生态环境的保护和优化，做出引入污染企业到地方办厂等一系列决策。不适当的政府介入所带来的社会创业往往旨在刺激政府改变税制、补贴以及其他不适当的政府刺激结构政策(Dean & McMullen，2007)。公共政策的变化则能够加速社会创业的进程，因为有些政策不仅创造了新的社会需求，还能够进一步促使新的社会创业的产生。比如汶川地震的发生导致中国在灾后重建的政策上具有极大的倾斜性，包括税收减免等，有非常多的社会创业由此出现。

(5) 信息不对称

信息不对称给社会创业者带来了两种方式的机会：一种是具有创新性的、融入社会价值的产品或者服务流程，是消费者闻所未闻的；另一种则是在现有产品的基础上，加强对消费者的"社会信息"教育，让消费者体会到创业者提供的产品或服务是与社会价值或社会目标相关联的，以此提高消费者的接受和购买意愿。

小案例

解决生活垃圾困境：新城环保的诞生

城市生活垃圾带来的环境污染一直是当今社会面临的一大难题。以往，这一个问题都是由政府完全负责，但是政府对于日益增多的垃圾显得力不从心。新城环保孕育而生。成立于2000年的新城环保是一家从事城市生活垃圾综合处理及开发利用的民营环保企业。公益以社会效益、环境效益和经济效益三者并举，致力于环境保护和可再生资源的开发利用。新城环保与浙江大学等院校和科研机构进行技术开发合作，从而掌握了先进的垃圾处理技术，提高了垃圾处理的效率和质量，并能够变废为宝，获取一定的经济自足。在浙江长兴县政府的帮助下，如今新城环保一年能够处理生活垃圾超过14万多吨，承担了长兴县全县生活垃圾焚烧处理及夹浦区集中供热任务，为长兴县实现生活垃圾无害化处理和完成阶段性节能减排目标做出了较大的贡献。

资料来源：王晶晶，郭新东. 企业社会创业动机的探索性研究：基于三家企业的案例分析. 管理案例研究与评论，2015(4)：340—351.

14.3.2 社会创业的机会发现的影响因素

在Shaw等(2007)列出的影响社会创业成功的五大影响因素中，社会机会的识别是至关重要的因素之一(其他四个因素包括网络嵌入、对资源和财务的处理、管理和建构社会企业以及创意和创新)。对于社会创业者而言，找寻到一个能够实现自身社会理想的创业机会就显得尤为重要。现有的研究指出，以下五个方面是个体层面影响社会创业者机会发现的主要因素。

(1) 价值观感知

社会责任感是社会创业的深层次动机。一个越符合社会创业者个人价值观和信仰需求的创业机会，它就越符合个人的自我认知，社会创业者也就越可能认可它产生的社会价值，从而识别这一创业机会。

(2) 知识与信息

俗话说，“外行看热闹，内行看门道”，许多相关行业的创业机会只有拥有丰富的相关知识的社会创业者才能准确地识别出来。此外，现代社会是信息社会，对信息拥有主动权的创业者，相较于其他人而言，也就有了识别商机的先机。

(3) 创业警觉性

对于社会创业者而言，拥有丰富的相关知识是必要的，但这并不能保证他们能够识别社会创业机会，原因在于知识能够帮助创业者发现问题，但却不一定能够找到解决问题的方法。这需要社会创业者拥有一种市场敏锐性，能够克服现有的局限，将市场供给与社会需求相匹配，进而创造社会收益。这种“个人对可获得(但却被忽视)的创业机会的敏感性”就是创业警觉性(Kirzner，1979)。创业者的敏感性很好地解释了为什么有些人能识别市场或政府失灵产生的需求并进而找寻到一个较好的社会创业机会，而有些人却不能。

(4) 社会网络

另一个对社会创业机会的识别产生显著影响的因素是社会网络。在当今社会，任何一个个体都嵌入在庞大的社会网络中，每时每刻都在与周边各类人群进行互动。一些创业者或许无法第一时间意识到社会创业机会，但是这些机会却有可能由其他个体，比如顾客、雇员、熟人等提供或者暗示。有研究证明，社会创业者与社区民众接触经验越多，其机会发现的可能性越大①(Murphy & Coombes，2009)。

(5) 先前经验

先前经验可以分为先前的创业经验和先前的企业管理经验。随着连续创业者成为社会创业的主力，先前经验成为再次创业的重要财富。创业者先前经验中积累的有关市场、产品、顾客的知识造就了创业者的"知识走廊"，"知识走廊"的存在会影响创业者机会识别的过程，它会引导创业者识别出和自己先前经验密切相关的创业机会(Shane，2000)。

小案例

蒙草抗旱董事长王召明：十多年就做一件事——赤心抗旱绿化

王召明出生在内蒙古巴彦淖尔市一片荒漠化十分严重的草原，从小就喜欢花草树木的他报考了当时的内蒙古林学院。在大学期间，王召明就做起了"买卖"生意："当初，我就跟学校的植物试验场说，你们的花我拉出去卖，卖了就把钱交回来，卖不了就把花交回来，他们觉得挺好，双方一拍即合，所以当初没有花钱就开始做了第一笔生意。"毕业后，王召明做起了花卉生意。随着20世纪90年代城市建设进入高潮，王召明意识到市场对草坪的需求特别大，其中的一个明显标志就是广场建设蔚然成风。仅华北几个大城市建设用草坪就达到了几百亿元的需求。毅然决然地，王召明转型成立绿化公司，开始涉足城市绿色业务。在经营过程中，他凭着自己对水的天然敏感，意识到相较于耗水的进口草坪，内蒙古草原具有更高的"掘金"价值。认准了研发草种，王召明带领一班人马走遍内蒙古、新疆、青海的干旱、半干旱草原。他将草原上的野生高抗逆性草种作为原种进行驯化培育，经过实验室的反复培育实验，最终驯化成兼具生态效益和经济效益，而且高度适应北方干旱、半干旱地区生态环境的高抗性植物。在王召明看来，内蒙古独特的地理区域造就了"节水耐旱、耐寒、耐盐碱、耐贫瘠的蒙草"，蒙草在极端干旱条件下仍然芬芳斗艳。在生态环境建设中使用节水抗旱的"蒙草"，不仅能节省大量的水

① Murphy和Coombes同时指出，社会企业在管理成熟阶段，更多频繁的接触社区民众的经验并不利于社会企业的管理。

资源，而且能节约大量维护成本。促进抗旱草产业的发展，可以防风固沙，保持水土的质量，形成产业链的良性发展。

资料来源：http://www.ccstock.cn/gscy/gongsi/2014—10—25/A1414176305616.html.

本章小结

社会创业的本质是为了创造社会价值，而经济价值只是社会价值的副产品。创新性是社会创业必须具备的显著特征和运营方式，社会创业必须应用实用的、创新的和可持续的方式去使整个社会获益，社会创业离不开创新。社会创业具有社会性、创新性和市场机会导向性等主要特征。社会创业的主要价值表现在减少贫困、环境保护与优化以及实现社会的可持续发展。

社会创业者是那些致力于解决社会问题的人，他们用商业的眼光看待社会问题、发现机会以寻找突破口，用商业的规则去解决那些问题。

市场的失灵能给社会创业和商业创业产生出不同的机会，社会创业更多的是弥补原本公共产品的不足。市场失灵的五种基本类型分别为公共产品的非竞争性和非排他性、外部性、垄断力量、不适当的政府介入以及信息不对称。个体层面影响社会创业机会发现的因素包括价值观感知、知识与信息、创业警觉性、社会网络以及先前经验。

本章思考题

1. 阐述社会创业和商业创业的区别。
2. 描述社会创业的主体参与者的不同类型。
3. 是什么让创业者进行社会创业?
4. 阐述社会创业者的特质。
5. 社会创业市场层面的来源有哪些? 影响个体发现社会创业机会的因素有哪些?

案例分析

从“丐帮帮主”到社会企业家

1996年5月26日，中国第一个为犯罪服刑人员代养未成年子女的民间救助机构——陕西省回归研究会儿童村在陕西三原县东周村成立。那一年，张淑琴47岁，曾是陕西省监狱局《新岸报》的记者，这个警察、作家、母亲，把自己的人生与这项事业紧紧地联系在了一起。

自那时起，儿童村无偿地为服刑人员代养未成年子女，还提供医疗、教育、特殊教育、心理辅导、权益保护及职业培训服务，使他们能够健康快乐地成长。儿童村自创办至今已走过十余年风雨历程，目前在全国建有4个分中心，实现救助1000余人。张淑琴本人也从一个“沿门乞讨”的丐帮帮主成长为一个能够在相当程度上依靠产业自给的社会企业家。

因势利导，先把好事办起来

最早的儿童村是“陕西省回归研究会”（简称“回归研究会”）的一个实体，回归研究会是一个帮助罪犯回归社会的民间组织，按社会团体在陕西省民政厅注册登记，挂靠陕西省社科联。

成立第一个儿童村，张淑琴靠的是“动之以情”。她在监狱系统工作多年，对与服刑人员子女相关的问题感受至深。回归研究会的成员多是西安名流，富有正义感和同情心是共同的特点。张淑琴动之以情地说服大家：服刑人员子女生活无着且面临失学、饥饿等威胁，这既影响罪犯改造也容易造成第二代人犯罪，那么把这些孩子管起来于国于家是不是一件好事？是好事，是好事那就先办起来再说。

取得了回归研究会内部意见一致只是一个前提，为了能将儿童村落到实处，张淑琴又找到了致富带头人郭建华，在他的领导下先富起来的东周村办起了第一个儿童村。随后在政府的牵头下、企业家的协助下，张淑琴两年内又建起了第二、第三个儿童村。

从沿门乞讨到大张旗鼓办筹款晚会

儿童村是办起来了，但运营维持的费用还没有着落。

为了筹钱，张淑琴从这家企业跑到那个单位，她管那种到处求助的行为叫“沿门乞讨”。

儿童村就这样惨淡经营着，有时还要贴上自家的钱，张淑琴觉得如此下去不是办法。

她开始策划一场大型的文艺晚会，并为之四处奔走。先到北京得到司法部的同意，又忙着准备节目。登台演出的既有演艺界名人，也有儿童村的孩子们，还有公安干警、社会各界人士和正在狱中服刑的犯人。

晚会现场认捐气氛热烈，工薪阶层各尽所能，到场企业也慷慨解囊。晚会电视直播后反响强烈，市民都把救助服刑人员子女看作是积德行善的义举，除了捐款捐物，还有人进行了“家庭助养”；企业则把资助儿童村视为树立良好企业形象的机会。

儿童村的故事流传到我国香港地区，马上有善心人士捐资 20 万元，并在儿童村设立“黄诗田平安之家”，德国和日本的电视媒体也相继把关注的目光投向了这里，并在节目播出后引发了对儿童村的新一轮关注……

先有了“破庙”才能吸引“香火”

2000 年，在成功地兴办了陕西的三个儿童村之后，张淑琴把目光投向了北京。

张淑琴清楚地知道，服刑人员未成年子女的问题绝不仅是儿童村 60 几名孩子的问题，而是一个社会问题。张淑琴要做的，就是把儿童村办到我们国家政治和文化的中心，让更多的人都能够看到这个问题，进而关注这个问题。

北京儿童村的兴办过程历经千辛万苦，一本书都写不完。但她还是挺了过来，儿童村终于落户在顺义区赵全营镇板桥村。

最初儿童村只有 6 个孩子，3 位工作人员，住在跟一位企业家借来的破败不堪的院落里，有人一看心里就凉了半截：这种破地方能干什么事呢？而张淑琴却有她的一番理论：“办儿童村难不难？难。这么难的事为什么能够撑到今天，我有我的办法。再好的事情，光说不行，必须有一个实体展示给人，别人才能放心，才有可能支持你。先有了‘破庙’才能聚‘香火’，有了'香火',才能重修庙宇,重塑金身。"

张淑琴开始施展浑身解数聚拢"香火",筹来资金扩大规模,修建活动室、图书室,很快就发展起来了。

这个"破庙"引来了"香火",也引来了更多的责任。一年后,儿童村的孩子增加到40多个,而且还在继续增多,张淑琴必须重修庙宇了。

她自己动手做了一个能够容纳一百多个孩子、五六十名员工的堪称宏大的规划。

张淑琴给这个儿童村起了一个好听的名字"太阳村",她希望这里是一个充满阳光的地方。但是,看到这个规划的人都被吓住了:完成这样的规划怕是需要几百万元,到哪儿去找这么大的一笔钱?

将宏大的善举化整为零

对于这样的疑问,张淑琴成竹在胸,她的办法就是:化整为零。

她将整个太阳村的建设计划分解成了几十个小项目,一栋房子、一个大棚、一段路,有十几万、二十几万元的大项目,也有几万元的小项目。然后,张淑琴拿着这些东西开始了新一轮化缘,有关机构和企业可以根据自己的情况出钱认捐,也可以根据统一的设计规划自己包工承建。太阳村倍受媒体和公众关注,还不时有包括外国王后和总统夫人在内的社会名流造访,参与建设本身就成了一种极好的公益形象的宣传。很快,德国大使馆捐助的"德国妈妈爱心小屋"建起来了,丹麦格兰富、青鸟健身、北京扶轮社、香港辉煌基金会、顺义国际学校……太阳村的15座建筑就这么建起来了。

兴办产业,从根本上改变"行乞化缘"的筹募方式

北京的太阳村建起来了,目前有144名孩子生活在这里。包括北京在内,太阳村还在全国设有4个分中心。

4个太阳村,250多名孩子,每年100多万元的运行成本,每个月没有8万块钱就过不下去。虽然有越来越多的人知道了太阳村,她不必再像以前那样终日奔波、上门化缘了,但是,当她仍然一遍遍向不同的来宾发表相似的"化缘演说"的时候,张淑琴清楚地知道,自己以及太阳村那种"行乞化缘"的地位依然如故,太阳村的孩子们依然是靠天等雨的秧苗。她觉得,好事不能总是这个做法。

从2005年起,张淑琴通过各种途径发布信息,面向社会,广延贤材,欢迎那些有爱心、有奉献精神、热爱公益事业的高素质人才加盟,特别是外语流利,有现代企业管理经验的人才,成立了太阳村的产业部、项目部和发展部,要通过自办产业的推广,实现资金来源多元化,有效减少对捐款的依赖,为太阳村自身运营提供资金保障,成为这项事业发展的坚实后盾。

慈善也有"产业结构"

张淑琴开始念"生意经"了。来太阳村参观的人多,特别是周末就更多了,太阳村远离市区,人们一般都要在这里吃一顿饭。到了周末,除开放食堂以外,太阳村还常常办小集市,孩子们在老师的带领下,自己动手包包子,做凉皮、菜饼、烧烤一类的小吃出售。

事实上,小集市和艺术画廊既是太阳村救助工作的组成部分,也成了资金筹募的一种方式。

针对太阳村孩子的心理问题，张淑琴一方面请专家进行针对性的心理辅导，另一方面也在太阳村开办了一系列活动进行疏导，如音乐课、美术课。

孩子们的美术作品，一方面是太阳村素质教育和心理辅导的成果，另一方面这些作品也标价出售，成为一种筹募资金的方式。产业部成立之后，越来越多进入社区或企业的宣传募集活动都会带上一些孩子们的美术作品。

在太阳村的"产业结构"里，建造爱心小屋和兴建新的儿童村这样的"大宗产品"是"销售"给大企业和基金会的，更为宏大的比如在广西和东北兴办太阳村分中心一类的计划差不多可以算是"融资规划"了，每年支出4000余元的"儿童助养计划"主要是面向中产阶层的。而"慈善产品"更大的市场则应该是普通老百姓，如50元、100元的"爱心认树"面向北京人数众多的普通市民，目的是要在普通市民中推动"慈善消费"。

理直气壮兴办社会企业

在推广"爱心认树"计划时太阳村采取了多种方法。通过媒体资源向大众传播，通过电话营销向各大机关和有联系的机构推广，同时也向来太阳村参观的爱心人士现场宣传，都取得了不错的效果。但太阳村地处远郊，普通市民若是专为认树来一趟也是一件很麻烦的事，产业部成立后拿出规划，要在北京市的社区里设立200个爱心站点，把向太阳村孩子献爱心的场所办到北京市民的家门口。

爱心站点的职能越来越具体、实在，也有了越来越重的"经营"的意味，让设计者自己疑惑了：一个非政府组织这样做合适吗？这样在社区里又收又卖的会不会给人一种"开店做买卖"的感觉，从事经营活动会不会影响太阳村在大家心目中的公益形象甚至影响太阳村的事业呢？

作为第一个吃螃蟹的人，张淑琴一直是在摸着石头过河，磕磕碰碰地走在了制度设计和经验范例的前面。为了筹款张淑琴甚至不惜"沿门乞讨"，她是作为一个悲情英雄出现在公众面前的，面对一种不得不为的社会需求，以她忘我奉献的经历、无懈可击的行为方式，以她所代表的事业、所承担的社会责任感和感召力影响、打动人们，募集善款，这也是中国民间组织大多走过的一条路。但这是否是唯一的路，是否是一条长期的、可持续的并且是让身处其中的人能够自尊自主的发展的道路呢？仅仅这样显然是不够的。虽然在公众心目中甚至包括那些从事类似事业的人自身，已经渐渐接受、认可了这种方式。

资料来源：摘自寇延丁女士在公益服务网的专栏文章《从"丐帮帮主"到社会企业家》。

问题讨论：

1. 请从市场失灵的社会层面和张淑琴的个体层面归纳"儿童村"创立的机会原因，你认为张淑琴创办"儿童村"最主要的原因是什么？

2. 请从社会创业者的品质特质出发，归纳张淑琴所具备的社会创业者特质。

3. 请归纳张淑琴在创办她的"太阳村"过程中所体现的社会创业者的主要特征。

4. 社会上总有一种声音，认为社会企业就是免费提供产品和服务，社会企业所出售的产品或服务向社会大众收费是不合适的，这个问题也曾经困扰张淑琴，从这个故事中，请说说张淑琴在创办社会企业时的难处，并试着阐述如何让公众接受社会企业兴办产业的企业性质。

本章精读文献

Si, S, Yu, X, Wu, A, et al. Entrepreneurship and poverty reduction: A case study of Yiwu, China [J]. *Asia Pacific Journal of Management*, 2015, 32(1): 119-143.

Chapter Article Summary(本章精读文献摘要):

There has been a significant reduction in the number of desperately poor people in the world in recent years. A great deal of that reduction in poverty can be attributed in China. There is great potentialof new insights for scholars, in looking more deeply into the Chinese experience in terms of entrepreneurship and poverty reduction. This article employs an in-depth case study of how poverty was reduced through entrepreneurship and innovation in the eastern Chinese city of Yiwu. The Yiwu experience has revealed valuable heuristic knowledge, evidence, and experience necessary for poverty reduction through entrepreneurship. This study is a response to some scholars' call for more direct examination of businesses' involvement with the poor to shed new light on the emerging topic of the roles of firms in poverty reduction. The evidence and experience from Yiwu have verified that poverty alleviation does not merely result from the efforts of governments or large firms, but emerges from internal elements such as disruptive innovation and new venture creation that involves multiple internal actors (Hart & Christensen, 2002). The fundamental and key elements for poverty reduction from the case of Yiwu can be summarized as active attitudes and behavior towards fighting poverty; causal mutual interactions between less poor and poorer people in the communities and regions; impoverished entrepreneurs pursuing simple innovations and small businesses; and poverty reduction through disruptive business models that are less commonly never found among MNCs. It is hoped that the findings will encourage more researchers and organizations to pay greater attention not only to foreign direct investment, but also more "local" elements of poverty reduction such as microfinance and changes in the people's attitudes and behaviors toward economic growth (having an active, rather than passive attitude) and the importance of recognizing the role they can play in pursuing new ventures, simple productivity improvements, improved management techniques and generally having an innovative and entrepreneurial mindset in their daily lives (McCloskey, 2010), as the people of Yiwu have developed.

本章精读文献评述:

世界银行有过一个说法,过去30年,中国对世界经济做出的伟大贡献是消除了7亿多农民的贫困问题。改革开放以来,经过全国范围有计划、有组织的大规模开发式扶贫,我国有7亿多贫困群众实现了脱贫,成为全球首个实现联合国千年发展目标、贫困人口减半的国家。按照每年2300元人均收入的标准划分贫困浅,我国贫困人口从1978年的7.7亿人减少到2015年的5575万人,减少了7.1亿人。党的十八大以来,党中央把扶贫开发纳入"四个全面"战略布局。扶贫开发已由解决温饱问题转向精准扶贫、实现全面建成小康社会的阶段。因此,如何帮助农村贫困人口脱贫是全面建成小康社会的重要抓手,是关乎国计民生的大事,对世界贫困问题的解决也具有重要的现实意义。

本章精读文献通过对义乌农民创业的深度案例分析,提出了BOP(bottom of pyramid,金字塔底端)创业,即创业者通过"破坏式创新,有效降低贫穷"的新思路。扶贫工作以往的指导思路是由于BOP创业者受教育水平低、劳动技能弱,或者由于穷乡僻壤、交通不发达造成的区域性贫困,为此国家制定政策、提供普惠性社会福利。有关BOP创业的大部分研究也是认为BOP创业者创业能力有限,政府或者公共服务平台如何弥补BOP创造者能力短板,是提升BOP创业的重要途径。而本章推荐的文献则提出,义乌农民充分发挥了主观能动性,依靠自身的破坏式创新,有效降低了贫困。本章作者对义乌创业发展历程的研究表明,义乌创业历经三个阶段。在早期贫穷的情境下,义乌地区资源缺乏,因此农民一般没有机会迁移到资源丰富的地方去发展。然而,义乌农民没有按照靠山吃山、靠水吃水的模式去创业。他们发现资源是可以交换的,资源交换可以产生创业机会。在那个物资匮缺的年代,小商小贩走南闯北、走街串巷,以糖、草纸等低廉物品换取居民家中的鸡毛等废品以获取微利。这种创业模式就是义乌农民创造的著名的"鸡毛换糖、以物易物"的商业模式。随着这一行为在当地逐步被接受和进一步引导,"货郎担"发展成为棚铺和马路市场。义乌农民在第三阶段的发展中,将不同的生产资料等从全国乃至全球汇入,形成了"买全球、卖全球"国际小商品市场。义乌农民通过破坏式创新把握了市场中潜在的机会,推动了经济的发展与义乌这个创业典范城市的形成。在"制度先行(institution oriented)"还是"创业者先行(entrepreneur oriented)"这个问题上,义乌农民创业可谓是"创业者先行"的典范。义乌人率先用他们当年鸡毛换糖的精神做起了小生意,自发形成了初级市场,积累了资金。在政策的引导和支持下,棚铺和马路市场向小商品市场转变。随着市场的不断发展,建立起享誉全球的现代化、信息化的商贸城。义乌农民在创业过程中,一来没有享受到政府或是银行提供的任何贷款,二来也没有获得任何职业化培训,而且"货郎担"商品交易按照当时的法律法规还属于非法活动,是"弃农经商"、"投机倒把"、"资本主义尾巴",与全国禁令相抵触。在如此恶劣的条件下,义乌农民并没有自怨自艾、甘于贫穷,而是变被动为主动,彰显出一种艰苦奋斗、矢志不移的精神,这种精神值得今天每位BOP创业者学习。

本章作者介绍

王颂,浙江大学管理学院助理教授,北京大学管理学博士,麻省理工学院访问学者。主要从事社会网络与资本、创业管理等方向的研究。

本章相关引用材料

[1] Alter, K. Social enterprise typology [J/OL]. *Virtue Ventures LLC*, 2007. http: //www.globalcube.net/clients/philippson/content/medias/download/SE_typology.pdf.

[2] Austin, J, Stevenson, H & Wei-Skillern, J. Social and commercial entrepreneurship: Same, different, or both? [J]. *Entrepreneurship Theory and Practice*, 2006, 30(1): 1-22.

[3] Bornstein, D. Access to the global highway [J]. *European Business Forum*, 2004(19): 27-28.

[4] Dacin, M T, Dacin, P A & Tracey, P. Social entrepreneurship: A critique and future directions [J]. *Organization Science*, 2011, 22(5): 1203-1213.

[5] Dean, T J & McMullen, J S. Toward a theory of sustainable entrepreneurship: Reducing environmental degradation through entrepreneurial action [J]. *Journal of Business Venturing*, 2007, 22(1): 50-76.

[6] Dees, J G. Enterprising nonprofits [J]. *Harvard Business Review*, 1998, 76(1): 54-67.

[7] Drayton, W. The citizen sector: Becoming as entrepreneurial and competitive as business [J]. *California Management Review*, 2002, 44(2): 120-132.

[8] Harding, R. Social enterprise: The new economic engine? [J]. *Business Strategy Review*, 2004, 15(4): 39-43.

[9] Kirzner, I M. *Perception, Opportunity, and Profit: Studies in the Theory of Entrepreneurship* [M]. Chicago: University of Chicago Press, 1979.

[10] Liao, J, Welsch, H & Tan, W. Venture gestation paths of nascent entrepreneurs: Exploring the temporal patterns [J]. *Journal of High Technology Management Research*, 2005, 16(1): 1-22.

[11] Leadbeater, C. *The Rise of the Social Entrepreneur* [M]. London: Demos, 1997.

[12] Mair, J & Marti, I. Social entrepreneurship research: A source of explanation, prediction, and delight [J]. *Journal of World Business*, 2006, 41(1): 36-44.

[13] Martin, R L & Osberg, S. Social entrepreneurship: The case for definition [J]. *Stanford Social Innovation Review*, 2007, 5(2): 28-39.

[14] Miller, T L, Grimes, M G, McMullen, J S, et al. Venturing for others with heart and head: How compassion encourages social entrepreneurship [J]. *Academy of Management Review*, 2012, 37(4): 616-640.

[15] Mort, S G, Weerawardena, J, Carnegie, K. Social entrepreneurship: Towards conceptualization and measurement [C]. American Marketing Association(AMA) Summer Marketing Educators Conference, 2002(13): 5-5.

[16] Murphy, P J & Coombes, S M. A model of social entrepreneurial discovery [J]. *Journal of Business Ethics*, 2009, 87(3): 325-336.

[17] Roberts, D & Woods, C. Changing the world on a shoestring: The concept of social entrepreneurship [J]. *University of Auckland Business Review*, 2005, 7(1): 45-51.

[18] Rocha, H O & Sternberg, R.. Entrepreneurship: The role of clusters theoretical perspectives and empirical evidence from Germany [J]. *Small Business Economics*, 2005, 24(2): 267-292.

[19] Shane, S. Prior knowledge and the discovery of entrepreneurial opportunities [J]. *Organization Science*, 2000, 11(4): 448-469.

[20] Shaw, E. Marketing in the social enterprise context: Is it entrepreneurial? [J]. *Qualitative Market Research: An International Journal*, 2004, 7(3): 194-205.

[21] Shaw, E & Carter, S. Social entrepreneurship: Theoretical antecedents and empirical analysis of entrepreneurial processes and outcomes [J]. *Journal of Small Business and Enterprise Development*, 2007, 14(3): 418-434.

[22] Si, S, Yu, X, Wu, A, et al. Entrepreneurship and poverty reduction: A case study of Yiwu, China [J]. *Asia Pacific Journal of Management*, 2015, 32(1): 119-143.

[23] Sullivan, M G, Weerawardena, J & Carnegie, K. Social entrepreneurship: Towards conceptualization [J]. *International Journal of Nonprofit and Voluntary Sector Marketing*, 2003, 8(1): 76-88.

[24] Thompson, J, Alvy, G & Lees, A. Social entrepreneurship: A new look at the people and the potential [J]. *Management Decision*, 2000, 38(4): 328-338.

[25] Zadek, S & Thake, S. Send in the social entrepreneurs [J]. *New Statesman*, 1997, 126(4339): 31.

[26] Zahra, S A, Gedajlovic, E, Neubaum, D O, et al. A typology of social entrepreneurs: Motives, search processes and ethical challenges [J]. *Journal of Business Venturing*, 2009, 24(5): 519-532.

[27] 伯恩斯坦. 如何改变世界：社会企业家与新思想的威力[M]. 北京：新星出版社,2006.

[28] 陈劲,王皓白. 社会创业与社会创业者的概念界定与研究视角探讨[J]. 外国经济与管理,2007, 29(8): 10—15.

[29] 栗战书. 文明激励结构分析：基于三个发展角度[J]. 管理世界,2011(5): 1—10.

[30] 赵丽缦,顾庆良. 国际社会创业研究前沿探析：基于情境分析视角[J]. 外国经济与管理,2014, 36(5): 12—22.

互联网+教育+出版

立方书

教育信息化趋势下，课堂教学的创新催生教材的创新，互联网+教育的融合创新，教材呈现全新的表现形式——教材即课堂。

“一本书”带走“一个课堂”　教学改革从“扫一扫”开始

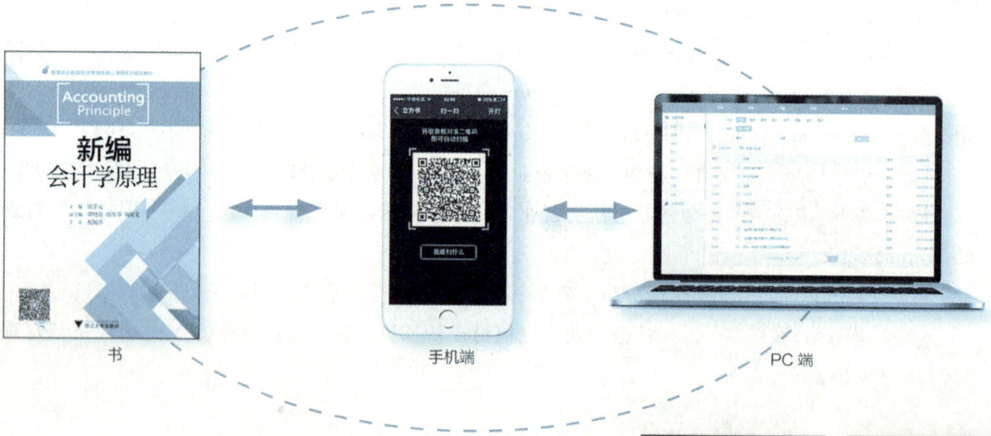

打造中国大学课堂新模式

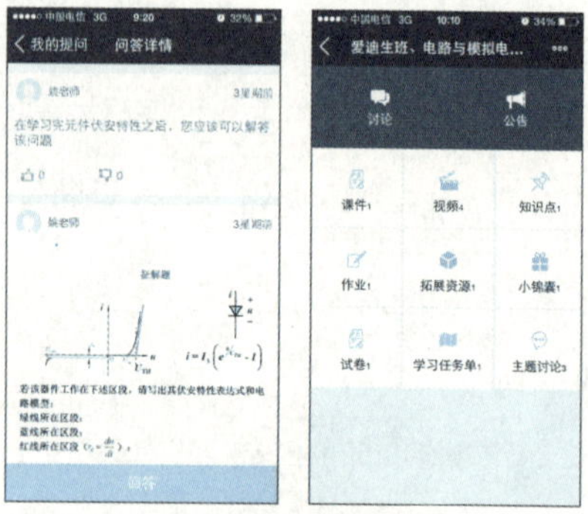

【创新的教学体验】

开课教师可免费申请“立方书”开课，利用本书配套的资源及自己上传的资源进行教学。

【方便的班级管理】

教师可以轻松创建、管理自己的课堂，后台控制简便，可视化操作，一体化管理。

【完善的教学功能】

课程模块、资源内容随心排列，备课、开课，管理学生、发送通知、分享资源、布置和批改作业、组织讨论答疑、开展教学互动。

扫一扫 下载APP

教师开课流程

- 在APP内扫描封面二维码，申请资源
- 开通教师权限，登录网站
- 创建课堂，生成课堂二维码
- 学生扫码加入课堂，轻松上课

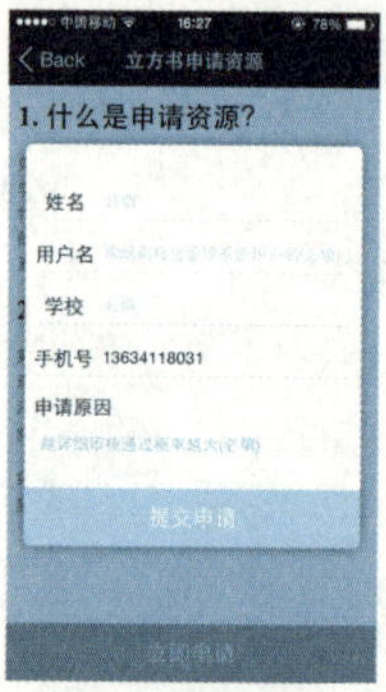

网站地址：www.lifangshu.com

技术支持：lifangshu2015@126.com；电话：0571-88273329